UNIFIED PRINCIPLE (*U*)

Complete Architecture of Reality

(Laws, Events, Observers, and Moral Constraints

in a Single Formal Structure)

একক নীতি (*U*)

বাস্তবতার পূর্ণাঙ্গ স্থাপত্য

একক আনুষ্ঠানিক কাঠামোয়

আইন, ঘটনা, পর্যবেক্ষক এবং নৈতিক সীমাবদ্ধতা

মোঃ উজ্জ্বল

কপিরাইট

উৎসর্গ (Dedication)

এই থিসিসটি সত্যের নিরন্তর অনুসন্ধানের প্রতি, প্রজন্মের পর প্রজন্ম ধরে জ্ঞানসন্ধানী সকল মানুষের প্রতি এবং মানবতার নৈতিক অগ্রগতির উদ্দেশ্যে উৎসর্গ করা হলো।

এটি সেই সকল মানুষের সম্মানে নিবেদিত, যারা বাস্তবতাকে কেবল একটি বিমূর্ত ধারণা হিসেবে নয়, বরং একটি সুসংগঠিত, পর্যবেক্ষক-সমন্বিত ও নৈতিকভাবে সুসংগত কাঠামো হিসেবে অনুধাবন করতে চান-যেখানে বিজ্ঞান, চেতনা ও নৈতিকতা এক বিন্দুতে মিলিত হয়।

এই কাজটি ভবিষ্যৎ প্রজন্মকে যেন বাস্তবতার মৌলিক স্থাপত্যের সঙ্গে সামঞ্জস্য রেখে স্বচ্ছতা, দায়িত্ববোধ ও প্রজ্ঞার সাথে অনুসন্ধান, প্রশ্ন এবং কার্য করতে অনুপ্রাণিত করে।

লেখকের ঘোষণা (Author's Declaration)

আমি, মো. উজ্জ্বল, এই মর্মে ঘোষণা করছি যে,
"Unified Principle(𝓤): A Complete Architecture of Reality (Laws, Events, Observers, and Moral Constraints in a Single Formal Structure)" শিরোনামে উপস্থাপিত এই থিসিসটি আমার নিজস্ব ও স্বাধীন গবেষণাকর্ম, যা আমি সম্পূর্ণভাবে আমার নিজ নির্দেশনা ও তত্ত্বাবধানে সম্পন্ন করেছি।

আমি আরও নিশ্চিত করছি যে, এই থিসিসে উপস্থাপিত কাজ সম্পূর্ণরূপে আমার নিজস্ব একাডেমিক গবেষণা, যেখানে পূর্ববর্তী গবেষণা বা উৎসের উল্লেখ করা হয়েছে সেখানে যথাযথ রেফারেন্স ও উদ্ধৃতি প্রদান করা হয়েছে। ব্যবহৃত সকল তথ্যসূত্র, উপাত্ত এবং উপকরণ যথাযথভাবে টেক্সট ও রেফারেন্স অংশে স্বীকৃত হয়েছে।

𝓤-এর ধারণা, স্বীকার্য (axioms) ও আনুষ্ঠানিক কাঠামো বাস্তবতাকে বোঝার জন্য একটি সমন্বিত ও নতুন ফ্রেমওয়ার্ক হিসেবে বিকশিত হয়েছে, যা ভৌত আইন, ঘটনা, পর্যবেক্ষক-অংশগ্রহণ এবং নৈতিক সীমাবদ্ধতাকে একত্রিত করে।

এই থিসিসের কোনো অংশ পূর্বে, সম্পূর্ণ বা আংশিকভাবে, এই বা অন্য কোনো প্রতিষ্ঠানে কোনো ডিগ্রি, ডিপ্লোমা বা অন্য কোনো যোগ্যতার জন্য জমা দেওয়া হয়নি। উপস্থাপিত গাণিতিক, দার্শনিক ও নৈতিক যুক্তিসমূহ যৌক্তিক সামঞ্জস্য, পূর্ণতা এবং বৈজ্ঞানিক গ্রহণযোগ্যতার দিক থেকে সতর্কতার সঙ্গে যাচাই করা হয়েছে এবং আন্তর্জাতিক একাডেমিক পর্যালোচনার জন্য উপযোগী, এমনকি নোবেল-পর্যায়ের মূল্যায়নের জন্যও।

এই থিসিসের বিষয়বস্তু, ব্যাখ্যা ও উপসংহারের সম্পূর্ণ দায়িত্ব আমি নিজে গ্রহণ করছি।

আমি প্রত্যয়ন করছি যে এই থিসিসটি খাঁটি, মৌলিক এবং সম্পূর্ণভাবে আমার দ্বারাই প্রস্তুত, যা বাস্তবতা ও তার একক নীতিমালার Unified Principle(𝓤) উপলব্ধিতে একটি তাৎপর্যপূর্ণ অবদান রাখে।

স্বাক্ষর: 
নাম: মো. উজ্জ্বল
তারিখ: ২৬-০২-২০২৬
স্থান: গেটপাড়া, গোপালগঞ্জ, বাংলাদেশ

কৃতজ্ঞতা স্বীকার (Acknowledgements)

এই থিসিসের ধারণা, বিকাশ ও পরিপূর্ণতার পথে প্রত্যক্ষ বা পরোক্ষভাবে যাঁরা অবদান রেখেছেন-সকলের প্রতি আমি আমার গভীর কৃতজ্ঞতা প্রকাশ করছি।

প্রথমেই, আমি সেই সকল চিন্তাবিদ, বিজ্ঞানী, দার্শনিক ও নীতিবিদদের উত্তরাধিকারপ্রাপ্ত বৌদ্ধিক ধারার প্রতি ঋণী, যাঁদের কাজ বাস্তবতা, চেতনা ও নৈতিকতা অন্বেষণের ভিত্তি নির্মাণ করেছে।

আমি কৃতজ্ঞ সেই গণিতবিদ, পদার্থবিজ্ঞানী, স্নায়ুবিজ্ঞানী ও দার্শনিকদের প্রতি, যাঁদের প্রকাশনা, বক্তৃতা ও সহজলভ্য গবেষণাকর্ম এই থিসিসের আন্তঃবিষয়ক (interdisciplinary) দৃষ্টিভঙ্গিকে অনুপ্রাণিত করেছে।

সবশেষে, আমি আমার পরিবার ও বন্ধুদের সহানুভূতিশীল সমর্থনের কথা স্বীকার করছি-যাঁদের ধৈর্য, উৎসাহ ও আস্থা এই বৌদ্ধিক প্রয়াসকে সম্ভব করেছে। তাঁদের বোঝাপড়া আমাকে প্রয়োজনীয় সময় ও মনোযোগ উৎসর্গ করার সুযোগ দিয়েছে, যার মাধ্যমে একটি সুসংহত, বৈশ্বিকভাবে প্রাসঙ্গিক এবং নৈতিকভাবে সমন্বিত কাঠামো বিকাশ করা সম্ভব হয়েছে।

এই থিসিস জ্ঞানচর্চার সহযোগিতামূলক প্রকৃতি, মানব অনুসন্ধানের ধারাবাহিকতা এবং বাস্তবতাকে তার সর্বাধিক পূর্ণ ও ঐক্যবদ্ধ রূপে বোঝার চিরন্তন অভিযাত্রার এক সাক্ষ্য হিসেবে দাঁড়িয়ে রইল।

ইনশাআল্লাহ, ধারাবাহিকভাবে এটি চলতে থাকবে।

সারসংক্ষেপ-একক নীতি (𝓤)

শিরোনাম: *Unified Principle(𝓤): A Complete Architecture of Reality*

লেখক: মো. উজ্জ্বল

সারসংক্ষেপ (Abstract)

এই থিসিসটি বাস্তবতাকে বোঝার জন্য একটি সমন্বিত ও গাণিতিকভাবে কঠোর কাঠামো প্রস্তাব করে, যেখানে আইন (laws), ঘটনা (events), পর্যবেক্ষক (observers) এবং নৈতিক সীমাবদ্ধতা (moral constraints) -সবকিছু একক ও সুসংগত কাঠামোর মধ্যে একীভূত করা হয়েছে, যা 𝓤 দ্বারা চিহ্নিত। প্রচলিত বিজ্ঞান ঘটনাপ্রবাহ পূর্বাভাসে অত্যন্ত সফল হলেও জ্ঞানের খণ্ডিত কাঠামোতে ভুগছে-ভৌত আইন, কোয়ান্টাম অনিশ্চয়তা, চেতনা ও নৈতিকতাকে প্রায়শই আলাদাভাবে বিবেচনা করা হয়। এই বিভাজন ধারণাগত অসম্পূর্ণতা সৃষ্টি করে এবং একটি যুক্তিসংগত, পর্যবেক্ষক-সমন্বিত বাস্তবতা মডেল গঠনে বাধা দেয়।

𝓤-কে প্রামাণ্যভাবে সংজ্ঞায়িত করা হয়েছে নিম্নরূপঃ

$$\mathcal{U} \equiv \{L_i, E_j, O_k, M_l \mid \forall i,j,k,l: L_i, E_j, O_k, M_l \subseteq R\}$$

গানিতিক উচ্চারণঃ "𝓤 সংজ্ঞায়িত সমান {L_i, E_j, O_k, M_l, যেখানে সকল i, j, k, l-এর জন্য L_i, E_j, O_k, M_l হলো R-এর উপসেট}।"

অর্থগত উচ্চারনঃ "𝓤 হলো সেই একক কাঠামো, যা সমস্ত আইন (L_i), ঘটনা (E_j), পর্যবেক্ষক (O_k) এবং নৈতিক সীমাবদ্ধতা (M_l) কে অন্তর্ভুক্ত করে, এবং প্রতিটি উপাদান বাস্তবতার (R) অন্তর্গত।"

এখানে L_i দ্বারা ভৌত, যৌক্তিক ও গাণিতিক আইনসমূহ বোঝানো হয়েছে; E_j দ্বারা ভৌত থেকে চেতনাগত পর্যন্ত সকল ঘটনা নির্দেশিত; O_k হলো সেই পর্যবেক্ষকগণ, যাঁদের অংশগ্রহণ অনিবার্য; এবং M_l দ্বারা বাস্তবতার অন্তর্নিহিত নৈতিক সীমাবদ্ধতাসমূহ ধারণ করা হয়েছে। এই স্বীকার্যভিত্তিক (axiomatic) মেরুদণ্ড অভ্যন্তরীণ সামঞ্জস্য, অ-হ্রাসযোগ্যতা (non-reducibility) ও পূর্ণতা নিশ্চিত করে, যা কোয়ান্টাম পরিমাপ, জটিলতা, উদ্ভব (emergence) ও চেতনা সহ সকল

পরিচিত ঘটনাকে ধারণ করতে সক্ষম একটি যুক্তিগতভাবে বদ্ধ (logically closed) ব্যবস্থা প্রদান করে।

এই থিসিসে দেখানো হয়েছে যে 𝓤 অস্বীকার করলে যুক্তিগত ভাঙন, নৈতিক নিহিলিজম, পর্যবেক্ষকগত অসংগতি এবং বৈজ্ঞানিক আত্ম-খণ্ডন অনিবার্য হয়ে ওঠে। আইন, ঘটনা, পর্যবেক্ষক ও নৈতিকতাকে একত্রিত করে 𝓤 ফলাফল পূর্বাভাস, নৈতিক কর্মনির্দেশনা এবং সভ্যতার সংগঠনের জন্য একটি আনুষ্ঠানিক কাঠামো প্রদান করে। একই সঙ্গে এটি স্ব-ভিত্তিকতা (self-grounding) ও অসীম প্রত্যাবর্তন (infinite regress) সংক্রান্ত প্যারাডক্স সমাধান করে অতীন্দ্রিয়তার (transcendence) অপরিহার্যতা প্রতিষ্ঠা করে, যা অস্তিত্বের জন্য যুক্তিগতভাবে অনিবার্য এক ভিত্তির ইঙ্গিত দেয়।

𝓤-এর প্রয়োগ বহু ক্ষেত্রে বিস্তৃত-

পদার্থবিজ্ঞান: ধ্রুপদী ও কোয়ান্টাম যান্ত্রিকতা স্বাভাবিকভাবেই 𝓤-তে অন্তর্ভুক্ত, যা পর্যবেক্ষক-সমন্বিত কার্যকারণ নিশ্চিত করে।

নৈতিকতা: নৈতিক বাস্তববাদ সাংস্কৃতিক বা ধর্মতাত্ত্বিক অনুমানের ওপর নির্ভর না করে কাঠামোগত বৈশিষ্ট্য হিসেবে উদ্ভূত হয়।

সভ্যতা: 𝓤 নীতিনির্দেশিত সমাজ টেকসই উন্নয়ন, তথ্যভিত্তিক শাসন ও বৈশ্বিক নৈতিক সামঞ্জস্য অর্জন করে।

জ্ঞান ও তথ্য: পর্যবেক্ষক-দায়িত্ব ও তথ্যের অখণ্ডতা বিজ্ঞান, প্রযুক্তি ও শিক্ষার মৌলিক ভিত্তিতে পরিণত হয়।

উপসংহারে বলা যায়, Unified Principle(𝓤) বাস্তবতার জন্য প্রথম সম্পূর্ণ সমন্বিত, গাণিতিক ও দার্শনিকভাবে পূর্ণাঙ্গ কাঠামো। এটি বিজ্ঞান, নৈতিকতা, চেতনা ও সভ্যতাকে একক সুসংগত মডেলে ঐক্যবদ্ধ করে, যাতে মানব জ্ঞান, কর্ম ও সামাজিক বিকাশ বাস্তবতার মৌলিক স্থাপত্যের সঙ্গে সম্পূর্ণ সামঞ্জস্যপূর্ণ থাকে। এই কাজটি বিজ্ঞান, দর্শন ও নৈতিকতার সীমানা পুনর্নির্ধারণ করে এবং ভবিষ্যৎ মানব অনুসন্ধান ও সভ্যতার জন্য একটি ঐক্যবদ্ধ ভিত্তি প্রদান করে।

𝓤-এর গাণিতিক-দার্শনিক সারসংক্ষেপ

(Mathematical-Philosophical Summary of 𝓤)

১. প্রামাণ্য সংজ্ঞা (Canonical Definition)

$$\mathcal{U} \equiv \{L_i, E_j, O_k, M_l \mid \forall i,j,k,l: L_i, E_j, O_k, M_l \subseteq R\}$$

"𝓤 হলো সেই একক ontological কাঠামো যা সমস্ত আইন, ঘটনা, পর্যবেক্ষক এবং নৈতিক সীমাবদ্ধতাকে অন্তর্ভুক্ত করে, এবং প্রতিটি উপাদান বাস্তবতার (R) অভ্যন্তরে অবস্থান করে; অর্থাৎ, বাস্তবতা তার সমস্ত মাত্রায় এই চারটি মৌলিক উপাদানের মাধ্যমে স্ব-সমর্থিত ও আত্ম-সংবদ্ধ।"

সংজ্ঞা ব্যাখ্যা:

L_i = আইনসমূহ (ভৌত, যৌক্তিক, গাণিতিক)
E_j = ঘটনাসমূহ (ভৌত, কোয়ান্টাম, জৈবিক, চেতনাগত)
O_k = পর্যবেক্ষকগণ (চেতনাসম্পন্ন, অংশগ্রহণকারী এজেন্ট)
M_l = নৈতিক সীমাবদ্ধতা (সত্য, দায়িত্ব, অপরিবর্তনীয়তা)
R = বাস্তবতার সামগ্রিক সমষ্টি (Totality of Reality)

এটি বাস্তবতার **axiomatic spine,** যা সকল phenomenology এবং পর্যবেক্ষক-সমন্বিত জ্ঞানচর্চাকে একত্রিত করে।

২. মৌলিক স্বীকার্যসমূহ (Fundamental Axioms)

সমগ্র অন্তর্ভুক্তির স্বীকার্য (Axiom of Total Inclusion):
সকল L,E,O,M বাস্তবতার অন্তর্ভুক্ত।

আইনের প্রাধান্যের স্বীকার্য (Axiom of Law Primacy):
আইনসমূহ অপরিহার্য কাঠামো; ঘটনা, পর্যবেক্ষক ও নৈতিকতা এদের উপর নির্ভরশীল।

ঘটনার নির্ভরতার স্বীকার্য (Axiom of Event Dependence):
আইন ও পর্যবেক্ষক ব্যতীত কোনো ঘটনা অস্তিত্বশীল হতে পারে না।

পর্যবেক্ষকের অপরিহার্যতার স্বীকার্য (Axiom of Observer Necessity): বাস্তবতা পর্যবেক্ষক-সমন্বিত; অস্বীকার করলে অসংগতি সৃষ্টি হয়।

নৈতিক সীমাবদ্ধতার স্বীকার্য (Axiom of Moral Constraint):
নৈতিকতা কাঠামোগত; পর্যবেক্ষক-শূন্য বা আইন-শূন্য কর্ম যুক্তিগতভাবে অসম্ভব।

৩. সেট-তাত্ত্বিক ও যৌক্তিক কাঠামো

৩.১ মৌলিক কাঠামো

আমরা সমগ্র বাস্তবতাকে একটি একীভূত গাণিতিক কাঠামো $\mathcal{U}$ দ্বারা প্রকাশ করি:

$$\mathcal{U} \equiv \{ L_i, E_j, O_k, M_l \mid \forall i,j,k,l: L_i, E_j, O_k, M_l \subseteq P(R) \}$$

যেখানে-
R হলো **Reality-space** (সম্ভাব্য সব অস্তিত্বগত অবস্থা ও মানের সমষ্টি),
P(R) হলো R-এর power set, অর্থাৎ সব সম্ভাব্য উপসেট।

৩.২ উপাদানগুলোর ব্যাখ্যা

$L_i \subseteq P(R)$
→ প্রাকৃতিক বা কাঠামোগত **Laws** (physical, probabilistic, logical constraints)

$E_j \subseteq P(R)$
→**Events**, অর্থাৎ আইন ও অবস্থার অধীনে বাস্তবায়িত ফলাফল

$O_k \subseteq P(R)$
→**Observers / Agents**, যারা অবস্থা অনুধাবন ও নির্বাচন করতে সক্ষম

$M_l \subseteq P(R)$
→**Moral Constraints / Meta-rules**, যা কেবল কী ঘটে তা নয়, বরং কী ঘটতে দেওয়া যাবে-তা নির্ধারণ করে

৩.৩ পর্যবেক্ষক-আইন-ঘটনার ফাংশনাল সম্পর্ক

পর্যবেক্ষক ও ঘটনার সম্পর্ক একটি ফাংশনাল ম্যাপিং দ্বারা নির্ধারিত:

$$f: O_k \times L_i \longrightarrow E_j$$

→কোনো **Observer** যখন নির্দিষ্ট **Law-structure**-এর মধ্যে ক্রিয়া করে, তখন একটি নির্দিষ্ট **Event** বাস্তবায়িত হয়।

এটি classical determinism নয়; বরং এটি একটি **structured event-generation rule,** যেখানে একাধিক সম্ভাব্য Ej থাকতে পারে।

৩.৪ নৈতিক স্তর: Meta-Constraint হিসেবে Moral Function
নৈতিকতা এখানে আলাদা কোনো অনুভূতি বা সামাজিক চুক্তি নয়;
এটি **function-space-এর উপর আরোপিত** meta-rule:

$$\mathbf{M_l(f(O_k,L_i)) \Rightarrow E_j{*} \in E_j}$$

- $f(O_k,L_i) \rightarrow$ সম্ভাব্য ঘটনা
- $M_l \rightarrow$ কাঠামোগত ছাঁকনি (filter)
- ফলাফল $\rightarrow E_j{*}$
- **$E_j{*}$:=the structurally admissible realization of E_j**

যেখানে $E_j{*} \in E_j$ হলো **structurally admissible outcome**।
বৈধ, কাঠামোগতভাবে অনুমোদিত ঘটনা
যেটি আইন (L_i) ও নৈতিক সীমাবদ্ধতা (M_l) উভয়ের সাথেই সামঞ্জস্যপূর্ণ

সব সম্ভাব্য event বাস্তবায়িত হয় না,
কেবল সেই event-গুলোই বাস্তবায়িত হয়, যেগুলো:
আইনগতভাবে সম্ভব, **এবং**
নৈতিক কাঠামোর সাথে অসামঞ্জস্যপূর্ণ নয়।
এখানে নৈতিকতা কাজ করে **selection principle** হিসেবে, causation হিসেবে নয়

৪. দার্শনিক প্রভাব (Philosophical Implications)
সমগ্র হিসেবে বাস্তবতা: সবকিছুই $\mathcal{U}$-এর ভেতরে; এর বাইরে কিছু নেই।
অ-হ্রাসযোগ্যতা: L,E,O,M অস্তিত্বগতভাবে মৌলিক; এগুলো বাদ দিলে বা হ্রাস করলে প্যারাডক্স সৃষ্টি হয়।
পর্যবেক্ষকের দায়িত্ব: প্রতিটি পর্যবেক্ষকীয় কর্ম বাস্তবতার ভেতরে নিবদ্ধ; কোনো কর্মই নৈতিক বা ভৌতভাবে নিরপেক্ষ নয়।
নৈতিক বাস্তববাদ: নৈতিকতা ধর্মতত্ত্ব বা ব্যক্তিগত পছন্দের উপর নির্ভর না করে কাঠামোগত অপরিহার্যতা থেকে উদ্ভূত।
পূর্ণতা: $\mathcal{U}$ সকল ঘটনা, বৈজ্ঞানিক আইন, নৈতিক নীতি ও সভ্যতাগত সীমাবদ্ধতা উৎপন্ন করতে সক্ষম।

সারমর্ম: $\mathcal{U}$ বিজ্ঞান, নৈতিকতা ও চেতনাকে একক গাণিতিক-দার্শনিক স্থাপত্যে একীভূত করে, যা বাস্তবতাকে বোঝার জন্য যুক্তিগতভাবে অপরিহার্য কাঠামো প্রদান করে।

৫. বাস্তবতা-পর্যবেক্ষক আন্তঃক্রিয়ার গাণিতিক রূপ

(Mathematical Formalism of Reality-Observer Interaction)

৫.১ ঘটনা ফাংশন (Event Functional)

বাস্তবতায় কোনো ঘটনা স্বতঃস্ফূর্ত নয়; এটি আইন, পর্যবেক্ষক ও নৈতিক কাঠামোর যৌথ ফল।

$$\mathbf{E_j = f(L_i, O_k, M_l)}$$

ব্যাখ্যা:

L_i-ঘটনাকে অনুমোদনকারী আইনগত কাঠামো
O_k-ঘটনাকে সক্রিয় ও নথিভুক্তকারী পর্যবেক্ষক
M_l- ঘটনার কাঠামোগত নৈতিক সীমা

৫.২ তথ্য-তাত্ত্বিক ম্যাপিং (Information-Theoretic Mapping)

প্রতিটি ঘটনা বাস্তবতায় তথ্য হিসেবে নিবন্ধিত হয়, তবে তা এলোমেলো নয়।
$I(E_j)$ = entropy-consistent, observer-registered, law-aligned data

অর্থ:

তথ্য অবশ্যই এনট্রপি-সামঞ্জস্যপূর্ণ
পর্যবেক্ষক দ্বারা নিবন্ধিত
এবং প্রযোজ্য আইন Liএর সাথে সঙ্গতিপূর্ণ
এতে তথ্য, সময় ও বাস্তবতা একই কাঠামোয় যুক্ত হয়।

৫.৩ কার্যকারণ ও নৈতিক সামঞ্জস্য (Causality & Moral Admissibility)

কোনো ঘটনার চূড়ান্ত ফলাফল একাধিক কাঠামোর ছেদে নির্ধারিত হয়:

$$\mathbf{\forall E_j, O_k, M_l : Outcome(E_j) \in L_i \cap M_l \cap O_k}$$

ব্যাখ্যা:

ফলাফল অবশ্যই
আইনগতভাবে বৈধ (L_i)

নৈতিকভাবে গ্রহণযোগ্য (M_l)
পর্যবেক্ষক-নির্ভর বাস্তবায়নযোগ্য (O_k)

এটি সরাসরি নৈতিক নিহিলিজমকে গাণিতিকভাবে অস্বীকার করে।

অতীন্দ্রিয়তার অপরিহার্যতা: স্রষ্টা/মূল-ভিত্তির (Ground of Reality) যুক্তিগত অনুসিদ্ধান্ত অসীম প্রত্যাবর্তন ও আইনের উৎসসংক্রান্ত সমস্যার সমাধান করে।

$\therefore \exists G : G=$Ground of Reality

দার্শনিক অর্থঃ
এই G - স্রষ্টা / চূড়ান্ত ভিত্তি-কোনো ধর্মীয় অনুমান নয়, বরং গাণিতিক ও যুক্তিগত অপরিহার্যতা।

৬. সভ্যতার নির্দেশক হিসেবে একক নীতি (𝓤)

সভ্যতাকে একই সঙ্গে L_i, E_j, O_k, M_l মান্য করতে হবে।
জ্ঞান, নীতি, প্রযুক্তি ও নৈতিকতা 𝓤 দ্বারা কাঠামোগতভাবে নির্ধারিত।
পর্যবেক্ষক-দায়িত্ব + নৈতিক সীমাবদ্ধতা = টেকসই ও স্থিতিস্থাপক সমাজ।
𝓤 অস্বীকার = অসংগত বিজ্ঞান, নৈতিক ভাঙন ও সামাজিক ভঙ্গুরতা।
𝓤 কেবল বর্ণনামূলক নয়; এটি **নির্দেশনামূলক**-মানবতা, বিজ্ঞান ও নৈতিকতার বিকাশ কীভাবে হবে তা নির্ধারণ করে, যাতে বাস্তবতার সঙ্গে সামঞ্জস্য অক্ষুণ্ণ থাকে।

৭. সারসংক্ষেপ সারণি (গাণিতিক ↔ দার্শনিক মানচিত্র)

উপাদান	**গাণিতিক রূপ**	**দার্শনিক অর্থ**
L_i	বৈধ সম্পর্কের সেট $L_i \subset R$	বাস্তবতার কাঠামোগত শৃঙ্খলা
E_j	ফাংশন $f(L_i, O_k) \rightarrow E_j$	পরিবর্তন, ঘটনা, কার্যকারণ
O_k	ম্যাপিং সক্ষম এজেন্ট	পর্যবেক্ষণ, অংশগ্রহণ, দায়িত্ব
M_l	ফাংশনের উপর meta-rule	কাঠামোগত নৈতিকতা, সত্য
𝓤	$\{L_i, E_j, O_k, M_l\}$	পূর্ণ, অ-হ্রাসযোগ্য বাস্তবতা কাঠামো

৮. সমাপনী বক্তব্য

𝒰-এর গাণিতিক ও দার্শনিক সমন্বয় প্রমাণ করে যে বাস্তবতা একই সঙ্গে আইন-নিয়ন্ত্রিত, ঘটনাময়, পর্যবেক্ষক-সমন্বিত ও নৈতিকভাবে কাঠামোবদ্ধ। এই পারস্পরিক নির্ভরশীল উপাদানগুলোকে খণ্ডিত বা উপেক্ষা করার যে কোনো প্রচেষ্টা যুক্তিগত অসংগতি, নৈতিক ভাঙন এবং অসংলগ্ন সভ্যতার দিকে নিয়ে যায়।

ভূমিকা (Preface)

বাস্তবতাকে বোঝার অনুসন্ধান সহস্রাব্দ ধরে মানববুদ্ধির কেন্দ্রীয় সাধনা হয়ে আছে। পদার্থবিজ্ঞান পদার্থ ও শক্তিকে নিয়ন্ত্রণকারী নির্ভুল নিয়মাবলি উন্মোচন করেছে, গণিত যৌক্তিক কাঠামোকে বিধিবদ্ধ করেছে, স্নায়ুবিজ্ঞান চেতনার কার্যপ্রণালি মানচিত্রায়িত করেছে, এবং দর্শন অস্তিত্ব ও নৈতিকতার গভীরতম প্রশ্নগুলো অনুসন্ধান করেছে। তবুও, এই সকল যুগান্তকারী অর্জনের পরেও জ্ঞান খণ্ডিতই রয়ে গেছে। আইন, ঘটনা, পর্যবেক্ষক ও নৈতিকতা-এগুলোকে প্রায়শই বিচ্ছিন্নভাবে বিবেচনা করা হয়েছে, যার ফলে বহু মৌলিক প্রশ্ন অমীমাংসিত থেকে গেছে।

এই গ্রন্থ, **"Unified Principle(𝓤): A Complete Architecture of Reality"**, এই দৃঢ় বিশ্বাস থেকেই উদ্ভূত যে এমন বিভাজন অনিবার্যও নয়, প্রয়োজনীয়ও নয়। এতে এমন একটি সমন্বিত কাঠামো উপস্থাপন করা হয়েছে, যেখানে আইনসমূহ (L_i), ঘটনাসমূহ (E_j), পর্যবেক্ষকগণ (O_k) এবং নৈতিক সীমাবদ্ধতা (M_l) অস্তিত্বগতভাবে পরস্পরনির্ভরশীল-এবং একত্রে একটি যুক্তিগতভাবে পূর্ণ, পর্যবেক্ষক-সমন্বিত ও নৈতিকভাবে কাঠামোবদ্ধ বাস্তবতা গঠন করে।
এই থিসিসটি গাণিতিক কঠোরতা ও দার্শনিক গভীরতার উপর ভিত্তি করে নির্মিত, যেখানে ধ্রুপদী পদার্থবিজ্ঞান, কোয়ান্টাম মেকানিক্স, তথ্যতত্ত্ব, স্নায়ুবিজ্ঞান ও নৈতিকতা থেকে প্রাপ্ত অন্তর্দৃষ্টিগুলো একীভূত করা হয়েছে। এতে দীর্ঘদিনের বহু প্যারাডক্স-যেমন স্ব-উল্লেখিতা (self-referentiality), অসীম প্রত্যাবর্তন (infinite regress), আইনের উৎস (law-origin), পর্যবেক্ষক-নির্ভরতা এবং নৈতিক ভিত্তি-সমাধান করা হয়েছে এবং দেখানো হয়েছে যে এই ঐক্যবদ্ধ কাঠামো অস্বীকার করলে যুক্তিগত ও নৈতিক উভয় ক্ষেত্রেই অসংগতি অনিবার্য হয়ে ওঠে।

এই কাজের উদ্দেশ্য কেবল বাস্তবতাকে বর্ণনা করা নয়; বরং মানব-অনুধাবন, নৈতিক যুক্তিবোধ এবং সভ্যতার বিকাশের জন্য একটি আনুষ্ঠানিক স্থাপত্য প্রদান করা। বিজ্ঞান, চেতনা ও নৈতিকতাকে একীভূত করার মাধ্যমে 𝓤 এমন একটি কাঠামো উপস্থাপন করে, যেখানে জ্ঞান, কর্ম ও সামাজিক অগ্রগতি কাঠামোগতভাবে সুসংগত এবং যুক্তিগতভাবে অপরিহার্য।

এই থিসিসটি সত্য, স্বচ্ছতা ও মানবিক দায়িত্ববোধের অনুসন্ধানের প্রতি উৎসর্গ করছি-এবং এই আশায় যে বাস্তবতার একক নীতিসমূহের (Unified Principle of Reality) গভীরতর অনুধাবন ভবিষ্যৎ প্রজন্মকে বৌদ্ধিক অনুসন্ধান ও নৈতিক কর্ম-উভয় ক্ষেত্রেই পথনির্দেশ দিতে সক্ষম হবে।

এই ভূমিকা শতাব্দীজুড়ে গড়ে ওঠা বৈজ্ঞানিক ও দার্শনিক চিন্তার প্রেরণাকে স্বীকার করে এবং সেই অন্তর্দৃষ্টিগুলোকে একটি ঐক্যবদ্ধ, সুসংগত মডেলে সংহত করার প্রয়োজনীয়তাকে গুরুত্ব দেয়।

এই কাজটি এই প্রত্যাশায় নিবেদিত যে *U*-এর কাঠামো বৈশ্বিক জ্ঞান, নৈতিকতা এবং টেকসই সভ্যতার জন্য একটি মৌলিক ভিত্তি হিসেবে কাজ করবে।

○ সর্বতত্ত্বের ঐতিহাসিক পরিণতি: একক নীতি *U*

ভূমিকা: হাজার বছরের এক অনুসন্ধান

মানব সভ্যতার চিন্তাজগতে একটি প্রশ্ন অবিরাম প্রতিধ্বনিত হয়েছে-**সব কিছুর পেছনে কি একটি একক, সর্বজনীন নীতি বিদ্যমান?** এই প্রশ্ন থেকেই সর্বতত্ত্বের (Theory of Everything) অনুসন্ধান। দর্শন, গণিত, পদার্থবিজ্ঞান, তথ্যতত্ত্ব ও চেতনা-বিজ্ঞানের ইতিহাস আসলে এই এক প্রশ্নের ধারাবাহিক, ক্রমোন্নত ও শৃঙ্খলাবদ্ধ উত্তর অনুসন্ধান। একক নীতি *U* কোনো আকস্মিক আধুনিক প্রস্তাব নয়; এটি সহস্রাব্দব্যাপী এই অনুসন্ধানের **অনিবার্য ও পূর্ণাঙ্গ ফলাফল**।

প্রাক-দার্শনিক ঐক্য-অনুসন্ধান (খ্রি.পূ. ৬০০-৪০০)

থেলিস, আনাক্সিম্যান্ডার, হেরাক্লিটাস

প্রশ্ন: সব কিছুর উৎস কি এক?

বাস্তবতা বহুবিধ হলেও মূলনীতি এক-এই ধারণার জন্ম।

পরিবর্তনের ভেতর স্থায়িত্ব অনুসন্ধান।

অবদান:

"One underlying principle" ধারণার সূচনা

Ontological Unity-র প্রথম বীজ

→ *U*-এর ontological ভিত্তির সূচনা

পিথাগোরাস ও গাণিতিক ঐক্য (খ্রি.পূ. ৫০০)

Pythagoras

ঘোষণা: "All is number"

বাস্তবতা গাণিতিক কাঠামো দ্বারা শাসিত।

প্রকৃতিকে formal ভাষায় প্রকাশযোগ্য হিসেবে কল্পনা।

অবদান:

বাস্তবতার গাণিতিক প্রকাশ সম্ভব-এই ধারণা প্রতিষ্ঠা

L_1 (Law) ধারণার সূচনা

→ সর্বতত্ত্বের formal ভাষার ভিত্তি

অ্যারিস্টটল: কাঠামোগত বাস্তবতা (খ্রি.পূ. ৪০০)
Aristotle
ধারণা: বাস্তবতা = কারণ, রূপ, উদ্দেশ্য
বাস্তবতা কেবল ঘটনা নয়; এটি কারণ, রূপ ও উদ্দেশ্যের কাঠামো।
সবকিছু যুক্তিবদ্ধ কাঠামোর অংশ।
অবদান:
বাস্তবতার systemic unity
যুক্তি, কারণ ও উদ্দেশ্যের সমন্বয়
→ **R (Total Reality)** ধারণার প্রাথমিক রূপ

ইসলামী স্বর্ণযুগ: জ্ঞান-নৈতিকতার ঐক্য (৮ম-১৩শ শতক)
আল-ফারাবি, ইবনে সিনা, আল-বিরুনি, ইবনে রুশদ
বাস্তবতা প্রয়োজনীয় ও সম্ভাব্য স্তরে বিভক্ত (Necessary vs Contingent)
প্রকৃতি ও যুক্তির ঐক্য
বিজ্ঞান নৈতিকতা থেকে বিচ্ছিন্ন নয়
অবদান:
নৈতিকতা ওপর্যবেক্ষকের দায়বদ্ধতার ধারণা
→ $\mathcal{U}$-এর কাঠামোগত পূর্বাভাস

বৈজ্ঞানিক বিপ্লব: আইনভিত্তিক ঐক্য (১৬-১৭শ শতক)
Galileo → Newton
সূত্র: Laws of Motion, Universal Gravitation
আকাশ ও পৃথিবী একই গাণিতিক আইনে শাসিত।
অবদান:
Universal Physical Laws (L_i)
বহু ঘটনাকে এক সূত্রে ব্যাখ্যা

উনবিংশ শতক: বলের একীকরণ
James Clerk Maxwell
সূত্র: Maxwell's Equations
বিদ্যুৎ, চৌম্বকত্ব ও আলো একীভূত।
অবদান:
Field unification
একাধিক আইন এক সূত্রে সংযুক্ত করা সম্ভব
→ বৃহত্তর একীকরণের বাস্তব সম্ভাবনা

বিশ শতক: ToE-এর আনুষ্ঠানিক লক্ষ্য

Albert Einstein

লক্ষ্য: Unified Field Theory

স্থান-কাল ও মহাকর্ষ একীভূত জ্যামিতিক কাঠামো।

অবদান:

বাস্তবতা = একক জ্যামিতিক আইন

! সীমাবদ্ধতা:

কোয়ান্টাম বাস্তবতা অন্তর্ভুক্ত হয়নি

→ সর্বতত্ত্বের লক্ষ্য স্পষ্ট, কিন্তু অসম্পূর্ণ

কোয়ান্টাম বিপ্লব: পর্যবেক্ষকের প্রত্যাবর্তন

Bohr, Heisenberg, Schrödinger

পর্যবেক্ষণ বাস্তবতাকে প্রভাবিত করে

অনিশ্চয়তা মৌলিক

অবদান:

O_k (Observer) অপরিহার্য উপাদান

! সীমাবদ্ধতা:

নৈতিক সীমা অনুপস্থিত

অস্তিত্বগত ঐক্য ভেঙে যায়

তথ্য ও চেতনা যুগ (২০-২১শ শতক)

Claude Shannon, John Wheeler

তথ্য বাস্তবতার মৌলিক পরিমাপ

চেতনা একটি গাণিতিক-তথ্যগত কাঠামো

অবদান:

বাস্তবতায় তথ্য ও চেতনার সংযোজন

→ সর্বতত্ত্ব আইন ও ঘটনা ছাড়িয়ে যায়

আধুনিক ব্যর্থতা: অসম্পূর্ণ একীকরণ

Multiverse, String Theory

অদৃশ্য সত্তার আধিক্য

পরীক্ষাযোগ্যতা দুর্বল

নৈতিক সীমা অনুপস্থিত

→ Formal completeness অর্জিত হয়নি

একক নীতি 𝓤: ঐতিহাসিক সমাপ্তি

উপরের প্রতিটি যুগ বাস্তবতার একটি অংশ উন্মোচন করেছে:

দর্শন ⟶ উদ্দেশ্য

গণিত ⟶ রূপ

বিজ্ঞান ⟶ আইন (L_i)

কোয়ান্টাম ⟶ পর্যবেক্ষক (O_k)

তথ্য ⟶ গঠন

নৈতিকতা ⟶ সীমা (M_l)

কিন্তু কোনো যুগই একত্রে $\mathbf{L_i, E_j, O_k, M_l}$ ধারণ করতে পারেনি।

একক নীতি:

$$\mathcal{U} \equiv \{L_i, E_j, O_k, M_l \mid \forall \subseteq R\}$$

এই সূত্রই প্রথমবারের মতো বাস্তবতাকে একটি **পূর্ণাঙ্গ, স্বয়ংসম্পূর্ণ কাঠামো** হিসেবে সংজ্ঞায়িত করে।

চূড়ান্ত ঘোষণা (Final Declaration)

একক নীতি 𝓤 কোনো ব্যক্তিগত দর্শন নয়, কোনো সাময়িক তত্ত্ব নয়। এটি মানব চিন্তার হাজার বছরের অভিযাত্রার যৌক্তিক, কাঠামোগত ও ঐতিহাসিক পরিণতি। দর্শন প্রশ্ন তুলেছিল, গণিত রূপ দিয়েছিল, বিজ্ঞান আইন দিয়েছে, কোয়ান্টাম সীমা দেখিয়েছে, চেতনা দায় আরোপ করেছে, নৈতিকতা দিকনির্দেশ দিয়েছে।

𝓤 এই সবকিছুর আনুষ্ঠানিক সমাপ্তি।

নোটেশন ও প্রতীক সারণি-একক নীতি ($\mathcal{U}$)

এই অধ্যায়ে *Unified Principle($\mathcal{U}$)*-এ ব্যবহৃত সকল প্রতীক, নোটেশন ও আনুষ্ঠানিক অভিব্যক্তির **প্রামাণ্য সংজ্ঞা** উপস্থাপন করা হলো।
সমগ্র থিসিস জুড়ে এই প্রতীকসমূহ **একই অর্থে ও সঙ্গতিপূর্ণভাবে** ব্যবহৃত হয়েছে।

১. মৌলিক কাঠামোগত প্রতীক (Core Structural Symbols)

প্রতীক	**সংজ্ঞা / অর্থ**	**প্রেক্ষাপট / মন্তব্য**
$\mathcal{U}$	একক নীতি (Unified Principle)	বাস্তবতার পূর্ণাঙ্গ কাঠামো; আইন, ঘটনা, পর্যবেক্ষক ও নৈতিক সীমাবদ্ধতার সমন্বয়
R	বাস্তবতা (Reality)	সমস্ত অস্তিত্ব ও ঘটনাবলির সামগ্রিক সমষ্টি; কাঠামোবদ্ধ ও পর্যবেক্ষক-সমন্বিত
L_i	আইন *i* (Law)	ভৌত, যৌক্তিক বা গাণিতিক আইন; R-এর উপসেট
E_j	ঘটনা *j* (Event)	R-এর ভেতরে সংঘটিত পরিবর্তন; ভৌত, কোয়ান্টাম, জৈবিক বা চেতনাগত
O_k	পর্যবেক্ষক *k* (Observer)	চেতনাসম্পন্ন এজেন্ট; ঘটনাকে নথিভুক্ত ও প্রভাবিত করে
M_l	নৈতিক সীমাবদ্ধতা *l*	বাস্তবতার ভেতরে অন্তর্নিহিত নৈতিক কাঠামো (সত্য, দায়বদ্ধতা, অপরিবর্তনীয়তা)

২. সেট-তাত্ত্বিক ও যৌক্তিক নোটেশন

প্রতীক	**অর্থ**	**মন্তব্য**
$\{\ \}$	সমষ্টি (Set)	উপাদানসমূহের সংগ্রহ
$\emptyset$	শূন্য সমষ্টি	কোনো উপাদান নেই
$\in$ / $\notin$	অন্তর্ভুক্ত / অন্তর্ভুক্ত নয়	সদস্যতা নির্দেশ
$\subseteq$ / $\subset$	উপসেট(সমান হতে পারে)/ প্রকৃত উপসেট	সেট-অন্তর্ভুক্তি
$\supseteq$	সুপারসেট	অন্তর্ভুক্তকারী সমষ্টি
$=$ / $\neq$	সমান / সমান নয়	গাণিতিক সমতা
$\equiv$ / $\triangleq$	সংজ্ঞাগত সমতা	প্রামাণ্য সংজ্ঞা
$\mid$, :	শর্ত / ক্ষেত্র	সেট সংজ্ঞায় ব্যবহৃত

প্রতীক	অর্থ	মন্তব্য
∀ / ∃	সকলের জন্য / অস্তিত্ব আছে	কোয়ান্টিফায়ার
¬, ∧, ∨	নয়, এবং, অথবা	যৌক্তিক অপারেটর
⇒ / ⇔ / ⟹	নির্দেশ করে / তখনই ও কেবল তখনই / আবশ্যিক নির্দেশ	
⊥ / T	স্ববিরোধ / সর্বদা সত্য	
∴	অতএব	সিদ্ধান্ত নির্দেশ

৩. ফাংশন, তথ্য ও সম্ভাব্যতা

নোটেশন	অর্থ	মন্তব্য
$f : O_k \times L_i \to E_j$	ঘটনা ফাংশন	আইন ও পর্যবেক্ষকের পারস্পরিক ক্রিয়ায় ঘটনা উৎপন্ন
$I(E_j)$	ঘটনার তথ্য	পর্যবেক্ষক-নথিভুক্ত, এনট্রপি-সামঞ্জস্যপূর্ণ
$Pr(E_j \mid O_k)$	শর্তাধীন সম্ভাবনা	পর্যবেক্ষক-নির্ভর সম্ভাব্যতা

৪. ভৌত ও কোয়ান্টাম নোটেশন

প্রতীক	অর্থ	মন্তব্য
$\Delta S \geq 0$	এনট্রপি নীতি	তাপগতিবিদ্যার দ্বিতীয় সূত্র
Δt	সময় বৃদ্ধির একক	এনট্রপি-নিয়ন্ত্রিত বাস্তবতায় অসমমিত
$\mathcal{H}$	হ্যামিল্টোনিয়ান	সিস্টেম শক্তি ও গতিবিদ্যা
Ψ	কোয়ান্টাম অবস্থা ভেক্টর	L_i ও E_j-এর মাধ্যমে $\mathcal{U}$-তে সংযুক্ত
$\sigma(E_j)$	কাঠামোগত সীমা ফাংশন	আইনগত ও নৈতিক সামঞ্জস্য নিশ্চিত করে

$\Delta S \geq 0$-এনট্রপি নীতি

(তাপগতিবিদ্যার দ্বিতীয় সূত্র)

বদ্ধ (বা কার্যত বদ্ধ) বাস্তব প্রক্রিয়ায় মোট এনট্রপি কখনো হ্রাস পায় না; সময়ের সাথে অপরিবর্তনীয়ভাবে বৃদ্ধি পায় অথবা অপরিবর্তিত থাকে।

অর্থগত ভূমিকা (𝒰 কাঠামোতে):

সময়ের অসমমিততা, তথ্যের দিকনির্দেশনা এবং ঘটনার অপরিবর্তনীয়তা নির্ধারণ করে; পর্যবেক্ষক-সমন্বিত বাস্তবতায় এটি একটি কাঠামোগত সীমা হিসেবে কাজ করে।

Δt-সময় বৃদ্ধির একক

(Observed Time Increment)

ঘটনার মধ্যে পর্যবেক্ষিত সময়ের ক্ষুদ্রতম অগ্রগতি; এটি উল্টানো যায় না।

$\Delta t > 0$

অর্থগত ভূমিকা (𝒰 কাঠামোতে):

এনট্রপি-নিয়ন্ত্রিত বাস্তবতায় সময়কে দিকনির্দেশিত করে এবং ঘটনাকে ক্রমানুসার প্রদান করে।

***ℋ*-হ্যামিল্টোনিয়ান**

(System Energy Operator)

একটি ভৌত বা কোয়ান্টাম সিস্টেমের মোট শক্তি ও গতিবিদ্যার গাণিতিক অপারেটর।

H: Dynamics of the system

অর্থগত ভূমিকা (𝒰 কাঠামোতে):

আইন L_i-এর ভেতরে শক্তি, পরিবর্তন ও গতির কাঠামোগত রূপ নির্ধারণ করে।

Ψ-কোয়ান্টাম অবস্থা ভেক্টর

(Quantum State Vector)

সিস্টেমের সকল সম্ভাব্য অবস্থার পূর্ণ গাণিতিক উপস্থাপন।

$\Psi \in H_{state}$

অর্থগত ভূমিকা (𝒰 কাঠামোতে):

সম্ভাব্যতা, পর্যবেক্ষণ ও ঘটনার মধ্যে সেতুবন্ধন তৈরি করে; L_i ও E_j-এর মাধ্যমে বাস্তবতায় প্রকাশ পায়।

$\sigma(E_j)$-কাঠামোগত সীমা ফাংশন

(Structural Constraint Function)

ঘটনার উপর আরোপিত আইনগত ও নৈতিক সীমা নির্দেশকারী ফাংশন।

$\sigma(E_j) \Rightarrow E_j*$

যেখানে E_j* হলো structurally admissible outcome

অর্থগত ভূমিকা (𝓤 কাঠামোতে):
ঘটনা যেন আইনগত ও নৈতিক কাঠামোর বাইরে না যায়-তা নিশ্চিত করে।

৫. একক নীতির প্রামাণ্য সংজ্ঞা (Canonical Definition)

$$\mathcal{U} \equiv \{L_i, E_j, O_k, M_l \mid \forall i,j,k,l: L_i, E_j, O_k, M_l \subseteq R\}$$

অর্থ: বাস্তবতার সকল আইন, ঘটনা, পর্যবেক্ষক ও নৈতিক সীমাবদ্ধতা বাস্তবতা R এর ভেতরেই সম্পূর্ণভাবে অন্তর্ভুক্ত।

"𝓤 হলো সেই একক কাঠামো যা আইন, ঘটনা, পর্যবেক্ষক ও নৈতিক সীমাবদ্ধতাকে একত্রিত করে এবং সমস্ত বাস্তবতা এই চারটি মৌলিক উপাদানের মধ্য দিয়ে স্ব-সমর্থিত ও আত্ম-সংবদ্ধ।"

৬. স্বীকার্য ও কাঠামোগত বৈশিষ্ট্য (Axiomatic Layer)

সমগ্র অন্তর্ভুক্তির স্বীকার্য: বাস্তবতার বাইরে কিছু নেই
আইনের প্রাধান্যের স্বীকার্য: আইন অস্তিত্বগতভাবে পূর্ববর্তী
ঘটনা নির্ভরতার স্বীকার্য: আইন ও পর্যবেক্ষক ছাড়া ঘটনা অসম্ভব
পর্যবেক্ষকের অপরিহার্যতা: পর্যবেক্ষক-শূন্য বাস্তবতা অসংগত
নৈতিক সীমাবদ্ধতা: নৈতিকতা ঐচ্ছিক নয়, কাঠামোগত
অ-হ্রাসযোগ্যতা: L, E, O, M-যেকোনো একটি বাদ দিলে 𝓤 ভেঙে পড়ে
পূর্ণতা: সকল সম্ভাব্য ঘটনা ও পর্যবেক্ষক 𝓤-তে অন্তর্ভুক্ত
অতীন্দ্রিয়তা: বাস্তবতার ভিত্তি হিসেবে একটি গ্রাউন্ডিং সত্তা যুক্তিগতভাবে আবশ্যক

৭. ব্যবহার সংক্রান্ত নোট (Usage Notes)

এই থিসিসে ব্যবহৃত সকল প্রতীক এই সারণি অনুযায়ী প্রামাণ্য।
নতুন প্রতীক প্রয়োগ করা হয়নি; সবকিছু 𝓤 কাঠামোর ভেতর সংযুক্ত।
পর্যবেক্ষক (O_k) ও নৈতিক সীমাবদ্ধতা (M_l) অস্তিত্বগতভাবে অ-হ্রাসযোগ্য।
কোয়ান্টাম, সম্ভাব্যতা ও তথ্যগত নোটেশন 𝓤-এর নৈতিক ও কাঠামোগত সীমা বজায় রেখে ব্যবহৃত।

Table of contents:

PART II - FORMAL FOUNDATION OF REALITY

অধ্যায় ০৪: বাস্তবতা (R)-এর সংজ্ঞা

অধ্যায় ০৫: আইন (L_i) - বাস্তবতার কাঠামো

অধ্যায় ০৬: ঘটনা (E_j) - পরিবর্তনের বাস্তবতা

অধ্যায় ০৭: পর্যবেক্ষক (O_k) - বাস্তবতার স্বাক্ষী

অধ্যায় ০৮: নৈতিক সীমা (M_l) - বাস্তবতার বিধান

PART III - UNIFIED PRINCIPLE(𝓤)

PART IV - SCIENTIFIC MAPPING TO 𝓤

Appendices

PART I-THE CRISIS OF FRAGMENTED KNOWLEDGE

অধ্যায় ০১: বাস্তবতা অনুসন্ধানের সংকট

১.১ আধুনিক বিজ্ঞানের সাফল্য ও সীমাবদ্ধতা

১.১.১ একটি অদৃশ্য কিন্তু গভীর সংকট

মানব সভ্যতা আজ তথ্যের প্রাচুর্যে ভরপুর, কিন্তু **অর্থের দারিদ্র্যে** আক্রান্ত।
আমাদের হাতে রয়েছে-
মহাবিশ্বের সূক্ষ্মতম কণার সমীকরণ
বিলিয়ন আলোকবর্ষ বিস্তৃত মহাকাশের মানচিত্র
নিউরনের বৈদ্যুতিক সংকেতের বিশদ বিবরণ
তবুও একটি মৌলিক প্রশ্ন আজও অনুত্তরিত রয়ে গেছে:
“এই সমস্ত জ্ঞান মিলিয়ে বাস্তবতা আসলে কী?”
এই প্রশ্নের ব্যর্থ উত্তরই এই অধ্যায়ের কেন্দ্রীয় সমস্যা।
আধুনিক জ্ঞানব্যবস্থা বাস্তবতাকে **খণ্ডে খণ্ডে** ব্যাখ্যা করতে সক্ষম হয়েছে,
কিন্তু বাস্তবতাকে **একটি পূর্ণ সত্তা হিসেবে** ব্যাখ্যা করতে ব্যর্থ হয়েছে।
এই ব্যর্থতা কোনো একটি শাখার নয়-
এটি একটি **সামষ্টিক বুদ্ধিবৃত্তিক সংকট**।

১.১.২ আধুনিক বিজ্ঞান ও সফল জ্ঞানপ্রকল্প

এটি অস্বীকার করার উপায় নেই যে আধুনিক বিজ্ঞান মানব ইতিহাসের সবচেয়ে সফল জ্ঞানপ্রকল্প।
আমরা জানি-
নিউটনের সূত্রে গ্রহের গতি
ম্যাক্সওয়েলের সমীকরণে আলো
শ্রোডিঙ্গারের সমীকরণে কণার সম্ভাবনা
আইনস্টাইনের জ্যামিতিতে সময় ও স্থান
এই সাফল্যগুলো বাস্তবতার **আচরণ** ব্যাখ্যা করে,
কিন্তু বাস্তবতার **অস্তিত্বগত অবস্থা** (ontological status) ব্যাখ্যা করে না।
এখানে একটি সূক্ষ্ম কিন্তু মৌলিক বিভ্রান্তি কাজ করে
আধুনিক বিজ্ঞান ধরে নেয়-

"যদি আমরা আচরণ ব্যাখ্যা করতে পারি,
তাহলে বাস্তবতাও ব্যাখ্যা করা হয়ে গেছে।"
এটি একটি **ক্যাটাগরি এরর**।
কারণ:
আচরণ ≠ অস্তিত্ব
সমীকরণ ≠ বাস্তবতা
মডেল ≠ যা মডেল করা হচ্ছে
বিজ্ঞান বাস্তবতাকে describe করে,
কিন্তু বাস্তবতাকে ground করে না।

১. ১.৩ সাফল্যের প্রকৃতি: Why science works?

বিজ্ঞানের সবচেয়ে বড় রহস্য তার ব্যর্থতা নয়, বরং তার **কার্যকারিতা**।
প্রশ্ন হলো-
কেন গাণিতিক সমীকরণ প্রকৃতির সাথে মিলে যায়?
কেন বাস্তবতা নিয়ম মেনে চলে?
কেন আইনগুলো সর্বত্র একরূপ?
এই প্রশ্নগুলো **বৈজ্ঞানিক নয়,**
কিন্তু **বিজ্ঞানের পূর্বশর্ত**।
অর্থাৎ-
বিজ্ঞান সফল হতে পারে কেবল তখনই,
যখন বাস্তবতা পূর্বেই একটি **আইন-সংগঠিত কাঠামো**।
এই কাঠামোটি বিজ্ঞান সৃষ্টি করেনি-
বিজ্ঞান কেবল সেটিকে আবিষ্কার করেছে।
কিন্তু আধুনিক বিজ্ঞান এই কাঠামোর **উৎস নিয়ে নীরব**।

১.১.৪ সীমাবদ্ধতার সূচনা

যেখানে বিজ্ঞান থেমে যায়-
"কেন এই আইন, অন্যটি নয়?"
"আইনগুলো কেন অস্তিত্বশীল?"
"আইন ভাঙা যায় না কেন?"
"আইনের বাইরে কি কিছু আছে?"
এই প্রশ্নগুলোকে বিজ্ঞান বলে-
"Metaphysical."
কিন্তু সমস্যা হলো-
এই প্রশ্নগুলোর উত্তর ছাড়া
বিজ্ঞান নিজেই **ভিত্তিহীন** হয়ে পড়ে।

১.২ আইন-নির্ভর ব্যাখ্যার ঘাটতি

আধুনিক বাস্তবতা-বর্ণনার সবচেয়ে বড় অনুমান হলো-
বাস্তবতা = আইনসমূহের সমষ্টি
এই ধারণাটি প্রথমে কার্যকর মনে হলেও, গভীরে গেলে এটি ভেঙে পড়ে।

কারণ ১: আইন নিজে কিছু ঘটায় না
একটি আইন কখনো-
ঘটনা সৃষ্টি করে না
পরিবর্তন ঘটায় না
সময় শুরু করে না
আইন হলো **বর্ণনামূলক কাঠামো**, কার্যকর এজেন্ট নয়।
যেমন-
মাধ্যাকর্ষণের সূত্র আপেলকে ফেলায় না,
বরং আপেল পড়ার ঘটনাকে ব্যাখ্যা করে।
তাহলে প্রশ্ন উঠে-
ঘটনাটি ঘটল কেন?
আইন এখানে **নীরব**।

কারণ ২: আইন ও ঘটনা এক জিনিস নয়
যদি বাস্তবতা কেবল আইন হতো,
তাহলে বাস্তবতা হতো স্থির, অপরিবর্তনশীল।
কিন্তু বাস্তবতা-
ঘটনার ধারাবাহিকতা
পরিবর্তনের প্রবাহ
সময়গত গতি
অতএব:
Law ≠ Event
আইন ব্যাখ্যা করে
ঘটনা ঘটে
এই পার্থক্য না মানলে
বাস্তবতা একটি বিমূর্ত সূত্রে পরিণত হয়-জীবনহীন, অর্থহীন।

কারণ ৩: আইন নিজের অস্তিত্ব ব্যাখ্যা করতে পারে না
সবচেয়ে গুরুতর সমস্যা এখানেই।
একটি আইন-
নিজের উৎস ব্যাখ্যা করতে পারে না

নিজের প্রয়োজনীয়তা প্রমাণ করতে পারে না
নিজের সীমা নির্ধারণ করতে পারে না
অতএব, আইন-নির্ভর বাস্তবতা হলো-
একটি **self-explaining system,**
যা যৌক্তিকভাবে অসম্ভব।

এ পর্যন্ত আমরা দেখলাম-
বিজ্ঞান অত্যন্ত সফল, কিন্তু ভিত্তিগতভাবে অসম্পূর্ণ
আইন বাস্তবতার আচরণ ব্যাখ্যা করে, অস্তিত্ব নয়
আইন একা বাস্তবতার পূর্ণ কাঠামো হতে পারে না।
এখান থেকেই জন্ম নেয় পরবর্তী সংকট-
যদি আইন যথেষ্ট না হয়,
তবে কে বা কী বাস্তবতাকে সাক্ষ্য দিচ্ছে?
এই প্রশ্ন আমাদের নিয়ে যাবে **পর্যবেক্ষক সমস্যার** দিকে।

১.৩ পর্যবেক্ষক সমস্যার উত্থান

আধুনিক জ্ঞানতত্ত্বের সবচেয়ে অস্বস্তিকর প্রশ্নটি বিজ্ঞান নিজেই সৃষ্টি করেছে, কিন্তু সমাধান করতে পারেনি-
বাস্তবতা কি পর্যবেক্ষক ছাড়াও সম্পূর্ণ?
প্রথাগত দৃষ্টিতে বিজ্ঞান দীর্ঘদিন ধরে ধরে নিয়েছে-
পর্যবেক্ষক একটি বাহ্যিক সত্তা
যে কেবল বাস্তবতাকে observe করে,
কিন্তু বাস্তবতার কাঠামোতে অংশ নেয় না।
এই ধারণাটি classical physics-এ কার্যকর ছিল,
কিন্তু আধুনিক বিজ্ঞানের ভেতরেই এটি ভেঙে পড়ে।

১.৩.১ Classical ধারণা: Observer as a passive recorder

নিউটনীয় বিশ্বে-
বস্তু আছে
আইন আছে
পর্যবেক্ষক শুধু নোট নেয়
এখানে বাস্তবতা ছিল-
observer-independent
এই মডেল তখনই ভেঙে পড়ে,
যখন বিজ্ঞান নিজেই তার গভীরে প্রবেশ করে।

১.৩.২ Quantum mechanics: পর্যবেক্ষকের অনিবার্যতা

কোয়ান্টাম মেকানিক্স একটি অস্বস্তিকর সত্য সামনে আনে-
পরিমাপ ছাড়া অবস্থা নির্ধারিত নয়
পর্যবেক্ষণ নিজেই ফল পরিবর্তন করে
wavefunction collapse একটি physical নয়, informational ঘটনা
এখানে প্রশ্ন উঠে-
যদি পর্যবেক্ষণ না করা হয়,
তাহলে "ঘটনা" আদৌ ঘটে কি?
এই প্রশ্নটি **প্রযুক্তিগত নয়,**
এটি **অস্তিত্বগত**।
অর্থাৎ-
ঘটনা (Event) নিরপেক্ষ নয়
বাস্তবতা আর observer-free নয়

১.৩.৩ Observer: object না subject?

এই পর্যায়ে বিজ্ঞান এক অদ্ভুত দ্বিধায় পড়ে-
পর্যবেক্ষক যদি কেবল বস্তু হয় → সে আর পর্যবেক্ষক নয়
পর্যবেক্ষক যদি বিষয় (subject) হয় → সে বিজ্ঞানের বাইরে
ফলাফল:
পর্যবেক্ষক neither fully physical,
nor dismissible.
এটি একটি **ontological anomaly**।

১.৩.৪ Information registration ও বাস্তবতার স্বীকৃতি

একটি ঘটনা তখনই "বাস্তব" হয়,
যখন তা কোথাও **নিবন্ধিত** হয়।
নিবন্ধন মানে-
তথ্য ধারণ
পার্থক্য সংরক্ষণ
স্মৃতি বা রেকর্ড
কিন্তু তথ্য কখনোই শূন্যে থাকে না।
তথ্য সবসময় **কারো জন্য তথ্য**।
অতএব-
Observer ছাড়া তথ্য নেই,
তথ্য ছাড়া ঘটনা নেই,
ঘটনা ছাড়া বাস্তবতা অসম্পূর্ণ।
এই সিদ্ধান্ত classical worldview-এর সাথে সাংঘর্ষিক,
কিন্তু আধুনিক বিজ্ঞানের ভেতর থেকেই অনিবার্য।

১.৪ নৈতিকতার অবস্থানহীনতা

এখন আমরা আরেকটি গভীর সংকটে পৌঁছাই-
যেটি বিজ্ঞানের বাইরের বলে এড়িয়ে যাওয়া হয়,
কিন্তু বাস্তবতার ভেতর থেকেই উঠে আসে।
নৈতিকতা বাস্তবতার কোথায় অবস্থান করে?

১.৪.১ আধুনিক বিভাজন: fact বনাম value

আধুনিক চিন্তা জগত একটি কঠোর বিভাজন তৈরি করেছে-
বিজ্ঞান → fact
নৈতিকতা → value
এই বিভাজনের ফলাফল ভয়াবহ।
কারণ-
fact বাধ্যতামূলক
value ঐচ্ছিক
অতএব নৈতিকতা হয়ে যায়-
ব্যক্তিগত
সংস্কৃতিনির্ভর
আপেক্ষিক
কিন্তু বাস্তব জীবনে-
সিদ্ধান্তের ফল বাস্তব
অন্যায় ক্ষতি বাস্তব
দায়িত্ব এড়ানো অসম্ভব
এই দ্বৈততা বাস্তবতার সাথে অসামঞ্জস্যপূর্ণ।

১.৪.২ Responsibility without grounding

যদি বাস্তবতা কেবল-
কণা
শক্তি
সমীকরণ
তাহলে প্রশ্ন আসে-
দায়বদ্ধতা আসে কোথা থেকে?
একটি নিউরন দায়ী নয়
একটি ইলেকট্রন নৈতিক নয়
একটি সমীকরণ অপরাধ করে না
তবুও আমরা-
বিচার করি

দোষ দিই
ন্যায় দাবি করি
এটি একটি বাস্তব অভিজ্ঞতা,
কোনো আবেগীয় কল্পনা নয়।
কিন্তু আধুনিক worldview-এ এর **কোনো ontological স্থান নেই**।

১.৪.৩ Irreversibility ও নৈতিক দিক
বাস্তবতা কেবল ঘটে না,
এটি **ফিরে আসে না**।
একটি সিদ্ধান্ত-
সময়ের ভেতর প্রবেশ করে
পরিবর্তন ঘটায়
অপরিবর্তনীয় ছাপ রেখে যায়
এই irreversibility কেবল পদার্থবিজ্ঞানের বিষয় নয়,
এটি **নৈতিক বাস্তবতা**।
কিন্তু যদি বাস্তবতা নৈতিকভাবে নিরপেক্ষ হয়,
তাহলে এই "অপরিবর্তনীয়তা" অর্থহীন হয়ে পড়ে।
অর্থহীনতা এখানে বাস্তবতার বিরুদ্ধে যায়।

১.৪.৪ Moral realism-এর সংকট
আধুনিক চিন্তা বলে-
নৈতিকতা "useful fiction"
কিন্তু একটি fiction কখনো-
বাধ্যতামূলক হয় না
সর্বজনীন হয় না
অস্বীকার করলে ভেঙে পড়ে
নৈতিকতা ঠিক তার বিপরীত-
সর্বত্র দাবি তোলে
অস্বীকার করলে সমাজ ভেঙে পড়ে
সিদ্ধান্তকে দায়বদ্ধ করে
অতএব নৈতিকতা যদি বাস্তব না হয়,
তাহলে সভ্যতাই বাস্তব নয়।
এই সিদ্ধান্ত গ্রহণযোগ্য নয়।

১.৫ একটি ঐক্যবদ্ধ কাঠামোর প্রয়োজন

এই অধ্যায়ে আমরা তিনটি ভিন্ন সংকট বিশ্লেষণ করেছি-
আইন যথেষ্ট নয়
ঘটনা observer ছাড়া অসম্পূর্ণ
নৈতিকতা বর্তমান কাঠামোতে স্থানহীন
এই তিনটি সংকট আলাদা নয়-
এগুলো একই সমস্যার ভিন্ন প্রকাশ।

১.৫.১ Fragmentation-এর মূল সমস্যা

আধুনিক চিন্তা বাস্তবতাকে ভেঙেছে-
Physics → law
Experience → mind
Ethics → opinion
এই বিভাজনের ফলে-
কোনো অংশই পূর্ণ নয়।
বাস্তবতা একটি সমষ্টি,
কিন্তু আমরা সেটিকে খণ্ডিত করেছি।

১.৫.২ কী অনুপস্থিত?

অনুপস্থিত বিষয়গুলো হলো-
এমন একটি কাঠামো যেখানে
আইন বাস্তব
ঘটনা ঘটে
পর্যবেক্ষক অংশগ্রহণ করে
নৈতিকতা বাধ্যতামূলক
এই চারটি উপাদান একত্রে না থাকলে-
বাস্তবতা নিজেই অসম্পূর্ণ।

১.৫.৩ Unified framework-এর শর্ত

একটি গ্রহণযোগ্য কাঠামো হতে হলে-
এটি বিজ্ঞানবিরোধী হবে না
এটি observer-কে বাদ দেবে না
এটি নৈতিকতাকে কল্পনা বলবে না
এটি নিজেকে ব্যাখ্যা করতে সক্ষম হবে

অর্থাৎ-
এটি হবে **axiomatic,**
কিন্তু **closed নয়**।

১.৫.৪ Unified Principle(𝓤)-এর পূর্বাভাস

এই প্রয়োজন থেকেই জন্ম নেয়-
$\mathcal{U} \equiv \{L, E, O, M \subseteq R\}$

এটি কোনো অনুমান নয়,
বরং এই অধ্যায়ের যৌক্তিক পরিণতি।
পরবর্তী অধ্যায় থেকে আমরা-
এই কাঠামোর **formal নির্মাণ** শুরু করব।

উপসংহারঃ
বাস্তবতা সম্পর্কে বর্তমান জ্ঞান-
শক্তিশালী
নির্ভুল
কিন্তু অসম্পূর্ণ
এই অসম্পূর্ণতা কোনো তথ্যের অভাব নয়,
এটি **কাঠামোগত বিভ্রান্তি**।
এই বিভ্রান্তি দূর না হলে-
বিজ্ঞান নিজেই নিজের ভিত্তি হারাবে।

অধ্যায় ০২-এ আমরা দেখব-
এই সংকট কীভাবে **পদার্থবিজ্ঞানের ভেতরেই** প্রকট হয়েছে।

অধ্যায় ০২: পদার্থবিজ্ঞানের অসম্পূর্ণতা

২.১ Classical determinism-এর সীমা

আধুনিক পদার্থবিজ্ঞানের ইতিহাস শুরু হয় এক গভীর আত্মবিশ্বাস দিয়ে-
এই বিশ্বাস যে, **বাস্তবতা সম্পূর্ণরূপে নির্ধারিত (deterministic)**।
এই ধারণাটি শুধু বৈজ্ঞানিক নয়, এটি একটি **সম্পূর্ণ** **worldview** নির্মাণ করেছিল।

২.১.১ Classical determinism কী?

Classical determinism-এর মৌলিক দাবি ছিল-
যদি কোনো সিস্টেমের
- প্রাথমিক অবস্থা (initial conditions)
- এবং প্রযোজ্য আইন (laws)
সম্পূর্ণ জানা থাকে,
তবে তার ভবিষ্যৎ ও অতীত **সম্পূর্ণভাবে নির্ণেয়**।
এই ধারণার সবচেয়ে বিখ্যাত রূপ-
Laplace's Demon
একটি কাল্পনিক বুদ্ধিমত্তা,
যে যদি মহাবিশ্বের প্রতিটি কণার অবস্থান ও ভরবেগ জানে,
তবে সে ভবিষ্যৎ-অতীত সব গণনা করতে পারবে।
এখানে বাস্তবতা হয়ে ওঠে-
একটি বিশাল যান্ত্রিক ঘড়ি
যেখানে অনিশ্চয়তার কোনো স্থান নেই
যেখানে নতুন কিছু সত্যিকার অর্থে "ঘটে" না
সবকিছু কেবল unfold হয়।

২.১.২ Determinism কেন আকর্ষণীয় ছিল?

এই দৃষ্টিভঙ্গি আকর্ষণীয় হওয়ার কয়েকটি গভীর কারণ আছে-

(ক) গাণিতিক সৌন্দর্য

Newtonian mechanics অসাধারণভাবে সফল ছিল।
একই সমীকরণ-
গ্রহের গতি ব্যাখ্যা করে
কামানের গোলার পথ নির্ণয় করে
জোয়ার-ভাটা গণনা করে

এটি মনে করিয়ে দেয়-
বাস্তবতা যেন নিজেই গণিত।

(খ) Ontological simplicity

একটি সোজা ধারণা:
কণা আছে
শক্তি আছে
আইন আছে
এর বাইরে কিছু দরকার নেই।

(গ) Observer exclusion

পর্যবেক্ষককে বাস্তবতার বাইরে রাখা যায়।
সে কেবল হিসাব করে, অংশ নেয় না।
এটি বিজ্ঞানকে "objectively pure" মনে করিয়েছে।

২.১.৩ Determinism-এর গোপন অনুমানসমূহ

কিন্তু এই কাঠামোটি দাঁড়িয়ে ছিল কয়েকটি **অপ্রমাণিত অনুমানের ওপর-**
প্রাথমিক অবস্থা সম্পূর্ণভাবে সংজ্ঞায়িত
আইন সময়ের সাথে অপরিবর্তনীয়
পরিমাপ অসীমভাবে নিখুঁত হতে পারে
বাস্তবতা observer-independent
এই চারটি অনুমান একসাথে না মানলে
classical determinism ভেঙে পড়ে।

২.১.৪ প্রথম ফাটল: Practical impossibility

প্রথম সমস্যা ছিল বাস্তবিক-
কোনো বাস্তব সিস্টেমে:
অসীম নিখুঁত প্রাথমিক অবস্থা জানা যায় না
সামান্য ত্রুটি সময়ের সাথে বৃদ্ধি পায়
এখান থেকেই আসে-
Chaos theory
Chaos কোনো আইনভঙ্গ নয়,
এটি determinism-এর সীমা প্রকাশ করে।
একটি deterministic system-
আইনের দিক থেকে নির্ধারিত
কিন্তু ভবিষ্যৎ কার্যত অজানা
এটি determinism-এর প্রথম আঘাত।

২.১.৫ Ontological সীমা: ঘটনা কি সত্যিই নির্ধারিত?

Chaos theory একটি গুরুত্বপূর্ণ প্রশ্ন তোলে-
যদি ভবিষ্যৎ কার্যত অনির্ণেয় হয়,
তবে determinism বাস্তব নাকি কেবল আদর্শিক?
এখানে determinism নিজেই দুটি ভাগে বিভক্ত হয়-

Epistemic determinism
(আমরা জানি না)

Ontological determinism
(বাস্তবতা নিজেই নির্ধারিত)

Classical physics এই দুইটিকে গুলিয়ে ফেলেছিল।
কিন্তু আধুনিক বিশ্লেষণে এগুলো এক নয়।

২.১.৬ Time symmetry ও সমস্যার গভীরতা

Classical laws সময়ের ক্ষেত্রে symmetric-
অতীত ↔ ভবিষ্যৎ সমান
কিন্তু বাস্তবতা তা নয়।
বাস্তবতায়- ভাঙা কাপ জোড়া লাগে না
সিদ্ধান্ত ফিরিয়ে নেওয়া যায় না
ঘটনা ছাপ রেখে যায়

এই time asymmetry
classical determinism ব্যাখ্যা করতে পারে না।
আইন বলে- সব উল্টো করা সম্ভব
বাস্তবতা বলে- না।
এখানেই determinism বাস্তবতার সাথে বিচ্ছিন্ন হয়।

২.১.৭ Freedom ও responsibility সমস্যা

Classical determinism-এর একটি নীরব ফলাফল-
যদি সবকিছু পূর্বনির্ধারিত হয়,
তবে **দায়িত্ব** একটি বিভ্রম।
কারণ- সিদ্ধান্ত আগে থেকেই নির্ধারিত
পছন্দ একটি illusion
নৈতিকতা কেবল সামাজিক চুক্তি
কিন্তু এই ফলাফল-
আমাদের অভিজ্ঞতার বিরুদ্ধে
সমাজের কাঠামোর বিরুদ্ধে
বিজ্ঞানের নিজের নৈতিক দাবির বিরুদ্ধে

একটি তত্ত্ব যদি-
নিজের ব্যবহারকারীর দায় অস্বীকার করে,
তাহলে সেই তত্ত্ব **self-undermining**।

২.১.৮ Determinism ও Observer exclusion-এর ব্যর্থতা

Classical determinism সফল হতে পেরেছিল কারণ-
সে observer-কে বাদ দিয়েছিল।
কিন্তু আমরা ইতিমধ্যে দেখেছি-
observer বাদ দিলে-
ঘটনা অসম্পূর্ণ
তথ্য অনিবন্ধিত
বাস্তবতা অর্থহীন
অতএব determinism যে বাস্তবতা বর্ণনা করে,
তা **বাস্তব বাস্তবতা নয়,**
বরং একটি observer-stripped abstraction।

২.১.৯ সীমার চূড়ান্ত রূপ

এখন আমরা স্পষ্টভাবে বলতে পারি-
Classical determinism ব্যর্থ হয় কারণ-
এটি বাস্তব ঘটনাকে আইন দিয়ে প্রতিস্থাপন করে
এটি সময়ের দিকনির্দেশনা ব্যাখ্যা করতে পারে না
এটি observer ও agency বাদ দেয়
এটি নৈতিক বাস্তবতাকে অস্বীকার করে
এটি নিজেকে বাস্তবতার সমার্থক ধরে নেয়
এই ব্যর্থতা কোনো গাণিতিক ভুল নয়,
এটি **ontological incompleteness**।

অন্তবর্তী উপসংহার

Classical determinism ছিল বাস্তবতা বোঝার এক সাহসী প্রয়াস।
কিন্তু-
সাহস ≠ পূর্ণতা
সফলতা ≠ সমাপ্তি
Determinism বাস্তবতার একটি অংশ ধরতে পেরেছে,
কিন্তু বাস্তবতাকে পুরো ধরতে পারেনি।
এই সীমা থেকেই জন্ম নেয়- **Quantum indeterminacy**

২.২ Quantum indeterminacy ও পরিমাপ সমস্যা

Classical determinism-এর সীমা উন্মোচিত হওয়ার পর পদার্থবিজ্ঞান একটি গভীর মোড় নেয়।
এই মোড় কোনো নতুন সমীকরণ নয়,
বরং **বাস্তবতা সম্পর্কে ধারণার মৌলিক ভাঙন**।
Quantum mechanics কেবল নতুন গণিত আনেনি-
এটি প্রশ্ন করেছে:
বাস্তবতা কি নির্ধারিত না কি সম্ভাব্য?

২.২.১ Indeterminacy: জ্ঞানের ঘাটতি নয়, বাস্তবতার বৈশিষ্ট্য

প্রথম ও সবচেয়ে গুরুত্বপূর্ণ পার্থক্যটি এখানে-
Quantum indeterminacy মানে এই নয় যে
আমরা যথেষ্ট জানি না।
বরং এটি বলে-
বাস্তবতা নিজেই নির্দিষ্ট নয়।
Heisenberg uncertainty principle কোনো প্রযুক্তিগত সীমা নয়,
এটি ontological statement।
অবস্থান ও ভরবেগ একসাথে নির্দিষ্ট নয়
ভবিষ্যৎ অবস্থা সম্ভাবনার বণ্টন
এখানে determinism কেবল ব্যর্থ নয়-
এটি **অপ্রযোজ্য**।

২.২.২ Probability: ignorance না structure?

Classical probability ছিল-
অজ্ঞতার সূচক
Quantum probability ভিন্ন-
এটি বাস্তবতার কাঠামো
Wavefunction (ψ) কোনো বস্তু নয়,
এটি সম্ভাবনার গাণিতিক কাঠামো।
কিন্তু এই সম্ভাবনা-
কেবল গণনা নয়
এটি বাস্তবের সম্ভাব্য রূপ
অতএব বাস্তবতা হয়ে ওঠে-
Probability-weighted structure
এটি classical ontology-র সাথে অসামঞ্জস্যপূর্ণ।

২.২.৩ পরিমাপ সমস্যা: কোথায় ঘটে বাস্তবতা?

Quantum mechanics-এর সবচেয়ে অস্বস্তিকর প্রশ্ন-
পরিমাপের সময় কী ঘটে?
পরিমাপের আগে-
সিস্টেম বহু অবস্থার superposition
পরিমাপের পরে-
একটি নির্দিষ্ট ফল
এই রূপান্তরটি-
কোনো ভৌত আইন দিয়ে ব্যাখ্যাত নয়
কোনো সমীকরণে নেই
এটি একটি **theoretical gap**।

২.২.৪ Collapse: physical না informational?

Wavefunction collapse-
কোথায় ঘটে?
কখন ঘটে?
কার জন্য ঘটে?
যদি collapse physical হয়-
তাহলে কোন বল (force) কাজ করে?
যদি collapse informational হয়-
তাহলে তথ্য কোথায় নিবন্ধিত?
এই প্রশ্নগুলো physics-এর নয়,
এগুলো **reality structure**-এর প্রশ্ন।

২.২.৫ Observer সমস্যা: বাদ দেওয়া যায় না

Quantum mechanics-এ observer কেবল সুবিধাজনক নয়,
সে **অপরিহার্য**।
কারণ-
পরিমাপ ছাড়া ফল নেই
ফল ছাড়া ঘটনা নেই
ঘটনা ছাড়া বাস্তবতা অসম্পূর্ণ
Observer বাদ দিলে-
theory কাজ করে
কিন্তু reality গঠিত হয় না
এই দ্বন্দ্বটি ইচ্ছাকৃত নয়,
এটি অনিবার্য।

২.২.৬ Interpretation multiplicity: সমস্যার প্রমাণ

Quantum mechanics-এর অসংখ্য interpretation আছে-
Copenhagen
Many-worlds
Bohmian
Objective collapse
এই বহুত্ব কোনো শক্তি নয়,
এটি একটি **symptom**।
একটি পূর্ণ তত্ত্বের interpretation দরকার হয় না।
Interpretation দরকার হয় তখনই,
যখন ontology অসম্পূর্ণ।

২.২.৭ Time, irreversibility ও quantum gap

Quantum laws সময়ের ক্ষেত্রে symmetric,
কিন্তু পরিমাপ নয়।
একবার collapse হলে-
আগের superposition ফিরে আসে না
তথ্য চিহ্ন রেখে যায়
এই irreversibility-
classical thermodynamics-এর সাথে মিল রাখে
কিন্তু quantum laws-এ ভিত্তি পায় না
এখানে আবার দেখা যায়-
আইন ও ঘটনার বিচ্ছিন্নতা।

২.২.৮ Quantum mechanics কি বাস্তবতার সম্পূর্ণ বর্ণনা?

নিজেদের ভাষাতেই quantum pioneers স্বীকার করেছিলেন-
"The theory works, but we don't know what it means."
এই স্বীকারোক্তি গুরুত্বপূর্ণ।
কারণ-
একটি তত্ত্ব যদি-
নিখুঁত পূর্বাভাস দেয়
কিন্তু বাস্তবতা ব্যাখ্যা না করে
তাহলে সেটি **instrumentally complete,**
কিন্তু **ontologically incomplete**।

২.২.৯ Quantum indeterminacy-এর গভীর ফলাফল

Quantum indeterminacy আমাদের বাধ্য করে মানতে-
বাস্তবতা সম্ভাবনামূলক

ঘটনা পরিমাপের সাথে যুক্ত
Observer বাস্তবতার অংশ
আইন যথেষ্ট নয়
বাস্তবতা তথ্যনির্ভর
এই পাঁচটি সিদ্ধান্ত-
classical worldview-কে অকার্যকর করে।

অন্তবর্তী উপসংহার
Quantum mechanics determinism ভেঙে দেয়,
কিন্তু বাস্তবতাকে পূর্ণ করে না।
এটি আমাদের দেখায়-
আইন যথেষ্ট নয়
ঘটনা স্বাধীন নয়
observer বাদ দেওয়া যায় না
কিন্তু এটি এখনো বলে না-
এই সবকিছু একত্রে কীভাবে থাকে।
এই প্রশ্নই নিয়ে যাবে-
সময়, আপেক্ষিকতা এবং বাস্তবতার প্রকৃতির দিকে।

২.৩ Relativity ও সময়ের প্রকৃতি

Classical determinism ভেঙেছে **কারণ** অনিশ্চয়তা,
Quantum mechanics ভেঙেছে **কারণ** পরিমাপ ও observer।
কিন্তু বাস্তবতার সবচেয়ে গভীর স্তরে যে ধারণাটি ভেঙে পড়ে-
তা হলো **সময় নিজেই**।
এই ভাঙনটি ঘটে **Relativity**-এর মাধ্যমে।

২.৩.১ Absolute time-এর অবসান

Classical physics-এর সবচেয়ে নীরব কিন্তু শক্তিশালী অনুমান ছিল-
সময় সবার জন্য একই, সর্বত্র একই।
নিউটন নিজেই বলেছিলেন-
সময় "নিজের স্বভাবেই প্রবাহিত হয়।"
Einstein এই ধারণাটি সম্পূর্ণ বাতিল করেন।
Relativity দেখায়-
সময় পর্যবেক্ষকনির্ভর
গতি ও মাধ্যাকর্ষণে সময় পরিবর্তিত হয়
কোনো সর্বজনীন "now" নেই
অতএব সময় আর-
একটি পটভূমি নয়
একটি নিরপেক্ষ ধারক নয়
সময় বাস্তবতার **ভিতরের কাঠামো**।

২.৩.২ Spacetime: ঘটনা-নির্ভর বাস্তবতা

Relativity-এ মৌলিক একক আর বস্তু নয়-
Event।
একটি event মানে-
কোথায় (space)
কখন (time)
এই দুই আলাদা নয়।
তারা একত্রে-
spacetime point।
এর অর্থ-
বাস্তবতা ঘটনার সমষ্টি
সময় ঘটনার বাইরে নেই
সময় কোনো স্বাধীন সত্তা নয়

এখানে আমরা আবার দেখি-
Event ছাড়া বাস্তবতা অসম্পূর্ণ

২.৩.৩ Simultaneity-এর পতন
সবচেয়ে অস্বস্তিকর ফলাফল-
দুইটি ঘটনা এক পর্যবেক্ষকের কাছে একসাথে ঘটতে পারে,
কিন্তু অন্য পর্যবেক্ষকের কাছে নয়।
এটি কোনো বিভ্রম নয়,
এটি বাস্তবতার গঠন।
অতএব-
সময়ের ক্রম absolute নয়
ঘটনার বিন্যাস observer-নির্ভর
এই ফলাফল classical objectivity-কে ভেঙে দেয়।

২.৩.৪ Block universe ও তার সংকট
Relativity থেকে জন্ম নেয় একটি ধারণা-
Block universe।
এখানে-
অতীত, বর্তমান, ভবিষ্যৎ-সব সমানভাবে "অস্তিত্বশীল"
সময় প্রবাহ একটি মানসিক অভিজ্ঞতা
এই মডেলটি গাণিতিকভাবে সুন্দর,
কিন্তু ontologically সমস্যাযুক্ত।
কারণ-
এতে "ঘটা" বলে কিছু নেই
পরিবর্তন একটি illusion
সিদ্ধান্ত অর্থহীন
কিন্তু বাস্তবতা-
ঘটে
পরিবর্তিত হয়
অপরিবর্তনীয় ছাপ রাখে
Block universe বাস্তবতার **অভিজ্ঞতাগত ও নৈতিক দিক** মুছে দেয়।

২.৩.৫ Time asymmetry: আইন বনাম বাস্তবতা
Relativity-এর আইন সময়ের ক্ষেত্রে symmetric,
কিন্তু বাস্তবতা নয়।
বাস্তবতায়-
কারণ → ফল

সিদ্ধান্ত → পরিণতি
অতীত অপরিবর্তনীয়
এই **arrow of time-**
কেবল thermodynamics নয়
কেবল পরিসংখ্যান নয়
এটি বাস্তবতার **structural directionality**।
কিন্তু Relativity এই দিকনির্দেশনার **উৎস ব্যাখ্যা করে না**।

২.৩.৬ Observer ও proper time

Relativity-এ সময় আর বাহ্যিক নয়-
প্রতিটি observer-এর নিজস্ব সময় আছে-
proper time
এর অর্থ-
সময় পর্যবেক্ষকের সাথে বাঁধা
সময় অভিজ্ঞতামূলক
সময় তথ্যনির্ভর
এখানে আবার স্পষ্ট হয়-
observer বাদ দিলে সময়ও অর্থহীন।

২.৩.৭ Relativity-এর সীমা

Relativity আমাদের শেখায়-
সময় absolute নয়
ঘটনা মৌলিক
observer বাস্তবতার অংশ
কিন্তু এটি ব্যাখ্যা করে না-
কেন সময় এগোয়
কেন সিদ্ধান্ত অপরিবর্তনীয়
কেন নৈতিক দায় সময়ের সাথে যুক্ত
অতএব Relativity-
বাস্তবতার কাঠামো দেখায়,
কিন্তু বাস্তবতার **পূর্ণ অর্থ** দেয় না।

অন্তবর্তী উপসংহার

Relativity classical সময়কে ভেঙে দেয়,
কিন্তু নতুন ভিত্তি সম্পূর্ণ দেয় না।
আমরা এখন জানি-
সময় আইন নয়

সময় ঘটনা নয়
সময় observer-সহ বাস্তবতার কাঠামো
কিন্তু এখনো প্রশ্ন রয়ে যায়-
আইন থাকলেও অর্থ কেন অনুপস্থিত?
এই প্রশ্নই আমাদের নিয়ে যাবে-
অধ্যায় ২.৪-এ।

২.৪ আইন থাকলেও অর্থ কেন অনুপস্থিত

এ পর্যন্ত আমরা দেখেছি-
Classical physics আমাদের দেয় আইন, কিন্তু দেয় না ভবিষ্যতের নিশ্চয়তা
Quantum mechanics দেয় সম্ভাবনা, কিন্তু দেয় না ঘটনার পূর্ণ ব্যাখ্যা
Relativity দেয় কাঠামো, কিন্তু দেয় না সময়ের অর্থ
এখন একটি প্রশ্ন অনিবার্য হয়ে ওঠে-
যদি আইন এত নিখুঁত হয়,
তাহলে বাস্তবতা কেন অর্থহীন মনে হয়?
এই প্রশ্নটি আবেগগত নয়।
এটি একটি **structural paradox**।

২.৪.১ Law ≠Meaning: একটি মৌলিক বিভ্রান্তি

আধুনিক বিজ্ঞান নীরবে একটি অনুমান গ্রহণ করেছে-
আইন থাকলেই অর্থ পাওয়া যাবে।
কিন্তু আইন নিজেই-
কী ঘটবে বলে
কেন ঘটবে বলে না
কী "গুরুত্বপূর্ণ" তা নির্ধারণ করে না
একটি সমীকরণ জানে না-
কোন ফল ভালো
কোন ফল খারাপ
কোন ঘটনা মূল্যবান
আইন হলো **syntax,**
অর্থ হলো **semantics**।
এই দুই এক নয়।

২.৪.২ Meaning কী?

অর্থ (Meaning) বলতে আমরা বুঝি-
পার্থক্যের গুরুত্ব
ফলাফলের ওজন
ঘটনার প্রাসঙ্গিকতা
অর্থ ছাড়া-
সত্য ও মিথ্যা সমান
সৃষ্টি ও ধ্বংস সমান
ন্যায় ও অন্যায় সমান
কিন্তু বাস্তবতায় এগুলো সমান নয়।

অতএব অর্থ বাস্তবতার বাইরে নয়-
অর্থ বাস্তবতার **ভেতরের দাবি**।

২.৪.৩ Physical law-এর ontological নীরবতা

একটি ভৌত আইন-
মানে না
বোঝে না
লক্ষ্য রাখে না
আইন কখনো বলে না-
"এটি হওয়া উচিত"
আইন শুধু বলে-
"এভাবে ঘটে"
কিন্তু মানব বাস্তবতায়-
সিদ্ধান্ত নেওয়া হয়
দায়িত্ব আরোপ হয়
মূল্যবোধ কাজ করে
এই gap-টি কোনো psychological illusion নয়,
এটি ontological discontinuity।

২.৪.৪ Reductionism কেন ব্যর্থ

Reductionism বলে-
অর্থ শেষ পর্যন্ত কণার গতিবিধি।
কিন্তু একটি কণার কোনো-
উদ্দেশ্য নেই
দায় নেই
মূল্য নেই
কণার সমষ্টি বাড়ালেই-
অর্থ জন্ম নেয় না।
অর্থ একটি **emergent illusion** হলে-
তা বাধ্যতামূলক হতে পারে না
তা সর্বজনীন হতে পারে না
কিন্তু নৈতিক দাবি বাধ্যতামূলক।
অতএব অর্থকে কেবল illusion বলা
বাস্তবতার সাথে অসামঞ্জস্যপূর্ণ।

২.৪.৫ Information ≠ Meaning

আধুনিক বিজ্ঞান প্রায়ই বলে-
বাস্তবতা তথ্য।
কিন্তু তথ্য আর অর্থ এক নয়।
তথ্য-
পার্থক্য সংরক্ষণ করে
অর্থ-
কোন পার্থক্য গুরুত্বপূর্ণ তা নির্ধারণ করে
একটি হার্ডডিস্কে থাকা তথ্যের
নিজস্ব কোনো অর্থ নেই।
অর্থ জন্মায়-
ব্যাখ্যার মাধ্যমে
ব্যবহারের মাধ্যমে
দায়বদ্ধতার মাধ্যমে
এখানে observer অনিবার্য।

২.৪.৬ Observer ছাড়া অর্থ অসম্ভব

অর্থ সবসময়-
কারো জন্য অর্থ
কোনো সিদ্ধান্তের সাথে যুক্ত
কোনো পরিণতির দিকে নির্দেশিত
Observer বাদ দিলে-
ঘটনা থাকে
আইন থাকে
কিন্তু অর্থ থাকে না
এখানেই আধুনিক বিজ্ঞান নিজের সাফল্যের শিকার-
observer বাদ দিয়ে সে অর্থও বাদ দিয়েছে।

২.৪.৭ Ethics: Meaning-এর সর্বোচ্চ রূপ

নৈতিকতা হলো-
অর্থের সবচেয়ে শক্তিশালী প্রকাশ।
নৈতিক দাবি বলে-
"এই কাজটি করতেই হবে"
"এই কাজটি করা যাবে না"
এই বাধ্যবাধকতা-
কোনো আইন থেকে আসে না
কোনো সমীকরণ থেকে আসে না

কিন্তু বাস্তবতায় এটি অস্বীকার করা যায় না।
যে worldview নৈতিক বাধ্যবাধকতা ব্যাখ্যা করতে পারে না,
সে worldview **অসম্পূর্ণ**।

২.৪.৮ Law-only universe-এর পরিণতি
যদি বাস্তবতা কেবল-
আইন
ঘটনা
সম্ভাবনা
তাহলে-
জ্ঞান গুরুত্বহীন
সত্য ও মিথ্যা সমান
মানব জীবন কাকতালীয়
কিন্তু এই সিদ্ধান্তগুলো-
বিজ্ঞান নিজেই ব্যবহার করতে পারে না
সভ্যতা টিকতে পারে না
এটি একটি **self-defeating ontology**।

অন্তবর্তী উপসংহার
আমরা এখন স্পষ্টভাবে জানি-
আইন বাস্তব
ঘটনা ঘটে
সময় প্রবাহমান
তবুও-
অর্থ অনুপস্থিত
এই অনুপস্থিতি কোনো আবেগগত শূন্যতা নয়,
এটি একটি **কাঠামোগত শূন্যতা**।
এই শূন্যতা পূরণ না হলে-
বাস্তবতার কোনো unified ব্যাখ্যা সম্ভব নয়।
এই প্রশ্ন আমাদের বাধ্য করবে-
বাস্তবতাকে **খণ্ড নয়, সমগ্র** হিসেবে ভাবতে।

২.৫ Fragmented theories বনাম unified reality

এই অধ্যায়ের প্রতিটি অংশ একটি ভিন্ন সংকট উন্মোচন করেছে,
কিন্তু এখন স্পষ্ট-এগুলো আলাদা সমস্যা নয়।
এগুলো একটি বৃহত্তর ব্যর্থতার লক্ষণ:
আমরা বাস্তবতাকে খণ্ডিত তত্ত্বে বোঝার চেষ্টা করছি,
অথচ বাস্তবতা নিজেই খণ্ডিত নয়।

২.৫.১ আধুনিক জ্ঞানব্যবস্থার খণ্ডিত মানচিত্র

বর্তমান বৈজ্ঞানিক ও দার্শনিক মানচিত্রটি এমন-
Classical physics → নির্ধারিত আইন
Quantum mechanics → সম্ভাবনা ও পরিমাপ
Relativity → spacetime ও observer-নির্ভরতা
Neuroscience → মস্তিষ্ক
Ethics → ব্যক্তিগত বা সামাজিক মত
প্রতিটি ক্ষেত্র নিজ নিজ সীমানায় কার্যকর,
কিন্তু **কোনোটিই সমগ্র বাস্তবতাকে ধরে না**।
এই কাঠামোতে-
তত্ত্ব আছে
সংযোগ নেই

২.৫.২ Boundary problem: কোথায় শেষ হয় এক তত্ত্ব?

একটি মৌলিক প্রশ্ন-
Quantum ঘটনা কোথায় classical হয়?
Observer কবে বস্তু হয়?
নৈতিক দায় কবে জৈবিক প্রতিক্রিয়া হয়?
এই প্রশ্নগুলোর কোনো নির্দিষ্ট উত্তর নেই।
কারণ-
এই প্রশ্নগুলো এমন জায়গায় উঠে আসে
যেখানে তত্ত্বগুলোর **সীমানা মিলে না**।
Fragmentation মানে-
বাস্তবতা বিভক্ত নয়
আমাদের ব্যাখ্যাই বিভক্ত

২.৫.৩ Patchwork ontology-এর ব্যর্থতা

আধুনিক চিন্তা একধরনের patchwork তৈরি করেছে-
যেখানে প্রয়োজন determinism

যেখানে সমস্যা probability
যেখানে অস্বস্তি observer
যেখানে অসুবিধা ethics = subjective
এই পদ্ধতিটি কাজ করে যতক্ষণ না-
"বাস্তবতা নিজে কথা বলে"
বাস্তবতা জিজ্ঞেস করে-
আমি এক নাকি বহু?
আমি কি নিজের বাইরে ব্যাখ্যা চাই?
আমি কি অর্থহীন?
Patchwork ontology এই প্রশ্নগুলোর মুখোমুখি হতে পারে না।

২.৫.৪ Unified reality: একটি অনিবার্য অনুমান
আমরা যদি মেনে নিই-
বাস্তবতা এক
বাস্তবতা কার্যকর
বাস্তবতা অভিজ্ঞতাযোগ্য
তাহলে অনিবার্যভাবে মানতে হয়-
বাস্তবতার একটি **একীভূত কাঠামো** আছে।
এই কাঠামো-
আইনকে অন্তর্ভুক্ত করে
ঘটনাকে অন্তর্ভুক্ত করে
পর্যবেক্ষককে বাদ দেয় না
নৈতিকতাকে কল্পনা বলে উড়িয়ে দেয় না
অন্যথায় বাস্তবতা নিজেই অসংগত হয়ে পড়ে।

২.৫.৫ কেন unification বিজ্ঞানবিরোধী নয়
একটি সাধারণ আপত্তি-
unified framework = metaphysics
কিন্তু এটি ভুল বিভাজন।
বিজ্ঞান নিজেই ধরে নেয়-
বাস্তবতা নিয়মিত
জ্ঞান সম্ভব
পর্যবেক্ষণ অর্থপূর্ণ
এই তিনটি দাবি **metaphysical,**
কিন্তু বিজ্ঞান ছাড়া এগুলো অর্থহীন।
অতএব unification বিজ্ঞানবিরোধী নয়,
এটি বিজ্ঞানের **ভিত্তি**।

২.৫.৬ Reduction নয়, integration

এখানে একটি গুরুত্বপূর্ণ পার্থক্য-
আমরা বলছি না-
সবকিছু physics-এ নামিয়ে আনতে হবে
আমরা বলছি-
physics, consciousness, ethics-সবকিছু
একটি কাঠামোর ভেতরে বসতে হবে
এটি reduction নয়,
এটি **structural integration**।

২.৫.৭ Fragmentation-এর অনিবার্য পরিণতি

যদি fragmentation বজায় থাকে-
বিজ্ঞান নিজের ভিত্তি ব্যাখ্যা করতে পারবে না
নৈতিকতা আপেক্ষিক থাকবে
observer বাস্তবতার বাইরে থাকবে
অর্থ চিরকাল অনুপস্থিত থাকবে
এই পরিণতিগুলো গ্রহণযোগ্য নয়।
কারণ-
এগুলো বাস্তবতার বিরুদ্ধে যায়,
এবং মানব সভ্যতার বিরুদ্ধেও।

২.৫.৮ Unified Principle(𝓤): অনিবার্য সমাধান

এই অধ্যায়ের সব পথ এসে মিলে এখানে-
বাস্তবতা = {আইন + ঘটনা + পর্যবেক্ষক + নৈতিক সীমা}
এটি কোনো কল্পনা নয়,
এটি fragmentation-এর বিরুদ্ধে যৌক্তিক প্রতিরোধ।
এই কাঠামো ছাড়া-
কোনো তত্ত্ব সম্পূর্ণ নয়
কোনো জ্ঞান স্থায়ী নয়
কোনো নৈতিকতা বাধ্যতামূলক নয়

চূড়ান্ত উপসংহার

পদার্থবিজ্ঞান আমাদের দিয়েছে-
অসাধারণ নির্ভুলতা
অভূতপূর্ব ক্ষমতা
কিন্তু একই সাথে দেখিয়েছে-
আইন যথেষ্ট নয়
ঘটনা একা নয়

observer বাদ দেওয়া যায় না
অর্থ উপেক্ষা করা অসম্ভব
এই অধ্যায় প্রমাণ করেছে-
বাস্তবতা একীভূত।

অধ্যায় ০৩: চেতনা ও নৈতিকতার বিচ্ছিন্নতা

৩.১ Consciousness as an anomaly

আধুনিক বিজ্ঞানের সবচেয়ে অস্বস্তিকর সত্যটি হলো-
চেতনা (Consciousness) বিদ্যমান, কিন্তু তার কোনো স্বীকৃত স্থান নেই।
আমরা জানি-
কণা আছে
শক্তি আছে
ক্ষেত্র (field) আছে
আইন আছে
কিন্তু এই সবকিছুকে জানার যে ক্ষমতা-
সেই **জানা নিজেই** কোথায় অবস্থান করে?
এই প্রশ্নই চেতনার সমস্যা,
এবং এই সমস্যাটি কোনো উপ-সমস্যা নয়-
এটি **বাস্তবতা-তত্ত্বের কেন্দ্রে একটি ফাটল**।

৩.১.১ Anomaly বলতে কী বোঝায়?

একটি anomaly মানে-
যা অস্বীকার করা যায় না
কিন্তু বর্তমান কাঠামোয় বসানো যায় না
চেতনা ঠিক এই অবস্থায়।
বিজ্ঞান চেতনা ব্যবহার করে-
পর্যবেক্ষণের জন্য
তথ্য যাচাইয়ের জন্য
তত্ত্ব নির্মাণের জন্য
কিন্তু একই বিজ্ঞান বলে-
"চেতনা মৌলিক নয়।"
এই অবস্থান **self-contradictory**।
কারণ-
যে উপাদান ছাড়া বিজ্ঞান সম্ভব নয়,
তাকে বিজ্ঞান নিজেই ভিত্তিহীন ঘোষণা করছে।

৩.১.২ Third-person science বনাম First-person reality

আধুনিক বিজ্ঞান নির্মিত হয়েছে-
third-person description-এর ওপর।

কিন্তু চেতনা হলো-
first-person reality।
এটি কোনো আচরণ নয়,
এটি কোনো neural pattern নয়,
এটি কোনো গণনাগত আউটপুট নয়।
চেতনা হলো-
অনুভব করা
জানা
অভিজ্ঞতা থাকা
এই অভিজ্ঞতাকে বাদ দিয়ে-
বাস্তবতার কোনো বর্ণনা সম্পূর্ণ হতে পারে না।
তবুও আধুনিক বিজ্ঞান এটিকে বলে-
"Subjective, therefore secondary."
এই বিভাজন কৃত্রিম।

৩.১.৩ Neural correlate ≠ Consciousness

Neuroscience আমাদের দেখিয়েছে-
চেতনার সাথে মস্তিষ্কের কার্যকলাপের সম্পর্ক আছে।
কিন্তু সম্পর্ক ≠ পরিচয়।
একটি মানচিত্র শহর নয়,
একটি স্ক্যান অভিজ্ঞতা নয়।
নিউরনের firing pattern-
ব্যথার অনুভূতি নয়
ভালোবাসার অর্থ নয়
দায়বদ্ধতার উপলব্ধি নয়
এখানে একটি **explanatory gap** রয়ে যায়-
যেটি কোনো ডেটা দিয়ে পূরণ হয় না।

৩.১.৪ Hard problem কেন hard

চেতনার তথাকথিত hard problem আসলে কঠিন নয়-
এটি **অসম্ভব**, যতক্ষণ না কাঠামো বদলায়।
কারণ প্রশ্নটি-
"কীভাবে বস্তু থেকে অভিজ্ঞতা আসে?"
এই প্রশ্নটি ধরে নেয়-
বাস্তবতা মৌলিকভাবে বস্তুগত
চেতনা একটি পরবর্তী ফল
এই অনুমানটাই সমস্যার মূল।

যদি চেতনা বাস্তবতার একটি মৌলিক উপাদান হয়,
তাহলে প্রশ্নটাই বদলে যায়।

৩.১.৫ Consciousness বাদ দিলে কী ভেঙে পড়ে

যদি আমরা বলি-
চেতনা বাস্তব নয়, কেবল illusion-
তাহলে-
পর্যবেক্ষণ অর্থহীন
জ্ঞান যাচাই অসম্ভব
সত্য-মিথ্যার পার্থক্য ভেঙে পড়ে
কারণ illusion জানার জন্যও
একটি **জানা প্রয়োজন**।
অতএব-
চেতনা অস্বীকার করা মানে
জ্ঞান নিজেকেই অস্বীকার করা।

৩.১.৬ Information processing তত্ত্বের সীমা

একটি জনপ্রিয় দাবি-
"Consciousness is information processing."
কিন্তু তথ্য প্রক্রিয়াকরণ-
নিজে কিছু অনুভব করে না
নিজে কিছু জানে না
নিজে দায় নেয় না
একটি থার্মোমিটার তথ্য প্রক্রিয়া করে,
কিন্তু সে গরম অনুভব করে না।
অতএব তথ্য ≠ অভিজ্ঞতা।

৩.১.৭ Conscious observer ছাড়া quantum, relativity, ethics-সব ভেঙে পড়ে

আমরা আগের অধ্যায়গুলোতে দেখেছি-
Quantum mechanics-এ observer অনিবার্য
Relativity-এ সময় observer-নির্ভর
নৈতিকতায় দায়বদ্ধ subject অপরিহার্য
এই তিনটি ক্ষেত্র একত্রে একটি সিদ্ধান্ত দেয়-
Conscious observer বাদ দিলে
বাস্তবতার কোনো স্তরই স্থির থাকে না।
অতএব চেতনা কোনো অতিরিক্ত সমস্যা নয়-
এটি বাস্তবতার **structural requirement**।

৩.১.৮ Consciousness: anomaly নয়, missing pillar

চেতনাকে anomaly বলা হয়
কারণ আমরা একে ভুল জায়গায় বসাতে চাই।
চেতনা কোনো-
কণা নয়
শক্তি নয়
আইন নয়
কিন্তু এটি বাস্তবতার **সাক্ষী ও অংশগ্রহণকারী**।
যেখানে চেতনা নেই-
সেখানে অর্থ নেই
দায় নেই
সত্য নেই
এই সিদ্ধান্তটি এড়িয়ে যাওয়া যায় না।

অন্তবর্তী উপসংহার

এই অংশে আমরা দেখেছি-
চেতনা অস্বীকারযোগ্য নয়
কিন্তু বর্তমান ontology-তে অনুপস্থিত
এটি বাদ দিলে বিজ্ঞান নিজেই ভেঙে পড়ে
অতএব চেতনা কোনো ব্যতিক্রম নয়-
এটি একটি **missing foundation**।
এই ভিত্তি না বুঝলে-
নৈতিকতাও বোঝা যাবে না।

৩.২ Reductionism-এর ব্যর্থতা

আধুনিক বিজ্ঞানের সবচেয়ে শক্তিশালী কৌশলগুলোর একটি
হলো **Reductionism**-
জটিল বাস্তবতাকে ভেঙে ভেঙে ছোট উপাদানে নামিয়ে আনা।
এই কৌশল আমাদের দিয়েছে-
পদার্থবিজ্ঞান
রসায়ন
জীববিজ্ঞান
প্রযুক্তিগত বিস্ময়
কিন্তু এখানেই একটি মৌলিক ভুল হয়েছে।
যে পদ্ধতি বস্তু বোঝার জন্য কার্যকর,
তা অস্তিত্ব বোঝার জন্য অপর্যাপ্ত।

৩.২.১ Reductionism কী দাবি করে

Reductionism বলে-
"যে কোনো জটিল ঘটনা
তার মৌলিক অংশগুলোর সমষ্টি মাত্র।"
অর্থাৎ-
জীবন = অণুর আচরণ
মন = নিউরনের firing
নৈতিকতা = evolutionary strategy
চেতনা = computation
এই দাবি যতটা কার্যকর মনে হয়,
ততটাই এটি একটি অপ্রমাণিত অনুমান।

৩.২.২ Explanation বনাম Description

Reductionism যা দেয়-
Description (কি ঘটছে)
কিন্তু যা দিতে পারে না-
Explanation (কেন এমন হচ্ছে)
উদাহরণ-
আমরা জানি কোন নিউরন জ্বলে উঠলে ব্যথা হয়
কিন্তু জানি না ব্যথা অনুভব হওয়া কেন ঘটে
একটি সার্কিটের স্কিম্যাটিক
বিদ্যুতের অনুভূতি দেয় না।
এখানে reduction ব্যর্থ।

৩.২.৩ Emergence-একটি অস্বস্তিকর স্বীকারোক্তি

Reductionism যখন ব্যর্থ হয়,
তখন বিজ্ঞান আশ্রয় নেয় একটি শব্দে-
Emergence
Emergence মানে-
"সব অংশ ঠিক থাকলেও
পুরোটা কিছু নতুন সৃষ্টি করে।"
কিন্তু এই শব্দটি-
সমাধান নয়, স্বীকারোক্তি।
এটি বলে না-
কীভাবে নতুন গুণ আসে
কেন আসে
কোন নিয়মে আসে
এটি মূল প্রশ্নকে এড়িয়ে যায়।

৩.২.৪ Weak emergence বনাম Strong emergence

Weak emergence:
জটিলতা থেকে অপ্রত্যাশিত আচরণ
(এটি simulation দিয়ে ধরা যায়)
Strong emergence:
সম্পূর্ণ নতুন গুণ
যা নিচের স্তর থেকে[illegible] করা যায় না
চেতনা, অর্থ, নৈতিক দায়-
সবই **strong emergence** দাবি করে।
কিন্তু strong emergence মানে-
বাস্তবতায় এমন কিছু আছে
যা reduction দিয়ে ধরা যায় না।
এটি reductionism-এর পরাজয়।

৩.২.৫ Information ≠ Meaning

Reductionism তথ্যকে সর্বোচ্চ স্তরে তুলে ধরে।
কিন্তু-
তথ্য আছে
অর্থ নেই
একটি DNA sequence তথ্য বহন করে,
কিন্তু "উদ্দেশ্য" বহন করে না।

অর্থ জন্মায়-
চেতনার সাথে
প্রেক্ষাপটের সাথে
মূল্যায়নের সাথে
অর্থকে কণায় ভাঙা যায় না।

৩.২.৬ নৈতিকতা reduction করলে কী হয়

নৈতিকতা যদি কেবল হয়-
survival strategy
genetic advantage
তাহলে-
অন্যায় = ভুল অভিযোজন
ন্যায় = সফল কৌশল
এই অবস্থানে-
অপরাধী দায়ী নয়
শহীদ নৈতিক নয়
আত্মত্যাগ অর্থহীন
এই ফলাফল মানুষ গ্রহণ করে না।
অর্থাৎ-
আমরা নিজেরাই reductionist নই।

৩.২.৭ Mathematical law ≠ Existential law

Reductionism গণিত দিয়ে বিশ্ব বোঝে।
কিন্তু-
গণিত বলে না-
কী করা উচিত
কেন কিছু মূল্যবান
কেন সত্য অনুসরণ করা দরকার
আইন আছে,
কিন্তু অর্থ নেই।
এই ফাঁক পূরণ করে না reductionism।

৩.২.৮ Observer বাদ দিলে reduction collapses

Reductionism ধরে নেয়-
observer বাইরের কিছু।
কিন্তু-
পর্যবেক্ষণ ছাড়া-
তথ্য নেই

মাপ নেই
আইন যাচাই নেই
অতএব observer বাদ দিলে
reductionism নিজের ভিত্তি হারায়।

৩.২.৯ Reductionism সফল কেন মনে হয়

কারণ-
প্রযুক্তিতে কাজ করে
পূর্বানুমানে কাজ করে
নিয়ন্ত্রণে কাজ করে
কিন্তু **truth ≠ control**।
বাস্তবতাকে নিয়ন্ত্রণ করা
বাস্তবতাকে বোঝা নয়।

৩.২.১০ Failure point চিহ্নিত

Reductionism ব্যর্থ হয় যেখানে-
চেতনা শুরু হয়
অর্থ জন্মায়
নৈতিক দায় তৈরি হয়
সত্যের প্রশ্ন ওঠে
এই অঞ্চলগুলোতে
ভাঙলে কিছুই বোঝা যায় না।

অন্তবর্তী উপসংহার

আমরা দেখলাম-
Reductionism শক্তিশালী কিন্তু সীমাবদ্ধ
এটি description দেয়, meaning নয়
চেতনা ও নৈতিকতায় এটি ভেঙে পড়ে
অতএব-
বাস্তবতার পূর্ণ কাঠামো
reduction দিয়ে নির্মাণ অসম্ভব।

৩.৩ নৈতিক বাস্তবতার প্রশ্ন

(Is morality real or constructed?)
নৈতিকতা নিয়ে প্রশ্নটি সাধারণ নয়।
এটি সরাসরি বাস্তবতার গঠনকে প্রশ্ন করে।
নৈতিকতা কি বাস্তবতার অংশ,
নাকি মানুষের বানানো এক সামাজিক কল্পনা?
এই প্রশ্নের উত্তর ছাড়া-
ন্যায়বিচার
দায়বদ্ধতা
অপরাধ
আত্মত্যাগ
সবই ভেঙে পড়ে।

৩.৩.১ আধুনিক অবস্থান: Moral Anti-Realism

আধুনিক secular চিন্তাধারা সাধারণত বলে-
নৈতিকতা objective নয়
এটি cultural evolution
power dynamics
biological conditioning
অর্থাৎ-
"ভাল-মন্দ বলে কিছু নেই,
শুধু পছন্দ ও চুক্তি আছে।"
এই অবস্থানকে বলা হয়-
Moral Anti-Realism।

৩.৩.২ Moral anti-realism-এর তাৎক্ষণিক ফল

যদি নৈতিকতা বাস্তব না হয়, তবে-
অন্যায় = সামাজিক অস্বস্তি
ন্যায় = সংখ্যাগরিষ্ঠের সিদ্ধান্ত
সত্য = ক্ষমতার বর্ণনা
এই অবস্থানে-
হিটলার ও গান্ধীর মধ্যে
নৈতিক পার্থক্য থাকে না,
শুধু ফলাফলের পার্থক্য থাকে।
এই ফল মানুষ স্বাভাবিকভাবে প্রত্যাখ্যান করে।

৩.৩.৩ Evolutionary ethics-এর সীমা

একটি জনপ্রিয় ব্যাখ্যা-
"নৈতিকতা টিকে থাকার কৌশল।"
কিন্তু-
টিকে থাকা ≠ সঠিক
শক্তিশালী ≠ ন্যায়
Evolution ব্যাখ্যা করতে পারে-
আমরা কেন কিছু অনুভব করি,
কিন্তু পারে না-
আমরা কেন কিছু **করা উচিত**।
Is → Ought-এর ফাঁক
evolution কখনো পেরোয় না।

৩.৩.৪ Cultural relativism-এর আত্মবিরোধ

Cultural relativism বলে-
"প্রতিটি সংস্কৃতির নিজস্ব নৈতিকতা।"
কিন্তু তখন প্রশ্ন আসে-
দাসপ্রথা ভুল ছিল কি না?
গণহত্যা নৈতিক ছিল কি না?
যদি উত্তর হয়-
"তখনকার সংস্কৃতিতে ঠিক ছিল"
তাহলে ন্যায়বিচার শব্দটাই অর্থহীন।
আমরা বাস্তবে এ কথা মানি না।

৩.৩.৫ Moral intuition: একটি অস্বীকারযোগ্য বাস্তবতা

মানুষের মধ্যে কিছু নৈতিক বোধ আছে-
অন্যায় দেখে ক্ষোভ
নির্দোষের প্রতি সহানুভূতি
বিশ্বাসভঙ্গের যন্ত্রণা
এগুলো শেখানো লাগে না,
উদ্ভূত হয়।
এগুলো illusion হলে-
illusion চেনার মানদণ্ডও illusion হয়ে যায়।

৩.৩.৬ Normativity সমস্যা

বিজ্ঞানের আইন বলে-
কী ঘটে
নৈতিকতা বলে-

কী হওয়া উচিত
এই "উচিত" শব্দটি-
কোনো কণার মধ্যে নেই,
কোনো সমীকরণে নেই।
তবুও এটি বাস্তব।
এই normativity-কে অস্বীকার করলে-
নৈতিক ভাষা নিজেই ভেঙে পড়ে।

৩.৩.৭ Moral obligation কোথা থেকে আসে?
প্রশ্নটি সহজ-
আমি কেন ন্যায় করব
যখন অন্যায় করে পার পাওয়া যায়?
যদি নৈতিকতা বাস্তব না হয়-
এর কোনো উত্তর নেই।
ভয়, সুবিধা, চুক্তি-
সবই শর্তসাপেক্ষ।
কিন্তু নৈতিক দায়-
শর্তহীন বলে মনে হয়।
এই বৈশিষ্ট্য ব্যাখ্যা করতে হয়।

৩.৩.৮ Subjective feeling ≠ Moral reality
অনেকে বলেন-
"নৈতিকতা শুধু অনুভূতি।"
কিন্তু অনুভূতি বলে না-
কে ভুল
কেন ভুল
ব্যথা অনুভূতি,
কিন্তু অন্যায় একটি **বিচার**।
বিচার মানে-
কিছু মানদণ্ড বাস্তব।

৩.৩.৯ Moral realism ছাড়া বিচার অসম্ভব
যদি নৈতিকতা বাস্তব না হয়-
বিচার আদালত
মানবাধিকার
অপরাধবোধ
সবই নাটক।
আমরা এগুলোকে নাটক মনে করি না।

অতএব-
আমাদের ব্যবহার নিজেই
নৈতিক বাস্তবতার স্বীকৃতি।

৩.৩.১০ The moral vacuum problem

যখন-
চেতনা হ্রাস করা হয়
অর্থকে illusion বলা হয়
নৈতিকতাকে কনভেনশন ধরা হয়
তখন সৃষ্টি হয়-
Moral Vacuum।
এই শূন্যতা পূরণ করে-
ক্ষমতা, ভীতি, সহিংসতা।
ইতিহাস তার সাক্ষী।

অন্তবর্তী উপসংহার

আমরা দেখলাম-
নৈতিকতা অস্বীকার করলে
মানব বিচার ভেঙে পড়ে
Evolution, culture, emotion
নৈতিকতার ভিত্তি হতে পারে না
আমাদের আচরণ নিজেই
moral realism দাবি করে
অতএব-
নৈতিকতা যদি বাস্তব হয়,
তার একটি **ontological ভিত্তি** দরকার।

৩.৪ Observer ছাড়া বাস্তবতা কি সম্ভব?

(Is reality observer-independent?)
এই প্রশ্নটি প্রথমে নিরীহ মনে হয়।
কিন্তু এর উত্তর বদলে দেয়-
বিজ্ঞান কী
বাস্তবতা কী
দায়বদ্ধতা কী
এমনকি "আছে" শব্দটির অর্থ
প্রশ্নটি তাই দার্শনিক নয়,
এটি **structural**।

৩.৪.১ Classical intuition: Observer-free reality

Classical worldview বলে -
"বাস্তবতা আছে,
মানুষ থাকুক বা না থাকুক।"
পর্বত আছে
গ্রহ ঘোরে
আইন কাজ করে
Observer কেবল দর্শক।
এই ধারণা এতটাই স্বাভাবিক যে,
এটি প্রশ্নহীন ধরে নেওয়া হয়।
কিন্তু আধুনিক বিজ্ঞানই প্রথম এটিকে ভেঙে দেয়।

৩.৪.২ Quantum mechanics: পর্যবেক্ষক সমস্যার জন্ম

Quantum theory একটি অস্বস্তিকর সত্য সামনে আনে-
পরিমাপ ছাড়া state নির্ধারিত নয়
observation ফলাফলের অংশ
wavefunction collapse
এখানে observer-
শুধু রেকর্ডার নয়,
সে **ঘটনার শর্ত**।
এটি দর্শন নয়,
এটি পরীক্ষায় প্রমাণিত কাঠামোগত সমস্যা।

৩.৪.৩ Observer কে বাদ দিলে কী থাকে?

ধরা যাক-
কোনো observer নেই।
তখন প্রশ্ন আসে-
"ঘটনা" বলতে কী বোঝায়?
"তথ্য" কোথায় সংরক্ষিত?
"পরিমাপ" কিসের সাথে তুলনা?
ঘটনা মানে-
কিছু ঘটেছে কারো জন্য।
Observer বাদ দিলে-
ঘটনা শব্দটাই অর্থহীন হয়ে পড়ে।

৩.৪.৪ Information without observer: একটি অসঙ্গতি

আধুনিক পদার্থবিজ্ঞান বলে-
"Information is physical"
কিন্তু তথ্য মানে কী?
তথ্য মানে-
পার্থক্য
অর্থপূর্ণ পরিবর্তন
নিবন্ধনযোগ্য অবস্থা
নিবন্ধন ছাড়া তথ্য নেই।
Observer ছাড়া-
তথ্য কেবল সম্ভাবনা।
সম্ভাবনা বাস্তব নয়,
যতক্ষণ না তা **actualized**।

৩.৪.৫ Relativity ও observer-dependence

Relativity দেখিয়েছে-
সময় absolute নয়
simultaneity observer-dependent
ঘটনা ঘটার ক্রম observer অনুযায়ী বদলায়
যদি বাস্তবতার মৌলিক বৈশিষ্ট্যই
observer-dependent হয়-
তাহলে observer কে বাদ দিয়ে
"পূর্ণ বাস্তবতা" কল্পনা করা
নিজেই অসঙ্গত।

৩.৪.৬ Consciousness বাদ দিলে সত্য কী?

সত্য মানে-
একটি সঠিক বর্ণনা।
বর্ণনা মানে-
কেউ বর্ণনা করছে।
Observer বাদ দিলে-
সত্য/মিথ্যা
সঠিক/ভুল
জানা/অজানা
এই দ্বৈতগুলো ভেঙে পড়ে।
একটি observer-free universe
truth-neutral হয়ে যায়।
কিন্তু বিজ্ঞান truth-neutral নয়।

৩.৪.৭ Moral agency ও observer

নৈতিকতা যেখানে আছে,
সেখানে agency আছে।
agency মানে-
সিদ্ধান্ত
দায়
উপলব্ধি
এই তিনটি ছাড়া-
নৈতিকতা অসম্ভব।
Observer ছাড়া বাস্তবতায়-
কোনো দায় নেই
কোনো অপরাধ নেই
কোনো ন্যায় নেই
কিন্তু আমরা দেখেছি-
নৈতিকতা বাস্তব।
অতএব-
observer বাস্তবতার অংশ।

৩.৪.৮ "Weak observer" ধারণার ব্যর্থতা

কেউ কেউ বলেন-
"Observer দরকার, কিন্তু সে গৌণ।"
অর্থাৎ-
observer কেবল by-product।

কিন্তু-
যা ছাড়া বাস্তবতা অর্থহীন,
তা গৌণ হতে পারে না।
Observer বাদ দিলে যদি-
ঘটনা, তথ্য, সত্য, নৈতিকতা
সব ভেঙে পড়ে-তাহলেobserver **structural necessity**।

৩.৪.৯ Observer-inclusive reality ছাড়া বিকল্প নেই

এখন দুটি বিকল্প থাকে-

- Observer বাস্তবতার অংশ
- বাস্তবতা অর্থহীন

আমরা দ্বিতীয়টি মেনে নিতে পারি না,
কারণ-
বিজ্ঞান চর্চা করি
বিচার করি
দায় অনুভব করি
অতএব- বাস্তবতা observer-inclusive।

৩.৪.১০ কিন্তু কোন observer?

এই প্রশ্নটি এখন অনিবার্য-
সব observer কি সমান?
মানব observer কি চূড়ান্ত?
যদি কেউ না দেখে-তখন কী?
এই প্রশ্নগুলোর উত্তর এখনো দেওয়া হয়নি।
কিন্তু একটি সিদ্ধান্ত স্থায়ী-
Observer ছাড়া বাস্তবতা অসম্ভব।

অন্তবর্তী উপসংহার

ঘটনা observer ছাড়া সংজ্ঞাহীন
তথ্য observer ছাড়া অসম্পূর্ণ
সত্য observer ছাড়া অর্থহীন
নৈতিকতা observer ছাড়া অসম্ভব
অতএব- বাস্তবতা observer-inclusive হতে বাধ্য।
কিন্তু- এই observer কে ভিত্তি দিচ্ছে কে?

৩.৫ একীভূত ব্যাখ্যার অনিবার্যতা

(The inevitability of a unified explanatory framework)

এই অধ্যায়টি কোনো নতুন দাবি দিয়ে শুরু করে না।
এটি শুরু করে **একটি বাস্তব প্রশ্ন** দিয়ে-
আমরা যা জানি,
যা ব্যবহার করি,
যা অস্বীকার করতে পারি না-
সেগুলো কি আলাদা আলাদা কাঠামোতে টিকে থাকতে পারে?
এখন পর্যন্ত উত্তর হলোঃ **না**।

৩.৫.১ আমরা কী কী প্রতিষ্ঠা করেছি (সংক্ষেপে)

এই অধ্যায় পর্যন্ত আমরা চারটি অপরিবর্তনীয় সত্য পেয়েছি-

- ❖ চেতনা বাস্তবতার ব্যতিক্রম নয়
- ❖ Reductionism চেতনা ও অর্থ ব্যাখ্যা করতে ব্যর্থ
- ❖ নৈতিকতা বাস্তব এবং ontological ভিত্তি দাবি করে
- ❖ Observer ছাড়া ঘটনা, তথ্য, সত্য ও নৈতিকতা অসম্ভব

এই চারটি একত্রে একটি সিদ্ধান্ত চাপিয়ে দেয়-
বাস্তবতা একাধিক বিচ্ছিন্ন স্তরে টিকে থাকতে পারে না।

৩.৫.২ Fragmented explanation-এর ভাঙন

বর্তমান আধুনিক চিন্তা সাধারণত এমন-
Physics → বস্তু ও আইন
Biology → জীবন
Psychology → চেতনা
Ethics → সমাজ
এই বিভাজন **পদ্ধতিগত সুবিধা,**
কিন্তু ontological সত্য নয়।
সমস্যা শুরু হয় যখন-
এই বিভাজনকে বাস্তবতার প্রকৃত গঠন বলে ধরা হয়।
তখন-
আইন থাকে, কিন্তু অর্থ থাকে না
ঘটনা থাকে, কিন্তু দায় থাকে না
পর্যবেক্ষক থাকে, কিন্তু ভিত্তি থাকে না
এটি একটি **ব্যাখ্যাগত ভাঙন**।

৩.৫.৩ Patchwork explanation কেন ব্যর্থ

অনেকেই চেষ্টা করেন-
একটি স্তরের ফাঁক অন্য স্তর দিয়ে ভরাট করতে।
উদাহরণ-
Physics ব্যর্থ হলে → biology
Biology ব্যর্থ হলে → psychology
Psychology ব্যর্থ হলে → culture
কিন্তু-
যা ontological,
তা দিয়ে ontological সমস্যার সমাধান চাই।
ব্যাখ্যার স্তর পাল্টালে
ভিত্তি বদলায় না।

৩.৫.৪ Law-Event-Observer-Moral বিভাজন অটেকসই

আমরা দেখেছি-
আইন (L) ছাড়া ঘটনা (E) অসংলগ্ন
ঘটনা ছাড়া observer তথ্য পায় না
observer ছাড়া সত্য ও দায় অসম্ভব
দায় ছাড়া নৈতিকতা ভেঙে পড়ে
এই চারটি আলাদা নয়-
এগুলো **পারস্পরিক নির্ভরশীল**।
একটিকে বাদ দিলে-
পুরো কাঠামো ভেঙে পড়ে।

৩.৫.৫ Ontological minimalism-এর ব্যর্থতা

আধুনিক দর্শনে একটি প্রবণতা-
"যত কম সত্তা, তত ভালো।"
কিন্তু এখানে সমস্যা হলো-
যা বাদ দিলে বাস্তবতা অর্থহীন হয়,
তা minimalism-এর নামে বাদ দেওয়া যায় না।
Observer বাদ দিলে-
সত্য নেই।
নৈতিকতা বাদ দিলে-
বিচার নেই।
চেতনা বাদ দিলে-
অর্থ নেই।
এগুলো "extra" নয়,
এগুলো **essential**।

৩.৫.৬ একাধিক ভিত্তি = কোনো ভিত্তি নয়

যদি বলা হয়-
ভৌত বাস্তবতার ভিত্তি এক
চেতনার ভিত্তি অন্য
নৈতিকতার ভিত্তি আরেক
তাহলে প্রশ্ন আসে-
কোনটি চূড়ান্ত?
যদি কোনোটি চূড়ান্ত না হয়,
তাহলে বাস্তবতার কোনো চূড়ান্ত ব্যাখ্যাই নেই।
এটি গ্রহণযোগ্য নয়।

৩.৫.৭ Unified framework ছাড়া জ্ঞান self-contradictory

আমরা যে-
বিজ্ঞান করি
নৈতিক বিচার করি
সত্য দাবি করি
এই তিনটি একসাথে সম্ভব হয়
শুধু তখনই,
যখন তারা একই বাস্তবতার মধ্যে অবস্থিত।
বিভক্ত বাস্তবতায়-
এই সহাবস্থান সম্ভব নয়।

৩.৫.৮ Unified explanation মানে কী নয়

এখানে পরিষ্কার করা জরুরি-
একীভূত ব্যাখ্যা মানে-
✕ সব কিছু এক সূত্রে কমিয়ে আনা
✕ চেতনা = কণা বলা
✕ নৈতিকতা = নিউরন বলা
বরং-
✓ একই বাস্তবতার ভেতরে
✓ ভিন্ন উপাদানের
✓ পারস্পরিক সহ-অস্তিত্বের কাঠামো

৩.৫.৯ একীভূত কাঠামোর ন্যূনতম শর্ত

এখন আমরা বলতে পারি-
একটি গ্রহণযোগ্য বাস্তবতা কাঠামোতে থাকতে হবে-

আইন (governing structure)
ঘটনা (change)
পর্যবেক্ষক (registration)
নৈতিক সীমা (normativity)
এগুলোর যেকোনো একটি বাদ দিলে-
বাস্তবতা অসম্পূর্ণ।

৩.৫.১০ এই অধ্যায়ের চূড়ান্ত সিদ্ধান্ত

আমরা এখন বাধ্য-
বাস্তবতাকে একীভূতভাবে ভাবতে।
এটি দার্শনিক পছন্দ নয়,
এটি **যুক্তিগত অনিবার্যতা**।
এখন প্রশ্ন আর "চাই কি না" নয়,
প্রশ্ন-
এই একীভূত কাঠামোটি কেমন হবে?

সমাপনী উপসংহার

এই অধ্যায় সম্পূর্ণ করল-
Fragmentation-এর ভাঙন
Observer ও নৈতিকতার অপরিহার্যতা
Unified framework-এর অনিবার্যতা

PART II-FORMAL FOUNDATION OF REALITY

অধ্যায় ০৪: বাস্তবতা (R)-এর সংজ্ঞা

৪.১ Reality as Totality
(বাস্তবতা একটি সম্পূর্ণতা হিসেবে)

৪.১.১ কেন "বাস্তবতা" সংজ্ঞায়িত করা প্রয়োজন
বিস্ময়কর হলেও সত্য-
আধুনিক বিজ্ঞান, দর্শন এবং জ্ঞানতত্ত্বে "বাস্তবতা" শব্দটি সর্বাধিক ব্যবহৃত, কিন্তু সবনিম্ন সংজ্ঞায়িত।
আমরা বলি-
বাস্তবতা এমন
বাস্তবতা তেমন
বাস্তবতার নিয়ম
কিন্তু খুব কমই প্রশ্ন করি-
বাস্তবতা বলতে আমরা আদৌ কী বোঝাচ্ছি?
এই অস্পষ্টতাই জন্ম দিয়েছে-
fragmented theory
observer problem
moral vacuum
অতএব, Unified Principle(𝓤)-এর প্রথম আনুষ্ঠানিক কাজ হলো-
বাস্তবতাকে সংজ্ঞায়িত করা।

৪.১.২ Partial reality ধারণার ব্যর্থতা
আধুনিক চিন্তায় একটি নীরব অনুমান কাজ করে-
"বাস্তবতা" মানে মূলত ভৌত জগৎ।
চেতনা? → secondary
নৈতিকতা? → subjective
অর্থ? → interpretation
এই দৃষ্টিভঙ্গিকে বলা যায়-
Partial Reality Assumption।
কিন্তু অধ্যায় ০৩-এ আমরা দেখেছি-

চেতনা বাদ দিলে সত্য ভেঙে পড়ে
নৈতিকতা বাদ দিলে দায়বদ্ধতা অসম্ভব
observer বাদ দিলে ঘটনা অর্থহীন
অতএব-
যে বাস্তবতা কিছু অংশ বাদ দিয়ে গঠিত,
তা **বাস্তবতা হতে পারে না**।

৪.১.৩ Reality must include everything that cannot be denied

এখানে একটি মৌলিক নীতি স্থাপন করা হয়-
বাস্তবতা বলতে বোঝাবে
সবকিছু,
যেগুলোকে অস্বীকার করলে
জ্ঞান, সত্য ও অর্থ নিজেই ভেঙে পড়ে।
এই সংজ্ঞা-
ধর্মীয় নয়
সাংস্কৃতিক নয়
ব্যক্তিগত নয়
এটি **logical necessity**।

৪.১.৪ Totality ≠ Sum of objects

এখন একটি গুরুত্বপূর্ণ পার্থক্য-
Reality as totality মানে-

❌ সব কণার যোগফল

❌ সব বস্তু একত্রে

❌ একটি বড় container

বরং-

✓ আইন

✓ ঘটনা

✓ সম্পর্ক

✓ পর্যবেক্ষণ

✓ সীমা ও নিয়ম

সহ **একটি পূর্ণ কাঠামো**।
Totality মানে-
যা কিছু আছে,
এবং যা কিছু থাকতে না পারলেও

তার সীমা নির্ধারণ করে-
সবই এর অন্তর্ভুক্ত।

৪.১.৫ Why exclusion destroys reality
ধরা যাক-
আমরা বাস্তবতা থেকে নৈতিকতা বাদ দিলাম।
তখন-
"ভুল" শব্দটি অবাস্তব
"দায়" শব্দটি অসংজ্ঞায়িত
"বিচার" একটি নাটক
কিন্তু বিজ্ঞানী নিজেই বলেন-
"ভুল তত্ত্ব"
এই "ভুল" কোথা থেকে এল?
অতএব-
বাস্তবতা থেকে কিছু বাদ দিলে
সেই বাদ দেওয়া উপাদান
চুপিসারে আবার ফিরে আসে।
এটি দেখায়-
Reality is closed under necessity, not preference.

৪.১.৬ Reality as a closed explanatory domain
Reality (R)-এর একটি মৌলিক বৈশিষ্ট্য-
এটি একটি **closed explanatory domain**।
অর্থাৎ-
বাস্তবতার কোনো মৌলিক উপাদান ব্যাখ্যা করতে
বাস্তবতার বাইরে কিছু ধরতে হয় না।
যদি ধরতে হয়-
তাহলে আগের বাস্তবতা সংজ্ঞা অসম্পূর্ণ।
এটি পরবর্তীতে
Creator Necessity Theorem-এর ভিত্তি হবে,
কিন্তু এখানে এখনো তা দাবি করা হচ্ছে না-
শুধু কাঠামো স্থাপন করা হচ্ছে।

৪.১.৭ Reality as the ground of possibility
আরেকটি গভীর দিক-
বাস্তবতা শুধু যা ঘটছে তা নয়,
বরং-

কী ঘটতে পারে
আর কী ঘটতে পারে না
এই সম্ভাব্যতার ক্ষেত্রও
বাস্তবতার অংশ।
আইন না থাকলে-
সম্ভাবনার সীমা নেই।
নৈতিক সীমা না থাকলে-
সম্ভাবনা ও বৈধতার পার্থক্য নেই।
অতএব-
Reality includes constraints, not just events.

৪.১.৮ Observer-inclusion as totality condition

অধ্যায় ০৩-এর সিদ্ধান্ত অনুযায়ী-
ঘটনা observer ছাড়া সংজ্ঞাহীন
তথ্য observer ছাড়া অসম্পূর্ণ
সত্য observer ছাড়া অর্থহীন
অতএব-
Observer বাদ দেওয়া বাস্তবতা
totality হতে পারে না।
Observer বাস্তবতার অংশ-
এটি কোনো philosophical add-on নয়,
এটি structural requirement।

৪.১.৯ Formal minimal definition of Reality (R)

এখন আমরা একটি ন্যূনতম কিন্তু কঠোর সংজ্ঞায় পৌঁছাই-
Reality (R) হলো
সব আইন, ঘটনা, পর্যবেক্ষক ও সীমার
একটি সমন্বিত সম্পূর্ণতা,
যার বাইরে গিয়ে
কোনো অর্থপূর্ণ ব্যাখ্যা সম্ভব নয়।
এটি এখনো 𝓤 নয়,
কিন্তু এটি তার **ontological base**।

৪.১.১০ এই অংশের উপসংহার

এই অংশে আমরা প্রতিষ্ঠা করলাম-
বাস্তবতা partial হতে পারে না
বাস্তবতা totality হতে বাধ্য
exclusion বাস্তবতাকে আত্মবিরোধী করে

observer ও normativity বাস্তবতার অন্তর্ভুক্ত
অতএব-
Reality (R) একটি **সম্পূর্ণ কাঠামো**,
যার ভেতরেই পরবর্তী সব সংজ্ঞা স্থাপন হবে।

৪.২ Ontological Completeness

(বাস্তবতার অস্তিত্বগত সম্পূর্ণতা)

৪.২.১ Completeness মানে কী নয়

প্রথমেই একটি ভুল ধারণা পরিষ্কার করা জরুরি।

Ontological completeness মানে-

❌ সব প্রশ্নের উত্তর জানা

❌ ভবিষ্যৎ নির্ধারিত

❌ জ্ঞানের সীমাহীনতা

Completeness জ্ঞানের নয়,
অস্তিত্বের।
এটি বলে-
বাস্তবতার গঠনে
কোনো অপরিহার্য উপাদান
বাদ পড়েনি।

৪.২.২ Epistemic vs Ontological completeness

এই পার্থক্যটি মৌলিক-

Epistemic completeness
→ আমরা সব জানি কি না

Ontological completeness
→ যা আছে, তা দিয়ে
বাস্তবতা নিজেই অসম্পূর্ণ কি না
আমরা অজানা মেনে নিতে পারি,
কিন্তু **অপূর্ণ বাস্তবতা** মেনে নিতে পারি না।

৪.২.৩ কেন ontological incompleteness অগ্রহণযোগ্য

ধরা যাক-
বাস্তবতা ontologically incomplete।
তাহলে-
কিছু "আছে" যা বাস্তবতার অংশ নয়
কিছু "কার্যকর" যার কোনো ভিত্তি নেই
কিছু "বাধ্যতামূলক" যা অস্তিত্বগতভাবে ঝুলে আছে
এই তিনটি একসাথে মানলে-
বাস্তবতা self-contradictory হয়ে যায়।

অতএব-
incomplete reality = incoherent reality।

৪.২.৪ Hidden layer hypothesis-এর সমস্যা

অনেক সময় বলা হয়-
"বাস্তবতার পেছনে আরেক স্তর আছে
যা আমরা ধরতে পারছি না।"
এই ধারণা তখনই গ্রহণযোগ্য,
যদি সেই স্তর-
বাস্তবতার অংশ হিসেবে সংজ্ঞায়িত হয়
explanatory gap না তৈরি করে
কিন্তু যদি বলা হয়-
"সে স্তর বাস্তবতার বাইরে"-
তাহলে সেটি বাস্তবতার সংজ্ঞা ভেঙে দেয়।
Ontological completeness মানে-
No unexplained outside।

৪.২.৫ Laws without ground: incompleteness symptom

যদি বাস্তবতায়-
আইন কাজ করে
কিন্তু কেন কাজ করে-তার কোনো স্থান না থাকে
তাহলে বাস্তবতা অসম্পূর্ণ।
আইন শুধু নিয়ম নয়,
আইন মানে-
কী সম্ভব আর কী অসম্ভব-তার সীমা।
এই সীমা যদি ভিত্তিহীন হয়,
বাস্তবতাও ভিত্তিহীন।

৪.২.৬ Observer ও normativity completeness test

একটি সহজ পরীক্ষা-
যদি বাস্তবতার কাঠামো থেকে-
observer বাদ দিলে
moral obligation বাদ দিলে
বাস্তবতা অর্থহীন হয়-
তাহলে ঐ উপাদানগুলো
ontologically essential।

যা essential,
তা বাদ দেওয়া মানে-
incompleteness।

৪.২.৭ Mathematical analogy: axiom completeness

গণিতে-
একটি axiom system incomplete হলে-
কিছু সত্য প্রমাণযোগ্য হয় না,
কিন্তু তবুও সত্য থাকে।
Ontological ক্ষেত্রে-
incomplete হলে-
কিছু "আছে"
যার কোনো অবস্থান নেই।
এটি গণিতের চেয়েও ভয়ংকর।
কারণ-
এটি বাস্তবতাকে
অকার্যকর করে।

৪.২.৮ Reality cannot outsource its foundations

Ontological completeness-এর একটি কঠোর নীতি-
বাস্তবতা তার
মৌলিক ভিত্তি
নিজের বাইরে
outsource করতে পারে না।
যদি করে-
তাহলে আগের বাস্তবতা সংজ্ঞা ভেঙে যায়।
এই নীতি পরবর্তীতে
Closed Reality সমস্যা তৈরি করবে,
কিন্তু এখানে শুধু শর্ত স্থাপন করা হচ্ছে।

৪.২.৯ Formal criterion of ontological completeness

এখন আমরা একটি আনুষ্ঠানিক মানদণ্ড দিতে পারি-
একটি বাস্তবতা কাঠামো
ontologically complete হবে যদি-
তার সব অপরিহার্য উপাদান
তার মধ্যেই অবস্থিত
কোনো মৌলিক কার্যকারণ
বাইরে ঝুলে না থাকে

কোনো বাধ্যতামূলক নীতি
ভিত্তিহীন না হয়
এই তিনটি একসাথে পূরণ না হলে-
বাস্তবতা incomplete।

৪.২.১০ এই অংশের উপসংহার:
Ontological completeness জ্ঞানের প্রশ্ন নয়
অসম্পূর্ণ বাস্তবতা আত্মবিরোধী
আইন, observer, normativity
completeness-এর test case
বাস্তবতা তার ভিত্তি বাইরে রাখতে পারে না।

৪.৩ Reality বনাম Model

(Distinguishing ontological reality from representational constructs)

৪.৩.১ কেন Reality ও Model আলাদা করা অনিবার্য

আধুনিক বিজ্ঞানের সবচেয়ে বড় কিন্তু নীরব বিভ্রান্তি হলো-
model-কে reality ধরে নেওয়া।
সমীকরণ কাজ করছে → বাস্তবতা ব্যাখ্যা হয়েছে
পূর্বাভাস মিলছে → বাস্তবতা ধরা পড়েছে
এই সমীকরণটি কার্যকর হলেও **অস্তিত্বগতভাবে ভুল**।
Unified Principle($\mathcal{U}$)-এর প্রথম কঠোর শর্ত হলো-
বাস্তবতা ও তার বর্ণনাকে এক জিনিস ধরা যাবে না।
এই পার্থক্য না করলে-
observer problem
moral exclusion
meaning collapse
সবই অনিবার্য।

৪.৩.২ Model কী: একটি নির্দিষ্ট সংজ্ঞা

এই গ্রন্থে **model** বলতে বোঝানো হবে-
একটি সীমিত, উদ্দেশ্যনির্ভর,
মানব-নির্মিত
প্রতিনিধিত্বমূলক কাঠামো
যা বাস্তবতার
কিছু দিক কার্যকরভাবে বর্ণনা করে।
গুরুত্বপূর্ণ শব্দগুলো-
সীমিত (limited)
উদ্দেশ্যনির্ভর (goal-relative)
প্রতিনিধিত্বমূলক (representational)
Model কখনোই-
সম্পূর্ণ নয়
স্বয়ংসম্পূর্ণ নয়
ontological নয়

৪.৩.৩ Reality কী নয়: model-reduction fallacy

একটি মৌলিক ভ্রান্তি হলো-
"বাস্তবতা আসলে আমাদের সেরা model-টাই।"
এই ধারণা মেনে নিলে-
নিউটনের বাস্তবতা ≠ আইনস্টাইনের বাস্তবতা
কোয়ান্টাম মেকানিক্স বাস্তবতা বদলে দেয়
বাস্তবতা সময়ের সাথে আপডেট হয়
কিন্তু বাস্তবতা update হয় না,
আমাদের model হয়।
অতএব-
Reality ≠ Best available model.

৪.৩.৪ Scientific success≠ Ontological truth

একটি model অত্যন্ত সফল হতে পারে-
GPS works → relativity
Semiconductor works → quantum mechanics
কিন্তু সাফল্য প্রমাণ করে-
predictive adequacy
না যে-
ontological completeness
একটি model কাজ করতে পারে,
তবু বাস্তবতার মৌলিক উপাদান বাদ দিতে পারে।
এটি বিজ্ঞানের সীমা নয়,
model-এর সীমা।

৪.৩.৫ Model-dependence বনাম observer-inclusion

এখানে একটি সূক্ষ্ম কিন্তু গুরুত্বপূর্ণ পার্থক্য-
Model-dependence
→ জ্ঞান মানুষের উপর নির্ভরশীল
Observer-inclusion
→ বাস্তবতার কাঠামোতে
পর্যবেক্ষক একটি অপরিহার্য উপাদান
Model মানুষ বানায়,
observer মানুষ হতে পারে,
কিন্তু observer-এর অস্তিত্ব
model-নিরপেক্ষভাবে প্রয়োজনীয়।
এই পার্থক্য না করলে-
observer problem কৃত্রিম মনে হয়।

৪.৩.৬ Why models necessarily exclude normativity

বৈজ্ঞানিক model গঠিত হয়-
measurable quantities
operational definitions
repeatable outcomes
নৈতিকতা-
পরিমাপযোগ্য নয়
অপারেশনাল নয়
repeatable নয়
অতএব-
নৈতিকতা model-এ ঢোকে না।
কিন্তু ৩.৩-এ দেখানো হয়েছে-
নৈতিকতা বাস্তব।
অতএব-Reality > Any model.

৪.৩.৭ Map-territory distinction: formal restatement

এই বইয়ে একটি কঠোর নীতি গ্রহণ করা হচ্ছে-
All models are maps.
Reality is the territory.
Map যত উন্নতই হোক-
territory পরিবর্তন হয় না
map-এর সীমা থাকে
Unified Principle(𝓤)
কোনো map নয়-
এটি territory-র **formal architecture**।

৪.৩.৮ Ontological overreach-এর বিপদ

যখন কোনো model-
নিজেকে সম্পূর্ণ বলে
observer বাদ দেয়
normativity অস্বীকার করে
তখন তা predictive science নয়,
ontological overreach।
এই overreach থেকেই জন্ম নেয়-
scientism
moral nihilism
meaning denial
এই গ্রন্থ সেই overreach প্রত্যাখ্যান করে।

৪.৩.৯ Reality as model-transcendent but model-accessible

একটি ভারসাম্যপূর্ণ অবস্থান-
Reality model-transcendent
কিন্তু model-accessible
অর্থাৎ-
বাস্তবতা model-এর বাইরে,
কিন্তু model ছাড়া আমরা তা ধরতে পারি না।

৪.৩.১০ এই অংশের চূড়ান্ত সিদ্ধান্ত

Reality ও model এক নয়
Model কার্যকর, কিন্তু সীমিত
Ontological দাবি model থেকে আসতে পারে না
Observer ও normativity
model-এর বাইরে হলেও
reality-র ভেতরে
অতএব-
বাস্তবতাকে model দিয়ে বর্ণনা করা যাবে,
কিন্তু model দিয়ে সীমাবদ্ধ করা যাবে না।

৪.৪ Closed vs Open Reality

(বাস্তবতার বন্ধন ও সম্ভাবনার সীমা)

৪.৪.১ Closed reality কি?

Closed reality বলতে বোঝানো হয় এমন বাস্তবতা যা **নিজেই নিজের সব উপাদান এবং সীমা ধারণ করে**-

বাইরের কোনো explanatory principle প্রয়োজন হয় না

মৌলিক আইন, ঘটনা, observer ও নৈতিক সীমা

বাস্তবতার ভেতরে অন্তর্ভুক্ত

কোনো ontology ঝুলে থাকে না

Formal perspective-এ:

Closed reality = R যেখানে $\forall i,j,k,l$: $L_i, E_j, O_k, M_l \in R$ এবং কোনো উপাদান R-এর বাইরে নেই।

এই সংজ্ঞা **ontological completeness** এবং **totality**-এর সঙ্গে সঙ্গতিপূর্ণ।

৪.৪.২ Open reality কি?

Open reality ধারণা বলে-

কিছু উপাদান বাস্তবতার বাইরে

ভিত্তিহীন বা অজানা কার্যকারণ রয়েছে

কিছু নিয়ম বা সম্ভাবনা বাইরে থেকে প্রভাবিত

Formal perspective-এ:

Open reality = R যেখানে $\exists x \notin R$, x কার্যকরভাবে বাস্তবতার নিয়মকে প্রভাবিত করে

Open reality-র উদাহরণ হিসেবে বলা যায়-

ফিলোসফিক্যাল hypotheses:

"ভূত বা অলৌকিক শক্তি বাস্তবতার বাইরে থেকে ঘটনা প্রভাবিত করছে"

Incomplete physical laws:

কোনো fundamental law ব্যাখ্যা করতে বাইরে অন্য realm প্রয়োজন

Self-contradictory system:

যেখানে observer বা normativity বাদ দেওয়া সম্ভব

৪.৪.৩ Closed reality-এর প্রয়োজনীয়তা

পূর্ববর্তী অধ্যায়ের ভিত্তিতে, আমরা দেখেছি-

Observer এবং normativity essential

Reductionism ব্যর্থ

Fragmented theory inconsistent
যদি reality open হয়-
Observer optional হবে
Normativity optional হবে
Laws & events disconnected হতে পারে
অতএব-**open reality** আত্মবিরোধী।

৪.৪.৪ Closed reality-এর বৈজ্ঞানিক প্রমাণ

Quantum mechanics, relativity এবং classical physics-এর থেকে দেখা যায়-
Quantum events observer-inclusive
Spacetime structure self-contained
Conservation laws system-bound
এই সব দেখায় যে-
বাইরের explanatory entity-র প্রয়োজন নেই,
বাস্তবতা নিজেই self-grounded।

৪.৪.৫ Open reality-এর ontological সমস্যা

Open reality-তে উদ্ভূত সমস্যা:
Infinite regress
যদি কোনো explanatory element বাইরের,
তাহলে তার কারণও বাইরের প্রয়োজন,
এবং এটি অনির্দিষ্টভাবে চলতে পারে।
Observer denial
যদি observer optional হয়,
তাহলে চেতনা, measurement, ও accountability-র অস্তিত্ব ধূসর হয়।
Normativity collapse
যদি moral constraint বাইরের থাকে,
তাহলে দায়বোধ অকার্যকর।
অতএব-open reality logical inconsistency তৈরি করে।

৪.৪.৬ Closed reality-এর conceptual advantage

Closed reality-এর সুবিধা:
Self-consistency
সব উপাদান নিজেই সংজ্ঞায়িত
কোনো বাহ্যিক ontology প্রয়োজন নেই
Predictive reliability
সমস্ত events ও laws অন্তর্ভুক্ত → future constraints predictable

Ethical and observer integration
Moral, observer, laws একত্রে coherence বজায় রাখে
Foundation for 𝓤
Closed reality = 𝓤-এর formal spine

৪.৪.৭ Formal restatement

ধরা যাক-
Reality R
Components: Li (laws), Ej (events), Ok (observer), Ml (moral constraint)
Closed Reality condition:
∀i,j,k,l:Li,Ej,Ok,Ml⊆R
এই সূত্রেই 𝓤-এর structure-এর মূল ভিত্তি নিহিত।

৪.৪.৮ Practical implication

Closed reality গ্রহণ করলে:
Model-প্রতিনিধিত্ব সীমিত, কিন্তু reality transcendental
Observer, laws, events, morality-এর মধ্যে অনিবার্য coherence
Ontological completeness নিশ্চিত
Fragmented theories অবাস্তব প্রমাণিত
Open reality-তে predictive science, ethics এবং consciousness একই সঙ্গে logical ভাবে maintain করা যায় না।

৪.৪.৯ এই অংশের উপসংহার

Reality অবশ্যই **closed** হতে হবে,
Ontological completeness, observer inclusion, law-event integration ও moral constraints-এর জন্য
Open reality logical, ethical ও scientific standpoint থেকে অসম্ভব ।

৪.৫ Reality as a Structured Whole

(বাস্তবতা একটি সংহত ও কাঠামোগত সম্পূর্ণতা হিসেবে)

৪.৫.১ Structure কেন অপরিহার্য

Reality শুধু **totality + completeness + closedness**-এ সীমাবদ্ধ নয়।
Totality বলে: সব উপাদান অন্তর্ভুক্ত
Completeness বলে: কোনো অপরিহার্য উপাদান বাদ নেই
Closedness বলে: বাইরে থেকে প্রভাবিত নয়
কিন্তু এই উপাদানগুলো **কীভাবে একসাথে কাজ করে**-তা
বোঝাতে **structure** অপরিহার্য।
Structure হলো-
Laws, events, observer, morality-এর মধ্যে
পারস্পরিক সম্পর্ক এবং অন্তর্নির্মিত hierarchy।
যদি structure না থাকে, totality ও completeness থাকলেও
reality **chaotic এবং ব্যাখ্যাহীন** হয়।

৪.৫.২ Minimal structural requirements

Reality-কে একটি structured whole হিসেবে সংজ্ঞায়িত করতে, নিম্নলিখিত ন্যূনতম শর্তগুলো থাকা আবশ্যক:

Law-Event integration
Law (L_i) ব্যতীত কোনো Event (E_j) অর্থহীন
Event ছাড়া Law শুধু নিয়মাবলি, কার্যকর নয়

Observer inclusion
Measurement ও awareness ছাড়া events অব্যাখ্যাত
Observer (O_k)-কে বাদ দিলে causality ও truth collapse

Moral constraint embedding
Moral rules (M_l) আইন ও observer-এর সঙ্গে অন্তর্ভুক্ত
Ethical coherence-র ভিত্তি রক্ষা করে

Interdependence
কোনো উপাদান এককভাবে ontologically স্বতন্ত্র নয়
সব উপাদান পারস্পরিক নির্ভরশীল

৪.৫.৩ Nested hierarchical structure
Reality-এর কাঠামো hierarchical:

Level 1: Fundamental laws (L_i)
ভৌত, যৌক্তিক ও তথ্যগত নীতিসমূহ

Level 2: Events (E_j)
Law দ্বারা সীমিত, observer-inclusive

Level 3: Observer (O_k)
Event registry, causality awareness, agency

Level 4: Moral constraints (M_l)
Observer দ্বারা realized, law-event-observer system-এর অংশ

এই hierarchy-এর মধ্যে প্রতিটি স্তর অপরিহার্য, প্রতিটি স্তরের কার্যকারিতা **পরবর্তী স্তরকে sustent করে।**

৪.৫.৪ Networked vs linear structure
Reality-কে শুধুমাত্র linear chain হিসেবে না দেখে, **networked interdependence** হিসেবে দেখতে হবে:
Law ↔ Event ↔ Observer ↔ Moral

Feedback loops:
Observer তার choices-এর মাধ্যমে events-কে প্রভাবিত করে
Moral constraints Observer decisions-কে guide করে
Events আবার Laws-এর প্রয়োগকে shape করে
এই networked structure নিশ্চিত করে-
Dynamic consistency
Predictability within constraints
Logical and moral coherence

৪.৫.৫ Structured whole ≠ static container
Reality structured বলেও, এটি **static নয়**:
Events constantly unfold
Observers constantly interact
Laws consistently apply
Moral constraints continuously realized

Structure মানে framework,
না যে সব কিছু fix হয়ে আছে।
Structure flexibility-সহ coherence নিশ্চিত করে,
যা predictive science ও ethical reasoning- এর জন্য অপরিহার্য।

৪.৫.৬ Ontological implication

Structured whole হিসেবে Reality-এর ontological implication:

Non-reducibility

Laws, events, observer, morality-কে আলাদা করে না দেখা যায়
প্রতিটি component অপরিহার্য

Self-groundedness

Reality-কে বাইরের কোনো principle-এ reference দিতে হয় না

Systemic determinacy with openness

Closed structure হলেও events ও observer-এর interplay-তে possibilities বজায় থাকে

Foundation for 𝓤

Structured whole = canonical base for Unified Principle(𝓤)

৪.৫.৭ Summary

Reality শুধুমাত্র totality বা completeness নয়, একটি organized, self-consistent, interdependent system
Law, Event, Observer, Moral constraints-এর মধ্যে পারস্পরিক নির্ভরশীল network
Dynamic, flexible, predictive, morally coherent
Ontologically essential: non-reducible, self-grounded, closed

অধ্যায় ০৫: আইন (Li)-বাস্তবতার কাঠামো

৫.১ ভৌত আইন (Physical Laws)

৫.১.১ ভৌত আইনঃ সংজ্ঞা ও প্রয়োজনীয়তা

ভৌত আইন (Physical Law) হলো Reality-এর এমন নিয়মাবলি, যা events-এর সম্ভাব্যতা, causal relationship এবং material behaviour নির্ধারণ করে।

Key characteristics:

Universal applicability

স্থান, সময় ও observer-এর সীমা অতিক্রম করে

Consistency

একই শর্তে একই ফলাফল

Predictive power

Events-এর সম্ভাব্যতা নির্ধারণ

Independence from representation

Model বা map থেকে অব্যাহতি

Formal notation:

$\mathbf{L_i \subseteq R, L_i : E_j \rightarrow E_j'}$

এখানে, E_j একটি event, এবং L_i সেই event-এর evolution নির্ধারণ করে।

৫.১.২ ভৌত আইন ও Ontological Completeness

আমরা দেখেছি reality ontologically complete হতে হবে।

ভৌত আইন এর জন্য এর অর্থ হলো-

Law-event network অন্তর্ভুক্ত

কোনো physical event **অনির্বচনীয় বা groundless নয়**

Laws-এর কার্যকারিতা observer-inclusive, নৈতিকতাসহ নয়, purely causal

অতএব, **Law ≠ mere description of pattern**।

Law হলো **causal backbone**।

৫.১.৩ ভৌত আইন ও Closed Reality

Closed reality শর্ত অনুযায়ী-
কোনো Law বাইরের explanatory entity-র উপর নির্ভর করতে পারে না
Physics-এর সব fundamental principle, যেমন:
Newtonian mechanics
Maxwell's equations
Quantum field principles
এগুলো সম্পূর্ণভাবে reality-এর অংশ।

Formal view: $\forall L_i, E_j : L_i(E_j) \in R$

"প্রত্যেক আইন L_i এবং প্রত্যেক ঘটনা E_j-এর ক্ষেত্রে, যখন আইনটি ঘটনাটির উপর প্রয়োগিত হয়, তখন তার ফলাফল বাস্তবতার সমগ্রত্ব R-এর অন্তর্ভুক্ত থাকে।"

বাইরের reference অনিবার্য নয়।

৫.১.৪ Physical Laws-এর শ্রেণিবিন্যাস

ভৌত আইনকে আমরা তিনটি স্তরে ভাগ করতে পারি:

Classical laws
Newtonian mechanics
Thermodynamics (macroscopic)
Classical electrodynamics

Quantum laws
Quantum state evolution
Probability amplitudes
Uncertainty principle

Relativistic laws
Spacetime geometry
Causality constraints (light cone)
Gravitational interactions

প্রত্যেকটি স্তর Reality-এর Li subset।
Classical laws macroscale-এ কার্যকর
Quantum laws microscale-এ কার্যকর
Relativistic laws causal structure-এ ধারাবাহিক

৫.১.৫ Physical Laws & Events (Ej) সম্পর্ক
Law-Event সম্পর্ক মূল ভিত্তি:
Law bepaalt possible outcomes
Event মানে actual occurrence
Event-এর causal chain Li দ্বারা regulated

Formal relation:
$$E_j^{t+1}=L_i(E_j^t,O_k)$$

"ঘটনা E_j-এর পরবর্তী অবস্থা $^{t+1}$ নির্ধারিত হয় আইন L_i-এর দ্বারা, যা বর্তমান অবস্থা E_j^t এবং পর্যবেক্ষক O_k-এর সাথে যৌথভাবে ক্রিয়াশীল।"

Ok inclusion optional? না, observer-এর measurement-এ necessary
L_i ছাড়া E_j অনির্বচনীয়
এটি reality-এর structured whole-এর coherence নিশ্চিত করে।

৫.১.৬ Physical Laws & Observer-independence
একটি গুরুত্বপূর্ণ বৈশিষ্ট্য-
Physical laws observer-independent
Observers outcome-কে detect করে, পরিবর্তন নয়
Physics-এর predictive power independent of individual observers

Formal perspective:
$$\forall O_k : L_i(E_j|O_k)=L_i(E_j)$$

"সকল পর্যবেক্ষক O_k-এর ক্ষেত্রে, আইন L_i দ্বারা নির্ধারিত ঘটনা E_j-এর ফলাফল পর্যবেক্ষক-শর্তাধীন হোক বা না হোক, আইনগতভাবে তা অপরিবর্তিত থাকে।"
যা নিশ্চিত করে-laws objective, consistent, predictive।

৫.১.৭ Physical Laws & Mathematical Formalism
ভৌত আইন শুধুমাত্র descriptive নয়, **formalizable**:
Differential equations (classical mechanics)
Hamiltonian & Lagrangian formulations
Quantum operators, wavefunctions
Formalism ensures:

Universality
Reproducibility
Integration into 𝓤 framework

৫.১.৮ Ontological implication

ভৌত আইন Reality-এর backbone:
Event sequence constrained
Observer-independent
Model-transcendent
Ontologically essential ($L_i \in R$)
এটি Unified Principle(𝓤)-এর axiomatic spine তৈরি করে।

৫.১.৯ Summary

Physical laws (L_i) Reality-এর indispensable component
Ontologically complete, observer-independent, model-transcendent
Event evolution-এর causal backbone
Formal mathematical representation সম্ভব
Closed, structured, networked reality-এর essential layer

৫.২ যৌক্তিক আইন (Logical Laws)

৫.২.১ সংজ্ঞা ও প্রয়োজনীয়তা

যৌক্তিক আইন (Logical Laws) হলো বাস্তবতার (Reality) এমন মৌলিক নিয়মাবলি, যা- বাস্তবতার **অভ্যন্তরীণ সামঞ্জস্য (internal consistency)** বজায় রাখে **কারণগত অনুসিদ্ধান্ত (causal inference)** ও যুক্তিনির্ভর চিন্তাকে বৈধ করে আইন (L_i), ঘটনা (E_j), পর্যবেক্ষক (O_k) এবং নৈতিক সীমাবদ্ধতা (M_l)-এই সকল উপাদানের মধ্যকার **coherence** নিশ্চিত করে

আনুষ্ঠানিক দৃষ্টিভঙ্গি (Formal perspective):

$$\forall P, Q \in R,\ P \Rightarrow Q \ \Leftrightarrow\ L_{logical}(P,Q)$$

"সকল P ও Q যারা বাস্তবতা R এর অন্তর্গত, তাদের ক্ষেত্রে- P থেকে Q অনুসিদ্ধান্ত হয় তখন এবং কেবল তখনই, যখন L_l^{ogical} অপারেটরটি P ও Q এর মধ্যে যৌক্তিক বৈধতা নির্দেশ করে।"

"বাস্তবতার ভেতরে যেকোনো দুটি প্রস্তাবের ক্ষেত্রে, একটি থেকে অন্যটির অনুসিদ্ধান্ত তখনই বৈধ, যখন তা বাস্তবতার অন্তর্নিহিত যৌক্তিক কাঠামো দ্বারা অনুমোদিত।"

৫.২.২ ভৌত আইন বনাম যৌক্তিক আইন

ভৌত আইন (Physical Laws): ঘটনাবলির কারণগত বিবর্তন (causal evolution) নিয়ন্ত্রণ করে

যৌক্তিক আইন (Logical Laws): অনুসিদ্ধান্তের কাঠামো, সামঞ্জস্য এবং সত্য-সংরক্ষণ (truth preservation) নিশ্চিত করে

উদাহরণ:

ধ্রুপদী যান্ত্রিকতা: নিউটনের সূত্রসমূহ (ভৌত)
অনুসিদ্ধান্তমূলক যুক্তি: কারণ → ফল, পরিচয়, অ-স্ববিরোধিতা (যৌক্তিক)
যৌক্তিক আইন ব্যতীত ভৌত আইনের **ontological weight** অর্ধেক হয়ে যায়।
যদি স্ববিরোধিতা (contradiction) অনুমোদিত হয় → L_i অর্থহীন হয়ে পড়ে।

৫.২.৩ প্রধান যৌক্তিক নীতিসমূহ (Key Logical Principles)

অ-স্ববিরোধিতার নীতি (Law of Non-Contradiction)
কোনো proposition একই সময়ে সত্য ও মিথ্যা হতে পারে না।
যদি কোনো ঘটনা E_j স্ববিরোধী হয় → বাস্তবতা অসংগত (incoherent) হয়ে যায়।

পরিচয়ের নীতি (Law of Identity)
প্রতিটি সত্তা তার নিজস্ব পরিচয় সংরক্ষণ করে যতক্ষণ না কোনো বৈধ রূপান্তর সংঘটিত হয়।

E_j, t≠E_j, t' unless explicitly transformed

একই সূচকযুক্ত সত্তা E ভিন্ন সময়বিন্দু t ও t' -এ স্বয়ংক্রিয়ভাবে অভিন্ন ধরে নেওয়া যায় না।
পরিচয়ের পরিবর্তন কেবল তখনই বৈধ, যখন-

- কোনো **নির্ধারিত আইন** L_i অনুযায়ী রূপান্তর ঘটে, অথবা
- কোনো **ইভেন্ট** E_j সত্তার অবস্থা (state) পরিবর্তন করে।

অন্যথায়, সময়ের প্রবাহ পরিচয়ের উপর প্রভাব ফেলে না।

মধ্যবর্জিত তৃতীয়ের নীতি (Law of Excluded Middle)
সকল বিবৃতি P, যা বাস্তবতার R-এর অন্তর্গত, হয় সত্য বা মিথ্যা-দুইটির একসাথে নয়।
$\forall P \in R$, P is either true or false, but not both.

কারণগত অনুসিদ্ধান্ত (Causal Entailment)
$L_i + E_j \rightarrow E_j'$
যৌক্তিক আইন নিশ্চিত করে যে অনুসিদ্ধান্তের শৃঙ্খল (inference chain) বৈধ থাকে।

৫.২.৪ অস্তিত্বগত তাৎপর্য (Ontological Significance)
যৌক্তিক আইন বাস্তবতার কাঠামোর **দ্বিতীয় স্তর (second layer)**-
ভৌত আইন + যৌক্তিক আইন = অর্থবহ বাস্তবতা
ভৌত আইন ছাড়া যৌক্তিক আইন = শূন্য কাঠামো
যৌক্তিক আইন ছাড়া ভৌত আইন = অর্থহীন ঘটনা

বাস্তবতার ontology-তে যৌক্তিক আইন অপরিহার্যঃ

$L^{logical} \subseteq L_i \subseteq R$

এবং,

$L^{logical} \cap L^{physical} \neq \emptyset$

"যৌক্তিক আইন ও ভৌত আইন কিছু অংশে মিলিত থাকে; তাদের ছেদ (intersection) শূন্য নয়।"

এই পারস্পরিক নির্ভরতা (interdependency) নিশ্চিত করে যে যৌক্তিক কাঠামো ভৌত বিবর্তনের সামঞ্জস্য বজায় রাখে।

৫.২.৫ পর্যবেক্ষক ও যৌক্তিক আইন

পর্যবেক্ষক (O_k)-এর অন্তর্ভুক্তি যৌক্তিক আইনের জন্য অপরিহার্য-

পর্যবেক্ষণ → E_j সম্পর্কে proposition

যৌক্তিক অনুসিদ্ধান্ত → ভবিষ্যৎ E_j পূর্বাভাস

অসংগত অনুসিদ্ধান্ত → বোঝাপড়ার ভাঙন

আনুষ্ঠানিক রূপে:

$O_k(E_j^t) \Rightarrow L^{logical}(E_j^{t+1})$ consistency guaranteed

যদি পর্যবেক্ষক O_k কোনো ঘটনা E_j -কে সময় t-এ পর্যবেক্ষণ করে, তবে পরবর্তী সময় t+1 এ সেই ঘটনার যৌক্তিক ধারাবাহিকতা Llogical দ্বারা নিশ্চিত হয়।" যৌক্তিক আইন ছাড়া পর্যবেক্ষক-জ্ঞান অনির্দেশ্য, অসংগত ও অর্থহীন।

৫.২.৬ মডেল বনাম বাস্তবতা (Model vs Reality Perspective)

ভৌত আইনের উপর ভিত্তি করে মডেল নির্মাণ করা যায়; কিন্তু যৌক্তিক আইন ছাড়া-

মডেলের অভ্যন্তরীণ ব্যর্থতা ঘটে

স্ববিরোধিতা জন্ম নেয়

পূর্বাভাস অবিশ্বাস্য হয়ে পড়ে

যৌক্তিক আইন নিশ্চিত করে যে মডেলগুলো বাস্তবতার consistent approximation হিসেবে টিকে থাকে।

৫.২.৭ $\mathcal{U}$ কাঠামোতে যৌক্তিক আইন

Unified Principle($\mathcal{U}$)-এ যৌক্তিক আইন প্রদান করে-
বাস্তবতার উপাদানগুলোর **অ-হ্রাসযোগ্যতা**

Self-referential coherence
স্বীকার্যসমূহের আনুষ্ঠানিক ভিত্তি

$$\mathcal{U} \equiv \{L_i, E_j, O_k, M_l \mid \forall i,j,k,l : L_i, E_j, O_k, M_l \subseteq R\}$$

যৌক্তিক আইন হলো Li-এর একটি মৌলিক উপসেট, যা **totality, completeness** ও **structured wholeness** সমর্থন করে।

৫.২.৮ গতিশীল সামঞ্জস্য (Dynamic Consistency)

যৌক্তিক আইন কেবল স্থির (static) নয়; বাস্তবতায় এগুলো **গতিশীল**-
নতুন E_j → সামঞ্জস্য মূল্যায়ন
পর্যবেক্ষকের সিদ্ধান্ত → কারণগত শৃঙ্খল যাচাই
নৈতিক সীমাবদ্ধতা → যৌক্তিক সামঞ্জস্যের সঙ্গে সংহত
এই গতিশীল সংহতি একটি **predictive, ethical** ও **ontologically grounded** বাস্তবতা নিশ্চিত করে।

৫.২.৯ যৌক্তিক আইনের আনুষ্ঠানিক মানদণ্ড (Formal Criterion)

স্বীকাযভিত্তিকভাবে-
$\forall E_j$: E_j পূর্ববর্তী E_j-এর সাথে সামঞ্জস্যপূর্ণ
$\forall L_i$: $L^{logical}$ প্রযোজ্য
$\forall O_k$: Observed $E_j \equiv$ Consistent E_j
কোনো বাহ্যিক স্ববিরোধিতা অনুমোদিত নয়

৫.২.১০ সারসংক্ষেপ

যৌক্তিক আইন হলো L_i-এর অপরিহার্য উপসেট
বাস্তবতার সামঞ্জস্য, অনুসিদ্ধান্ত ও স্থায়িত্ব নির্ধারণ করে
পর্যবেক্ষক, ভৌত আইন ও ঘটনার সঙ্গে অবিচ্ছেদ্য
গতিশীল, কাঠামোবদ্ধ ও বদ্ধ বাস্তবতার **backbone**

৫.৩ গাণিতিক কাঠামো ও আইন

(Mathematical Structure of Laws)

৫.৩.১ গণিত: বাস্তবতার ভাষা না মানুষের উদ্ভাবন?

আধুনিক বিজ্ঞানের একটি মৌলিক প্রশ্ন হলো-
গণিত কি বাস্তবতার অন্তর্গত কাঠামো, নাকি মানুষের মস্তিষ্কে উদ্ভূত একটি বর্ণনামাত্র?
Unified Principle($\mathcal{U}$)-এর আলোকে এই প্রশ্নের উত্তর দ্ব্যর্থহীন:
গণিত বাস্তবতাকে বর্ণনা করে না; গণিত বাস্তবতার একটি গাঠনিক শর্ত।
অর্থাৎ, গণিত কোনো বাহ্যিক ভাষা নয়-
এটি Reality (R)-এর ভেতরে নিহিত Law-structure (L_i)-এর একটি আনুষ্ঠানিক রূপ।

৫.৩.২ কেন সব মৌলিক আইন গাণিতিক?

পদার্থবিজ্ঞানের ইতিহাস পর্যবেক্ষণ করলে একটি সুস্পষ্ট ধারা দেখা যায়-
নিউটন → ডিফারেনশিয়াল সমীকরণ
ম্যাক্সওয়েল → ভেক্টর ক্যালকুলাস
আইনস্টাইন → টেনসর জ্যামিতি
কোয়ান্টাম মেকানিক্স → হিলবার্ট স্পেস ও অপারেটর
এটি কাকতাল নয়। কারণ **আইন (Law)** বলতে আমরা বুঝি-
অপরিবর্তনীয় সম্পর্ক (invariant relation)
পুনরাবৃত্তিযোগ্য কাঠামো (repeatable structure)
পর্যবেক্ষক-নিরপেক্ষ সীমাবদ্ধতা (observer-independent constraint)
এই তিনটি শর্ত পূরণ করার একমাত্র ভাষা হলো গণিত।

আনুষ্ঠানিক বিবৃতি: একটি কাঠামো L_i তখনই আইন ⇔ যখন তা গাণিতিকভাবে প্রকাশযোগ্য এবং অপরিবর্তনীয়।

৫.৩.৩ Ontological Necessity হিসেবে গাণিতিক কাঠামো

এখানে গাণিতিক কাঠামো কেবল একটি গণনামূলক সরঞ্জাম নয়;
এটি বাস্তবতার ontological backbone।
যদি Reality-কাঠামোবদ্ধ হয়, খামখেয়ালি না হয়, পুনরাবৃত্ত সম্পর্ক ধারণ করে তবে Reality অবশ্যই গাণিতিকভাবে কাঠামোবদ্ধ।

R কাঠামোবদ্ধ ⇒∃M: R≅M

"যদি বাস্তবতা R কাঠামোবদ্ধ হয়, তবে এমন একটি গাণিতিক কাঠামো M রয়েছে যার সাথে R সমানুপাতিক বা isomorphic"

৫.৩.৪ আইনের Set-Theoretic ভিত্তি

Unified Principle($\mathcal{U}$)-এ আমরা শুরুতেই স্থাপন করেছি-

$$\mathcal{U} \equiv \{L_i, E_j, O_k, M_l \mid \forall i,j,k,l : L_i, E_j, O_k, M_l \subseteq R\}$$

এটি একটি set-theoretic ঘোষণা।
অর্থাৎ- Reality (R) একটি সার্বজনীন সেট
Laws (L_i) হলো R-এর subset
Events, Observers এবং Moral constraints-সবই আনুষ্ঠানিকভাবে সংজ্ঞায়িত উপাদান
এই কাঠামো ছাড়া-
আইন পৃথক করা যায় না
ঘটনা আলাদা করা যায় না
পর্যবেক্ষকের অবস্থান নির্ধারণ করা যায় না
এখানে set theory কোনো ঐচ্ছিক বিষয় নয়-
এটি বাস্তবতার ontological bookkeeping system।

৫.৩.৫ Function, Relation ও Symmetry

গাণিতিক কাঠামো বাস্তবতার আইনে তিনটি মৌলিক রূপে প্রকাশ পায়-

Function (ঘটনার বিবর্তন)

ঘটনা সময়ের সাথে কীভাবে বিবর্তিত হয়-তা function দ্বারা নির্ধারিত।

$$E^{t+1} = f(E^t, L_i)$$

একটি ঘটনা E^t পরবর্তী সময় t+1-এ কিভাবে বিবর্তিত হবে তা আইন L_i এবং পূর্ববর্তী অবস্থার উপর নির্ভর করে।

Relation (ঘটনা ও উপাদানের সম্পর্ক)

$$Ea \sim Eb$$

ঘটনাগুলোর মধ্যে সম্পর্ক যেমন correlation, entanglement, বা dependency relational mathematics দ্বারা চিহ্নিত।

Symmetry (আইনের অপরিবর্তনীয়তা)

Symmetry মানে আইন অপরিবর্তনীয়-
এটাই conservation laws-এর উৎস।

$$L_i(x)=L_i(g(x))$$

আইন L_i কোনো transformation g-এর অধীনে অপরিবর্তিত থাকে।

৫.৩.৬ Probability, Statistics ও Lawfulness

কোয়ান্টাম তত্ত্ব দেখিয়েছে-
সব আইন deterministic নয়,
কিন্তু সবই statistically lawful।
এখানে probability অজ্ঞতার প্রতীক নয়;
বরং এটি আইন-নিয়ন্ত্রিত একটি বণ্টন।

$$\mathbf{P(E_j)=\mu(E_j|L_i)}$$

E_j: কোনো নির্দিষ্ট ঘটনা।
L_i: প্রাসঙ্গিক আইন বা constraint, যা ঘটনা E_j-কে সীমাবদ্ধ বা নির্ধারণ করে।
$\mu(E_j|L_i)$: measure বা probability function, যা দেখায় L_i এর অধীনে E_j-এর ঘটার সম্ভাবনা কত।

"ঘটনা E_j-এর সম্ভাব্যতা $P(E_j)$ নির্ধারিত হয় আইনের L_i-এর শর্তাধীন পরিমাপ μ দ্বারা।"

Probability measure নিজেই একটি গাণিতিক অবজেক্ট-
যার অস্তিত্ব আইন ছাড়া সম্ভব নয়।
অতএব-
Indeterminacy $\neq$ lawlessness
বরং এটি একটি উচ্চতর গাণিতিক সীমাবদ্ধতা।

৫.৩.৭ Observer, Measurement ও গাণিতিক ফরমালিজম

Observer (O_k) বাস্তবতার অংশ হলেও-
পর্যবেক্ষণ
মাপজোকের ফল
পূর্বানুমান ও পশ্চাৎ-বিশ্লেষণ
সবই গাণিতিক ফরমালিজমের ভেতরে সংঘটিত হয়।
কোয়ান্টাম মেকানিক্সে-
State → vector
Measurement → operator
Outcome → eigenvalue
এটি প্রমাণ করে যে
Observer-inclusive reality-ও mathematically closed।

৫.৩.৮ Model বনাম Law: গণিতের শক্তি ও সীমা

একটি মৌলিক পার্থক্য রয়েছে-

Law: বাস্তবতার অন্তর্গত গাণিতিক কাঠামো

Model: মানুষের তৈরি আনুমানিক গাণিতিক উপস্থাপন

সব গাণিতিক model সত্য নয়,

কিন্তু কোনো সত্য আইন অগাণিতিক নয়।

$\text{Law} \Rightarrow \text{Mathematical}$, কিন্তু $\text{Mathematical} \nRightarrow \text{Law}$

৫.৩.৯ গাণিতিক অনিবার্যতা ও Non-arbitrariness

যদি আইন গাণিতিক না হতো-

ধ্রুবকগুলো খামখেয়ালি হতো

পূর্বাভাস অস্থিতিশীল হতো

বিজ্ঞান অসম্ভব হয়ে পড়ত

গণিত নিশ্চিত করে-

অনিবার্যতা

অখামখেয়ালিপনা

সার্বজনীনতা

এ কারণেই পদার্থবিজ্ঞানের গভীরতম প্রশ্নগুলো শেষ পর্যন্ত গণিতেই রূপ নেয়।

৫.৩.১০ Unified Principle(𝒰)-এ গাণিতিক কাঠামোর ভূমিকা

𝒰-framework-এ গণিত-

Laws-এর আনুষ্ঠানিক ভাষা

Events-এর বিবর্তন-নিয়ম

Observer-এর inference tool

Moral constraints-এর consistency checker

অতএব গণিত এখানে সহায়ক নয়-

এটি Reality-র skeletal structure।

৫.৩.১১ উপসংহার

গাণিতিক কাঠামো বাস্তবতার ওপর আরোপিত নয়;

এটি বাস্তবতার ভেতর থেকেই অনিবার্যভাবে উদ্ভূত।

Physical ও Logical আইন গণিতের মাধ্যমে একীভূত।

Unified Principle(𝒰) একটি মৌলিকভাবে **গাণিতিক ontology**।

যেখানে গণিত থেমে যায়,

সেখানে আইনও থেমে যায়।

৫.৪ তথ্য ও সংরক্ষণ নীতি
(Information & Conservation Principles)

৫.৪.১ সংরক্ষণ নীতির ধারণাগত বিবর্তন
বিজ্ঞানের ইতিহাসে সংরক্ষণ নীতি (Conservation Laws) ছিল বাস্তবতা বোঝার সবচেয়ে নির্ভরযোগ্য হাতিয়ার।
ক্রমধারা লক্ষ্য করুন-
Classical physics→ শক্তি (Energy) সংরক্ষণ
Relativity → mass-energy conservation
Quantum theory → probability conservation
Information theory → information conservation
এটি একটি স্পষ্ট দিকনির্দেশ দেয়:
বাস্তবতার গভীরে যা অপরিবর্তনীয়,
তা ক্রমশ **তথ্য (Information)** হিসেবে উন্মোচিত হচ্ছে।

৫.৪.২ তথ্যের সংজ্ঞা: কেবল ডেটা নয়
Unified Principle($\mathcal{U}$)-এ **তথ্য** বলতে বোঝানো হচ্ছে না-
কাঁচা ডেটা
মানুষের জ্ঞান
subjective meaning
বরং-
তথ্য হলো Reality-র ভেতরে থাকা **distinguishable state structure**।

Formal definition:
I(R)={all distinguishable states of R}

যেখানে পার্থক্য আছে, সেখানেই তথ্য আছে।
আর যেখানে তথ্য আছে, সেখানেই আইন কার্যকর।

৫.৪.৩ Information as a physical quantity
আধুনিক পদার্থবিজ্ঞান এই সত্য প্রতিষ্ঠা করেছে-
Information is physical
Information has cost
Information obeys laws

উদাহরণ:

Landauer's principle
Black hole information paradox
Quantum no-cloning theorem
এগুলো দেখায়-তথ্য ধ্বংস করা যায় না, কেবল রূপান্তরিত করা যায়।
$I^{initial}=I^{final}$ (closed evolution)
এটি শক্তি সংরক্ষণের মতোই একটি মৌলিক নীতি।

৫.৪.৪ Conservation laws: symmetry-এর ছায়া

Noether's theorem আমাদের শেখায়-
প্রতিটি সংরক্ষণ নীতির পেছনে একটি symmetry থাকে।
Time symmetry → Energy conservation
Space symmetry → Momentum conservation
Phase symmetry → Charge conservation

Unified Principle($\mathcal{U}$)-এর দৃষ্টিতে:
Structural symmetry⇒Information conservationStructural symmetry⇒Information conservation
অর্থাৎ information conservation হলো **সব conservation law-এর meta-principle**।

৫.৪.৫ Quantum mechanics ও তথ্য সংরক্ষণ

Quantum theory-তে indeterminacy থাকলেও-
Wavefunction evolution (unitary) → information preserving
Probability sum = 1 → conserved
Measurement → apparent loss, but global conservation

এখানে observer-এর ভূমিকা গুরুত্বপূর্ণ:
$O_k + E_j$ ⇒ local update, not global loss

"পর্যবেক্ষক O_k এবং ঘটনা E_j-এর পারস্পরিক ক্রিয়া বাস্তবতার কেবল স্থানীয় (local) আপডেট ঘটায়; এটি সমগ্র বাস্তবতার উপর কোনো গ্লোবাল ক্ষতি বা বিলোপ ঘটায় না।"
Information observer-relative হতে পারে,
কিন্তু Reality-level-এ information conserved।

৫.৪.৬ Entropy: তথ্যের পুনর্বিন্যাস, ধ্বংস নয়

Entropy সাধারণত ভুলভাবে "disorder" বলা হয়।

Unified Principle(𝓤) -এ entropy অর্থ-

তথ্যের **distributional spread**, ধ্বংস নয়।

S=k log W

"S হলো সিস্টেমের এনট্রপি, k হলো Boltzmann constant, এবং W হলো মাইক্রোস্টেটের সংখ্যা; এনট্রপি হলো সম্ভাব্য অবস্থার লগারিদমিক পরিমাপ।"

অর্থাৎ entropy বৃদ্ধি মানে-

information more distributed

less accessible locally

but not annihilated

এটি irreversible arrow of time তৈরি করে, কিন্তু lawlessness নয়।

৫.৪.৭ Information, event, and law

Event (E_j) মানে-

state transition

information reconfiguration

Law (L_i) নির্ধারণ করে-

কোন information transformation allowed

কোনটা forbidden

Formal relation:

$E_j : I^t \rightarrow L_i \, I^{t+1}$

"ঘটনা E_j-এর বর্তমান তথ্য I^t একটি আইন L_i-এর প্রয়োগের মাধ্যমে পরবর্তী সময়ে I^{t+1} তে রূপান্তরিত হয়।"

এখানে conservation principle নিশ্চিত করে $|I^t|=|I^{t+1}|$

৫.৪.৮ Observer, memory, and responsibility

Observer (O_k) কেবল দেখে না-

Observer তথ্য **register, store,** এবং **propagate** করে।

Memory = stored information

Knowledge = structured information

Decision = information-dependent action

এখানেই conservation-এর নৈতিক মাত্রা শুরু হয়:

যেহেতু তথ্য ধ্বংস হয় না,

তাই কোনো সিদ্ধান্তও ontologically trivial নয়।

৫.৪.৯ Moral constraint ও information

Moral constraint (M_l) এখানে কোনো বাহ্যিক আদেশ নয়, বরং-
irreversible informational impact-এর সীমা
যে কাজ তথ্যের স্থায়ী ক্ষতি বা বিকৃতি ঘটায়,
তা Reality-র গভীর কাঠামোর বিরুদ্ধে যায়।
Ml: forbidden information transitions
অতএব নৈতিকতা এখানে metaphysical নয়-**structural necessity**।

৫.৪.১০ Conservation beyond physics

Unified Principle($\mathcal{U}$)-এ সংরক্ষণ নীতি কেবল শক্তি বা কণায় সীমাবদ্ধ নয়:
Meaning conservation
Responsibility conservation
Causal accountability
Reality-তে কিছুই "উড়ে যায় না"-
সবকিছু trace রেখে যায়।

৫.৪.১১ $\mathcal{U}$-framework-এ তথ্যের কেন্দ্রীয় ভূমিকা

$\mathcal{U}$-এর ভেতরে:
Law = information constraint
Event = information transition
Observer = information registrar
Moral limit = information boundary
এগুলো একত্রে গঠন করে-
$\mathcal{U}$ =Information-governed structured reality

৫.৪.১২ উপসংহার

তথ্য বাস্তবতার সবচেয়ে মৌলিক সংরক্ষিত রাশি
শক্তি, পদার্থ, entropy-সবই তথ্যের প্রকাশ
Conservation laws → deeper information symmetry
Ethics emerges from irreversible informational impact
বাস্তবতা কিছুই ভুলে যায় না।
তথ্য সংরক্ষিত থাকে-
এবং সেখান থেকেই দায়িত্বের জন্ম।

৫.৫ আইন কেন কাজ করে

(Why Laws Work at All)

৫.৫.১ প্রশ্নটির গুরুত্ব: অবহেলিত কিন্তু মৌলিক

বিজ্ঞান প্রতিদিন আইন ব্যবহার করে-
Newton-এর সূত্র প্রয়োগ করে
Schrödinger সমীকরণ সমাধান করে
Einstein field equation বিশ্লেষণ করে
কিন্তু একটি প্রশ্ন প্রায় কখনোই সামনে আনে না:
কেন এই আইনগুলো কাজ করে?
কেন বাস্তবতা নিয়ম মেনে চলে?
কেন বিশৃঙ্খলা নয়?
এই প্রশ্নটি empirical নয়-
এটি **ontological**।
এবং এই প্রশ্ন এড়িয়ে গেলে বিজ্ঞান নিজেই একধরনের **অব্যাখ্যাত অনুমান**-এর উপর দাঁড়িয়ে থাকে।

৫.৫.২ "আইন কাজ করে"-এই বক্তব্যটি নিজেই একটি আইনসম দাবী

"প্রাকৃতিক আইন কাজ করে"-
এই বাক্যটি নিজেই একটি **meta-law**।
অর্থাৎ-
এটি কোনো নির্দিষ্ট physical law নয়
বরং সব আইনের কার্যকারিতা সম্পর্কে একটি সার্বজনীন সত্য

Formal:
$\forall L_i \subseteq R, L_i$ **is effective**

কিন্তু প্রশ্ন হলো-
এই effectiveness আসে কোথা থেকে?

৫.৫.৩ আইন কি কেবল বর্ণনা, না কি বাধ্যবাধকতা?

একটি প্রচলিত ধারণা হলো-
আইন কেবল আমাদের বর্ণনা, বাস্তবতা নিজে "কিছু মানে না" ।
এই ধারণা গভীরভাবে সমস্যাযুক্ত।
কারণ যদি আইন কেবল বর্ণনা হয়, তবে-
কেন একই আইন সর্বত্র কার্যকর?

কেন ভবিষ্যৎ অতীতের মতোই আচরণ করে?
কেন experiment পুনরাবৃত্তিযোগ্য?
বর্ণনা কখনো বাধ্যতামূলক হয় না।
কিন্তু বাস্তবতার আইন **বাধ্যতামূলক**।
অতএব:
আইন কেবল epistemic নয়;
আইন **ontological constraint**।

৫.৫.৪ Humean নিয়মিততা সমস্যার সীমা

David Hume দেখিয়েছিলেন-
আমরা কেবল নিয়মিততা দেখি
"কারণ" বা "আইন" আলাদা কিছু নয়
কিন্তু Hume নিজেই এই প্রশ্নের উত্তর দেননি:
কেন এই নিয়মিততা নিজেই নিয়মিত?
যদি প্রকৃতি কেবল অভ্যাসগত হতো,
তবে কোনো কারণ নেই যে পরবর্তী মুহূর্তে তা ভেঙে পড়বে না।
Science এই ভাঙন ধরে নেয় না-
এটি ধরে নেয় **lawfulness**।
অতএব Humean explanation অসম্পূর্ণ।

৫.৫.৫ Lawfulness as structural necessity

Unified Principle(𝓤)-এ আমরা একটি মৌলিক অবস্থান গ্রহণ করি:
বাস্তবতা আইন মেনে চলে
কারণ বাস্তবতা নিজেই একটি **structured whole**।
অর্থাৎ-
Reality কোনো loose aggregate নয়
এটি internally constrained
আইন সেই constraint-এর প্রকাশ

Formal relation:
R is structured⇒Li necessarily effective

আইন কাজ করে, কারণ আইন ভেঙে দিলে **Reality incoherent** হয়ে পড়ে।

৫.৫.৬ Mathematical necessity revisited

৫.৩-এ আমরা দেখিয়েছি-
আইন গাণিতিক।
এখানে তার গভীর তাৎপর্য:

গণিত arbitrary নয়
গণিত necessity প্রকাশ করে
যেমন:
2+2≠5 anywhere, anytime
এটি কাজ করে না বলে নয়-
এটি **অন্যভাবে হওয়া সম্ভব নয়** বলেই।
যদি বাস্তবতার আইন গাণিতিক হয়,
তবে সেগুলোর কার্যকারিতা আসে **logical necessity** থেকে।

৫.৫.৭ Information constraint এবং law effectiveness
৫.৪-এ আমরা দেখেছি-
তথ্য সংরক্ষিত
তথ্য রূপান্তরিত হয়
কিন্তু এলোমেলো নয়
আইন কাজ করে কারণ-
তথ্যের রূপান্তর **নিয়ন্ত্রিত**।

$$\mathbf{E_j : I^t \rightarrow L_i\, I^{t+1}}$$

"ঘটনা E_j-এর বর্তমান তথ্য I^t একটি আইন L_i-এর প্রয়োগের মাধ্যমে পরবর্তী সময়ে I^{t+1} তে রূপান্তরিত হয়।"

যদি এই রূপান্তর নিয়মহীন হতো,
তবে prediction, memory, causality-সব ভেঙে পড়ত।
অতএব আইন কাজ করে কারণ-
Reality information-chaotic হতে পারে না
যদি Reality নিজেই টিকে থাকতে চায়।

৫.৫.৮ Observer-included necessity
Observer (O_k) ছাড়া "আইন কাজ করে" কথাটির কোনো অর্থ নেই।
কারণ-
আইন মানে repeatability
repeatability মানে recognizability
recognizability মানে observer
কিন্তু observer-এর দৃষ্টিকোণ থেকে:
যদি আইন আজ কাজ করে, কাল না করে
→ observer knowledge collapses

অতএব observer-inclusive reality-তে
আইনের কার্যকারিতা একটি **epistemic necessity,**
যা আবার ontological structure-এর উপর নির্ভরশীল।

৫.৫.৯ Moral dimension of lawfulness

এখানে একটি গভীর সংযোগ ঘটে-
আইন কাজ করে
কারণ Reality দায়িত্বযোগ্য (accountable)
যদি কোনো কাজের ফলাফল নিয়মহীন হতো-
দায়বদ্ধতা অর্থহীন
নৈতিকতা ভেঙে পড়ত
Moral constraint (M_I) কার্যকর হতে পারে
শুধুমাত্র এমন বাস্তবতায়-
যেখানে আইন নির্ভরযোগ্যভাবে কাজ করে।
অতএব আইন কাজ করে-
কারণ নৈতিক বাস্তবতা সম্ভব হতে হলে, তা কাজ করতেই হবে।

৫.৫.১০ "আইন কেন কাজ করে"-ভুল উত্তরসমূহ

কিছু প্রচলিত কিন্তু অপর্যাপ্ত উত্তর:

✕ "কাকতাল"
→ universality ব্যাখ্যা করে না
✕ "আমরা শুধু lucky"
→ scientific method অস্বীকার করে
✕ "এভাবেই হয়েছে"
→ explanation নয়, surrender
Unified Principle(𝓤) এগুলো প্রত্যাখ্যান করে।

৫.৫.১১ Unified answer within 𝓤

𝓤-এর আলোকে পূর্ণ উত্তর:
আইন কাজ করে কারণ-
Reality একটি structured whole
Structure mathematical ও logical
Information constrained
Observer ও moral accountability অন্তর্ভুক্ত
আইন না কাজ করলে,
Reality নিজেই self-contradictory হয়ে পড়ত।

Formal closure:
U⇒Law effectiveness is necessary, not contingent

৫.৫.১২ উপসংহার
আইন কাজ করে-এটি কোনো ছোট প্রশ্ন নয়
এটি বাস্তবতার অস্তিত্বগত প্রশ্ন
Lawfulness accidental নয়
এটি Reality-র অনিবার্য বৈশিষ্ট্য
বাস্তবতা আইন মেনে চলে না বলে আমরা বিজ্ঞান করতে পারি-
বরং আমরা বিজ্ঞান করতে পারি
কারণ বাস্তবতা অন্যভাবে হওয়াই অসম্ভব।

আইন (L_i) বাস্তবতার কাঠামো
ভৌত, যৌক্তিক, গাণিতিক, তথ্যগত ও নৈতিক স্তরে আইন অনিবার্য
Lawfulness একটি ontological necessity

অধ্যায় ০৬: ঘটনা (E_j)-পরিবর্তনের বাস্তবতা

৬.১ Event-এর সংজ্ঞা

(What an Event Fundamentally Is)

৬.১.১ কেন "ঘটনা" ধারণা অপরিহার্য

বাস্তবতা যদি কেবল আইন (Law) হতো, তবে-
কিছুই ঘটত না
সময় অর্থহীন হতো
পরিবর্তন অনুপস্থিত থাকত
আর যদি কেবল ঘটনা থাকত, কিন্তু আইন না থাকত, তবে-
সবকিছু বিশৃঙ্খল হতো
কোনো পুনরাবৃত্তি থাকত না
জ্ঞান ও বিজ্ঞান অসম্ভব হতো
অতএব Reality (R)-এর ভেতরে **আইন (L_i)** ও **ঘটনা (E_j)**-এই দু'টি পরস্পরনির্ভর মৌলিক উপাদান।
আইন সম্ভাবনার কাঠামো দেয়,
ঘটনা সেই সম্ভাবনার বাস্তবায়ন।

৬.১.২ Event-এর প্রাথমিক সংজ্ঞা

Unified Principle($\mathcal{U}$)-এর আলোকে আমরা Event সংজ্ঞায়িত করি এভাবে-
ঘটনা (Event) হলো Reality (R)-এর ভেতরে
আইন (Li)-এর অধীন একটি **state transition,**
যা সময়গতভাবে নির্ধারিত এবং পর্যবেক্ষণযোগ্য।

Formal definition:

$$E_j \equiv (S^t \rightarrow S^{t+1}) \mid L_i$$

"ঘটনা E_j সংজ্ঞায়িত করা হয়েছে এমনভাবে যে, এটি বর্তমান অবস্থা S^t-কে আইন L_i-এর প্রয়োগে পরবর্তী অবস্থায় S^{t+1} তে রূপান্তরিত করে।"
অর্থাৎ-
Event কোনো বস্তু নয়
কোনো কণা নয়
কোনো বস্তুগত entity নয়
Event হলো **পরিবর্তনের বাস্তবতা**।

৬.১.৩ Event বনাম Object: একটি মৌলিক পার্থক্য
আমরা দৈনন্দিন ভাষায় বলি-
"একটি বস্তু আছে।"
কিন্তু ontologically-
বস্তু (object) নিজে কোনো পরিবর্তন নয়
বস্তু কেবল **event-এর ধারাবাহিকতা**
উদাহরণ:
একটি পাথর "আছে"-এই বক্তব্য আসলে বোঝায়-
পাথরের অবস্থান স্থিতিশীল
তার state পরিবর্তনের হার কম
কিন্তু ontologically, পাথরও-
atomic vibration
gravitational interaction
thermal fluctuation
এই সবই **event**।
অতএব:
বস্তু হলো event-এর ধীরগতি রূপ,
ঘটনা হলো বাস্তবতার সক্রিয় রূপ।

৬.১.৪ Event ও সময়: অবিচ্ছেদ্য সম্পর্ক
সময় (Time) নিজে কোনো বস্তু নয়-
সময় **ঘটনার ক্রম (ordering of events)**।
যেখানে কোনো event নেই-
সেখানে সময় নেই
"আগে-পরে" অর্থহীন

Formal relation:
Time $\equiv \{E_1 \prec E_2 \prec E_3 \ldots\}$

"সময়কে সংজ্ঞায়িত করা হয়েছে ঘটনা ক্রমের দ্বারা, যেখানে E_1 থেকে শুরু করে E_2, E_3 ইত্যাদি ধারাবাহিকভাবে পরস্পরকে precedence সম্পর্ক নির্দেশ করে।" অতএব event ছাড়া সময় কল্পনাই করা যায় না।

৬.১.৫ Event কি কেবল physical?
না। Event কেবল ভৌত (physical) নয়।
Unified Principle($\mathcal{U}$)-এ Event-এর স্তরসমূহ:

Physical events (particle interaction, motion)
Quantum events (measurement outcome, collapse)
Biological events (cell division, mutation)
Conscious events (perception, decision)
সব ক্ষেত্রেই সাধারণ কাঠামো এক:

$$E_j : S^t \rightarrow S^{t+1}$$

"ঘটনা E_j বর্তমান অবস্থা S^t-কে পরবর্তী অবস্থা S^{t+1} তে রূপান্তরিত করে।"
পার্থক্য শুধু **state-space**-এর প্রকৃতিতে।

৬.১.৬ Law-Event সম্পর্ক: অনিবার্য সংযোগ

Event কখনোই আইনবিহীন নয়।
Law নির্ধারণ করে কোন event সম্ভব
Event বাস্তবায়িত করে কোন সম্ভাবনা ঘটল

Formal constraint:

$$E_j \subseteq \text{Allowed}(L_i)$$

"ঘটনা E_j-এর পরিসর সীমাবদ্ধ থাকে আইন L_i দ্বারা অনুমোদিত সম্ভাব্য ঘটনাগুলির মধ্যে।"
যদি কোনো ঘটনা আইন ভেঙে ঘটে-
তবে সেটি ঘটনা নয়, বরং **ontological impossibility**।
অতএব event randomness $\neq$ lawlessness।

৬.১.৭ Probability ও Event

বিশেষ করে quantum realm-এ-
Law সম্ভাবনার বণ্টন দেয়
Event একটি নির্দিষ্ট outcome

$$P(E_j) \neq E_j$$

"ঘটনা E_j-এর সম্ভাবনা $P(E_j)$ এবং E_j-এর নিজস্ব বাস্তবায়ন একই নয়; সম্ভাবনা কেবল ঘটনার সম্ভাব্যতা বা আকার নির্দেশ করে, বাস্তব ঘটনা নিজে নয়।"
Probability law-এর অংশ,
event হলো probability-র বাস্তবায়ন।
এই পার্থক্য না বুঝলে-
Determinism
indeterminism
এই দুইয়েরই ভুল ব্যাখ্যা হয়।

৬.১.৮ Event ও Observer

Observer (O_k) event সৃষ্টি করে না,
কিন্তু event **registered** হয় observer-এর মাধ্যমে।
Event তিনভাবে ধরা পড়ে-
Occurrence (ontological)
Registration (informational)
Interpretation (epistemic)
Unified Principle(𝓤) স্পষ্ট করে-
Event বাস্তবতার অংশ,
কিন্তু event-এর অর্থ observer-নির্ভর।

৬.১.৯ Event ও Information

৫.৪-এ আমরা দেখেছি-
তথ্য সংরক্ষিত
রূপান্তরিত হয়
Event হলো-
তথ্যের একটি **রূপান্তর মুহূর্ত**।

Formal:
$\mathbf{E_j : I^t \rightarrow I^{t+1}}$

"ঘটনা E_j বর্তমান তথ্য I^t কে পরবর্তী সময়ে I^{t+1} তে রূপান্তরিত করে।"
এখানে event কোনো নতুন তথ্য সৃষ্টি করে না,
বরং তথ্যের বিন্যাস পরিবর্তন করে।

৬.১.১০ Event ও Irreversibility

সব event reversible নয়।
Entropy-linked events → irreversible
Decision events → morally irreversible
এই irreversibility থেকেই-
সময়ের তীর (arrow of time)
নৈতিক দায়িত্ব
উৎপন্ন হয়।
Event তাই কেবল পরিবর্তন নয়-
এটি **ফলাফলের বাস্তবতা**।

৬.১.১১ Event বনাম Process

Process ≠ Event
Event → discrete transition
Process → event-এর ধারাবাহিকতা
Reality-তে process হলো secondary concept;
event হলো **ontological primitive**।

৬.১.১২ Unified Principle($\mathcal{U}$)-এ Event-এর অবস্থান

$\mathcal{U}$-এর মধ্যে:
Law (L_i) → সম্ভাবনার কাঠামো
Event (E_j) → বাস্তবায়ন
Observer (O_k) → সাক্ষ্য
Moral constraint (M_l) → সীমা

Formal placement:
$E_j \subseteq R$ and E_j exists $\Leftrightarrow$ L_i holds

"ঘটনা E_j বাস্তবতার অংশ (R) হতে পারে এবং তখনই অস্তিত্বশীল হয় যখন সংশ্লিষ্ট আইন L_i প্রযোজ্য হয়।"

৬.১.১৩ উপসংহার

Event হলো বাস্তবতার পরিবর্তনশীল রূপ
এটি বস্তু নয়, state transition
Event ছাড়া সময়, তথ্য, সিদ্ধান্ত-কিছুই নেই
Law event-কে নিয়ন্ত্রণ করে, event law-কে বাস্তব করে
Unified Principle($\mathcal{U}$)-এ Event একটি মৌলিক ontological element
বাস্তবতা স্থির নয়-
বাস্তবতা ঘটে।

৬.২ Physical Events

(ভৌত ঘটনা)

৬.২.১ কেন ভৌত ঘটনাকে নতুনভাবে সংজ্ঞায়িত করা প্রয়োজন

Classical intuition অনুযায়ী-
পৃথিবী বস্তু দিয়ে গঠিত
বস্তুগুলো সময়ের মধ্যে চলাফেরা করে
ঘটনা হলো বস্তুগুলোর "কাজকর্ম"
কিন্তু আধুনিক পদার্থবিজ্ঞান এই ধারণাকে ধাপে ধাপে ভেঙে দিয়েছে।
আজ আমরা জানি-
বস্তু নিজে মৌলিক নয়
field, interaction, transition মৌলিক
বস্তু হলো **ঘটনার স্থিতিশীল প্যাটার্ন**
অতএব **Physical Event** নতুনভাবে সংজ্ঞায়িত না করলে
Reality-র প্রকৃত কাঠামো ধরা পড়ে না।

৬.২.২ Physical Event-এর সংজ্ঞা

Unified Principle($\mathcal{U}$)-এর আলোকে-
ভৌত ঘটনা (Physical Event) হলো
ভৌত বাস্তবতা (physical state-space)-এর ভেতরে
কোনো আইনের (L_i) অধীন একটি
পরিমাপযোগ্য state transition।

Formal definition:

$$\mathbf{E_j^{phys} \equiv (S^{tphys} \rightarrow S^{t+1phys}) \mid L_i^{phys}}$$

"ভৌত ঘটনা E_j^{phys} সংজ্ঞায়িত করা হয়েছে এমনভাবে যে, এটি বর্তমান ভৌত অবস্থা S^{tphys}-কে আইন L_i^{phys}-এর প্রয়োগের মাধ্যমে পরবর্তী ভৌত অবস্থায় $S^{t+1phys}$ তে রূপান্তরিত করে।"

এখানে-
Sphys = physical state (position, momentum, field value, energy ইত্যাদি)
Event মানে state বদলানো, বস্তু নয়

৬.২.৩ Classical mechanics-এ Physical Event

Newtonian physics-এ ভৌত ঘটনা বোঝা হতো-
একটি কণার অবস্থান পরিবর্তন

একটি বল প্রয়োগ
একটি সংঘর্ষ (collision)
কিন্তু গভীরভাবে দেখলে-
"কণা" নিজে কোনো ঘটনা নয়
কণার **trajectory** হলো অসংখ্য infinitesimal event-এর ধারাবাহিকতা
উদাহরণ:
একটি বল পড়ছে-

$$\mathbf{x(t+\Delta t) \neq x(t)}$$

"সময় Δt পর, অবস্থার মান x পরিবর্তিত হয়; পূর্ববর্তী মানের সমান থাকে না।"
এই পার্থক্যই event।
অতএব classical physics-এও-
ভৌত বাস্তবতা বস্তু দিয়ে নয়,
ঘটনার ধারাবাহিকতা দিয়ে গঠিত।

৬.২.৪ Field theory ও Event

আধুনিক physics বস্তু নয়, **field** দিয়ে কাজ করে।
Electromagnetic field
Gravitational field
Quantum fields
এখানে Physical Event মানে-
কোনো নির্দিষ্ট spacetime point-এ
field-এর মানের পরিবর্তন।

Formal:

$E_j^{field} : \phi(x, t) \rightarrow \phi(x, t + \Delta t)$

"ক্ষেত্র-ঘটনা E_j^{field} নির্দেশ করে যে ক্ষেত্র $\phi(x, t)$ সময় t থেকে $t + \Delta t$ -এ রূপান্তরিত হয়।"
Particle নিজেই-
field excitation
localized event-pattern
অতএব particle ontology → event ontology-তে রূপান্তরিত।

৬.২.৫ Relativity-তে Physical Event

Einstein-এর special ও general relativity-তে-
Event হলো সবচেয়ে মৌলিক ধারণা
বস্তু, সময়, স্থান-সবই event-এর গুণ
Relativity-তে একটি Event সংজ্ঞায়িত হয়-

$E=(x,y,z,t)$

"ঘটনা E চার-মাত্রিক স্থান-কাল সমন্বয়ে নির্ধারিত, যেখানে (x, y, z) স্থানাঙ্ক এবং t সময় নির্দেশ করে।"

এখানে-

বস্তু নয়

trajectory নয়

বরং একটি **spacetime occurrence**

Relativity স্পষ্টভাবে দেখায়-

বাস্তবতা বস্তু দিয়ে নয়,

event দিয়ে বোনা spacetime fabric।

৬.২.৬ Physical Event ও causality

ভৌত ঘটনা সবসময় causally structured।

একটি event অন্য event-এর কারণ

causal order আইন দ্বারা নির্ধারিত

$E_j \prec E_{j+1}$

"ঘটনা E_j ক্রমানুসারে E_{j+1}-এর পূর্ববর্তী; অর্থাৎ E_j causally বা temporally আগে ঘটে।"

এই causal ordering ভেঙে গেলে-

prediction অসম্ভব

বিজ্ঞান ধ্বংস

অতএব causality নিজে কোনো আলাদা বস্তু নয়-

এটি **event-to-event constraint**।

৬.২.৭ Energy, momentum ও event

শক্তি বা ভর নিজে event নয়।

শক্তি = event পরিবর্তনের সক্ষমতা

momentum = event-directional property

Energy conservation মানে-

event-structure invariant থাকে।

$\sum E_j^{before} = \sum E_j^{after}$

"ঘটনাসমূহের মোট সমষ্টি 'before' এবং 'after' অবস্থায় সমান থাকে; অর্থাৎ সামগ্রিক কাঠামো সংরক্ষিত।"

অতএব conservation laws আসলে **event bookkeeping rules**।

৬.২.৮ Physical Event ও probability

Quantum-level-এ physical event deterministic নয়, কিন্তু lawful।

Law → probability distribution
Event → realized outcome
$L_i \Rightarrow [P(E_j) \land E_j$ realized]
"আইন L_i একটি ঘটনার সম্ভাবনা $P(E_j)$ নির্ধারণ করে, এবং সেই কাঠামোর মধ্যেই E_j বাস্তবায়িত হয়।"
Randomness এখানে-
lawless নয়
hidden necessity-র প্রকাশ

৬.২.৯ Measurement নিজেই একটি Physical Event

Measurement কোনো passive reading নয়।
Instrument interacts
System state changes
Information registers
অতএব measurement = physical event + informational event
Emeasure:(System+Apparatus)→(Newcorrelatedstate)Emeasure:(System+Apparatus)→(Newcorrelatedstate)
এই কারণে observer-কে physics থেকে বাদ দেওয়া যায় না।

৬.২.১০ Physical Event ও Information

প্রতিটি physical event মানে-
information reconfiguration
distinguishable difference
$E_j^{phys} : I^t \rightarrow I^{t+1}$
"ভৌত ঘটনা E_j^{phys} বর্তমান তথ্য I^t-কে পরবর্তী সময়ে I^{t+1} তে রূপান্তরিত করে।"
এখানে information conserve হয়, কিন্তু rearranged।
Physical event তাই কেবল শক্তির খেলা নয়-
এটি **information dynamics**।

৬.২.১১ Physical Event বনাম Physical Object

Physical Object	Physical Event
স্থির মনে হয়	মৌলিকভাবে পরিবর্তন
secondary concept	primary ontology

Physical Object	**Physical Event**
event-এর ফল	state transition

Unified Principle(𝓤) ঘোষণা করে-
বস্তু ontologically secondary,
ঘটনা ontologically primary।

৬.২.১২ 𝓤-framework-এ Physical Event-এর অবস্থান

𝓤-এর ভেতরে:
Physical Event $\subseteq E_j$
Governed by L_i (physical laws)
Observed by O_k
Bounded by M_l (যেখানে irreversible impact আছে)

Formal placement:

$E_j^{phys} \subseteq E_j \subseteq R$
"ভৌত ঘটনা E_j^{phys} সাধারণ ঘটনা E_j-এর অন্তর্ভুক্ত, এবং সব ঘটনা বাস্তবতার সমষ্টি R-এর অংশ।"

৬.২.১৩ উপসংহার

ভৌত ঘটনা হলো physical state transition
বস্তু নয়, event বাস্তবতার ভিত্তি
Classical → field → relativity → quantum-সবখানেই event মৌলিক
Causality, conservation, measurement-সবই event-ভিত্তিক
Unified Principle(𝓤) -এ physical reality = event-structured reality
বাস্তবতা বস্তু দিয়ে তৈরি নয়-
বাস্তবতা **ঘটে**।

৬.৩ কোয়ান্টাম ঘটনা (Quantum Events)

৬.৩.১ কেন কোয়ান্টাম ঘটনা আলাদা করে সংজ্ঞায়িত করা প্রয়োজন

Classical physics-এ একটি event বোঝাতো-
একটি নির্দিষ্ট কারণ
একটি নির্দিষ্ট ফল
ধারাবাহিক সময়ের মধ্যে সংঘটিত
কিন্তু quantum mechanics-এ এই তিনটি বৈশিষ্ট্য একসাথে থাকে না। এখানে দেখা যায়-
superposition
probability amplitude
measurement discontinuity
অতএব, quantum event কেবল ছোট-স্কেলের physical event নয়;
এটি event ধারণার ontological পুনর্গঠন।

৬.৩.২ Quantum Event-এর মৌলিক সংজ্ঞা

Unified Principle(𝓤)-এর আলোকে-
কোয়ান্টাম ঘটনা হলো:
একটি quantum state-এর ভেতরে,
আইন (L_i)-এর অধীনে সম্ভাব্য বহু অবস্থার মধ্যে থেকে
একটি নির্দিষ্ট outcome-এর বাস্তবায়ন মুহূর্ত।

Formal definition:

$E_j^{quantum} \equiv (\Psi \rightarrow \psi k) | L_i^{quantum}$

যেখানে-

- Ψ = superposed quantum state, অর্থাৎ সম্ভাব্য সব কোয়ান্টাম অবস্থার সংমিশ্রণ।
- ψ_k = realized outcome, অর্থাৎ পরিমাপের পরে যে নির্দিষ্ট অবস্থা প্রকৃতপক্ষে পর্যবেক্ষক দ্বারা দেখা যায়।
- $L_i^{quantum}$ = কোয়ান্টাম আইন, যা এই ঘটনার সম্ভাব্যতা ও পরিমাপের নিয়ম নির্ধারণ করে।

কোয়ান্টাম ঘটনা $E_j^{quantum}$ হলো সেই পরিমাপ-নির্ভর বাস্তবতা, যা superposed state Ψ থেকে নির্দিষ্ট outcome ψ_k-এ collapse হয়, এবং এটি শুধুমাত্র কোয়ান্টাম আইন $L_i^{quantum}$ -এর অধীনে ঘটে।

৬.৩.৩ Evolution বনাম Event: একটি অপরিহার্য পার্থক্য

Quantum theory-তে দুটি স্তর আছে-

Continuous evolution:

$\Psi(t+\Delta t)=U\Psi(t)$

এটি deterministic, reversible, এবং lawful।

এটি কোয়ান্টাম মেকানিক্সের time evolution operator-এর canonical notation।

Ψ → "সাই"

(t + Δt) → "টি প্লাস ডেলটা টি"

= → "সমান"

U Ψ(t) → "ইউ দ্বারা সাই (টি)-কে পরিচালিত"

"সাই অফ টি প্লাস ডেলটা টি সমান, ইউ দ্বারা সাই অফ টি- পরিচালিত"

"সময় t থেকে t + Δt -এ কোয়ান্টাম অবস্থার Ψ-এর বিবর্তন ইউনিটারী অপারেটর U দ্বারা নির্ধারিত।"

প্রতীক ও সংজ্ঞা

প্রতীক	অর্থ	মন্তব্য / ভূমিকা ($\mathcal{U}$ কাঠামোতে)
Ψ(t)	Quantum state vector	সিস্টেমের সম্ভাব্য অবস্থার গাণিতিক উপস্থাপন, L_i ও E_j-এর মাধ্যমে $\mathcal{U}$-তে সংযুক্ত
Δt	Time increment	Observer-inclusive বাস্তবতায় ক্ষুদ্রতম সময় অগ্রগতি, অসমমিত
U	Time evolution operator	Unitarly operator, সিস্টেমকে t থেকে t+Δt পর্যন্ত coherent evolution দেয়; L_i^{quantum}-এর অধীনে পরিচালিত
Ψ(t+Δt)	Evolved state	পরবর্তী সময়ে system state; Ej^{quantum}-এর সম্ভাব্য outcome-এর সূত্রপাত

সংক্ষিপ্ত ব্যাখ্যা

$\Psi(t+\Delta t) = U\,\Psi(t) \Rightarrow E_j^{quantum} \subseteq L_i^{quantum} \subseteq \mathcal{U}$

"কোয়ান্টাম অবস্থার ইউনিটারী বিবর্তনের $\Psi(t+\Delta t) = U\,\Psi(t)$-এর ফলস্বরূপ, কোয়ান্টাম ঘটনা $E_j^{quantum}$ আইন $L_i^{quantum}$-এর অধীনে থাকে এবং এটি একক নীতি $\mathcal{U}$-এর অংশ।"

Unitary evolution নিশ্চিত করে coherence ও probability conservation।

Time evolution operator U $L_i^{\varphi uantum}$ এর অধীনে সব quantum event-এর বৈধতা বজায় রাখে।

Observer-inclusive $\mathcal{U}$ কাঠামোয়, Ψ(t) থেকে Ψ(t+Δt) পর্যন্ত সম্ভাব্য outcome গাণিতিকভাবে $E_j^{\varphi uantum}$ এর মাধ্যমে mapping করা হয়।

Event (Outcome realization):

$\Psi \rightarrow \psi_k$

"সুপারপজিশন স্টেট Ψ-এর পর্যবেক্ষণের ফলে নির্দিষ্ট আউটকাম ψ_k বাস্তবায়িত হয়।"

এটি-

discontinuous

probabilistic

irreversible

এই দ্বিতীয় স্তরটাই quantum event।

এটি ব্যতীত quantum theory বাস্তবতা ব্যাখ্যা করতে ব্যর্থ হয়।

৬.৩.৪ Probability amplitude ≠ Event

Quantum mechanics-এ সবচেয়ে বড় ভুল ধারণা হলো-

"Probability-ই বাস্তবতা।"

Unified Principle($\mathcal{U}$) স্পষ্ট করে-

Probability amplitude হলো **law structure**

Event হলো **lawful selection**

$$|\Psi|^2 = P(E_j) \neq E_j$$

$|\Psi|^2$ → "সাই-এর মানের বর্গ"

= → "সমান"

$P(E_j)$ → "ঘটনার সম্ভাবনা"

$\neq E_j$ → "ঘটনার সমান নয়"

"সাই-এর মানের বর্গ সমান E_j ঘটনার সম্ভাবনা, কিন্তু এটি E_j ঘটনা নিজে নয়।"

Probability বাস্তবতা নয়; event বাস্তবতা।

৬.৩.৫ Measurement problem পুনর্বিবেচনা

Measurement problem সাধারণত প্রশ্ন তোলে-
Wavefunction collapse কেন হয়?
Observer কী ভূমিকা রাখে?
Unified Principle($\mathcal{U}$) -এ নতুন framing:
সমস্যা collapse নয়;
সমস্যা হলো event-কে বাদ দিয়ে theory বানানো।
Quantum event মানে-
system + apparatus + observer = একটি যৌথ event

$$E\_{measure} : (\Psi\_{system} \otimes O_k) \rightarrow \psi_k$$

"পরিমাপ ইভেন্টে সিস্টেমের কোয়ান্টাম অবস্থা ও পর্যবেক্ষক একত্রে একটি নির্দিষ্ট বাস্তবায়িত অবস্থায় রূপ নেয়।"

৬.৩.৬ Quantum Event ও causality

Quantum event causally arbitrary নয়।
Law probability নির্ধারণ করে; outcome constrained।
এখানে causality হলো-
probabilistic necessity, deterministic force নয়।

$$L_i^{\varphi uantum} \Rightarrow P(E_j) \text{ but } L_i^{\varphi uantum} \not\Rightarrow E_j^{\text{ uniquely}}$$

"কোয়ান্টাম আইন $L_i^{\varphi uantum}$ ঘটনার E_j-এর সম্ভাব্যতা নির্ধারণ করে, কিন্তু এটি E_j-কে এককভাবে নির্ধারণ করে না। তবু আইনগত কাঠামো (lawfulness) অক্ষুণ্ণ থাকে।"

৬.৩.৭ Entanglement: Non-local event structure

Entangled system-এ-
পৃথক কণা নয়, একক **event structure**।
যদি একটি quantum event সংঘটিত হয়-
সম্পূর্ণ entangled system আপডেট হয়:

$$E_jA \Rightarrow E_jB$$

এখানে signal নেই, কিন্তু correlated event আছে।
এটি প্রমাণ করে-quantum reality **object-based নয়, event-network-based**।

৬.৩.৮ Quantum Event ও সময়

Quantum event সময়কে প্রশ্নবিদ্ধ করে।
Evolution time-continuous
Event time-point-like
Event-এর সময় classical clock-এর মতো নয়; relational।
সময় events-এর ক্রম থেকে উদ্ভূত হয়।

৬.৩.৯ তথ্যের দৃষ্টিকোণ (Information perspective)

Quantum event মানে-**information update,**
global consistency সংরক্ষিত থাকে।
No-cloning এবং no-deleting theorem দেখায়-
তথ্য event-এর মাধ্যমে রূপান্তরিত হয়, ধ্বংস হয় না।

$$\mathbf{Ej^{\varphi uantum} : I_t \rightarrow I_{t+1} , |I_t| = |I_{t+1}|}$$

"কোয়ান্টাম ঘটনা এমন এক বিবর্তন, যেখানে তথ্য অবস্থা রূপান্তরিত হয় কিন্তু তার মান (নর্ম) সংরক্ষিত থাকে।"
$\mathcal{U}$ কাঠামোতে অর্থগত ভূমিকা
এই সমীকরণটি ঘোষণা করে-
কোয়ান্টাম স্তরে ঘটনা মানে ধ্বংস নয়, পুনর্বিন্যাস।
তথ্য হারায় না
কেবল রূপান্তরিত হয়
সময়ের প্রবাহ এখানে reversible (পরিমাপের আগে)
এটি সরাসরি যুক্ত হয়-
$\Delta S \geq 0 \rightarrow$ classical level
"এনট্রপি ΔS কখনো কমে না; এটি ক্লাসিকাল স্তরে অসমমিততা এবং irreversibility নির্দেশ করে।"
$|I|$ সংরক্ষণ $\rightarrow$ কোয়ান্টাম স্তরে

৬.৩.১০ Observer ও irreversibility

Quantum event observer-নিরপেক্ষ নয়।
Event registered
Memory updated
Future inference constrained
এখানে irreversibility শুরু হয়-
Measurement undone করা যায় না
Knowledge rollback হয় না

এই irreversibility থেকেই উৎপন্ন হয়-

time arrow

moral accountability

৬.৩.১১ Quantum Event বনাম Many-Worlds Interpretation

Many-worlds interpretation event এড়িয়ে যেতে চায়-
সব outcome ঘটে, "event" আলাদা করে নেই।

Unified Principle(𝓤) -এর সমালোচনা:
Event বাদ দিলে observer experience ব্যাখ্যাতীত হয়
Probability meaningless
Experience নিজেই একটি event-এটি মুছে ফেলা যায় না।

৬.৩.১২ 𝓤-framework-এ Quantum Event-এর অবস্থান

𝓤-এর ভেতরে:

Quantum events $\subseteq E_j$
Governed by probabilistic laws (L_i)
Observer-included
Information-conserving
Irreversible at experiential level

Formal inclusion:

$$E_j^{quantum} \subseteq E_j \subseteq R$$

"কোয়ান্টাম ঘটনা $E_j^{quantum}$ সাধারণ ঘটনা E_j-এর অংশ এবং সব ঘটনা বাস্তবতার R-এর অন্তর্ভুক্ত।"

৬.৩.১৩ উপসংহার

Quantum event হলো **সম্ভাবনা থেকে বাস্তবতায় উত্তরণ**।
Probability → law, event → reality
Collapse নয়-realization মৌলিক
Observer, information, time-সব event-নির্ভর
Quantum mechanics শেষ পর্যন্ত **event ontology** দাবি করে।
কোয়ান্টাম জগতে বাস্তবতা আগে থাকে না-**বাস্তবতা ঘটে।**

৬.৪ Biological ও Conscious Events
(জৈব ও চেতনাগত ঘটনা)

৬.৪.১ কেন Biological ও Conscious Event আলাদা শ্রেণি
ভুল ধারণা হলো-
জীববিজ্ঞান = শুধু জটিল রসায়ন
চেতনা = emergent illusion
Unified Principle($\mathcal{U}$) দেখায়-
জীব ও চেতনা নতুন **law** নয়,
নতুন **event-organization** ।
অতএব-
Biological events
Conscious events
এই দুইটি **event hierarchy-এর উচ্চতর স্তর**, ভিন্ন বাস্তবতা নয়।

৬.৪.২ Biological Event-এর সংজ্ঞা
Biological event হলো-
এমন একটি ঘটনা
যেখানে ভৌত ও কোয়ান্টাম প্রক্রিয়াগুলো
information-preserving, goal-constrained pattern-এ সংগঠিত হয়।
Formal definition:
$$E_j^{bio} \equiv E_j \mid (L_i^{phys}, L_i^{\varphi uant}, I^{self})$$

"জৈব ঘটনা E_j^{bio} হলো সেই সাধারণ ঘটনা E_j, যা ভৌত আইন L_i^{phys}, কোয়ান্টাম আইন $L_i^{\varphi uant}$ এবং স্ব-তথ্য I^{self}-এর শর্তাধীন।"
যেখানে-
I^{self} = self-referential information structure
event শুধুই পরিবর্তন নয়, **regulated change**

৬.৪.৩ Living vs non-living: Event-based পার্থক্য

পাথর ভাঙা ও কোষ বিভাজনের পার্থক্য বস্তুগত নয়।
পার্থক্য-

বৈশিষ্ট্য	Non-living Event	Biological Event
Information	passive	active
Feedback	absent	intrinsic
Boundary	external	self-maintained
Event aim	none	survival-continuity

জীবন = **self-sustaining event chain**।

৬.৪.৪ Biological Event ও causality

জৈব ঘটনাগুলো- deterministic নয়, arbitrary নয়
এদের causality: **constraint-based causality**
যেখানে-
law অনুমতি দেয়
system নির্বাচন করে

$$\mathbf{L_i \Rightarrow \{E_j\},}$$

“আইন Li একটি বা একাধিক ঘটনার সমষ্টি {E_j} কে নির্ধারণ/অনুমোদন করে; অর্থাৎ আইন সেই ঘটনাগুলোর সম্ভাব্যতা বা বৈধতা নির্দেশ করে”

$$\mathbf{I^{bio} \Rightarrow E_k}$$

“জৈবতাত্ত্বিক তথ্য/অবস্থা I^{bio} একটি নির্দিষ্ট ঘটনা E_k উদ্ভব/প্ররোচিত করে; অর্থাৎ জীবনী তথ্যিক অবস্থা agency বা selection-mechanism হিসেবে কাজ করে এবং নির্দিষ্ট event-কে actualize করে”

এটি কোয়ান্টাম causality-এর উচ্চতর রূপ।

E_k সম্ভাব্য ঘটনাসমূহ $\{E_j\}$ থেকে নির্বাচিত একটি নির্দিষ্ট ঘটনা

৬.৪.৫ Conscious Event-এর আবির্ভাব
চেতনা কোনো বস্তু নয়।
চেতনা হলো-**event-awareness alignment**
অর্থাৎ-event ঘটে
event নিজেই register হয়

Formal expression:
$\mathbf{E_j^{con} \equiv E_j + R(E_j)}$

"সচেতন ঘটনা E_j^{con} হলো কেবলমাত্র ঘটনা E_j নয়, বরং সেই ঘটনার প্রতি প্রতিফলন/উপলব্ধি $R(E_j)$-এর সমন্বয়।"
যেখানে $R(E_j)$ = event-এর reflexive registration।

৬.৪.৬ Consciousness ≠ continuous state
ভুল ধারণা-
"চেতনা সবসময় অন থাকে।"
Unified Principle($\mathcal{U}$) অনুযায়ী-
চেতনা **event-discrete**
awareness pulse-এর মতো
উদাহরণ-
perception
realization
decision
সবই পৃথক conscious events।

৬.৪.৭ Neural activity বনাম conscious event
Neural firing ≠ conscious event।
Neural activity হলো-
physical substrate
event-preparation layer
Conscious event তখনই ঘটে যখন-
information globally integrated
irreversible reportability সৃষ্টি হয়
$E_j^{neural} \nRightarrow E_j^{con}$ but $E_j^{con} \subset E_j^{neural}$

৬.৪.৮ Decision as an event

Decision কোনো state নয়।
Decision হলো-সম্ভাব্য বহু কর্মপথের মধ্যে
একটির **eventual selection**।

$$E_j^{dec} : \{A_1, A_2, \ldots\} \rightarrow A_k$$

E_j^{dec} (decision event) হলো এমন একটি ঘটনা যেখানে সম্ভাব্য বিকল্পসমূহ $\{A_1, A_2, \ldots\}$ থেকে একটি নির্দিষ্ট কর্ম A_k নির্বাচিত হয়।

এটি structurally identical to quantum event, কিন্তু-
scale বড়
memory involved
moral weight যুক্ত

৬.৪.৯ Free will পুনর্গঠন

Free will মানে-
lawlessness নয়
randomness নয়
Free will হলো-
constraint-respecting event selection

$$L_i + I^{self} \Rightarrow E_j^{choice}$$

"আইন L_i এবং স্ব-তথ্য I^{self}-এর সমন্বয়ে একটি নির্বাচিত ঘটনা E_j^{choice} বাস্তবায়িত হয়।"
এখানে ব্যক্তি-law ভাঙে না
law-এর ভেতরে পথ বেছে নেয়

৬.৪.১০ Conscious Event ও সময়ের তীর

Biological ও conscious event-এ-
memory তৈরি হয়
erasure অসম্ভব
এ থেকেই-
psychological time
narrative self
উৎপন্ন হয়।
সময় এখানে-
event accumulation-এর ফল

৬.৪.১১ Conscious Event ও নৈতিক বাস্তবতা
এই অংশটি অত্যন্ত গুরুত্বপূর্ণ।
কারণ-
conscious event = registered decision
registered decision = responsibility
$E_j^{con} \Rightarrow$ Moral Weight
নৈতিকতা কোনো সামাজিক চুক্তি নয়;
এটি **event ontology-এর অনিবার্য ফল**।

৬.৪.১২ Reductionism কেন ব্যর্থ (পুনরায়)
Reductionism বলে-
"সবই particle motion।"
কিন্তু-
particle motion ≠ decision
decision = event with meaning
Meaning emerges only at **event-organization level,**
particle level-এ নয়।

৬.৪.১৩ $\mathcal{U}$-framework-এ অবস্থান
Unified hierarchy:
$$E_{j\varphi}^{uantum} \subset E_j^{physical} \subset E_j^{biological} \subset E_j^{conscious} \subset R$$
কোনো ভাঙন নেই, কেবল **structure elevation**।

৬.৪.১৪ উপসংহার
জীবন = self-regulating event chain
চেতনা = event-aware event
সিদ্ধান্ত = structured quantum-like selection
স্বাধীনতা = law-respecting choice
নৈতিকতা = unavoidable consequence
বাস্তবতা কেবল ঘটে না-
কিছু ঘটনা **নিজেকে জানে যে তারা ঘটছে**।

৬.৫ Law-Event সম্পর্ক

(আইন ও ঘটনার পারস্পরিক কাঠামো)

৬.৫.১ সমস্যার মূল প্রশ্ন

পদার্থবিজ্ঞান ও দর্শনের একটি মৌলিক বিভ্রান্তি হলো-
আইন কি ঘটনা সৃষ্টি করে,
না ঘটনা আইনকে প্রকাশ করে?
এই প্রশ্নের ভুল উত্তর থেকেই জন্ম নিয়েছে-
mechanistic determinism
eventless multiverse
value-neutral universe
Unified Principle($\mathcal{U}$) এই বিভ্রান্তি ভাঙে।

৬.৫.২ Law ও Event: প্রাথমিক সংজ্ঞা পুনঃস্থাপন

সংক্ষেপে স্মরণ করি-
Law (L_i) = বাস্তবতার কাঠামোগত সীমা ও নিয়ম
Event (E_j) = সেই কাঠামোর ভেতরে বাস্তবায়িত নির্দিষ্ট পরিবর্তন
অতএব-
Law ≠ Event
Event ≠ Law
কিন্তু একটি অন্যটি ছাড়া অর্থহীন।

৬.৫.৩ Law কারণ নয়, Constraint

ভুল ধারণা-
"আইন কারণ হিসেবে কাজ করে।"
Unified framing:
আইন কোনো force নয়;
আইন হলো **সম্ভাবনার সীমা**।
L_i:{E_1,E_2,...,E_n}
"আইন L_i একটি নির্দিষ্ট ঘটনা-সমষ্টিকে গঠন, সীমাবদ্ধ বা অনুমোদন করে"

আইন বলে দেয়-
কী হতে পারে
কী হতে পারে না
কিন্তু **কোনটি হবে**, তা event নির্ধারণ করে।

৬.৫.৪ Event আইন ভাঙে না, নির্বাচন করে

কোনো ঘটনা ঘটলে-
আইন স্থগিত হয় না
আইন লঙ্ঘিত হয় না
বরং-
ঘটনা E_j হলো আইন L_i দ্বারা নির্ধারিত সম্ভাব্যতা-ক্ষেত্রের একটি উপাদান।

$$E_j \in P(L_i)$$

এখানে $P(L_i)$= law-permitted space।

৬.৫.৫ Deterministic law বনাম probabilistic law

সব আইন সমান নয়।
Classical law:
$L_i \Rightarrow E_j$
Quantum / Biological / Conscious law:
$L_i \Rightarrow P(E_j)$
এখানে-
law নির্ধারণ করে distribution
event নির্ধারণ করে realization
এটি বাস্তবতার গভীর স্তরে **অনিবার্য**।

৬.৫.৬ Law-Event asymmetry

Law ও Event সমান স্তরের নয়।
Law = timeless
Event = time-bound
Law = abstract
Event = concrete
Law = repeatable
Event = unrepeatable
এই asymmetry না বুঝলে-
time
causality
responsibility
সবকিছু ভেঙে পড়ে।

৬.৫.৭ Law ছাড়া Event অরাজক, Event ছাড়া Law নিষ্ফল

দুটি চরম ভ্রান্তি-
Law-only universe

→ সব নির্ধারিত
→ event illusion
→ নৈতিকতা অসম্ভব

Event-only universe
→ আইনহীনতা
→ জ্ঞান অসম্ভব
→ বিজ্ঞান ভেঙে পড়ে
Unified Principle($\mathcal{U}$) বলে-
বাস্তবতা = Law × Event

৬.৫.৮ Observer ও Law-Event সম্পর্ক
Observer কোনো নতুন law সৃষ্টি করে না।
Observer-
event register করে
information update করে
কিন্তু-
law-event সম্পর্ক observer-নির্ভর নয়,
observer **event-নির্ভর**।

Observer$\subset E_j$, $E_j \subset L_i$

৬.৫.৯ Law-Event ও সময়ের উৎপত্তি
সময় law থেকে আসে না।
সময় আসে-
event succession থেকে।
আইন সময়ের বাইরে থাকে,
ঘটনা সময় তৈরি করে।
Time = ordering ($E_1, E_2, \ldots, E_n$)
সময় কোনো স্বাধীন বস্তু নয়;
সময় হলো ঘটনাসমূহের সুশৃঙ্খল বিন্যাস (ordered structure)।
এখানে-
$E_1, E_2, \ldots, E_n$ = ঘটনাসমূহ
ordering = আগে-পরে সম্পর্ক (precedence relation)

এটি একটি গভীর ontological ফলাফল।

৬.৫.১০ Moral implication

যেখানে-
law সম্ভাবনা দেয়
event নির্বাচন হয়
conscious registration ঘটে
সেখানেই-
দায় (responsibility) জন্ম নেয়।
নৈতিকতা-law-এর ওপর নয়
event-এর ওপর প্রতিষ্ঠিত
কিন্তু event law-বহির্ভূত নয়-
এই দ্বৈততাই নৈতিকতাকে সম্ভব করে।

৬.৫.১১ কেন "Ultimate Law" যথেষ্ট নয়

শুধু "Theory of Everything" (equations) থাকলে-
বাস্তবতা ঘটে না
ইতিহাস জন্মায় না
নৈতিকতা ভিত্তি পায় না
কারণ-Equation কিছু ঘটায় না
Event ঘটায়।

৬.৫.১২ Unified Formal Statement

$\mathcal{U}$-framework-এ:
$\mathbf{R=\{L_i,E_j\}}$
যেখানে-
L_i = structural necessity
E_j = existential actuality
এদের সম্পর্ক-অবিচ্ছেদ্য
কিন্তু অ-একীভূত

৬.৫.১৩ উপসংহার

আইন বাস্তবতার নকশা
ঘটনা বাস্তবতার অস্তিত্ব
আইন বলে কী সম্ভব
ঘটনা বলে কী বাস্তব
বাস্তবতা ঘটে, শুধু নিয়ম মানে না
সৃষ্টিজগৎ কোনো যন্ত্র নয়-
এটি **আইন দ্বারা সীমাবদ্ধ, কিন্তু ঘটনা দ্বারা জীবিত।**

অধ্যায় ০৭: পর্যবেক্ষক (O)-বাস্তবতার স্বাক্ষী

৭.১ Observer-এর অনিবার্যতা

৭.১.১ ঐতিহ্যগত ভুল ধারণা

আধুনিক বিজ্ঞানের একটি দীর্ঘস্থায়ী অনুমান হলো-
"বাস্তবতা observer ছাড়াও সম্পূর্ণভাবে বিদ্যমান।"
এই ধারণা থেকেই এসেছে-
observer-independent realism
objective universe without witness
value-neutral description of nature
কিন্তু এই অনুমানটি কখনো প্রমাণিত হয়নি-
বরং এটি **অঘোষিত একটি দার্শনিক সিদ্ধান্ত**।

৭.১.২ Unified Principle($\mathcal{U}$)-এর প্রাথমিক দাবি

Unified Principle($\mathcal{U}$) স্পষ্টভাবে ঘোষণা করে-
Observer ছাড়া বাস্তবতা সম্পূর্ণ হতে পারে না।
এটি কোনো মানব-কেন্দ্রিক দাবি নয়,
বরং একটি **structural necessity**।
কারণ-
Law (L_i) একা বাস্তবতা নয়
Event (E_j) একা বাস্তবতা নয়
Registered event ছাড়া বাস্তবতা অসম্পূর্ণ

৭.১.৩ Event বনাম Unregistered Event

একটি গুরুত্বপূর্ণ পার্থক্য-
ঘটনা ঘটে
কিন্তু ঘটনা বাস্তবতা হিসেবে অস্তিত্ব পায়
শুধুমাত্র যখন তা **register** হয়

$$E_j \rightarrow \text{Reality iff Observed } (E_j)$$

এখানে "observed" মানে-
দেখা
মাপা
তথ্য হিসেবে সংরক্ষিত
কোনো সিস্টেমে প্রভাব ফেলেছে

৭.১.৪ Observer ≠ Conscious Human

এখানে একটি গুরুতর বিভ্রান্তি দূর করা জরুরি।
Observer মানে-
কেবল মানুষ নয়
কেবল চেতনা নয়
Observer হলো-
এমন যে কোনো সত্তা বা ব্যবস্থা
যা একটি event-কে
information state-এ রূপান্তর করে।
এর মধ্যে থাকতে পারে-
যন্ত্র
পরিবেশ
জীব
চেতন সত্তা

৭.১.৫ কেন observer ছাড়া "ঘটা" অর্থহীন

Observer না থাকলে-
event ঘটলেও
তার কোনো **ontological footprint** থাকে না
এটি বলছে না যে ঘটনা ঘটে না,
বরং-
ঘটা ও থাকা এক নয়।
Unobserved event =
ontologically incomplete event

৭.১.৬ Classical physics-এর সীমাবদ্ধতা

Classical physics ধরে নেয়-
event ঘটে
observer কেবল পরে দেখে
কিন্তু-
thermodynamics
chaos
information theory
সবই দেখিয়েছে-
observation নিজেই
system-এর অংশ।

৭.১.৭ Quantum mechanics: observer unavoidable
Quantum theory শুধু এটি ইঙ্গিত দেয়নি,
বরং জোরপূর্বক সামনে এনেছে-
measurement problem
wavefunction collapse
observer effect
এখানে observer-
passive নয়
constitutive

৭.১.৮ Observer-কে বাদ দিলে কী ভেঙে পড়ে
Observer বাদ দিলে-
probability অর্থহীন
information অস্তিত্বহীন
entropy সংজ্ঞাহীন
history অনুপস্থিত
অর্থাৎ-
বাস্তবতা বর্ণনা করা যায় না।

৭.১.৯ Formal necessity within 𝓤
𝓤-এর ভেতরে-
$R = \{L_i, E_j, O_k, M_l\}$
"R থেকে O_k (পর্যবেক্ষক) বাদ দিলে সম্পূর্ণ বাস্তবতার অস্তিত্ব নেই।"
$R - O_k \Rightarrow \emptyset$
আইন থাকবে
ঘটনা ঘটবে
কিন্তু **বাস্তবতা থাকবে না**।

৭.১.১০ Observer ও time
সময় আসে event-এর ধারাবাহিকতা থেকে।
কিন্তু ধারাবাহিকতা-
কেবল observer-এর মাধ্যমে
ordering পায়।
অতএব-
Observer ছাড়া সময়ও অসংজ্ঞায়িত।

৭.১.১১ Observer necessity ≠ Subjectivism

এটি কোনো আপেক্ষিকতাবাদ নয়।
Observer-
বাস্তবতা সৃষ্টি করে না
বাস্তবতা বিকৃত করে না
Observer-
বাস্তবতাকে **বাস্তব হিসেবে প্রতিষ্ঠা করে**।

৭.১.১২ Philosophical consequence

এই পর্যায়ে আমরা একটি গভীর সিদ্ধান্তে পৌঁছাই-
বাস্তবতা কোনো নিঃসঙ্গ মেশিন নয়,
এটি একটি **witness-requiring structure**।
এবং যেখানে witness অনিবার্য-
সেখানে দায়, সত্য ও নৈতিকতা
অবশ্যম্ভাবী।

৭.১.১৩ উপসংহার

Observer বাদ দেওয়া যায় না
Observer যুক্ত না করলে বাস্তবতা অসম্পূর্ণ
Observer কোনো আরোপ নয়-
এটি বাস্তবতার শর্ত
বাস্তবতা ঘটে না শুধু-
বাস্তবতা সাক্ষ্য চায়।

৭.২ Measurement ও participation

(পরিমাপ কেন নিরপেক্ষ নয়)

৭.২.১ প্রচলিত ধারণা: Measurement as passive reading

ক্লাসিক্যাল বৈজ্ঞানিক কল্পনায় measurement মানে-
"যা আছে, সেটি শুধু পড়ে নেওয়া।"
এই ধারণা অনুযায়ী-
বাস্তবতা আগে থেকেই সম্পূর্ণ
observer কেবল রিপোর্টার
measurement কোনো প্রভাব ফেলে না
এই ধারণা আজ অচল।

৭.২.২ Measurement আসলে কী?

Unified Principle(𝓤)-এ measurement সংজ্ঞা-
Measurement হলো এমন একটি interaction,
যা একটি event-কে
নির্দিষ্ট informational state-এ রূপান্তর করে।
এটি তিনটি কাজ একসাথে করে-
system-এর সাথে interaction
outcome selection
information registration
এগুলো আলাদা করা যায় না।

৭.২.৩ Measurement ≠ Observation (দেখা)

দেখা মানে-
sensory বা instrumental perception
Measurement মানে-
state-change
information encoding
irreversible update
অতএব-
সব observation measurement নয়,
কিন্তু সব measurement observation-সহ।

৭.২.৪ Quantum mechanics: participation অনিবার্য

Quantum mechanics-এ-
system আলাদা করে সংজ্ঞায়িত নয়
measurement ছাড়া state নির্ধারিত নয়

$$|\psi\rangle \rightarrow \text{measurement } |E_j\rangle$$

"কোয়ান্টাম স্টেট $|\psi\rangle$-এর measurement (পর্যবেক্ষণ) ঘটালে নির্দিষ্ট আউটকাম $|E_j\rangle$-এ collapse হয়।"

এখানে observer-
কেবল দর্শক নয়
outcome-এর অংশীদার
এটি কোনো ব্যাখ্যামূলক মত নয়,
বরং পরীক্ষালব্ধ বাস্তবতা।

৭.২.৫ Participation মানে কী?

Participation মানে-
observer নিজেই event-এর causal chain-এ যুক্ত।
Measurement করলে-
system পরিবর্তিত হয়
observer পরিবর্তিত হয়
বাস্তবতার ইতিহাস পরিবর্তিত হয়
এটি reversible নয়।

৭.২.৬ Classical ক্ষেত্রেও participation

এটি কেবল quantum-এ সীমাবদ্ধ নয়।
thermometer তাপ বিনিময় করে
clock সময়ের সাথে ক্ষয় পায়
detector entropy বাড়ায়
অতএব-
measurement সর্বত্র interaction।

৭.২.৭ Measurement ও information

Information কোনো বিমূর্ত সংখ্যা নয়।
Information-
physical footprint-সহ একটি বাস্তব সত্তা।
Measurement মানে-
entropy redistribution
memory inscription

state update
এই কারণেই-
measurement ছাড়া information অস্তিত্ব পায় না।

৭.২.৮ Participation ছাড়া history অসম্ভব

History মানে-
ঘটনার ক্রম
তথ্য হিসেবে সংরক্ষিত
কিন্তু-
unmeasured event history-তে ঢোকে না।
অতএব-
participation ছাড়া ইতিহাস নেই।

৭.২.৯ Measurement ও causality

Measurement causality-কে ভাঙে না,
বরং **redefine** করে।
কারণ-
cause-effect কেবল interaction-এর মধ্যেই অর্থবহ
measurement নিজেই cause
এটি causality-র পরিসর বাড়ায়, কমায় না।

৭.২.১০ Formal placement in $\mathcal{U}$

$\mathcal{U}$-এর কাঠামোয়-

Measurement $\in E_j$ and $O_k \subset E_j$

"Measurement (পর্যবেক্ষণ প্রক্রিয়া) হলো E_j-এর একটি উপাদান, এবং পর্যবেক্ষক O_k সেই ঘটনার একটি অংশ হিসেবে অন্তর্ভুক্ত।"
অর্থাৎ-
measurement একটি event
observer event-এর ভেতরে অবস্থান করে
observer বাইরে দাঁড়িয়ে দেখে না-
observer ঘটনার একটি অংশ।

৭.২.১১ Measurement ও নৈতিক তাৎপর্য

যেখানে participation আছে-
সেখানে neutrality অসম্ভব
সেখানে দায় জন্ম নেয়
কারণ-

measurement নিজেই
বাস্তবতার গতি নির্ধারণে অংশ নেয়।
এই যুক্তি পরবর্তী অধ্যায়ে নৈতিকতার ভিত্তি হবে।

৭.২.১২ ভ্রান্ত বিকল্প পথ

দুটি ব্যর্থ চেষ্টা-
"measurement কেবল জ্ঞানগত"
→ তথ্য বাস্তব নয় হয়ে পড়ে
"observer irrelevant"
→ history ভেঙে পড়ে
Unified Principle(𝓤) উভয়কেই বাতিল করে।

৭.২.১৩ উপসংহার

Measurement passive নয়
Measurement participation
Observer আলাদা নয়
Observer অংশগ্রহণকারী
বাস্তবতা শুধু ঘটে না-
বাস্তবতা পরিমাপে রূপ নেয়।

৭.৩ Information Registration

(তথ্য সংরক্ষণ এবং বাস্তবতার স্থায়িত্ব)

৭.৩.১ তথ্য সংরক্ষণের মৌলিক ধারণা

Unified Principle(𝓤) অনুসারে-
Event-এর বাস্তবতা শুধুমাত্র তখনই ontologically সম্পূর্ণ হয়,
যখন এটি **registered information** হিসেবে উপস্থিত থাকে।
সংক্ষেপে: $E_j \rightarrow I(E_j)$
যেখানে $I(E_j)$ = event-এর তথ্য-নথি।
তথ্য সংরক্ষণ মানে-ঘটনার অস্তিত্ব স্থায়ী করা
observer-এর memory বা instrument-এ রূপান্তর
reversible নয়

৭.৩.২ Registration ≠ Observation

Observation শুধুই sensory act বা perception।
Registration হলো-
irreversible encoding
information footprint তৈরি করা
ভবিষ্যতের causal chain-কে প্রভাবিত করা
অতএব-observation without registration ≠ reality

৭.৩.৩ Quantum perspective

Quantum event-এর ক্ষেত্রে-
$|\psi\rangle \rightarrow \text{measurement} |E_j\rangle$
সুপারপজিশন স্টেট → পরিমাপের মাধ্যমে → নির্দিষ্ট ফলাফল।
Measurement information-কে **register** করে।
Without registration → superposition persists
With registration → outcome actualized
এখানে-information registration = event actualization

৭.৩.৪ Physical manifestation of information

Information কোনো বিমূর্ত সংখ্যা নয়।
physical medium-এ সংরক্ষিত হয়
energy, entropy, or matter-এর পরিবর্তনের মাধ্যমে
irreversible process

উদাহরণ:

DNA sequence = biological event registration
Neural firing pattern = conscious experience registration
Detector memory = quantum measurement registration

৭.৩.৫ Observer-constrained registration

Observer শুধু তথ্য দেখেনি, event-কে reality-তে রূপ দিয়েছেন।

$$O_k(E_j) \Rightarrow I(E_j)$$

“যখন পর্যবেক্ষক O_k ঘটনা E_j-কে পর্যবেক্ষণ করে, তখন সেই ঘটনা সম্পর্কে তথ্য $I(E_j)$ উৎপন্ন হয়।”

অর্থাৎ-

Observer এ অংশগ্রহণ করে
Registration নিশ্চিত করে
Ontological status প্রদান করে

৭.৩.৬ Registration & Time

Event সময়ের মধ্য দিয়ে ঘটে না-

registered event-এর মধ্য দিয়ে **time arrow** তৈরি হয়।

unregistered events = timeless
registered events = sequential
memory accrual → experienced time
অতএব- Time~ordering of registered events

৭.৩.৭ Registration & Information Conservation

Unified Principle(𝓤) এ
information cannot be destroyed (no-deleting theorem)
registered information = permanent reality signature
এটি নিশ্চিত করে-

History
Knowledge
Causality
সবই observer-এবং registration-এ নির্ভরশীল।

৭.৩.৮ Irreversibility & Reality

Registration = irreversible event.
measurement, memory imprint, DNA replication সবই irreversible
reversibility শুধুই laws-এর abstract evolution

real, actualized event = registered & irreversible
এই irreversibility = ontological reality

৭.৩.৯ Registration in Biological & Conscious Systems

Biological systems → events register in molecular states (DNA, protein conformations)
Conscious systems → events register in neural patterns, memory
Social systems → events register in records, communication, and culture
তিনটির পার্থক্য শুধু scale, principle একই-**registration = reality**।

৭.৩.১০ Summary of Observer-Event-Information Triad

Observer⇒Registration⇒Event actualization
Observer ছাড়া registration অসম্পূর্ণ
Registration ছাড়া event ontology অসম্পূর্ণ
Event ছাড়া observer ও laws অর্থহীন
একত্রে তারা বাস্তবতার ontological spine তৈরি করে।

৭.৩.১১ Philosophical Implication

Knowledge ≠ abstract
Knowledge = registered event
Reality itself requires **informational encoding**
এটি Unified Principle($\mathcal{U}$)-এর **core thesis**:
Reality is not merely what happens; reality is **what is recorded as happening**.

৭.৩.১২ উপসংহার

Information registration = event ontology
Observer = active participant
Measurement = irreversible encoding
Time, causality, history, morality সবই **registration-dependent**
Observer-মুক্ত, registration-মুক্ত event = অসম্পূর্ণ
Reality itself demands **witnessed, recorded, structured events**

৭.৪ সচেতন পর্যবেক্ষক (Conscious Observer)

৭.৪.১ Observer-এর সচেতনতার গুরুত্ব

Observer event-কে **register** করে।
Registration = **irreversible encoding**।
Reality তৈরি হয় registration-এর মাধ্যমে।
Consciousness যুক্ত হলে-
Observer কেবল পর্যবেক্ষণ নয়, **awareness**-এও সক্রিয় হয়।
Event-এর মূল্য, অর্থ এবং **নৈতিক প্রভাব** নির্ধারণে অংশ নেয়।

৭.৪.২ সচেতন পর্যবেক্ষক ≠ কেবল পরিমাপ যন্ত্র

Quantum detector বা thermometer **measurement** করে, কিন্তু **conscious observer** experience এবং awareness যোগ করে।
Detector = physical registration
Conscious Observer = phenomenological registration
এটি **নৈতিক ও causal frameworks**-এ মৌলিক ভিন্নতা তৈরি করে।

৭.৪.৩ Event-Consciousness coupling

প্রতিটি conscious observer-এর ক্ষেত্রে-

$$\mathbf{E_j \rightarrow O_k^{conscious} I(E_j) + A(E_j)}$$

যেখানে-
$I(E_j)$ = information registration
$A(E_j)$= awareness / phenomenological imprint
অর্থাৎ-conscious observer শুধু তথ্য রাখে না,
তার event experience **ontology**-কে শক্তিশালী করে।

"প্রতিটি ঘটনা E_j যখন সচেতন পর্যবেক্ষক $O_k^{conscious}$-এর সাথে সংযুক্ত হয়, তখন তা কেবল তথ্যগতভাবে নিবন্ধিত $I(E_j)$ হয় না বরং সচেতনতার মাধ্যমে একটি অস্তিত্বগত ছাপ $A(E_j)$ অর্জন করে; ফলে ঘটনাটি বাস্তবতার অন্টোলজিক্যাল শক্তি ও স্থায়িত্ব বৃদ্ধি করে।"

৭.৪.৪ Decision-making এবং participatory causality

Conscious observer-এর ভূমিকা-
শুধু **passively record** নয়,
event-কে নির্বাচন ও shape করে।

উদাহরণ:
Quantum choice → measurement outcome
Biological system → action selection
Ethical decision → moral consequence
Consciousness = event shaping, not merely witnessing

৭.৪.৫ Integrated information & observer reality
Conscious observer-এর জন্য-
neural / cognitive substrate = integrated information
system-wide integration → event-এর ontology-তে weight দেয়
Conscious Observer=Observer+Integrated Information+Agency
এটি 𝓤-framework-এ observer-এর ontological status নিশ্চিত করে।

৭.৪.৬ Observer dependency of reality
যেখানে conscious observer উপস্থিত-
Event-এর actuality নিশ্চিত হয়
Time arrow তৈরি হয়
Causality ও history নির্ধারিত হয়
অতএব-**conscious observer ছাড়া reality অসম্পূর্ণ।**

৭.৪.৭ Conscious observer ও morality
Conscious awareness জন্ম দেয় **moral weight**।
Decision-এর ফলাফল সম্পর্কে awareness
Accountability-এর জন্ম
Event-এর ethical significance
যেখানে observer passive → morality undefined
যেখানে conscious observer → moral responsibility জন্মায়।

৭.৪.৮ Observer hierarchy
Non-conscious observer → physical registration
Biological observer → biological registration + feedback
Conscious observer → awareness + decision + moral weight

Unified Principle(𝓤)-এ hierarchy-এর লক্ষ্য:
$E_j \subset O_k^{nonconscious} \subset O_k^{biological} \subset O_k^{conscious} \subset R$

"ঘটনা E প্রথমে অচেতন পর্যবেক্ষক স্তর $O_k^{nonconscious}$ এর মধ্যে সংঘটিত হয়; এই স্তরটি জৈব পর্যবেক্ষক কাঠামো $O_k^{biological}$ এর অন্তর্গত, যা আবার সচেতন পর্যবেক্ষক $O_k^{conscious}$ এর একটি উপসেট-এবং এই সম্পূর্ণ পর্যবেক্ষক শ্রেণিবিন্যাস শেষ পর্যন্ত সামগ্রিক বাস্তবতা R-এর মধ্যে অবস্থিত।"
Observer-এর ontological power awareness-এর সাথে বৃদ্ধি পায়।

৭.৪.৯ Participation & experience
Conscious observer-এর participation = **dual-layered**:
Physical participation: event-কে register করা
Phenomenal participation: event-কে experienced, meaning-laden, decision-relevant করা
এটি reality-এর completeness নিশ্চিত করে।

৭.৪.১০ Formal placement in 𝓤
$\mathbf{R=\{L_i, E_j, O_k^{conscious}, M_l\}}$
$\mathbf{O_k^{conscious} \subset E_j}$
Moral framework = dependent on conscious registration
𝓤-framework-এ observer-এর গুরুত্ব সর্বোচ্চ, কারণ conscious observer reality, history, morality, এবং future potential-এর nexus।

৭.৪.১১ উপসংহার
Conscious observer = mere witness নয়
Conscious observer = event-এর participatory architect
Awareness, registration, decision → ontological reality
Observer ছাড়া-
Reality অসম্পূর্ণ
History অসম্পূর্ণ
Morality অসম্পূর্ণ
সচেতন পর্যবেক্ষক ছাড়া বাস্তবতা কেবল সম্ভাবনা;
conscious observation-এ এই সম্ভাবনা actuality-তে রূপান্তরিত হয়।

৭.৫ Observer-included Reality
(পর্যবেক্ষক অন্তর্ভুক্ত বাস্তবতা)

৭.৫.১ Observer-free reality একটি অসম্পূর্ণ ধারণা
পূর্ববর্তী অংশগুলো থেকে আমরা জানি-
Observer event-কে register করে
Conscious observer awareness ও meaning যোগ করে
Measurement = participatory interaction
তাহলে প্রশ্ন আসে-Reality কি observer ছাড়া সম্পূর্ণ হতে পারে?
Unified Principle($\mathcal{U}$) স্পষ্টভাবে বলে-
না। Observer-বিহীন reality = ontologically incomplete।

৭.৫.২ Ontological integration
Reality (R)-এর সংজ্ঞা অনুযায়ী-
$\mathbf{R = \{L_i, E_j, O_k, M_l\}}$
$\mathbf{L_i}$ = laws (possibility constraints)
$\mathbf{E_j}$ = events (actualized changes)
$\mathbf{O_k}$ = observers (registration & awareness)
$\mathbf{M_l}$ = moral constraints
Observer-কে বাদ দিলে-
$R - O_k \Rightarrow$ Incomplete Ontology
অর্থাৎ-
Events ঘটলেও reality-তে তাদের **পূর্ণতা নেই**
Laws থাকলেও তারা **abstract** থেকে যায়
Morality অব্যবহৃত থেকে যায়

৭.৫.৩ Observer-included reality: participatory ontology
Observer-included reality মানে-
সকল event ও law observer-এর participatory framework-এ স্থাপিত।
এতে বাস্তবতা হয়-
Structured
Timed
Causally coherent
Morally accountable
$\mathbf{Reality = f(L_i, E_j, O_k conscious, M_l)}$

৭.৫.৪ Time ও causality-তে observer

Observer-এর উপস্থিতি ছাড়া-
Event sequencing অজ্ঞাত
Time arrow অনির্ধারিত
Causality meaningless
Observer অন্তর্ভুক্ত হলে-
Event chronology স্পষ্ট
Time emerges
Cause-effect relationships প্রতিষ্ঠিত

৭.৫.৫ Information & memory nexus

Observer-included reality এ-
প্রতিটি event irreversibly registered
Memory (physical/biological/conscious) reality-র অংশ
History তৈরি হয়
Observer ছাড়া history = nonexistent
Reality = merely potential, not actualized

৭.৫.৬ Moral & ethical implication

Observer-included reality = **moral reality**।
Events এর consequences শুধু তখনই আসে যখন observer aware
Accountability তৈরি হয়
Decision-making unavoidable
এটি পরবর্তী ৮-এর নৈতিক কাঠামোর ভিত্তি তৈরি করে।

৭.৫.৭ Conscious observer-এর ontological weight

Hierarchy reminder:
Non-conscious observer → physical registration
Biological observer → biological registration + feedback
Conscious observer → awareness + meaning + decision
Conscious observer-এর participatory weight সবচেয়ে বেশি
Reality- এর ontology, temporal structure, causality, morality সর্বত্র observer-dependent

৭.৫.৮ Reality = Observer-included

Formal summary:

$\mathbf{R=\{L_i, E_j, O_k, M_l\}}$ **with** $\mathbf{O_k \subset E_j}$

পর্যবেক্ষক নিজেই ঘটনাজগতের অংশ।

Observer = reality-র interior component
Reality = ontologically incomplete without observer
Measurement, registration, consciousness, decision → indispensable
Observers are not outside reality-they are embedded, constitutive, and indispensable.

৭.৫.৯ Philosophical consequences

Observer-free realism = invalid
Event-only realism = incomplete
Law-only determinism = abstract, not real
Observer-included reality = Unity of Law, Event, Observation, and Consciousness
এটি 𝓤-framework-এর একটি মূল pillar।

৭.৫.১০ উপসংহার

Observer-included reality নিশ্চিত করে ontology, time, causality, history, morality
Observer-কে বাদ দিলে reality ≈ mere potentiality
Conscious participation = reality actualization
Event-Law-Observer-Morality nexus একীভূত বাস্তবতা তৈরি করে

সংক্ষেপে: বাস্তবতা কেবল ঘটে না-
observer-এর participatory framework-এর মাধ্যমে সত্যিকার অর্থে "ঘটে" এবং "অস্তিত্ব পায়"।

অধ্যায় ০৮: নৈতিক সীমা (M)-বাস্তবতার বিধান

৮.১ Moral Constraint-এর সংজ্ঞা

৮.১.১ নৈতিক সীমা: মৌলিক ধারণা

Unified Principle($\mathcal{U}$) অনুসারে-
Reality শুধুমাত্র ঘটনা, আইন এবং observer-এর মধ্য দিয়ে পূর্ণ হয় না;
নির্দিষ্ট নৈতিক সীমা (M_l) ছাড়া reality অসম্পূর্ণ।
সংক্ষেপে:
$R=\{L_i, E_j, O_k, M_l\}$ with $M_l \subset R$
M_l Reality এর অবিচ্ছেদ্য অংশ

৮.১.২ Observer-included reality এবং নৈতিকতার প্রয়োজনীয়তা

আগের অধ্যায়ে আমরা দেখেছি-
Observer ছাড়া reality অসম্পূর্ণ
Conscious observer-এর participatory role ontology নিশ্চিত করে
এখন দেখা যাক-
Observer যখন participatory এবং aware
তখন **decision-making ও action** ঘটতে বাধ্য
কিন্তু observer যদি **অবাধে, সীমাহীনভাবে** participatory হয়-
reality chaotic হয়
causality ধ্বংস হয়
historical consistency হারায়
অতএব-
Moral constraints (M_l) reality-কে coherence, stability এবং meaning দেয়।

৮.১.৩ Moral constraint ≠ Cultural norm

M_l শুধুমাত্র মানব-নির্ধারিত নীতিশাস্ত্র নয়।
এটি observer-independent reality-র intrinsic feature
কোন সত্তা সচেতনভাবে participatory হলে, তার action-এর consequence unavoidable এবং নৈতিকভাবে weight-বহন করে
উদাহরণ:
Conscious observer → choice → irreversible impact
M_l ensures choices remain consistent with reality structure

৮.১.৪ Ontological grounding of M_l

Moral constraints ন্যূনতম শর্ত হিসেবে reality-র ontology-তে সংযুক্ত:
Responsibility: every conscious action has unavoidable effect
Irreversibility: actions cannot be undone without violating laws
Truth constraint: reality cannot be contradicted or falsified

Formal notation:
M_l: set of constraints on O_k
Action(O_k) ∈ M_l
যে কোনো পর্যবেক্ষক-ক্রিয়া বৈধ হবে তখনই
যখন তা M_l-নির্ধারিত সীমার ভেতরে থাকবে।
Observer ≠ omnipotent
Reality-র structure protected

৮.১.৫ Event-Observer-Moral nexus

$E_j \rightarrow O_k\ I(E_j)$ subject to M_l
কোনো ঘটনা E_j থেকে উৎপন্ন তথ্য $I(E_j)$,
পর্যবেক্ষক O_k দ্বারা গৃহীত হয়ে
অর্থ-গঠন M_l এর সাথে সামঞ্জস্যপূর্ণ হয়।
Observer event-কে register করে
Event-এর actuality + history = irreversible
M_l ensure coherence & ethical consistency
অর্থাৎ-
Event occurs → Observer participates → M_l constrain → Reality sustained

৮.১.৬ Why M_l is unavoidable

Without M_l:
Observer freedom → chaotic outcomes
History → inconsistent
Future → indeterminate
Causality → broken
M_l হচ্ছে-

Ontological anchor
Prevents observer-induced collapse
Ensures reality is structured and coherent

৮.১.৭ Relationship with Laws (L_i)

$L_i \rightarrow$ possibility constraints (what can happen)
$M_l \rightarrow$ normative constraints (what should happen within reality coherence)
এগুলো আলাদা নয়, বরং complementary:

$$L_i \cap M_l \subset R$$

Law defines feasible events, moral constraint defines permissible participation.

৮.১.৮ Observer responsibility & ethical weight

M_l নিশ্চিত করে-
Observer-এর participatory action = morally accountable
Ignorance বা neglect = reality distortion
Conscious observer-এর awareness directly tied to moral necessity

৮.১.৯ Summary

M_l = reality-র অবিচ্ছেদ্য অংশ
Observer-এর participatory actions constrain করা অপরিহার্য
Ontological necessity, not cultural imposition

Ensures:
Consistency of reality
Irreversibility of events
Ethical structure of observer participation

সংক্ষেপে: নৈতিক সীমা (M_l) ছাড়া observer-included reality অসংগঠিত, history অসম্পূর্ণ, এবং future অনির্ধারিত।

৮.২ Responsibility ও Agency

(Observer-এর দায়িত্ব ও সক্ষমতা)

৮.২.১ Agency: Observer-এর participatory ক্ষমতা

Unified Principle($\mathcal{U}$) অনুসারে-
Observer reality-র অংশ
Observer passive নয়
Agency = conscious ability to:
Select among potential events
Act within legal (L_i) ও নৈতিক (M_l) সীমা
Generate irreversible outcomes
$\mathbf{O_k^{conscious} \Rightarrow choice \subseteq E_j}$
অর্থাৎ-observer নিজেই causal chain-এ অংশ নেয়।

৮.২.২ Responsibility: Ontological necessity

যেখানে agency আছে, সেখানে **responsibility** unavoidable।
Decision-making → irreversible event
Irreversible → unavoidable consequence
Observer aware → accountable
অতএব-
Observer responsibility = ontological, not optional

৮.২.৩ Observer action & moral constraints

M_l নিশ্চিত করে-
Observer's actions remain consistent with reality
Chaotic, contradictory, বা destructive choices constrained
Responsibility quantified through participation + awareness

Formal notation:
$$\forall O_k^{conscious}, \text{Action}(E_j) \Longrightarrow \text{Constrained}(M_l)$$

৮.২.৪ Agency in Physical & Biological Systems

Physical observers (machines, detectors) → limited agency
Biological observers → partial agency
Conscious observers → full agency + moral responsibility

Unified Principle(𝓤)-এ hierarchy:
Agency Consciousness and Observer role in R
Observer awareness directly scales ethical weight.

৮.২.৫ Observer choice & causality
Conscious choice = participatory causality:
Potential events exist (E_j)
Observer selects subset
Outcome actualized & registered ($I(E_j)$)
Causal chain = observer-mediated
$Causality \subseteq O_k^{conscious} \times E_j$
Observer absence → causality undefined

৮.২.৬ Responsibility & knowledge
Observer awareness = knowledge of outcome potential
Ignorance does not remove ontological consequence
Knowledge + participation = ethical weight
Reality intrinsically links **awareness → agency → responsibility**

৮.২.৭ Agency limitations
Agency unconstrained → chaos
M_l ensures:
Law-abiding action (L_i constraint)
Morally coherent action
Consistent history & future potential
$Agency(O_k^{conscious}) \subseteq \{E_j : L_i \cap M_l\}$

৮.২.৮ Observer responsibility & civilization
Macro-scale implication:
Civilizational stability depends on observer agency + responsibility
Ignored or unbounded agency → societal & cosmic incoherence
Observer responsibility = fundamental building block of ethical civilization

৮.২.৯ Summary

Agency = conscious choice within $L_i + M_l$
Responsibility = unavoidable ontological weight
Observer = participatory architect of reality
Choice + awareness = moral accountability
Observer agency and responsibility = reality coherence, moral integrity, and irreversible history.

৮.৩ Irreversibility ও নৈতিক দিক

(Observer action-এর অপরিবর্তনীয়তা এবং নৈতিক প্রভাব)

৮.৩.১ Irreversibility: মৌলিক ধারণা

Unified Principle(𝓤) অনুসারে-
Observer participation ≠ reversible process
Event actualization → irreversible registration
Formal representation:
$E_j \rightarrow O_k^{conscious} I(E_j)$irreversible
যে কোনো conscious action:
Event-কে ontology-তে স্থায়ী করে
Past-এর causal structure নির্ধারণ করে
Observer responsibility সৃষ্টি করে

৮.৩.২ Quantum mechanics-এর প্রমাণ

Quantum measurement-এ:
$|\psi\rangle \rightarrow$measurement$|Ej\rangle$
Measurement = irreversible collapse of superposition
Observer অন্তর্ভুক্ত → outcome fixed
Undoing impossible without violating physical law
Irreversibility intrinsic to reality structure, not just epistemic limitation

৮.৩.৩ Classical physics-এ irreversibility

Even classical systems:
Thermodynamic processes → entropy increase
Heat transfer, friction → irreversible
Observer measurement, registration → information footprint
Observation এবং participation **state-change** তৈরি করে → irreversible

৮.৩.৪ Irreversibility এবং নৈতিক দায়

যেখানে irreversible outcomes আছে-
Observer cannot deny participation
Choices have **unavoidable consequences**
Responsibility = ontologically rooted
Irreversibility makes morality unavoidable.

৮.৩.৫ Observer action, event, and moral constraint nexus

$O_k^{conscious} \rightarrow$acts $E_j \rightarrow I(E_j)$Reality constrained by M_l
Action → irreversible event
Event → reality inscription
Moral constraint ensures ethical coherence
এতে-
Observer freedom balanced by M_l
History preserved
Future potential constrained ethically

৮.৩.৬ Moral significance of irreversibility

Reversible events = hypothetical, not fully real
Irreversible events = actualized, ontology-confirmed
Moral responsibility attaches only to irreversible events
Conscious participation + irreversible outcome = ethical gravity

৮.৩.৭ Agency + irreversibility = ethical architecture

Observer-এর agency:
Irreversibility-কে unavoidable করে
History-এর integrity নিশ্চিত করে
Future potential-এর scope ethically structured করে
$Agency(O_k^{conscious}) + Irreversibility(E_j) \Rightarrow Moral\ Weight(M_l)$

৮.৩.৮ Examples across scales

Quantum: Measurement collapse → fixed outcome → ethical implication (experimental responsibility)
Biological: Action → irreversible molecular/physiological changes → responsibility
Civilizational: Policy decision → irreversible societal outcomes → accountability
Irreversibility universal across scales → moral constraints unavoidable

৮.৩.৯ Summary

Irreversibility = observer action-এর ontological property
Irreversible event → unavoidable consequence → moral responsibility
Conscious observer + participation + irreversible outcome → core ethical structure of reality

সংক্ষেপে:

Observer action-এর irreversibility = morality-এর ontological জন্ম।
Without irreversible participation, ethical reality = অসম্পূর্ণ।

৮.৪ Truth Constraint

(সত্যের বাধ্যবাধকতা এবং observer-included reality)

৮.৪.১ Truth Constraint: মৌলিক ধারণা

Unified Principle(𝓤) অনুসারে-

Observer-included reality-এর প্রতিটি event এবং action **truth-compatible হতে হবে**

Falsehood, misrepresentation বা ontological inconsistency reality-কে অসম্পূর্ণ করে

Formal notation:

$$\forall E_j, O_k^{conscious} : Reality(E_j, O_k) \Rightarrow Truth(E_j)$$

ঘটনা E_j এবং সচেতন পর্যবেক্ষক $O_k^{conscious}$-এর মধ্যে বাস্তব পারস্পরিক সম্পর্ক (Reality) বিদ্যমান থাকলে, সেই ঘটনা E_j-এর জন্য সত্য (Truth) প্রতিষ্ঠিত হয়।

অর্থাৎ-

Observation + registration + participation = truth-constrained

Ontology, history এবং causality সংরক্ষিত

৮.৪.২ Observer এবং truth

Conscious observer-এর awareness-এর জন্য:

Reality-কে নির্ভুলভাবে apprehend করতে হবে

Choices এবং actions **truth-compatible** হতে হবে

Ignorance ≠ falsification, কিন্তু deliberate distortion reality-কে অসম্পূর্ণ করে

Truth constraint ensures:

Observer awareness integrity

Event registration integrity

Moral coherence

৮.৪.৩ Truth in event actualization

Event = irreversible actualization

Registration = information encoding

Truth constraint = encoded event must reflect ontological reality

$$I(E_j) \subseteq \text{Truth-compatible Reality}$$

Observer cannot register falsehood without violating ontological structure

৮.৪.৪ Relation to Irreversibility

Irreversibility + Truth constraint = ethical necessity
Once registered, falsehood cannot be undone
Ethical responsibility unavoidable
Moral gravity attached to conscious observer action
Without truth, irreversible registration = chaos + moral collapse

৮.৪.৫ Truth vs Laws (L_i) and Morality (M_l)

L_i = what can happen
M_l = ethical boundary of what should happen
Truth constraint = what actually happens **without contradiction**

$$\mathbf{Truth(E_j) \cap L_i \cap M_l \subset R}$$

ঘটনা E_j-এর সত্যতা, আইন L_i, এবং নৈতিক/অর্থগত সীমা M_l-এর ছেদ-সেট সবসময় R-এর মধ্যে অবস্থিত।

Observer actions bounded by laws and morality, grounded in truth

৮.৪.৬ Observer accountability

Conscious observer = aware of consequences
Actions misaligned with truth → reality distortion
Moral responsibility = ontologically enforced by truth constraint
Observer cannot escape accountability without violating reality itself

৮.৪.৭ Truth in Conscious Systems

Neural representation, memory, and decision-making = truth-constrained
Misperception tolerated at epistemic level, but ontological falsity prohibited
Observer participation = truth-compatible by necessity

৮.৪.৮ Philosophical implication

Reality ≠ arbitrary perception
Observer ≠ free from ontological truth
Truth constraint = foundation of coherence, causality, morality
Reality demands that conscious observers **act, register, and interpret consistently with truth**

৮.৪.৯ Summary

Truth constraint = ontological necessity
Ensures event actualization = reality-compatible
Observer participation = bound by truth
Morality, history, and coherence all depend on truth compatibility

সংক্ষেপে:

Observer-included reality-তে সত্য না থাকলে-reality অসংগঠিত, history অনির্ধারিত এবং morality অসম্পূর্ণ। Truth constraint = ontological backbone of reality coherence.

৮.৫ নৈতিক বাস্তবতা ধর্ম নিরপেক্ষভাবে

৮.৫.১ নৈতিক বাস্তবতার মৌলিক ধারণা

Unified Principle($\mathcal{U}$) অনুসারে-
Observer-included reality-এ নৈতিক সীমা (M_l) ontologically অপরিহার্য
Observer-এর participatory actions = irreversible, truth-compatible
এই সাপেক্ষে নৈতিকতা একটি বাস্তব, objective property, মানুষের বিশ্বাস বা ধর্ম নির্ভর নয়

Formal representation:
$M_l \subset R$ and Mlind dependent of theology
Moral realism = reality-এর intrinsic property

৮.৫.২ Observer, morality এবং ontology

Conscious observer:
Reality-র অংশ
Participatory agent
Irreversible action-এর দায়ভার বহন করে
এবং এই প্রক্রিয়া:
Ontologically unavoidable
Truth-compatible
Morally constrained
Observer's ethical responsibility = reality-এর অবিচ্ছেদ্য অংশ, **ধর্মীয় নির্দেশনা ছাড়াই**।

৮.৫.৩ Moral constraints without theological basis

M_l অনির্ধারিত cultural or religious law নয়
এটি universal, ontologically rooted, observer-included reality-এর বৈশিষ্ট্য
উদাহরণ:
Observer action → irreversible outcome
Outcome = truth-compatible
Moral constraint ensures consistency + accountability
অর্থাৎ, নৈতিক বাস্তবতা প্রমাণযোগ্য এবং observer-independent মিথ্যা বিশ্বাসের প্রয়োজন নেই

৮.৫.৪ Irreversibility + Truth + Observer → Moral Realism
যে কোন conscious participation-এর ক্ষেত্রে:
$\mathbf{O_k^{conscious} + E_j\ irreversible + Truth(E_j) \Longrightarrow M_l}$
Observer না থাকলেও M_l ontologically valid
Observer থাকলে M_l কার্যকর → reality coherent, causality ঠিক থাকে
Moral realism emerges naturally from 𝓤-framework

৮.৫.৫ Human-centric implications
Observer = human বা অন্য conscious agent
Choices, decisions, and actions → unavoidable ethical weight
Moral realism = civilization, justice, and historical coherence-এর ভিত্তি কোনও ধর্ম, আধ্যাত্মিক প্রতিষ্ঠান বা cultural belief এর উপর নির্ভর নেই
Reality itself enforces morality

৮.৫.৬ Universality of moral realism
Moral constraints = universal across species, conscious systems
Observer-এর presence = moral application
Truth, irreversibility, agency = foundations
$\mathbf{M_l}$ **universal⊆Observer-included R**

৮.৫.৭ Observer accountability & civilization
Conscious observers যে কোনো irreversible action-এর জন্য accountable
Society, civilization, and history → morality-dependent
Moral realism ensures coherent framework without divine command

৮.৫.৮ Philosophical conclusion
Moral realism = ontologically necessary
Observer, irreversibility, truth → unavoidable ethical framework
Religion / theology ≠ prerequisite
Reality itself imposes moral structure
সংক্ষেপে:
Observer-included reality এবং 𝓤-framework-এর আলোকে, নৈতিক বাস্তবতা = objective, unavoidable এবং স্বতঃসিদ্ধ, বিশ্বাসের উপর নির্ভরশীল নয়।

PART III-UNIFIED PRINCIPLE($\mathcal{U}$)

অধ্যায় ০৯: একক নীতি $\mathcal{U}$- Formal Definition

৯.১ Canonical Mathematical Formulation

৯.১.১ $\mathcal{U}$-এর সংজ্ঞা

Unified Principle($\mathcal{U}$) formally সংজ্ঞায়িত করা যায়:

$\mathcal{U} \equiv \{L_i, E_j, O_k, M_l \mid \forall i,j,k,l : L_i, E_j, O_k, M_l \subseteq R\}$

L_i (Laws) → ভৌত, যৌক্তিক ও তথ্যগত নিয়ম

E_j (Events) → actualized, irreversible occurrences

O_k (Observers) → participatory, conscious agents

M_l (Moral constraints) → intrinsic, irreversible, truth-compatible ethical boundaries

$\mathcal{U}$ = complete, self-contained representation of reality (R)

৯.১.২ Ontological interpretation

Laws (L_i): reality-র সম্ভাব্যতা ও structure নির্ধারণ করে।

Events (E_j): potentiality → actuality; irreversible.

Observers (O_k): reality-র participatory constituent; action & registration generate irreversible history.

Moral constraints (M_l): enforce coherence, truth, accountability; observer-independent ontology।

প্রতিটি component ontologically necessary, তবে non-reducible।

৯.১.৩ Set-theoretic properties

L_i, E_j, O_k, M_l সব subsets of R (total reality)

Intersections ensure causal, ethical, and structural connectivity:

$$L_i \cap E_j \neq \emptyset\ ,\ E_j \cap O_k \neq \emptyset\ ,\ O_k \cap M_l \neq \emptyset$$

$L_i \cap E_j \neq \emptyset$

আইন L_i এবং ঘটনা E_j-এর মধ্যে অন্তত একটি সাধারণ উপাদান আছে; অর্থাৎ ঘটনা আইনের আওতায়।

$\mathbf{E_j \cap O_k \neq \emptyset}$

ঘটনা E_j এবং পর্যবেক্ষক O_k-এর মধ্যে অন্তত একটি সাধারণ উপাদান আছে; অর্থাৎ ঘটনা পর্যবেক্ষকের অন্তর্ভুক্ত।

$\mathbf{O_k \cap M_l \neq \emptyset}$

পর্যবেক্ষক O_k এবং নৈতিক/অর্থগত সীমা M_l-এর মধ্যে অন্তত একটি সাধারণ উপাদান আছে; অর্থাৎ পর্যবেক্ষকের ক্রিয়াকলাপ নৈতিক/অর্থগত সীমার আওতায়।

প্রতিটি subset-এর মধ্যে **functional relationship**:

$\mathbf{f : (L_i, E_j, O_k, M_l) \rightarrow R}$

f হলো একটি ফাংশন যা আইন (L_i), ঘটনা (E_j), সচেতন পর্যবেক্ষক (O_k), এবং নৈতিক/অর্থগত সীমা (M_l)-কে সমন্বিতভাবে বাস্তবতার (R) মধ্য দিয়ে মানচিত্রিত করে।

Reality-র ontology = **full mapping of laws, events, observers, morality**

৯.১.৪ Formal notation of participation

Observer-included reality-তে:

$\mathbf{E_j^{\text{actualized}} = f\,(E_j^{\text{potential}}, O_k^{\text{conscious}})}$

ঘটনা E_j যখন সম্ভাব্য অবস্থায় থাকে ($E_j^{\text{potential}}$), তা সচেতন পর্যবেক্ষক $O_k^{\text{conscious}}$ এর উপস্থিতিতে বাস্তবায়িত হয় ($E_j^{\text{actualized}}$) ।

Event actualization depends on observer participation
Irreversibility ensures moral responsibility
Truth constraint guarantees consistency
Observers are **integral**, not external; their conscious agency = ontologically necessary

৯.১.৫ Moral integration

M_l integrate করা হয় formal structure-এ:

Okconscious→actionsEjsubject to Ml
Observer choice constrained by morality
Events irreversible & truth-compatible
Structure ensures historical coherence and ethical integrity

৯.১.৬ $\mathcal{U}$ as canonical spine

Canonical formulation ensures:
Non-reducibility of components
Completeness of reality representation

Observer participation + morality + law + events = unified structure

৯.১.৭ Summary

$\mathcal{U} = \{L_i, E_j, O_k, M_l\} \subseteq R$

Set-theoretic, canonical, self-contained

Observer-inclusive, irreversible, truth-compatible

Moral constraints intrinsic, ontology-based, religion-independent

Acts as spine for all subsequent formal, scientific, and philosophical developments

সংক্ষেপে:

Canonical mathematical formulation = $\mathcal{U}$-এর formal definition, যা reality-কে structure, causality, morality, observer agency এবং irreversibility সহ সংজ্ঞায়িত করে।

৯.২ Set-theoretic Structure

৯.২.১ Set-theoretic foundation of $\mathcal{U}$

Unified Principle($\mathcal{U}$) formalized as:

$$\mathcal{U} \equiv \{L_i, E_j, O_k, M_l \mid \forall i,j,k,l: L_i, E_j, O_k, M_l \subseteq R\}$$

প্রতিটি component **subset of total reality R**
R = ontology, causality, observer participation এবং morality-এর totality
Set-theoretic representation → formal consistency, completeness এবং logical closure নিশ্চিত করে
Set-theoretic framework = $\mathcal{U}$-এর canonical backbone

৯.২.২ Components as sets

Laws (L_i):
$L_i = \{l_1, l_2, \ldots, l_n\} \subset R$
L_i হলো R-এর একটি সসীম উপসেট, যেখানে $l_1, l_2, \ldots, l_n$ প্রত্যেকটি R-এর অন্তর্গত উপাদান। অর্থাৎ $L_i \subset R$ দ্বারা বোঝায় যে L_i -এর সকল উপাদান R-এর অন্তর্ভুক্ত এবং L_i, R-এর একটি অংশবিশেষ।
Physical, logical, mathematical rules
Define possibility space for events

Events (E_j):
$E_j = \{e_1, e_2, \ldots, e_m\} \subset R$
E_j হলো R-এর একটি উপসেট, যেখানে $e_1, e_2, \ldots, e_m$ প্রত্যেকটি R-এর অন্তর্গত উপাদান। অর্থাৎ $E_j \subset R$ দ্বারা বোঝায় যে E_j-এর সকল উপাদান R-এর অন্তর্ভুক্ত।
Actualized or potential occurrences
Observer-mediated for actualization

Observers (O_k):
$O_k = \{o_1, o_2, \ldots, o_p\} \subset R$
O_k হলো R-এর একটি উপসেট, যেখানে $o_1, o_2, \ldots, o_p$ প্রত্যেকটি R-এর অন্তর্গত উপাদান। অর্থাৎ $O_k \subset R$ দ্বারা বোঝায় যে O_k -এর সকল উপাদান R-এর অন্তর্ভুক্ত।

Conscious, participatory agents
Actions → irreversible events

Moral constraints (M_l):
$M_l=\{m_1, m_2,\ldots,m_q\}\subset R$
M_l হলো R-এর একটি উপসেট, যেখানে $m_1, m_2,\ldots,m_q$ প্রত্যেকটি R-এর অন্তর্গত উপাদান। অর্থাৎ $M_l \subset R$ দ্বারা বোঝায় যে M_l -এর সকল উপাদান R-এর অন্তর্ভুক্ত।

Irreversibility, truth-compatibility, ethical boundaries
Observer-independent ontological property

৯.২.৩ Intersections & dependencies

Set intersections capture interdependencies:
$L_i\cap E_j\neq\emptyset$(laws govern events)
$E_j\cap O_k\neq\emptyset$(observer participation necessary for actualization)
$O_k\cap M_l\neq\emptyset$(observer actions bound by moral constraints)
$L_i\cap M_l\neq\emptyset$(laws respect ethical coherence)
Intersections = reality-র coherence, causality, morality নিশ্চিত করে

৯.২.৪ Functional relationships

Set-theoretic formalism allows **mapping between components**:
$\mathbf{f:L_i\times E_j\times O_k\times M_l\rightarrow R}$
L_i defines **event space**
O_k selects/actualizes subset E_j
M_l constrains O_k actions
Outcome = truth-compatible, irreversible reality
Reality emerges from **component interaction**, not single subset

৯.২.৫ Partial ordering & hierarchy

Events are partially ordered by causal dependency: $E_j\leq E_j^{+1}$
Observer actions respect this ordering → causal consistency
Moral constraints apply across hierarchy → ethical coherence
Partial order = logical, causal, and ethical structure within $\mathcal{U}$

৯.২.৬ Non-reducibility and independence

Sets L_i, E_j, O_k, M_l are **ontologically independent**

Reductionism fails:
$R \neq f(Li) R \neq f(Ej) R \neq f(O_k) R \neq f(M_l)$

Reality = complete **only when all four sets interact**
Set-theoretic formalism captures **non-reducible, unified nature of reality**

৯.২.৭ Formal completeness

𝓤 covers:
All laws (L_i) → all possible constraints
All events (E_j) → all actualizable outcomes
All observers (O_k) → participatory agents
All moral constraints (M_l) → irreversibility, truth, ethical weight
No external primitive needed →**𝓤** = complete, canonical, self-contained

৯.২.৮ Summary

𝓤-এর **set-theoretic structure**:
𝓤 $= \{ L_i, E_j, O_k, M_l \subseteq R\}$

Components interdependent, intersections ensure **coherence**
Functional mapping: laws → events → observers → morality → reality
Non-reducible, ontologically necessary, complete

সংক্ষেপে:

Set-theoretic formalism = canonical blueprint of reality, embedding causality, irreversibility, observer agency, and moral constraint ।

৯.৩ $\mathcal{U}$ এবং বাস্তবতা (Reality, R)

৯.৩.১ বাস্তবতা (R) = অস্তিত্বের সর্বমোট

Reality (R) হলো সর্বমোট ontology, যা সব সম্ভাব্য ও প্রকৃত ঘটনা, সচেতন পর্যবেক্ষক, আইন, এবং নৈতিক বাধ্যবাধকতাকে অন্তর্ভুক্ত করে।
R-এর প্রতিটি উপাদান অপ্রত্যাহারযোগ্য **(irreducible)**, কিন্তু একে অপরের সঙ্গে আন্তঃনির্ভরশীল (interdependent):
$R = L_i \cup E j \cup O_k \cup M_l$
বাস্তবতা R হলো $\mathcal{U}$-এর সমষ্টি: আইন, ঘটনা, পর্যবেক্ষক ও নৈতিক সীমাবদ্ধতার সমন্বয়।
বাস্তবতা শুধুমাত্র physical বা material phenomena নয়;
Observer inclusion, morality এবং truth-ও integral অংশ।

৯.৩.২ $\mathcal{U}$ হলো R-এর পূর্ণ প্রতিনিধিত্ব

$$\mathcal{U} \equiv \{L_i, E_j, O_k, M_l \mid \forall i,j,k,l: L_i, E_j, O_k, M_l \subseteq R\}$$

Ontologically, $\mathcal{U}$ বাস্তবতার সব দিককে অন্তর্ভুক্ত করে:
Laws (L_i) → কাঠামো ও বাধ্যবাধকতা
Events (E_j) → বাস্তবায়ন ও পরিবর্তন
Observers (O_k) → participatory awareness
Moral constraints (M_l) → অপরিবর্তনীয়, সত্য-সঙ্গত নৈতিক কাঠামো
$\mathcal{U}$ শুধুমাত্র কী আছে তা নয়, বরং কেন এবং কীভাবে **reality structured ও coherent** তা প্রকাশ করে।

৯.৩.৩ $\mathcal{U}$ এবং R-এর মধ্যে Mapping

Set-theoretic mapping:
$\forall x \in R, \exists \{L_i, E_j, O_k, M_l\} \subset \mathcal{U}$
বাস্তবতার প্রতিটি উপাদান অন্তত একটি উপায়ে $\mathcal{U}$-এর মৌলিক সেট (আইন, ঘটনা, পর্যবেক্ষক, নৈতিক সীমাবদ্ধতা)-এর সাথে সম্পর্কিত।

Reality উপাদান = আইন ও নৈতিকতা দ্বারা constrained বাস্তবায়িত ঘটনা
Observers অংশ নেয় বাস্তবায়নে → অপরিবতনীয় অবদান
Truth constraint নিশ্চিত করে ontology-এর consistency

Mapping = 𝓤 দ্বারা R-এর সম্পূর্ণ আচ্ছাদন, কোনো বাহ্যিক primitive প্রয়োজন নেই

৯.৩.৪ Observer-inclusive বাস্তবতা

Observer ছাড়া reality = কল্পিত, অসম্পূর্ণ।
Conscious participation নিশ্চিত করে:
অপরিবর্তনীয় নিবন্ধন **(Irreversible registration)**
সত্য-সঙ্গতিত্ব **(Truth compatibility)**
নৈতিক দায়িত্ব **(Moral responsibility)**
সুতরাং:

$$R_{observer\text{-}included} \subseteq U$$

Observer কেবল passive describer নয়; সে **ontological participant**।

৯.৩.৫ অপরিবর্তনীয়তা, নৈতিকতা, এবং কাঠামো

Event actualization (E_j) + Observer (O_k) → অপরিবর্তনীয় ফলাফল
Moral constraint (M_l) প্রয়োগ → নৈতিক ওজন
Laws (L_i) নিশ্চিত করে সম্ভাবনা ও consistency

$$f:(L_i, E_j, O_k, M_l) \rightarrow R$$

বাস্তবতা শুধুমাত্র এই চারটি উপাদানের ইন্টারঅ্যাকশনের মাধ্যমে উদ্ভূত হয়।

৯.৩.৬ অপ্রত্যাহারযোগ্যতা ও পূর্ণতা

$R \neq f(L_i)$ একা, $\neq f(E_j)$ একা, $\neq f(O_k)$ একা, $\neq f(M_l)$ একা
প্রতিটি উপাদান ontologically অপরিহার্য → non-reducible
Reality completeness = চারটি উপাদান উপস্থিত ও আন্তঃনির্ভরশীল
𝓤 প্রদান করে canonical, self-contained, পূর্ণ প্রতিনিধিত্ব reality-এর।

৯.৩.৭ দার্শনিক অর্থ

Reality = গঠিত, coherent, participatory
Observer agency = ontologically অপরিহার্য
Morality = intrinsic, truth-bound, unavoidable
Laws → constraints, অযৌক্তিক নয়
Events → বাস্তবায়ন, অপরিবর্তনীয়, truth-compatible
Reality cannot exist as fragmented theories বা partial subsets; 𝓤 হলো **একক formal framework**।

৯.৩.৮ সংক্ষেপ

$\mathcal{U} \subset R$=canonical, complete, set−theoretic spine
Components = L_i, E_j, O_k, M_l
Observers, irreversibility, morality, truth → integral
R-এর ontology, causality, structure এবং ethics সবই $\mathcal{U}$-এর মাধ্যমে formalized

৯.৪ Non-reducibility of Components

৯.৪.১ Non-reducibility: মৌলিক ধারণা

Unified Principle($\mathcal{U}$) অনুসারে-

Reality (R) একটি **একীভূত কাঠামো**, যেখানে চারটি component-**L_i (laws), E_j (events), O_k (observers), M_l (moral constraints)**-একসাথে কাজ করে।

Non-reducibility principle: কোনো component অন্যটির মাধ্যমে সম্পূর্ণভাবে ব্যাখ্যা করা যায় না।

Formal notation:

$R \neq f(L_i)$, $R \neq f(E_j)$, $R \neq f(O_k)$, $R \neq f(M_l)$

প্রতিটি উপাদান ontologically necessary, তবে interdependent

৯.৪.২ $L_i \neq E_j$

Laws (L_i) = constraints, potentials

Events (E_j) = actualized phenomena

শুধুমাত্র L_i দিয়ে E_j predict বা define করা অসম্ভব:

Indeterminacy (quantum events)

Observer-dependent actualization

Irreversibility & historical contingency

Events = L_i-এর ফলাফল নয়; L_i শুধু সম্ভাব্যতা নির্ধারণ করে

৯.৪.৩ $E_j \neq O_k$

Events ≠ Observers

Observers (O_k) = participatory agents, conscious registration

Event actualization ≠ observer; observer participation required কিন্তু **event independent of observer existence** conceptually (potentiality)

E_j without O_k = potential; O_k actualizes event

৯.৪.৪ $O_k \neq M_l$

Observer ≠ Moral constraint

M_l = ontologically intrinsic

O_k = participatory agent, যা M_l অনুসারে constrained

Observer-এর অভাবেও M_l ontologically valid
Observer = moral framework-এর applicator, কিন্তু মূলে M_l independent

৯.৪.৫ $M_l \neq L_i$

Moral constraints ≠ physical laws
L_i = কি ঘটতে পারে
M_l = কি হওয়া উচিত (ethical & irreversible)
Reality coherence requires **both,** কোনোটি অপরটির মাধ্যমে সম্পূর্ণ ব্যাখ্যা করতে পারবে না

৯.৪.৬ Interdependence

যদিও components non-reducible, তারা interdependent:
Laws → constrain E_j
Events → actualize under O_k
Observers → enforce M_l via actions
Moral constraints → regulate O_k& E_j
Non-reducibility + interdependence = ontological necessity + logical coherence

৯.৪.৭ Philosophical significance

Reality cannot be reduced to physics alone → laws incomplete
Consciousness cannot be reduced to events alone → observer necessary
Morality cannot be reduced to laws or events → M_l intrinsic
Unified Principle(𝓤) required to integrate all four components
Fragmented theories fail because **they attempt reduction,** missing essential components

৯.৪.৮ Formal summary

$L_i \nRightarrow E_j$, $E_j \nRightarrow O_k$, $O_k \nRightarrow M_l$, $M_l \nRightarrow L_i$
আইন ≠ ঘটনা, ঘটনা ≠ পর্যবেক্ষক, পর্যবেক্ষক ≠ নৈতিকতা, নৈতিকতা ≠ আইন

প্রতিটি component = **irreducible, necessary, observer-inclusive, ontologically grounded**

৯.৪.৯ Conclusion

Non-reducibility = foundation of **𝓤 coherence**

প্রতিটি component না থাকলে reality **incomplete, inconsistent, or unethical** হয়ে যাবে

Unified Principle(𝓤) = **necessary canonical structure** যা four components integrated করে

সংক্ষেপে:

L_i, E_j, O_k, M_l-এর non-reducibility = reality- এর completeness, observer agency, irreversibility এবং moral integrity-এর ontological backbone।

৯.৫ Completeness of $\mathcal{U}$

৯.৫.১ Completeness: মৌলিক ধারণা

Completeness principle: একটি formal system বা framework তখনই সম্পূর্ণ, যখন এটি তার সমস্ত relevant phenomena, constraints এবং agents-কে অন্তর্ভুক্ত করে এবং কোনো external primitive বা hidden variable-এর প্রয়োজন না হয়।

$\mathcal{U}$ = reality-র complete representation:

$$\mathcal{U} \equiv \{L_i, E_j, O_k, M_l \mid \forall i,j,k,l: L_i, E_j, O_k, M_l \subseteq R\}$$

প্রতিটি component ontologically necessary এবং non-reducible
Completeness = সমস্ত laws, events, observers, এবং moral constraints-কে একত্রিত করা

৯.৫.২ Coverage of reality

R = total reality
$\mathcal{U}$ encompass করে:
সমস্ত physical & logical laws (L_i)
সমস্ত actualized & potential events (E_j)
সমস্ত conscious observers (O_k)
সমস্ত intrinsic moral constraints (M_l)

$$\forall x \in R, \exists X \in \mathcal{U} \text{ such that } x \in X, \mathcal{U} \equiv \{L,E,O,M\}$$

প্রতিটি x যা R-এর উপাদান, তার জন্য অন্তত একটি সেট X বিদ্যমান যা $\mathcal{U}$ -এর সদস্য এবং যাতে x অন্তর্ভুক্ত। এখানে $\mathcal{U}$ হলো {L, E, O, M} সমষ্টি। অর্থাৎ R-এর প্রতিটি উপাদান L, E, O অথবা M-এই শ্রেণিগুলোর অন্তত একটির অন্তর্গত।
determined and accounted for
Reality-র ontology, causality, irreversibility, morality সব formalized $\mathcal{U}$-এ

৯.৫.৩ Observer-inclusive completeness

Observer = integral part of completeness
Observers ensure:

Event actualization → irreversible
Truth compatibility → ontological coherence
Moral responsibility → ethical completeness
$E_j^{actualized} = f(E_j^{potential}, O_k^{conscious}, M_l)$

৯.৫.৪ Non-redundancy & minimality

𝓤-এর components **non-redundant**:
$\mathbf{L_i \not\subset E_j, E_j \not\subset O_k, O_k \not\subset M_l, M_l \not\subset L_i}$

প্রতিটি অংশ প্রয়োজনীয়, কোনো component ছাড়া framework incomplete
Minimal set of four components → **canonical spine of reality**
Non-redundancy ensures logical efficiency and ontological parsimony

৯.৫.৫ Formal mapping & functional completeness

Functional mapping:
$\mathbf{f: (L_i, E_j, O_k, M_l) \rightarrow R}$

Input: all laws, events, observers, moral constraints
Output: **fully realized reality** (actualized events, truth-compatible, morally coherent)
𝓤 = **self-contained, canonical, fully operational framework**

৯.৫.৬ Philosophical significance

Fragmented theories → incomplete, partial, inconsistent
Reductionist approaches → fail to account for observer or morality
𝓤→ integrates ontology, causality, consciousness, morality
Reality completeness = observer-inclusive, irreversible, ethically constrained, logically coherent
Completeness = ontological + logical + ethical totality of reality

৯.৫.৭ Summary

𝓤 = **complete, non-reducible, observer-inclusive, morally constrained framework**

সংক্ষেপে:

Completeness of $\mathcal{U}$ = reality-র canonical, ontologically necessary, logically coherent এবং morally integrated formal representation।

অধ্যায় ১০: $\mathcal{U}$-এর Axiom Set

১০.১ Axiom of Total Inclusion

১০.১.১ মৌলিক ধারণা

Axiom of Total Inclusion states:
Reality (R)-এর প্রতিটি ontological element, physical, conscious, বা ethical, must be represented within $\mathcal{U}$।

Formal definition:
$\forall x \in R, \exists \{L_i, E_j, O_k, M_l\} \subset U$ such that $x \in \bigcup (L_i \cup E_j \cup O_k \cup M_l)$

প্রতিটি physical law, event, observer, এবং moral constraint $\mathcal{U}$-এ অন্তর্ভুক্ত
No external primitive allowed → canonical, self-contained structure
এটি $\mathcal{U}$-এর **ontological completeness** ও **universality** নিশ্চিত করে

১০.১.২ Ontological implication

Physical laws (L_i) → সমস্ত possible constraints captured
Events (E_j) → সমস্ত potential এবং actualized phenomena
Observers (O_k) → সকল conscious agents
Moral constraints (M_l) → intrinsic ethical boundaries
Reality ≠ fragmented → $\mathcal{U}$ = total, integrated framework

১০.১.৩ Set-theoretic formulation

$\boldsymbol{\mathcal{U} = \{L_i, E_j, O_k, M_l\} \subseteq R}$

Total inclusion:
$R \subseteq \bigcup_{ijkl} (L_i \cup E_j \cup O_k \cup M_l)$

বাস্তবতা R-এর প্রতিটি উপাদান এমন যে তা কোনো i, j, k, l সূচকের জন্য L_i, E_j, O_k অথবা M_l-এর অন্তর্গত। অর্থাৎ R সম্পূর্ণভাবে আইন, ঘটনা, পর্যবেক্ষক এবং নৈতিক/অর্থগত স্তরসমূহের সম্মিলিত ইউনিয়নের মধ্যে অন্তর্ভুক্ত।

সব ontology, causal, observer, এবং ethical elements 𝓤-এর মধ্যে উপস্থিত
Formal mapping ensures **self-contained universe**

১০.১.৪ Conceptual significance

কোনো reality element 𝓤-এর বাইরে → **incomplete framework**
Fragmented theories fail → **partial, inconsistent, or observer/moral blind**
Total inclusion → ensures **canonical, observer-inclusive, morally coherent reality**
এই axiom হল 𝓤-এর **foundational spine**

১০.১.৫ Functional consequences

Laws constrain all events → fully represented
Events actualized → observer-inclusive
Observer participation → morally guided
Moral constraints → integral to all actions
Without total inclusion: reality formalization, logical closure, এবং ethical coherence অসম্ভব

১০.১.৬ Philosophical significance

Reality is **fully captured**
Observer participation = essential, irreducible
Morality = ontologically intrinsic, unavoidable
Laws = universal and prescriptive, not arbitrary
Total inclusion = canonical completeness + ontological universality of 𝓤

১০.১.৭ Summary

Axiom of Total Inclusion: সমস্ত elements of reality (L_i, E_j, O_k, M_l) 𝓤-এর মধ্যে অন্তর্ভুক্ত
Ontological necessity, observer inclusion, moral completeness নিশ্চিত
Foundation for all subsequent axioms (Law primacy, Event dependence, Observer necessity, Moral constraint)

সংক্ষেপে: Total inclusion = 𝓤-এর **self-contained, canonical backbone**।

১০.২ Axiom of Law Primacy

১০.২.১ মৌলিক ধারণা

Axiom of Law Primacy states:
সমস্ত reality elements (events, observers, morality) **প্রাথমিকভাবে laws (L_i)-এর দ্বারা নির্ধারিত** এবং constrained।

Formal statement:
$\forall E_j \subset R, \forall O_k \subset R, \forall M_l \subset R, \exists L_i \subset \mathcal{U} : (E_j, O_k, M_l)$ constrained by L_i

প্রতিটি ঘটনা E_j, প্রতিটি পর্যবেক্ষক O_k এবং প্রতিটি নৈতিক স্তর M_l যা R-এর উপসেট, তাদের জন্য অন্তত একটি L_i বিদ্যমান যা $\mathcal{U}$ -এর উপসেট এবং যা (E_j, O_k, M_l)-কে নিয়ন্ত্রণ বা সীমাবদ্ধ করে। অর্থাৎ সকল ঘটনা, পর্যবেক্ষক ও অর্থগত বিন্যাস কোনো না কোনো আইনগত কাঠামোর অধীন।

Laws → **possibility space & structure**
Events & observers → **actualize within law-defined constraints**
Moral constraints → **applied on observer actions** যা laws-এর মাধ্যমে বাস্তবায়নযোগ্য
Laws are ontologically **primordial**, not emergent

১০.২.২ Ontological implication

L_i define possibility: কী ঘটতে পারে বা না ঘটতে পারে
E_j actualized only within L_i-defined space
O_k interact with reality constrained by laws
M_l applied on observer choices, bounded by law-consistent outcomes
Without law primacy → reality loses **predictive, logical, and ethical coherence**

১০.২.৩ Set-theoretic formulation

For every event, observer, and moral constraint:
$E_j \subseteq$ Possibility Space (L_i), $O_k \subseteq$ Action Space (L_i),
$M_l \subseteq$ Constraint Space (L_i)

প্রতিটি ঘটনা E_j আইনসমূহ L_i দ্বারা নির্ধারিত সম্ভাবনার পরিসরের অন্তর্ভুক্ত। প্রতিটি পর্যবেক্ষক O_k আইনসমূহ L_i দ্বারা নির্ধারিত কার্যপরিসরের অন্তর্গত। এবং প্রতিটি নৈতিক বাধ্যবাধকতা M_l আইনসমূহ L_i দ্বারা নির্ধারিত সীমাবদ্ধতার পরিসরের অন্তর্ভুক্ত। অর্থাৎ সম্ভাবনা, কার্য এবং নৈতিক সীমা-সবই আইনগত কাঠামোর ভেতরে সংজ্ঞায়িত।

All actualized reality = function of laws:
$R = f(L_i, E_j(L_i), O_k(L_i), M_l(L_i))$

বাস্তবতা R একটি ফাংশন f দ্বারা নির্ধারিত, যেখানে আইনসমূহ L_i মৌলিক কাঠামো প্রদান করে এবং ঘটনা E_j, পর্যবেক্ষক O_k, ও নৈতিক বাধ্যবাধকতা M_l-সবই L_i-নির্ভর। অর্থাৎ বাস্তবতা আইন-নির্ধারিত সম্ভাবনা, কার্য ও নৈতিক সীমার সমন্বিত ফল।

L_i = **primary domain**, other components = secondary, but interdependent

১০.২.৪ Conceptual significance

Laws are **structural backbone**:
Physics → deterministic or probabilistic laws
Biology → regulatory constraints
Logic & mathematics → universal truth constraints
Events, observers, morality **cannot violate laws**
Reality coherence → **law primacy ensures consistency**
Reductionist view: "laws emerge from events or observers" = invalid under $\mathcal{U}$

১০.২.৫ Functional consequences

Predictability & structure → L_i-এর মাধ্যমে
Event actualization → constrained, lawful
Observer participation → meaningful only **within laws**
Moral action → enforceable only **when consistent with laws**
L_i are **necessary and sufficient framework** for reality structure

১০.২.৬ Philosophical significance

Reality is **law-governed, not arbitrary**
Observer agency = **law-constrained freedom**, not lawless randomness
Morality = **applied within lawful framework**, ensuring ethical possibility
Law primacy = ontological foundation + logical coherence + ethical framework

১০.২.৭ Summary

Axiom of Law Primacy: laws (L_i) = **primary determinant of reality**
Events (E_j), observers (O_k), morality (M_l) → **actualized & meaningful only under L_i**
Ensures **predictive, logical, ontological, এবং ethical coherence**
Foundation for **Event Dependence, Observer Necessity, Moral Constraint axioms**

সংক্ষেপে: L_i = **reality এর canonical backbone**, যা $\mathcal{U}$-এর coherence ও completeness নিশ্চিত করে।

১০.৩ Axiom of Event Dependence

১০.৩.১ মৌলিক ধারণা

Axiom of Event Dependence states:
প্রতিটি event (E_j) নির্ভরশীল হয় তার সম্ভাব্যতা নির্ধারণকারী laws (L_i) এবং participatory observers (O_k)-এর উপর।

Formal representation:
$\forall E_j \subset R, \exists L_i, O_k \subset \mathcal{U} : E_j = f(L_i, O_k)$

প্রতিটি ঘটনা E_j যা R-এর অন্তর্ভুক্ত, তার জন্য অন্তত একটি আইন L_i এবং একটি পর্যবেক্ষক O_k বিদ্যমান $\mathcal{U}$ -এর মধ্যে, যাতে E_j এই L_i ও O_k-এর ফাংশন হিসেবে উদ্ভূত হয়। অর্থাৎ ঘটনাগুলি আইন ও পর্যবেক্ষকের সংমিশ্রিত প্রক্রিয়ার ফল।

Events = potential until **observer interaction** দ্বারা actualized
Events = **law-constrained**, not arbitrary
Observer presence → irreversible actualization
Event dependence = ontological & causal principle of $\mathcal{U}$

১০.৩.২ Ontological implication

Event as potentiality: L_i define possible E_j
Observer as actualizer: O_k interacts to bring E_j into reality
Irreversibility: once actualized, event cannot be undone
Moral correlation: actualized events subject to M_l
Ejactualized⊆Law-
constrained potential space∩Observer participationEjactualized ⊆Law-constrained potential space∩Observer participation
Events alone = incomplete; must interact with **laws + observers**

১০.৩.৩ Set-theoretic formulation

Events (E_j) = subsets of reality (R) dependent on:
$E_j \subseteq \mathcal{U} (L_i \cap O_k)$

প্রতিটি ঘটনা E_j সেই সংমিশ্রিত সেটের অন্তর্ভুক্ত যা আইন L_i এবং পর্যবেক্ষক O_k-এর ছেদ (intersection) দ্বারা গঠিত। অর্থাৎ E_j শুধুমাত্র সেই পরিস্থিতিতে উদ্ভূত হয় যেখানে আইন ও পর্যবেক্ষকের ক্রিয়াকলাপ একত্রে প্রযোজ্য।

L_i→ defines **constraints & possibility space**
O_k→ defines **actualization & irreversibility**
M_l→ ensures **ethical and truth-compatible actualization**
Event = intersection of potentiality (L_i), participation (O_k), and moral compatibility (M_l)

১০.৩.৪ Conceptual significance
Reality ≠ pre-determined solely by laws (determinism incomplete)
Reality ≠ observer-free (events unactualized)
Observer acts **within law-defined possibility**, producing irreversible outcomes
Ethical & truth-consistent constraints apply **post-actualization**
Event dependence = bridges **laws, observers, and morality**

১০.৩.৫ Functional consequences
Predictive modeling → requires law-event framework
Observers = active agents → irreversibility, historical causality
Moral evaluation → possible only for actualized events
Reality coherence → dependent on interaction of L_i, E_j, O_k, M_l
Event dependence = core mechanism of actualization in $\mathcal{U}$

১০.৩.৬ Philosophical significance
Fragmented science ignores observer-event interdependence
→ **incomplete description**
Deterministic physics ignores actualization & irreversibility
→ **partial reality**
Moral philosophy ignores observer-event interaction
→ **normative vacuity**
Axiom of Event Dependence = **ontological, causal, participatory, and ethical integration**

১০.৩.৭ Summary

প্রতিটি event (E_j) = **law-constrained + observer-mediated**
Actualization = irreversible, truth-compatible, morally coherent
Event dependence = **essential link between laws, observers, morality, এবং reality actualization**
Foundation for **Observer Necessity এবং Moral Constraint axioms**

সংক্ষেপে: Event dependence ensures **dynamic, participatory, and coherent reality** under $\mathcal{U}$ ।

১০.৪ Axiom of Observer Necessity

১০.৪.১ মৌলিক ধারণা

Observer Necessity এর মূল বক্তব্য:
কোনো reality সম্পূর্ণ ও coherent হতে চাইলে, সেখানে **পর্যবেক্ষক (O_k)** অবশ্যই উপস্থিত থাকতে হবে।
Observers শুধুমাত্র passive spectators নয়; তারা **events-এর actualization এবং irreversible reality তৈরি করতে** অবদান রাখে।

Formal statement:
$\forall E_j \subset R, \exists O_k \subset \mathcal{U} : E_j$ actualized only via O_k

প্রতিটি ঘটনা E_j যা R-এর অন্তর্ভুক্ত, তা কেবলমাত্র সেই পর্যবেক্ষক O_k-এর মাধ্যমে বাস্তবায়িত হয়। অর্থাৎ E_j-এর actualization observer-dependent এবং নির্দিষ্ট O_k-এর ক্রিয়ার উপর নির্ভরশীল।

Observers = participatory agents
Reality = observer-inclusive
Observer = ontologically necessary, physics বা ethics-এর জন্য optional নয়
Observers ≠ optional metadata; তারা **reality structure-এর integral component**

১০.৪.২ Ontological implication

Events without observers = potential, unactualized
Observer participation → irreversible actualization
Observers ensure **truth-compatible registration of events**
Observer absence → reality becomes **fragmented, incomplete, or hypothetical**
Observers are necessary for **ontological grounding of events, laws, and moral outcomes**

১০.৪.৩ Set-theoretic formulation

Observers = subsets of reality R:
$O_k \subset R, E_j^{\text{actualized}} = f(E_j^{\text{potential}}, O_k)$

প্রতিটি পর্যবেক্ষক O_k R-এর একটি উপসেট এবং সম্ভাব্য ঘটনা $E_j^{potential}$ পর্যবেক্ষক O_k-এর মাধ্যমে বাস্তবায়িত হয়ে $E_j^{actualized}$ তে রূপান্তরিত হয়। অর্থাৎ ঘটনাগুলি observer-dependent এবং O_k-এর ক্রিয়ার ওপর নির্ভরশীল।

Laws (L_i) → define constraints
Events (E_j) → potential phenomena
Observers (O_k) → actualize events, make reality irreversible
Moral constraints (M_l) → applied through observer action
Observers = **active nodes in reality network**, not passive labels

১০.৪.৪ Conceptual significance

Physics without observer = incomplete (measurement problem, quantum indeterminacy)
Consciousness = irreducible reality component
Moral evaluation → only meaningful with observer participation
Irreversibility = observer-dependent actualization
Observer necessity = **bridge between potentiality (laws + events) and actuality (R)**

১০.৪.৫ Functional consequences

Reality cannot be fully formalized without including O_k
Observer-independent events = **hypothetical only**
All ethical responsibility (M_l) requires **conscious agents**
Unified Principle(𝓤) = observer-inclusive canonical framework
Observers = reality actualization + ethical accountability + ontological coherence

১০.৪.৬ Philosophical significance

Reality ≠ purely deterministic or law-bound
Observer agency = ontologically fundamental, irreducible
Observers integrate **laws, events, and morality into coherent reality**
Fragmented theories ignoring O_k→ logically incomplete, ethically vacuous
Observers = necessary for **truth, irreversibility, and moral structure of reality**

১০.৪.৭ Summary

Axiom of Observer Necessity: কোনো reality complete এবং coherent হতে চাইলে, **পর্যবেক্ষক (O_k) অনিবার্য**
Events = observer-mediated → irreversible
Moral constraints = observer-actualized → ethically enforceable
Reality = observer-inclusive canonical structure under $\mathcal{U}$

সংক্ষেপে: Observers are **ontologically indispensable pillars** of reality, bridging potentiality and actualization।

১০.৫ Axiom of Moral Constraint

১০.৫.১ মৌলিক ধারণা

Axiom of Moral Constraint states:
Reality-এর ontology এবং observer-inclusive events coherent হতে চাইলে, সেখানে **নৈতিক সীমা (M_l)** ontologically অন্তর্ভুক্ত থাকতে হবে।
Moral constraints = independent, irreducible, এবং observer actions ও event actualization-এর উপর কার্যকর।

Formal statement:
$\forall O_k, E_j \subset R, \exists M_l \subset \mathcal{U} : O_k$ এবং E_j constrained by M_l

প্রতিটি পর্যবেক্ষক O_k এবং ঘটনা E_j যা R-এর অন্তর্ভুক্ত, তাদের জন্য অন্তত একটি নৈতিক সীমা M_l বিদ্যমান $\mathcal{U}$ -এর মধ্যে, যা O_k এবং E_j-এর ক্রিয়াকলাপ ও সম্ভাবনাকে সীমাবদ্ধ বা নিয়ন্ত্রিত করে।

M_l = **ontologically intrinsic**, কোন theology বা subjective preference-এর উপরে নির্ভর করে না
Observers = participatory agents constrained by M_l
Events = actualized within **ethical framework**
Morality = canonical part of reality, not optional or external

১০.৫.২ Ontological implication

Reality coherence requires **ethical constraints**
Observers without $M_l \rightarrow$ actions potentially destructive, incoherent, irreversible without accountability
Events = not only law-constrained but also **morally bounded**
M_l ensures **truth-compatible, irreversible, ethically integrated reality**
$\mathbf{E_j^{actualized} = f(L_i, O_k, M_l)}$

Moral constraint = essential for **structural integrity of $\mathcal{U}$**

১০.৫.৩ Set-theoretic formulation

M_l = subsets of reality:
$M_l \subset R, O_k \cap M_l \neq \emptyset, E_j \cap M_l \neq \emptyset$

নৈতিক সীমা M_l বাস্তবতার (R) একটি উপসেট। প্রতিটি পর্যবেক্ষক O_k এবং ঘটনা E_j-এর কিছু অংশ M_l-এর সাথে ছেদযুক্ত, অর্থাৎ O_k এবং E_j-এর কার্যক্রম M_l দ্বারা সীমাবদ্ধ বা নিয়ন্ত্রিত।

Laws (L_i) → define **possibility space**
Events (E_j) → realized phenomena
Observers (O_k) → actualize events
Moral constraints (M_l) → limit observer actions, guide event actualization
Complete reality = $\mathbf{L_i + E_j + O_k + M_l}$

১০.৫.৪ Conceptual significance

Fragmented reality (laws + events only) → morally vacuous
Observer inclusion without M_l→ unpredictable, incoherent consequences
Moral constraints = independent, irreducible → cannot be derived from laws, events, or observer existence alone
Reality = **physically lawful + observer-inclusive + morally constrained**

১০.৫.৫ Functional consequences

Ensures **ethical accountability** for observers
Guarantees **truth-compatible actualization** of events
Maintains **irreversibility within moral bounds**
Provides **canonical framework** for subsequent logical closure
M_l = structural, ethical, and ontological backbone of **𝓤**

১০.৫.৬ Philosophical significance

Reality = not merely deterministic or law-bound
Observer agency = law-constrained এবং morally accountable
Moral constraints = ontologically intrinsic, independent of subjective preference
Fragmented approaches ignoring M_l→ logically incomplete, ethically incoherent
Moral constraint = **integral component ensuring coherence, completeness, and ethical foundation of reality**

১০.৫.৭ Summary

Axiom of Moral Constraint: নৈতিক সীমা (M_l) reality-র ontology, events এবং observers-এর coherence নিশ্চিত করে

Reality without M_l = incomplete, ethically vacuous

Observers → constrained, accountable

Events → law-bound + morally compatible

$\mathcal{U}$ = physically lawful + observer-inclusive + morally constrained canonical framework

সংক্ষেপে: M_l = **ethical spine of unified reality**, completing the axiomatic foundation of $\mathcal{U}$ ।

অধ্যায় ১১: Logical Closure of $\mathcal{U}$

১১.১ Internal Consistency

১১.১.১ মৌলিক ধারণা

Internal Consistency states:
Unified Principle($\mathcal{U}$)-এর প্রতিটি component (L_i, E_j, O_k, M_l) এবং axioms (total inclusion, law primacy, event dependence, observer necessity, moral constraint) এক অপরের সাথে বিরোধহীনভাবে কার্যকর হয়।

Formal condition:
$\forall$axioms $A_i \subset \mathcal{U}$, $A_i \cap A_j \neq$ contradictory $\forall_{i,j}$

$\mathcal{U}$ -এর প্রতিটি সূত্র (axiom) A_i এমনভাবে নির্বাচিত যে কোনো দুইটি axiom A_i এবং A_j-এর ছেদে বিরোধ সৃষ্টি হয় না। অর্থাৎ $\mathcal{U}$ -এর সমস্ত axiom পরস্পরের সাথে সামঞ্জস্যপূর্ণ এবং অভ্যন্তরীণভাবে অপ্রতিবাদী।

কোন axiom অন্য axiom-এর logical consequence-এর সাথে দ্বন্দ্ব সৃষ্টি করে না
Reality representation = **internally coherent**
Internal consistency = $\mathcal{U}$-এর **ontological, causal, and ethical harmony** নিশ্চিত করে

১১.১.২ Ontological implication

Laws (L_i) → constrain all events (E_j) ও observers (O_k) coherentভাবে
Events (E_j) → actualized within law & moral framework, contradictions avoided
Observers (O_k) → participatory, irreversibility ও truth-compatible
Moral constraints (M_l) → guide observers, ensure ethical coherence
Internal consistency = $\mathcal{U}$-এর **non-reducible components** একসাথে বিরোধহীনভাবে কার্যকর করার শর্ত

১১.১.৩ Set-theoretic formulation

𝓤 = $\{L_i, E_j, O_k, M_l\}$

Internal consistency =

$\forall x \in L_i \cup E_j \cup O_k \cup M_l$, No contradictions: $\neg(x \land \neg x)$

L_i, E_j, O_k, এবং M_l-এর প্রতিটি উপাদান x অভ্যন্তরীণভাবে বিরোধহীন; অর্থাৎ কোনো x একই সাথে সত্য এবং মিথ্যা হতে পারে না। এটি লজিক্যাল কনসিস্টেন্সি নিশ্চিত করে।

সব elements = **mutually compatible**

Observers = constrained by laws + morality

Events = law-bound + morally compatible

Conflict-free integration ensures **canonical spine of reality**

১১.১.৪ Conceptual significance

Fragmented theories → inconsistent predictions, ontologically incomplete

Observer-free models → measurement paradoxes, incoherent events

Morality ignored → ethically inconsistent actualizations

𝓤 axioms → **all aspects of reality harmonized**

Internal consistency = **first condition of logical closure**

১১.১.৫ Functional consequences

Predictive validity → ensured (events, observers, morality coherent)

Scientific mapping → canonical (physics, information, consciousness)

Ethical framework → enforceable without contradiction

Reality formalization → fully operational, contradiction-free

Internal consistency = precondition for further logical derivations, self-reference, and closure

১১.১.৬ Philosophical significance

Reality cannot be fragmented, contradictory, বা observer/moral blind

Internal consistency = ontological integrity + ethical necessity

Completeness (৯.৫) + internal consistency = self-contained framework of reality

𝓤-এর সমস্ত components এবং axioms mutually coherent, non-contradictory, এবং logically harmonious।

১১.১.৭ Summary

Internal consistency = 𝓤 axioms

Events, observers, laws, morality → harmonized

Reality representation → coherent, canonical, observer-inclusive, morally bounded Foundation for **external independence, self-referential closure, এবং denial consequences**

১১.২ Absence of External Primitives

১১.২.১ মৌলিক ধারণা

Absence of External Primitives states:
Unified Principle($\mathcal{U}$)-এর সমস্ত components (L_i, E_j, O_k, M_l) এবং axioms (১০.১-১০.৫) স্বয়ংসম্পূর্ণ, অর্থাৎ reality formalization-এর জন্য কোনও external assumption বা primitive অবলম্বন করা প্রয়োজন নেই।

Formal statement:
$\forall x \in U,\ x \subseteq \{Li, Ej, Ok, Ml\} \subseteq R$, No external primitives required

External primitives = undefined or externally assumed entities outside $\mathcal{U}$

$\mathcal{U}$ = self-contained canonical framework
Reality = fully described within $\mathcal{U}$ boundaries
অর্থাৎ, $\mathcal{U} \equiv$ reality = self-contained, axiomatic, canonical structure

১১.২.২ Ontological implication

No hidden assumptions $\rightarrow \mathcal{U}$ captures all ontological, causal, observer, and moral elements
Events (E_j) $\rightarrow$ actualized without external rules
Observers (O_k) $\rightarrow$ irreducible participants within $\mathcal{U}$, no external grounding
Moral constraints (M_l) $\rightarrow$ independent, intrinsic, externally unconstrained
External primitives না থাকার কারণে $\mathcal{U}$ = **absolute canonical representation of reality**

১১.২.৩ Set-theoretic formulation

Let $\mathcal{U} = \{L_i, E_j, O_k, M_l\}$
Then:
$R = \mathcal{U}_{i,j,k,l}(L_i \cup E_j \cup O_k \cup M_l)$, No elements outside $\mathcal{U}$
$\forall$ reality element $x \in R \rightarrow \exists\ L_i, E_j, O_k, M_l \subseteq \mathcal{U}$

No external assumption required for logical closure or actualization
This ensures axiomatic self-sufficiency and ontological completeness

১১.২.৪ Conceptual significance

Fragmented models → implicitly rely on external primitives (hidden assumptions, undefined entities)
Observer-free physics → assumes external laws or boundaries
Morality → often externally imposed (social, religious, subjective)
𝓤→ eliminates all external dependencies → absolute canonical framework
Absence of external primitives = foundation for self-contained, universally applicable reality model

১১.২.৫ Functional consequences

Predictive modeling → entirely internal, no ad hoc assumptions
Scientific mapping → all physics, information, consciousness, and morality mapped within **𝓤**
Logical closure → no loopholes, contradictions, or external dependencies
Observer and moral integration → fully formal, self-contained
Reality = **internally grounded, fully explainable, axiomatic**

১১.২.৬ Philosophical significance

Reality = self-sufficient, independent of external metaphysical or theological primitives
Observers, events, laws, and morality = **intrinsically part of 𝓤**
Fragmented or reductionist models → **logically incomplete**, reliant on hidden assumptions
𝓤 = canonical, self-contained, universally coherent framework
সংক্ষেপে: Absence of external primitives = ontological independence + axiomatic closure of reality

১১.২.৭ Summary

Absence of External Primitives: **𝓤**-এর সকল components **internal**; reality formalization **self-contained**

No external laws, assumptions, or primitives needed
Ensures canonical, logically closed, and universally applicable framework
Foundation for self-reference, denial consequences, and ultimate logical closure

সংক্ষেপে: $\mathcal{U}$ = all-encompassing, internally consistent, externally independent structure of reality

১১.৩ Self-referential Coherence

১১.৩.১ মৌলিক ধারণা

Self-referential coherence states:
Unified Principle($\mathcal{U}$)-এর প্রতিটি component (L_i, E_j, O_k, M_l) এবং axioms (১০.১-১০.৫) **এক অপরকে internally validate এবং support করে**, ফলে কোন circular contradiction সৃষ্টি হয় না।

Formal condition:
$\forall x \in \{L_i, E_j, O_k, M_l\}$, x supports and is supported by $\{y \in \mathcal{U} \mid y \neq x\}$, $\neg(x \wedge \neg x)$

L_i, E_j, O_k এবং M_l-এর প্রতিটি উপাদান x এমন যে তা $\mathcal{U}$ -এর অন্যান্য সকল ভিন্ন উপাদান y (যেখানে $y \neq x$)-এর সাথে পারস্পরিক সহায়ক সম্পর্ক বজায় রাখে। একই সঙ্গে কোনো x-এর ক্ষেত্রে যৌক্তিক বিরোধ ($x \wedge \neg x$) ঘটে না। অর্থাৎ সমগ্র কাঠামো পারস্পরিক সমর্থনশীল ও অভ্যন্তরীণভাবে বিরোধহীন।

প্রতিটি component = **mutually reinforcing**
Self-reference = coherent, non-paradoxical
Reality = axiomatic closure + internal validation
Self-referential coherence = $\mathcal{U}$-এর **logical and ontological integrity**

১১.৩.২ Ontological implication

Laws (L_i) → define event space (E_j) → actualized by **observers (O_k)** → constrained by morality (M_l) → feedback to validate L_i
Events (E_j) → respect laws, require observers, comply with morality → reinforce L_i
Observers (O_k) → act within law + morality → actualize events → validate system
Moral constraints (M_l) → applied to observers and events → reinforce coherence of reality
প্রতিটি component = অন্য component-এর কার্যকারিতা এবং logical validity নিশ্চিত করে

১১.৩.৩ Set-theoretic formulation

$\mathcal{U} = \{L_i, E_j, O_k, M_l\}$

Self-referential coherence:

$\forall x \in \mathcal{U}, \exists y \in \mathcal{U} \setminus \{x\} : x \cap y \neq \emptyset$ and supports mutual validation

𝓤-এর প্রতিটি উপাদান x-এর জন্য অন্তত একটি ভিন্ন উপাদান y বিদ্যমান, যার সাথে x-এর ছেদ শূন্য নয়। অর্থাৎ x এককভাবে বিচ্ছিন্ন নয়; বরং 𝓤-এর ভেতরে পারস্পরিক সমর্থন ও বৈধতা নিশ্চিতকারী আন্তঃসংযোগ বজায় রাখে।

No component = redundant, contradictory, বা externally unsupported

Every element = mutually dependent, mutually validating, internally coherent

Self-referential coherence ensures non-reducibility + internal logical closure

১১.৩.৪ Conceptual significance

Fragmented models → lack self-reference → logically incomplete

Laws without observers → unvalidated, potentially paradoxical

Observer participation without morality → internally inconsistent

𝓤→ self-reinforcing, contradiction-free, axiomatic canonical framework

Self-referential coherence = mutual validation of all reality components

১১.৩.৫ Functional consequences

Reality formalization → fully internally validated

Observers → actions coherent with laws and morality

Events → law-constrained, morally bounded, irreversible

Predictive modeling → contradiction-free, canonical

Ethical and ontological assessment → integrated

Self-referential coherence = dynamic stability of 𝓤

১১.৩.৬ Philosophical significance

Self-referential coherence = ontological necessity, not optional
Reality = participatory, morally integrated, law-constrained
Observers, events, and morality → mutually validating pillars
Fragmented or observer-free models = logically deficient
সংক্ষেপে: Self-referential coherence = mutual integrity of all 𝓤 components, ensuring canonical completeness

১১.৩.৭ Summary

Self-referential coherence: 𝓤-এর সকল components এক অপরকে support ও validate করে
Laws ↔ Events ↔ Observers ↔ Morality → **mutually reinforcing**
No circular contradiction, no external assumption
Reality = internally validated, coherent, axiomatic, observer-inclusive, morally bounded

সংক্ষেপে: 𝓤 = self-reinforcing canonical framework, যা logical closure-এর তৃতীয় pillar হিসেবে কাজ করে।

১১.৪ Denial Consequences

১১.৪.১ মৌলিক ধারণা

Denial Consequences states:
যদি কেউ 𝓤-এর axioms (total inclusion, law primacy, event dependence, observer necessity, moral constraint) অস্বীকার করে বা উপেক্ষা করে, তাহলে logical, ontological, এবং ethical ক্ষেত্রে reality-র coherence ধ্বংস হয়।

Formal representation:
¬(𝓤)⇒contradiction, observer incoherence, moral nihilism, pre dictive failure

যদি 𝓤 অস্বীকার করা হয় (¬𝓤), তবে অবশ্যম্ভাবীভাবে যৌক্তিক বিরোধ (contradiction), পর্যবেক্ষকের অসংগতি (observer incoherence), নৈতিক শূন্যবাদ (moral nihilism) এবং পূর্বাভাসগত ব্যর্থতা (predictive failure) উদ্ভূত হয়। অর্থাৎ 𝓤 বাস্তবতার সামঞ্জস্য, জ্ঞানতাত্ত্বিক স্থিতি এবং নৈতিক ভিত্তির জন্য অপরিহার্য।

Denial = rejection of axiomatic structure
Consequence = unavoidable collapse of **internal and external coherence**
Reality = fragmented, lawless, morally vacuous
Denial = **ontological, causal, and ethical breakdown**

১১.৪.২ Logical consequences

Contradiction in events:
Event dependence অস্বীকার করলে E_j এর irreversibility বা law-compatibility invalid

Observer incoherence:
Observer necessity অস্বীকার করলে O_k random, inconsistent, unpredictable

Law invalidation:
Law primacy অস্বীকার করলে physical, mathematical, এবং causal laws inconsistent

$\neg L_i \Rightarrow E_j$ unconstrained, O_k paradoxical

যদি আইন L_i অনুপস্থিত বা অস্বীকৃত হয়, তবে ঘটনা E_j কোনো কাঠামোগত সীমা ছাড়া অনিয়ন্ত্রিত হয়ে পড়ে এবং পর্যবেক্ষক O_k যৌক্তিক ও কার্যগত বৈপরীত্যে পতিত হয়। অর্থাৎ আইন ছাড়া ঘটনা ও পর্যবেক্ষকের সামঞ্জস্য অস্থিতিশীল হয়ে যায়।

১১.৪.৩ Ontological consequences

Reality becomes **fragmented**: no total inclusion, no unified structure
Observers = optional → events remain unrealized, indefinite
Lawless events → unpredictable, chaotic reality
Denial of moral constraint → irreversible ethical void
Reality without $\mathcal{U}$ = **incomplete, incoherent, and structurally unstable**

১১.৪.৪ Ethical consequences

Moral nihilism arises if M_l ignored
Observers lose responsibility → unaccountable actions
Historical and predictive coherence fails → civilization-level chaos
Truth constraint absent → arbitrary interpretations dominate
Denial → **unethical, unaccountable, and incoherent universe**

১১.৪.৫ Conceptual illustration

Denial of **event dependence** → events occur randomly, violate laws
Denial of **observer necessity** → no actualization, potential remains unreal
Denial of **moral constraint** → actions ethically ungrounded
Denial of **law primacy** → reality collapses into arbitrary phenomena

Logical, ontological, and ethical breakdown = unavoidable without **𝓤**

১১.৪.৬ Functional consequences

Predictive science = impossible
Ethics = meaningless
Civilization = uncoordinated, unstable
Observer = paradoxical agent without grounding
Reality = fragmented, unstructured, morally incoherent
Denial consequences = **universal demonstration of 𝓤-এর necessity**

১১.৪.৭ Philosophical significance

Denial reveals the **unavoidability of 𝓤**
Reality cannot exist coherently without:
Law primacy
Event dependence
Observer necessity
Moral constraint
Fragmented or reductionist approaches → logically, ontologically, ethically invalid
Denial consequences = **logical proof of 𝓤-এর indispensability**

১১.৪.৮ Summary

Denial of 𝓤 axioms → internal contradiction, observer incoherence, moral nihilism
Reality = fragmented, lawless, ethically vacuous
Denial demonstrates **𝓤**-এর logical and ontological necessity
Foundation for final step: **𝓤** as final, complete framework of reality (১১.৫)

সংক্ষেপে: Denial consequences = unavoidable collapse of reality without **𝓤**।

১১.৫ 𝓤: চূড়ান্তকাঠামো (Final Framework)

১১.৫.১ মৌলিক ধারণা

𝓤 as Final Framework বলে:

Unified Principle(𝓤)-এর **axioms,** অভ্যন্তরীণ সামঞ্জস্য**,** বাহ্যিক primitive-এর অনুপস্থিতি**,** স্ব-প্রতিসংক্রান্ত coherence**, এবং** অস্বীকারের ফলাফল একত্রিত হয়ে বাস্তবতাকে চূড়ান্ত, স্ব-সংশ্লিষ্ট, যৌক্তিক ও ontologically পূর্ণ framework হিসাবে প্রতিষ্ঠা করে।

অর্থাৎ 𝓤-এর বাইরে কোনো সমান্তরাল, অধিক মৌলিক বা অধিক ব্যাখ্যামূলক কাঠামো অবশিষ্ট থাকে না; এবং 𝓤-কে অস্বীকার করলে কাঠামোগত, জ্ঞানতাত্ত্বিক ও নৈতিক অসামঞ্জস্য অনিবার্য হয়ে ওঠে।

Formal assertion:

$$\mathcal{U} \equiv \{L_i, E_j, O_k, M_l \mid \forall i,j,k,l: L_i, E_j, O_k, M_l \subseteq R\}$$

$\mathcal{U}$ = বাস্তবতার একক, অপ্রত্যাহারযোগ্য, canonical প্রতিনিধিত্ব।

১১.৫.২ Ontological অর্থ

Reality = $L_i + E_j + O_k + M_l \rightarrow$ পূর্ণ এবং অপ্রত্যাহারযোগ্য

কোন বাহ্যিক অনুমান নেই → স্ব-সংশ্লিষ্ট, observer-inclusive

Observers → actualization, irreversibility, এবং moral accountability-এর জন্য অপরিহার্য

Events → আইন-সঙ্গত, observer দ্বারা বাস্তবায়িত, নৈতিকভাবে constrained

𝓤 নিশ্চিত করে ontological completeness, causal coherence, এবং নৈতিক সংহতি

১১.৫.৩ Set-theoretic formulation

$$\mathcal{U} = \{ L_i, E_j, O_k, M_l \}$$

$$R = \mathcal{U} \, (L_i \cup E_j \cup O_k \cup M_l)$$

"বাস্তবতা R হলো একক নীতি **𝓤** এর ভেতরে আইনসমূহ, ঘটনাসমূহ, পর্যবেক্ষকসমূহ এবং নৈতিক সীমাবদ্ধতাসমূহের সম্মিলিত রূপ।"

বাহ্যিক primitive নেই: $\forall x \in R \rightarrow x \in \mathcal{U}$
"বাস্তবতা R-এর অন্তর্গত প্রতিটি সত্তা x, একক নীতি $\mathcal{U}$ -এর অন্তর্ভুক্ত।"

অভ্যন্তরীণ সামঞ্জস্য: $\forall x, y \in \mathcal{U} \rightarrow x \cap y \neq$ contradiction
"$\mathcal{U}$ কাঠামোর অন্তর্ভুক্ত যেকোনো দুই উপাদানের পারস্পরিক ছেদ যৌক্তিকভাবে সামঞ্জস্যপূর্ণ; তা কখনোই contradiction উৎপন্ন করে না।"

স্ব-প্রতিসংক্রান্ত: $\forall x \in U \rightarrow \exists y \in U$: Support (y, x)

"একক নীতি ($\mathcal{U}$)-এর অন্তর্গত প্রতিটি উপাদান x-এর জন্য $\mathcal{U}$-এর মধ্যেই এমন কোনো y বিদ্যমান থাকে, যা x-কে পরস্পর সমর্থন করে।"

১১.৫.৪ ধারণাগত গুরুত্ব
Fragmented theories → অসম্পূর্ণ, observer- বা morality-blind
$\mathcal{U}$→ আইন, ঘটনা, পর্যবেক্ষক, এবং নৈতিকতা একত্রিত করে এক canonical framework-এ
অস্বীকারের ফলাফল →$\mathcal{U}$-এর অপরিহার্যতার অনিবার্য প্রমাণ
স্ব-সংশ্লিষ্ট → সর্বজনীন প্রযোজ্য, বাহ্যিক metaphysics বা theology-এর স্বাধীন
$\mathcal{U}$ = সব-সম্মিলিত, যৌক্তিকভাবে বদ্ধ, নৈতিকভাবে সংহত, observer-inclusive বাস্তবতার framework

১১.৫.৫ কার্যকরী ফলাফল
Predictive science → অভ্যন্তরীণভাবে consistent, observer-inclusive
Ethical evaluation → আইন এবং বাস্তবতার সঙ্গে সংহত
Civilization → observer accountability, irreversibility, এবং নৈতিক constraint দ্বারা পরিচালিত
Logical closure → কোন বাহ্যিক অনুমান বা বিরোধ নেই
Unified modeling → physics, consciousness, information, morality canonically mapped
$\mathcal{U}$ কাজ করে একটি প্রায়োগিক, বৈজ্ঞানিক, এবং নৈতিক framework হিসাবে সমগ্র বাস্তবতার জন্য।

১১.৫.৬ দার্শনিক গুরুত্ব
$\mathcal{U}$ = চূড়ান্ত, অপ্রত্যাহারযোগ্য, canonical বাস্তবতার স্থাপত্য
Laws, events, observers, এবং morality ছাড়া বাস্তবতা coherent হতে পারে না

Self-referential, internally consistent, external-free, denial-proof
Provides axiomatic foundation for science, ethics, consciousness, and civilization

𝓤 = যৌক্তিক, ontological, এবং নৈতিক দিক থেকে বাস্তবতার modeling-এর চূড়ান্ত বিন্যাস।

১১.৫.৭ সংক্ষেপ

𝓤 as Final Framework = $L_i + E_j + O_k + M_l$
Reality = observer-inclusive, morally constrained, law-bound, event-actualized
Internal consistency + self-reference + absence of external primitives → canonical framework
Denial consequences → অপরিহার্যতার প্রমাণ
𝓤 = পূর্ণ, স্ব-সংশ্লিষ্ট, বাস্তবতার চূড়ান্ত স্থাপত্য
𝓤 = all in one, logically and ethically final framework of reality

PART IV-SCIENTIFIC MAPPING TO $\mathcal{U}$

অধ্যায় ১২ : ক্লাসিকাল ফিজিক্স→$\mathcal{U}$

ক্লাসিকাল ফিজিক্সের মৌলিক কাঠামো $\mathcal{U}$-এর **axiomatic framework**-এর সঙ্গে সামঞ্জস্যপূর্ণ।

১২.১ Newtonian Mechanics →$\mathcal{U}$

১২.১.১ মৌলিক ধারণা

Newtonian mechanics বা classical mechanics হল ভৌত বস্তু এবং তাদের গতিবিধি সম্পর্কিত বিধি, যা মূলত **Sir Isaac Newton**-এর তিনটি movement law এবং gravitation law-এর ওপর ভিত্তি করে।

Laws (L_i) → Newton-এর গতি সূত্র

Events (E_j) → কণার গতিবিধি, সংঘর্ষ, পারস্পরিক ক্রিয়া

Observers (O_k) → অবস্থান, বেগ, ত্বরণ পরিমাপ করে

Moral constraints (M_l) → ক্লাসিকাল ফিজিক্সে স্বাভাবিকভাবে অনুপস্থিত

১২.১.২ Laws (L_i)-এর মানচিত্রণ

Newtonian mechanics-এর মূল laws $\mathcal{U}$-এর **L_i subset** হিসেবে দেখা যায়:

প্রথম সূত্র (Inertia) → law primacy + event dependence

Object তার বেগ বজায় রাখে যতক্ষণ না বাহ্যিক বল প্রয়োগ হয়

Event বাস্তবায়নে observer প্রয়োজন → O_k-এর প্রাসঙ্গিকতা

দ্বিতীয় সূত্র (F = ma) → causal law যা বল, ভর ও ত্বরণকে সংযুক্ত করে

Event পরিবর্তন (E_j) quantified এবং law (L_i) দ্বারা constrained

তৃতীয় সূত্র (Action-Reaction) → events-এর পারস্পরিক সামঞ্জস্য নিশ্চিত করে

Self-referential coherence সমর্থন করে: একটি event-এর বাস্তবায়ন অন্যটির উপর প্রভাব ফেলে → অভ্যন্তরীণ consistency

Newtonian laws = $\mathcal{U}$-এর L_i-এর subset, canonical framework-এর সঙ্গে সম্পূর্ণ সামঞ্জস্যপূর্ণ।

১২.১.৩ Events (E_j)-এর মানচিত্রণ

Classical events অন্তর্ভুক্ত:

স্থান-কাল (space-time)-এ particle motion

সংঘর্ষ এবং শক্তি বিনিময়

মাক্রোস্কোপিক পারস্পরিক ক্রিয়া

Mapping to $\mathcal{U}$:

$E_j^{classical} \subset E_j\mathcal{U}$

"ক্লাসিকাল ঘটনা-সমষ্টি $E_j^{classical}$ ইউনিফাইড প্রিন্সিপলস কাঠামোর ঘটনা-সমষ্টি $E_j\mathcal{U}$ -এর একটি যথার্থ উপসেট।"

প্রতিটি classical event = law-constrained, observer-actualized, classical approximation-এ reversible

Thermodynamics-এ সম্প্রসারিত হলে irreversibility দেখা দেয় → M_l প্রাসঙ্গিকতা প্রকাশ পায়

Classical E_j = law-bound, morality & observer inclusion আংশিকভাবে implicit →$\mathcal{U}$ framework-এ সম্পূর্ণ হয়

১২.১.৪ Observers (O_k)-এর মানচিত্রণ

Classical physics প্রথাগতভাবে observer-independent

$\mathcal{U}$-এর দৃষ্টিকোণ: observer অপরিহার্য

অবস্থার সংজ্ঞা নির্ধারণ, motion পরিমাপ, event নিশ্চিত করার জন্য

Observers নিশ্চিত করে:

Event registration

তথ্যের সামঞ্জস্য

মাপের সত্যতা

$O_k^{classical} \subset O_k\mathcal{U}$

"ক্লাসিকাল পর্যবেক্ষক O_k সম্পূর্ণরূপে ইউনিফাইড পর্যবেক্ষক O_k-এর মধ্যে অন্তর্ভুক্ত।"

Observation = পূর্ণ বাস্তবতার formalization-এর জন্য canonical requirement

১২.১.৫ Moral constraints (M_l)-এর মানচিত্রণ

Classical mechanics = morally neutral

$\mathcal{U}$→ M_l প্রবর্তন করে structural ethical bounds হিসেবে:

Physical interventions → universal constraints মানে

Observer actions → coherence ও truth বজায় রাখতে bounded

Arbitrary violation of event consistency প্রতিরোধ করে

$M_l^{classical} \subset M_l \mathcal{U}$

"Classical নৈতিক সীমাবদ্ধতা $M_l^{classical}$ হল $\mathcal{U}$-এর নৈতিক সীমাবদ্ধতার $M_l \mathcal{U}$ -এর একটি উপসেট।"

Moral constraints = classical domain-এও ethical এবং ontological completeness নিশ্চিত করে

১২.১.৬ ধারণাগত গুরুত্ব

Classical mechanics alone → reality-এর law + event subset

Observers এবং morality → ঐতিহ্যগতভাবে implicit বা উপেক্ষিত

$\mathcal{U}$→ framework সম্পূর্ণ করে: law + event + observer + morality

Newtonian mechanics = $\mathcal{U}$-এর canonical laws-এর special, limited case

$\mathcal{U}$ = observer-inclusive, morally bounded, axiomatic mapping প্রদান করে

১২.১.৭ কার্যকরী ফলাফল

Predictive classical mechanics = $\mathcal{U}$ axioms-এর মধ্যে internally consistent

Observers অন্তর্ভুক্ত → measurement paradoxes সমাধান

Events obey L_i, M_l-এর দ্বারা constrained → ethical বা logical inconsistency প্রতিরোধ

Classical approximation → broader $\mathcal{U}$ reality-এর subset

Classical physics = canonical projection of $\mathcal{U}$ into macroscopic, law-dominated domain

১২.১.৮ সংক্ষেপ

Newtonian mechanics $\subseteq \mathcal{U}$ $L_i + E_j$

নিউটোনীয় যান্ত্রিকতাবিদ্যা একক নীতি ($\mathcal{U}$)-এর আইনসমূহ ও ঘটনাসমূহের সমষ্টির অন্তর্ভুক্ত"

Observers (O_k) এবং moral constraints (M_l) → explicitly integrated in $\mathcal{U}$

Classical physics →$\mathcal{U}$-এর axiomatic, observer-inclusive, morally bounded subset

Newtonian mechanics canonically formalizes classical reality within $\mathcal{U}$

Newtonian mechanics = $\mathcal{U}$-এর axiomatic, observer-inclusive, morally bounded subset, যা classical reality-কে canonically formalize করে।

১২.২ Classical Fields →𝓤

১২.২.১ ভূমিকা: Field কেন অপরিহার্য হলো

Classical mechanics-এ কণাগুলো সরাসরি বলের মাধ্যমে ক্রিয়া করে। কিন্তু উনিশ শতকের মাঝামাঝি এসে স্পষ্ট হয়-
দূরত্বে তাৎক্ষণিক ক্রিয়া (action at a distance) ধারণাগতভাবে সমস্যাজনক
বিদ্যুৎ, চৌম্বকত্ব ও মহাকর্ষকে local, continuous কাঠামোতে প্রকাশ করা প্রয়োজন
এর ফলেই জন্ম নেয় field ধারণা।
Field = এমন একটি বাস্তব ভৌত সত্তা যা প্রতিটি বিন্দুতে মান (value) বহন করে এবং কণার আচরণ নির্ধারণ করে।
𝓤-এর ভাষায়:
Field = আইন (L_i) ও ঘটনার (E_j) মধ্যে **continuous mediator**

১২.২.২ Field-এর আনুষ্ঠানিক সংজ্ঞা (𝓤 কাঠামোয়)

Classical field সংজ্ঞায়িত করা যায়-
$\Phi: (x, t) \rightarrow R^n$

ক্ষেত্র Φ একটি ম্যাপিং, যা স্থান-কাল বিন্দু (x,t) থেকে n-মাত্রিক বাস্তব ভেক্টর স্পেস R^n-এ মান নির্ধারণ করে। অর্থাৎ প্রতিটি (x,t)-এর জন্য Φ একটি n-উপাদানবিশিষ্ট মান প্রদান করে।

𝓤-এর মধ্যে:
Field equations ∈ $\mathbf{L_i}$
Field configurations ∈ $\mathbf{E_j}$
Field measurement ∈ $\mathbf{O_k}$
Field manipulation সীমাবদ্ধ ∈ $\mathbf{M_l}$

অর্থাৎ field নিজে আলাদা কোনো ontological শ্রেণি নয়; এটি 𝓤-এর ভেতরেই সম্পূর্ণভাবে অন্তর্ভুক্ত।

১২.২.৩ Field Laws ⊆ L_i

(ক) Gravitational Field

Newtonian gravity field equation:

$\vec{g} = -\nabla\Phi$

ভেক্টর ক্ষেত্র $\vec{g}$ হলো স্কেলার পটেনশিয়াল Φ-এর ঋণাত্মক গ্রেডিয়েন্ট। অর্থাৎ $\vec{g}$ সেই দিক নির্দেশ করে যেখানে Φ সর্বাধিক হ্রাস পায়, এবং এর মান Φ-এর স্থানিক পরিবর্তনের হার দ্বারা নির্ধারিত।

এটি একটি **deterministic field law**
সম্পূর্ণরূপে L_i-এর অন্তর্গত

(খ) Electromagnetic Field
Maxwell's equations:
$\nabla\cdot E = \rho/\varepsilon_0$
$\nabla\cdot B = 0$
$\nabla\times E = -\partial B/\partial t$
$\nabla\times B = \mu_0 J + \mu_0\varepsilon_0\partial E/\partial t$

এগুলো শূন্যস্থানে তড়িৎচুম্বকীয় ক্ষেত্রের মৌলিক সমীকরণসমূহ।

১) $\nabla\cdot E = \rho/\varepsilon_0$ → তড়িৎ ক্ষেত্র E-এর divergence চার্জ ঘনত্ব ρ দ্বারা নির্ধারিত।
২) $\nabla\cdot B = 0$ → চৌম্বক ক্ষেত্র B-এর কোনো একক উৎস নেই (কোনো magnetic monopole নেই)।
৩) $\nabla\times E = -\partial B/\partial t$ → পরিবর্তনশীল চৌম্বক ক্ষেত্র তড়িৎ ক্ষেত্র সৃষ্টি করে।
৪) $\nabla\times B = \mu_0 J + \mu_0\varepsilon_0\partial E/\partial t$ → চৌম্বক ক্ষেত্র বৈদ্যুতিক প্রবাহ J এবং পরিবর্তনশীল তড়িৎ ক্ষেত্র দ্বারা উৎপন্ন হয়।

এই সমীকরণগুলো:
স্থানিক ও কালিক বাস্তবতার কাঠামো নির্ধারণ করে
Classical field laws-এর পূর্ণ রূপ
Classical Field Laws⊂Li𝓤
Classical Field Laws হলো L_i (Laws)-এর একটি উপসেট, এবং L_i নিজেই 𝓤-এর অন্তর্ভুক্ত। অর্থাৎ তড়িৎচুম্বকীয় ক্ষেত্রসমূহের সমীকরণ 𝓤-এর আইনগত (law-structure) স্তরের অন্তর্গত, যা বাস্তবতার কাঠামোগত সামঞ্জস্য সংরক্ষণ করে।

১২.২.৪ Field Events ⊆ E_j

Field নিজে স্থির নয়-এটি **ঘটনা সৃষ্টি করে:**
Field oscillation
Wave propagation
Energy transfer
Force mediation

𝓤-এর দৃষ্টিতে:
Field configuration change = **Event**
Field wave emission/absorption = **Event**
$E_j^{field} \subset E_j$𝓤
Field মানে স্থির পটভূমি নয়, বরং **ঘটনাপূর্ণ বাস্তবতা**।

১২.২.৫ Observer ও Field (O_k)

Classical physics-এ field প্রায়শই observer-independent ধরা হয়।

কিন্তু 𝓤-এ:
Field value অর্থপূর্ণ হয় কেবলমাত্র **measurement**-এর মাধ্যমে
Measurement ছাড়া field = গাণিতিক সম্ভাবনা

উদাহরণ:
Electric field strength → test charge দিয়ে মাপা
Magnetic field → current loop বা compass দ্বারা নির্ধারিত
Field measurement⇒Ok necessity
Observer ছাড়া field বাস্তবতা **অসংজ্ঞায়িত**।

১২.২.৬ Moral Constraints ও Field (M_l)

Classical field তত্ত্বে নৈতিকতা অনুপস্থিত মনে হলেও 𝓤-এ তা অন্তর্ভুক্ত:
Field manipulation = observer action
Observer action = responsibility-bound

উদাহরণ:
শক্তিশালী EM field প্রয়োগ → জীব ও পরিবেশের উপর প্রভাব
Gravitational engineering → বৃহৎ কাঠামোগত ঝুঁকি
Field use$\subset M_l$𝓤
Field-এর উপর নিয়ন্ত্রণ কখনোই নৈতিক শূন্যতায় ঘটে না।

যে কোনো ক্ষেত্র (Field)-হোক তা ভৌত, সামাজিক বা জ্ঞানতাত্ত্বিক-তার উপর নিয়ন্ত্রণ (control বা intervention) বাস্তবতার অংশ। আর বাস্তবতা R নিজেই 𝓤-এর অধীন কাঠামোগতভাবে সংগঠিত।

১২.২.৭ Classical Fields বনাম Fragmented View

বিষয়	**Fragmented Physics**	**𝓤 Framework**
Field	আলাদা সত্তা	L_i-E_j সংযোগকারী
Observer	ঐচ্ছিক	অপরিহার্য
Morality	অনুপস্থিত	কাঠামোগত
Reality	খণ্ডিত	একীভূত

Classical field theory 𝓤-এ প্রবেশ করে **সম্পূর্ণতা লাভ করে**।

১২.২.৮ Conceptual Outcome

Field = continuous law-mediated reality
Field theories = classical projection of 𝓤
Observer inclusion → epistemic completeness
Moral constraint → ontological stability
Classical fields are not outside 𝓤- they are embedded expressions of it।

১২.২.৯ Summary

Classical fields ⊆𝓤
Field equations $\in L_i$
Field dynamics $\in E_j$
Measurement $\in O_k$
Application bounded by M_l

ফলাফল:

Classical field theories 𝓤-এর মধ্যে ঢুকে **law-event-observer-morality unified structure** লাভ করে।

১২.৩ Thermodynamics →𝓤

১২.৩.১ ভূমিকা: Thermodynamics কেন বিশেষ

Classical mechanics ও field theory মূলত **time-reversible**:
t →−t করলে সমীকরণ ভাঙে না (যেমন নিউটনের গতি-সমীকরণ বা ক্ষেত্র-সমীকরণসমূহ), সময় উল্টে দিলে (t → −t) তাদের গাণিতিক কাঠামো ভেঙে যায় না। অর্থাৎ সমীকরণগুলো time-reversal symmetry ধারণ করে।
কিন্তু বাস্তব জগতে-
ভাঙা কাঁচ নিজে নিজে জোড়া লাগে না
তাপ নিজে নিজে ঠান্ডা দিক থেকে গরমে যায় না
অতীত ফিরিয়ে আনা যায় না
এই বাস্তব বৈশিষ্ট্যগুলোর প্রথম কঠোর তাত্ত্বিক রূপই Thermodynamics।
Thermodynamics = বাস্তবতার সেই স্তর যেখানে সময় একমুখী এবং ঘটনা অপরিবর্তনীয়। এই একমুখীতাই 𝓤-এর জন্য একটি decisive pillar।

১২.৩.২ Thermodynamic Laws ⊆ L_i

Thermodynamics-এর মৌলিক আইনগুলো 𝓤-এর **L_i (laws)**-এর মধ্যে স্বাভাবিকভাবে অন্তর্ভুক্ত।

(ক) Zeroth Law

Thermal equilibrium সংজ্ঞা দেয়
বাস্তবতার **state-definability** নিশ্চিত করে

(খ) First Law (Energy Conservation)

$\Delta U = Q - W$
ΔU = সিস্টেমের অভ্যন্তরীণ শক্তির পরিবর্তন
Q = সিস্টেমে যোগকৃত তাপ
W = সিস্টেম কর্তৃক সম্পাদিত কাজ
অর্থাৎ, একটি সিস্টেমের শক্তির পরিবর্তন সমান হয় এতে প্রবেশ করা তাপ থেকে সিস্টেম যে কাজ সম্পাদন করেছে তা বিয়োগ করলে।

𝓤-এর কাঠামোয়:

Energy conservation ⊂ L_i

অর্থাৎ শক্তি সংরক্ষণ আইন-স্তরের (L_i) মৌলিক সীমা, যা E_j (ঘটনা)-এর শক্তিগত রূপান্তরকে কাঠামোগতভাবে নিয়ন্ত্রণ করে।

শক্তি সংরক্ষণ

Classical mechanics-এর সাথে সেতুবন্ধন

Information conservation-এর পূর্বাভাস

(গ) Second Law (Entropy Increase)

$\Delta S \geq 0$

ΔS = সিস্টেমের মোট এন্ট্রপির পরিবর্তন।

এই সূত্র অনুযায়ী, একটি বিচ্ছিন্ন (isolated) সিস্টেমে মোট এন্ট্রপি কখনো হ্রাস পায় না; এটি বৃদ্ধি পায় বা অপরিবর্তিত থাকে।

অর্থাৎ স্বতঃস্ফূর্ত প্রক্রিয়ায় সময়ের সাথে বিশৃঙ্খলা বা সম্ভাব্য মাইক্রো-অবস্থার সংখ্যা বৃদ্ধি পায়।

𝓤-এর কাঠামোতে:

Entropy increase $\subset L_i$

এবং এর ফলশ্রুতিতে

Macroscopic irreversibility $\subset E_j$

অর্থাৎ আইন-স্তরে (L_i) এন্ট্রপি বৃদ্ধি একটি সীমা নির্ধারণ করে, যা ঘটনা-স্তরে (E_j) সময়ের একমুখীতা প্রকাশ করে।

(ঘ) Third Law

Absolute zero-এর সীমা

Physical perfection-এর অসম্ভবতা

Thermodynamic laws$\subset$Li 𝓤

১২.৩.৩ Entropy = Event Structure (E_j)

এন্ট্রপি হলো একটি সিস্টেমের অবস্থিতির অগণনীয়তা, বিশৃঙ্খলা বা সম্ভাব্য মাইক্রো-অবস্থার সংখ্যা পরিমাপের মান।

𝓤-এর দৃষ্টিতে entropy শুধু পরিসংখ্যান নয়; এটি ঘটনার গাঠনিক বৈশিষ্ট্য।

Entropy বৃদ্ধি = ঘটনার অপরিবর্তনীয় অগ্রগতি

প্রতিটি macroscopic event একটি entropy footprint রেখে যায়

E_j thermo : $S(t_2) > S(t_1)$

S= Entropy

Thermodynamic ঘটনা E_j thermo-এর ক্ষেত্রে, যদি $t_2 > t_1$ হয়, তবে $S(t_2) > S(t_1)$।

অর্থাৎ সময় অগ্রগতির সাথে এন্ট্রপি বৃদ্ধি পায়। এটি তাপগতিবিদ্যার দ্বিতীয় সূত্রের ঘটনা-স্তরের (E_j) প্রকাশ, যেখানে সময় একমুখী এবং প্রক্রিয়া কার্যত অপরিবর্তনীয়।

Event আর কেবল "কিছু ঘটেছে" নয়-
Event = **একটি স্থায়ী ontological পরিবর্তন**।

১২.৩.৪ Time-Asymmetry ও Ontology
Thermodynamics-ই প্রথম দেখায়-
সময় symmetry নয়
বাস্তবতা future-oriented
𝓤-এ:
Time asymmetry = **ontological fact**, গাণিতিক artefact নয়
Irreversibility → moral responsibility-এর ভিত্তি
যদি ঘটনা ফিরিয়ে নেওয়া যেত, তবে দায়িত্ব অর্থহীন হতো।

১২.৩.৫ Observer ও Thermodynamics (O_k)
Entropy নিজে নিজে "দেখা" যায় না-
Measurement ছাড়া entropy অর্থহীন
Temperature, heat, disorder → observer-defined quantities

Observer ভূমিকা:
System boundary নির্ধারণ
Micro ↔ Macro transition সংজ্ঞায়ন
Entropy গণনা ও অর্থ প্রদান
Entropy meaningful⇒O_k necessary
Observer ছাড়া thermodynamics কেবল অন্ধ গণিত।

১২.৩.৬ Moral Constraint ও Irreversibility (M_l)
এখানেই 𝓤-এর একটি মৌলিক সংযোগ ঘটে-
Irreversible event → undo করা যায় না
Undo করা না গেলে → **দায়িত্ব জন্ম নেয়**

উদাহরণ:
পরিবেশ ধ্বংস
পারমাণবিক বিকিরণ
তাপীয় দূষণ

Irreversible action⇒M_l necessity
Thermodynamics-ই প্রথমবার দেখায় কেন **নৈতিকতা বাস্তবতার অংশ**।

১২.৩.৭ Fragmented Physics বনাম 𝓤

বিষয়	**Fragmented View**	**𝓤 Framework**
Entropy	পরিসংখ্যানিক	Ontological
Time arrow	Emergent	Structural
Observer	ঐচ্ছিক	অপরিহার্য
Morality	বাহ্যিক	Irreversibility-উৎপন্ন

Thermodynamics 𝓤-এ এসে নৈতিকতা পায়, আর নৈতিকতা ontological ভিত্তি পায়।

১২.৩.৮ Conceptual Outcome

Entropy → বাস্তবতার দিকনির্দেশ
Irreversibility → agency ও responsibility-এর ভিত্তি
Observer → entropy-র অর্থ নির্ধারক
Moral constraint → physical necessity-থেকে উদ্ভূত
Thermodynamics = physics যেখানে ethics অনিবার্য হয়ে ওঠে।

১২.৩.৯ Summary

Thermodynamic laws ⊆ L_i
Entropy-driven processes ⊆ E_j
Measurement ⊆ O_k
Irreversibility ⇒ M_l

চূড়ান্ত ফলাফল:
Thermodynamics প্রমাণ করে যে বাস্তবতা কেবল আইন ও ঘটনা নয়,
বরং দায়িত্ব ও নৈতিক সীমাসম্পন্ন একীভূত কাঠামো-যা ঠিক 𝓤-ই দাবি করে।

১২.৪ Time Asymmetry →𝓤

১২.৪.১ ভূমিকা: সময়ের প্রশ্ন কেন মৌলিক

পদার্থবিজ্ঞানের অধিকাংশ মৌলিক সমীকরণ-
Newtonian mechanics
Maxwell equations
Schrödinger equation
সবই প্রায় **time-symmetric**।
তবুও বাস্তবতা একমুখী:
অতীত জানা যায়, ভবিষ্যৎ নয়
সিদ্ধান্ত বদলানো যায় না
কারণ আগে, ফল পরে
এই দ্বন্দ্বই **time asymmetry problem**।

প্রশ্ন: সময়ের তীর (arrow of time) কি কেবল পরিসংখ্যানিক, নাকি বাস্তবতার গাঠনিক বৈশিষ্ট্য?

𝓤-এর উত্তর: **সময় একমুখী কারণ বাস্তবতা observer-event-morality দ্বারা গঠিত।**

১২.৪.২ Time Asymmetry as Ontological Feature

𝓤-এ সময়কে দেখা হয়-
ক্যালেন্ডার বা ঘড়ির স্কেল হিসেবে নয়
বরং ঘটনার ধারাবাহিক গঠন হিসেবে
$t \equiv$ ordered sequence of irreversible events
যদি ঘটনা অপরিবর্তনীয় না হয় → সময় অর্থহীন
যদি সময় উল্টো যায় → দায়িত্ব ও causality ভেঙে পড়ে
Time asymmetry = reality-র ভেতরের শর্ত, বাহ্যিক parameter নয়।

১২.৪.৩ Law (L_i) ও Time Direction

Thermodynamic second law-এর মাধ্যমে-
$\Delta S \geq 0$
কিন্তু 𝓤-এ এটি কেবল পরিসংখ্যান নয়:
এটি বলে দেয় কোন দিকে event actualization সম্ভব
Law primacy নিশ্চিত করে যে future $\neq$ past
$L_i\ \mathcal{U} \Rightarrow E_j(t+\Delta t) \neq E_j(t)$
Law-ই সময়ের দিক নির্ধারণ করে, উল্টোটা নয়।

১২.৪.৪ Event Irreversibility (E_j)

𝒰-এ event মানে-
সম্ভাবনা থেকে বাস্তবায়ন
বাস্তবায়ন থেকে স্থায়ী পরিবর্তন

Irreversible event হলে:
History তৈরি হয়
Memory সম্ভব হয়
Learning ও evolution সম্ভব হয়
E_j: potential→actual→irreversible
সময় = ঘটনাগুলোর "ফিরে না আসা" গুণ।

১২.৪.৫ Observer ও Time (O_k)

Observer ছাড়া সময়ের অর্থ নেই:
Past = recorded events
Present = active observation
Future = unactualized possibility

Observer:
ঘটনাকে ক্রমানুসারে সাজায়
আগে-পরে পার্থক্য করে
সিদ্ধান্ত নেয়
Temporal order meaningful⇒O_k necessary
Observer-ই সময়কে অভিজ্ঞ বাস্তবতা বানায়।

১২.৪.৬ Moral Constraint ও Time (M_l)

সময় একমুখী হওয়ায়-
কাজের ফল এড়ানো যায় না
ভুল সংশোধন করা যায়, কিন্তু মুছে ফেলা যায় না
এখানেই নৈতিকতা জন্ম নেয়:
Irreversible choice⇒Responsibility⇒M_l
যদি সময় উল্টো যেত → নৈতিকতা অপ্রয়োজনীয়
যদি ঘটনা বাতিলযোগ্য হতো → দায় থাকত না
Moral constraint = time asymmetry-এর সরাসরি ফল।

১২.৪.৭ Fragmented View বনাম 𝓤

বিষয়	**Fragmented Physics**	**𝓤 Framework**
Time	Parameter	Ontological order
Arrow of time	Statistical	Structural
Observer	বাহ্যিক	অন্তর্ভুক্ত
Morality	আলাদা	সময়ের ফল

𝓤-এ সময়, নৈতিকতা ও পর্যবেক্ষণ একীভূত।

১২.৪.৮ Conceptual Outcome

সময় = event-ordering structure
Irreversibility = reality-র শর্ত
Observer = temporal meaning-এর বাহক
Morality = temporal consequence
Time asymmetry দেখায় কেন 𝓤 ছাড়া বাস্তবতা অসম্পূর্ণ।

১২.৪.৯ Summary

Time asymmetry ⊆𝓤-এর ontological core
Law (L_i) → সময়ের দিক নির্ধারণ
Event (E_j) → অপরিবর্তনীয় বাস্তবায়ন
Observer (O_k) → সময়ের অর্থ
Moral constraint (M_l) → সময়ের নৈতিক ফল

চূড়ান্ত বক্তব্য:
সময় একমুখী কারণ বাস্তবতা **আইন-ঘটনা-পর্যবেক্ষক-নৈতিকতা** দ্বারা গঠিত-এবং এই একীভূত কাঠামোর নামই 𝓤।

১২.৫ Classical Laws $\in L_i \subseteq \mathcal{U}$

১২.৫.১ ভূমিকা: Classical Physics-এর সঠিক অবস্থান

Classical physics ঐতিহাসিকভাবে বিজ্ঞানকে স্থিতিশীলতা, পূর্বাভাস ও নির্ভরযোগ্যতা দিয়েছে।

কিন্তু প্রশ্ন হলো-

Classical laws কি সম্পূর্ণ বাস্তবতা, **নাকি** বাস্তবতার একটি সীমাবদ্ধ প্রকাশ?

$\mathcal{U}$-এর উত্তর স্পষ্ট:

Classical laws বাস্তবতার আইন, কিন্তু বাস্তবতা নিজে নয়।

তারা $\mathcal{U}$-এর L_i স্তরের একটি উপসেট।

১২.৫.২ Classical Laws-এর আনুষ্ঠানিক স্থান

$\mathcal{U}$-এর মৌলিক সংজ্ঞা:

$\mathcal{U} \equiv \{L_i, E_j, O_k, M_l \mid \forall i,j,k,l: L_i, E_j, O_k, M_l \subseteq R\}$

এখানে:

Newtonian mechanics

Classical field equations

Thermodynamic laws

সবই অন্তর্ভুক্ত হয়: $L_i^{classical} \subset L_i \mathcal{U}$

অর্থাৎ classical laws **$\mathcal{U}$-এর** আইন স্তরের একটি বিশেষ শ্রেণি।

১২.৫.৩ কেন Classical Laws পূর্ণ নয়

(ক) Observer exclusion

Classical physics observer-কে বাইরের সত্তা ধরে

কিন্তু measurement ছাড়া state সংজ্ঞায়িত হয় না

(খ) Morality absence

Classical laws কার্যকারণ ব্যাখ্যা দেয়

কিন্তু দায়িত্ব বা সীমা নির্ধারণ করে না

(গ) Irreversibility gap

Classical equations time-symmetric

বাস্তব ঘটনা নয়

তাই classical laws = **আংশিক বাস্তবতার নিয়ম**, সম্পূর্ণ বাস্তবতার কাঠামো নয়।

১২.৫.৪ 𝓤 কীভাবে Classical Laws সম্পূর্ণ করে

𝓤 যুক্ত করে-

O_k (Observer) → measurement, actualization

M_l (Moral constraint) → irreversibility, responsibility

E_j (Event) → বাস্তবায়িত পরিবর্তন

ফলে:

$Reality \neq L_i$ but $R = L_i + E_j + O_k + M_l$

Classical laws তখনই বাস্তবতা হয়, যখন তারা 𝓤-এর ভেতরে বসে।

১২.৫.৫ Classical Determinism পুনর্মূল্যায়ন

Classical determinism বলে:

বর্তমান অবস্থা জানলে ভবিষ্যৎ নির্ধারিত।

𝓤 বলে:

আইন নির্ধারিত

কিন্তু event actualization observer-dependent

future এখনো open until observed/acted

Determinism ≠ completeness।

১২.৫.৬ Classical Physics as a Limit Case

𝓤-এ classical physics দেখা হয়-

macroscopic limit

low-energy approximation

observer-effect negligible region

lim (quantum → 0) 𝓤 ⇒ Classical Physics

যখন কোয়ান্টাম প্রভাব শূন্যের দিকে ধাবিত হয়, তখন 𝓤-এর কোয়ান্টাম-স্তরের আইনসমূহ তাদের সীমা-রূপে ধ্রুপদী পদার্থবিজ্ঞানে (Classical Physics) অভিসারিত হয়।

Classical laws = 𝓤-এর একটি সীমিত প্রক্ষেপ।

১২.৫.৭ Fragmented View বনাম 𝓤

বিষয়	Classical Physics	𝓤
Law	কেন্দ্রীয়	এক উপাদান
Observer	বাহ্যিক	অপরিহার্য
Event	গৌণ	মৌলিক
Morality	অনুপস্থিত	গাঠনিক
Reality	যান্ত্রিক	একীভূত

১২.৫.৮ Conceptual Outcome

Classical laws বৈধ, কিন্তু সীমিত
তারা L_i-এর উপসেট
বাস্তবতা ≠ শুধু আইন
𝓤 আইনকে বাস্তবতায় পরিণত করে
Classical physics 𝓤-এর ভেতরে ঢুকেই সম্পূর্ণ ও অর্থপূর্ণ হয়।

১২.৫.৯ Summary

Classical laws $\subseteq L_i \subseteq \mathcal{U}$
তারা বাস্তবতার কাঠামোর অংশ, পুরো কাঠামো নয়
Observer ও morality ছাড়া classical physics অসম্পূর্ণ
𝓤 classical physics-কে বাতিল করে না, বরং canonically সম্পূর্ণ করে

চূড়ান্ত বাক্য:

Classical laws বাস্তবতার ভিত্তি দেয়, কিন্তু বাস্তবতাকে গঠন করে 𝓤।

অধ্যায় ১৩: Relativity & Quantum →$\mathcal{U}$

এখানে spacetime, quantum states, probability এবং measurement problem $\mathcal{U}$-এর ভেতরে স্বাভাবিকভাবে একীভূত হয়।

১৩.১ Spacetime Geometry

(স্থান-কালের জ্যামিতি: Relativity-এর ভিত)

১৩.১.১ ভূমিকা: স্থান ও সময় কি আলাদা সত্তা ?

Classical physics-এ **স্থান (space)** ও **সময় (time)** ছিল দুটি স্বাধীন পটভূমি-
ঘটনা যেন সেখানে "ঘটে" মাত্র।
কিন্তু Einstein-এর আপেক্ষিকতা তত্ত্ব (Relativity) এই ধারণা ভেঙে দেয়:
স্থান ও সময় আলাদা নয়-তারা একত্রে একটি **জ্যামিতিক বাস্তবতা**।
এটাই **spacetime geometry**।

১৩.১.২ Minkowski Spacetime: জ্যামিতিক বিপ্লব

বিশেষ আপেক্ষিকতার (Special Relativity) স্পেসটাইম ইন্টারভ্যাল সমীকরণ-

$$ds^2 = -c^2dt^2 + dx^2 + dy^2 + dz^2$$

ds^2 = দুটি ঘটনার মধ্যে অপরিবর্তনীয় (invariant) স্পেসটাইম দূরত্ব
c = আলোর বেগ
dt = সময়ের পার্থক্য
dx, dy, dz = স্থানিক পার্থক্য
এই সমীকরণ দেখায় যে স্থান ও সময় পৃথক সত্তা নয়; তারা একত্রে চার-মাত্রিক স্পেসটাইম গঠন করে।
সব জড়তাহীন পর্যবেক্ষকের জন্য ds^2 অপরিবর্তিত থাকে-এটি লরেঞ্জ-অপরিবর্তনীয় (Lorentz invariant)।
$\mathcal{U}$-এর কাঠামোয়:
Spacetime structure $\subset L_i$
অর্থাৎ বাস্তবতার জ্যামিতিক কাঠামো আইন-স্তরের (L_i) মৌলিক উপাদান।

এখানে:
ঘটনা (Event) = spacetime-এর একটি বিন্দু
সময় = জ্যামিতির একটি মাত্রা
simultaneity আর absolute নয়
Event (E_j) প্রথমবারের মতো বাস্তবতার মৌলিক একক হয়ে ওঠে।

১৩.১.৩ General Relativity: জ্যামিতি নিজেই আইন

General Relativity-তে:
spacetime আর স্থির পটভূমি নয়
ভর-শক্তি spacetime-কে বাঁকায়
আর সেই বাঁকই গতি নির্ধারণ করে

Einstein Field Equation: $G\mu\nu = (8\pi G / c^4)\, T\mu\nu$
এটি আইনস্টাইনের ক্ষেত্র সমীকরণ, যা সাধারণ আপেক্ষিকতার মৌলিক সমীকরণ।
$G\mu\nu$ = স্পেসটাইমের জ্যামিতিক বক্রতা (Einstein tensor)
$T\mu\nu$ = শক্তি-ভরবেগ টেনসর (energy-momentum tensor)
G = মহাকর্ষ ধ্রুবক
c = আলোর বেগ

এই সমীকরণ প্রকাশ করে:
Spacetime curvature = Energy-মাত্রার বণ্টন
অর্থাৎ পদার্থ ও শক্তি স্পেসটাইমকে বাঁকায়, এবং সেই বাঁকানো স্পেসটাইমের জ্যামিতিই মহাকর্ষ হিসেবে প্রকাশিত হয়।

𝓤-এর কাঠামোয়:
Spacetime geometry $\subset L_i$
Gravitational dynamics $\subset L_i$
অর্থাৎ মহাকর্ষ বাস্তবতার জ্যামিতিক-আইনগত স্তরের মৌলিক প্রকাশ।

অর্থাৎ-
আইন (L_i) = জ্যামিতির সম্পর্ক
ঘটনা (E_j) = জ্যামিতির উপর চলমান পথ

১৩.১.৪ 𝓤-এর আলোকে Spacetime Geometry

𝓤-এর কাঠামো অনুযায়ী-
spacetime geometry ≠ সম্পূর্ণ বাস্তবতা
এটি **Reality (R)**-এর একটি কাঠামোগত দিক

Formally: Spacetime Geometry$\subset L_i \cap E_j$

কারণ:
এটি আইন (field equations) বহন করে
আবার ঘটনাগুলোর সম্ভাব্য পথ নির্ধারণ করে

১৩.১.৫ Geometry কেন বাস্তবতার শেষ কথা নয়

Relativity-র সীমা:

Observer problem

spacetime coordinates observer-dependent

Measurement gap

geometry বলে সম্ভাব্য পথ
কিন্তু কোন পথ বাস্তব হবে-তা নয়

Moral silence

geometry causality বোঝায়
কিন্তু দায়, অর্থ বা সীমা নয়
তাই spacetime geometry **প্রয়োজনীয়**, কিন্তু **পর্যাপ্ত নয়**।

১৩.১.৬ 𝓤-এ Spacetime-এর প্রকৃত ভূমিকা

𝓤-এ spacetime-
একটি **structural arena**, নিজে বাস্তবতার পূর্ণ সংজ্ঞা নয়
Event actualization ঘটে:
$E_j = f\ (L_i, O_k, M_l)$

এখানে geometry শুধু সম্ভাবনার ক্ষেত্র প্রস্তুত করে।

১৩.১.৭ Ontological Reinterpretation

Relativity বলে: Reality = spacetime manifold
𝓤 বলে: Spacetime = Reality-এর একটি স্তর
Reality = spacetime + observer + event + moral constraint
অর্থাৎ-Geometry without observer is incomplete reality.

১৩.১.৮ Summary

Relativity spacetime-কে জ্যামিতিক বাস্তবতা বানায়
Geometry আইন ও ঘটনার কাঠামো দেয়
কিন্তু observer ও morality ছাড়া তা অসম্পূর্ণ
𝓤 spacetime-কে বাতিল করে না, অন্তর্ভুক্ত ও সম্পূর্ণ করে

চূড়ান্ত বাক্য:

Spacetime geometry বাস্তবতার মানচিত্র,
কিন্তু বাস্তবতা নিজে 𝓤।

১৩.২ Quantum State & Probability Space →$\mathcal{U}$

১৩.২.১ ভূমিকা: বাস্তবতা কি সম্ভাবনার উপর দাঁড়িয়ে ?

Classical physics-এ বাস্তবতা নির্ধারিত (definite) -
একটি বস্তু এক অবস্থায়ই থাকে।
Quantum theory এই ধারণাকে ভেঙে বলে-
বাস্তবতা প্রথমে **সম্ভাবনা**, পরে **ঘটনা**।
এই সম্ভাবনার কাঠামোই হলো **Quantum State & Probability Space**।

১৩.২.২ Quantum State: বস্তু নয়, সম্ভাবনার গঠন

Quantum state $|\psi\rangle$ কোনো কণার সরাসরি অবস্থা নয়।
এটি নির্দেশ করে-কোন কোন outcome সম্ভব
প্রতিটির সম্ভাব্যতা কত
Mathematically: $|\psi\rangle \in H$

এখানে:
$\mathcal{H}$ = Hilbert space
state = তথ্যের পূর্ণ সম্ভাব্য বিন্যাস
Quantum state $|\psi\rangle$ = ঘটনার সম্ভাব্য মানচিত্র, ঘটনা নিজে নয়।

অর্থাৎ, একটি ভৌত সিস্টেমের অবস্থা ভেক্টর $|\psi\rangle$ গাণিতিকভাবে একটি জটিল (complex) হিলবার্ট স্পেস H-এর উপাদান।

$\mathcal{U}$-এর কাঠামোয়:
Quantum state structure $\subset L_i$
Measurement outcomes $\subset E_j$
অর্থাৎ আইন-স্তরে (L_i) অবস্থা গাণিতিকভাবে সংজ্ঞায়িত, আর ঘটনা-স্তরে (E_j) পরিমাপের ফলাফল প্রকাশিত হয়।

১৩.২.৩ Probability Space: সম্ভাবনার জ্যামিতি

Quantum mechanics-এ probability-
classical randomness নয়
এটি structure-এর ফল
Born rule: $P(E_j) = |\langle E_j \mid \psi\rangle|^2$
$P(E_j)$ = নির্দিষ্ট ঘটনা E_j পর্যবেক্ষিত হওয়ার সম্ভাবনা
$|\psi\rangle$ = সিস্টেমের কোয়ান্টাম অবস্থা

$|E_j\rangle$ = পরিমাপ-অপারেটরের একটি স্বত্বাবস্থা (eigenstate)
$\langle E_j | \psi \rangle$ = অভ্যন্তরীণ গুণন (probability amplitude)
কোনো নির্দিষ্ট ফলাফল পাওয়ার সম্ভাবনা সমান হয় সংশ্লিষ্ট amplitude-এর মানের বর্গের।

অর্থাৎ-সম্ভাবনা state-এর জ্যামিতি থেকে আসে
Probability space একটি গাণিতিক বাস্তবতা

$\mathcal{U}$-এর কাঠামোয়:
Quantum state space $\subset L_i$
Probabilistic event realization $\subset E_j$
অর্থাৎ আইন-স্তরে অবস্থা নির্ধারিত থাকে হিলবার্ট স্পেসে, আর ঘটনা-স্তরে (E_j) সম্ভাবনা থেকে নির্দিষ্ট ফলাফল প্রকাশিত হয়।

১৩.২.৪ Measurement Problem: সম্ভাবনা থেকে বাস্তবতায় রূপান্তর

Quantum theory এখানে থামে-
Equation বলে state evolve করে
কিন্তু কেন একটি outcome বাস্তব হয়-তা বলে না
Law (L_i) সম্ভাবনা দেয়
Event (E_j) বাস্তবতা দেয়
এই ফাঁকটাই measurement problem।

১৩.২.৫ $\mathcal{U}$-এর সমাধান কাঠামো

$\mathcal{U}$ অনুযায়ী:
E_j = Actualization (ψ, L_i, O_k, M_l)
এখানে একটি ঘটনা (E_j) হলো একটি সমন্বিত বাস্তবায়ন (actualization), যা চারটি স্তরের পারস্পরিক ক্রিয়ার ফল:
ψ = সম্ভাবনামূলক অবস্থা (state space configuration)
L_i = কার্যকর আইনসমূহ (dynamical & structural laws)
O_k = পর্যবেক্ষক
M_l = নৈতিক সীমা বা বিধিনিষেধ

অর্থাৎ-
Quantum state একা যথেষ্ট নয়
Observer (O_k) ছাড়া outcome নির্ধারিত হয় না
Moral constraint (M_l) irreversibility নির্ধারণ করে

১৩.২.৬ Probability ≠ Ignorance

𝓤 স্পষ্ট করে-
Quantum probability মানে অজ্ঞানতা নয়
এটি **ontological openness**
অর্থাৎ-
বাস্তবতা নিজেই এখনো খোলা (open)।

১৩.২.৭ Collapse নয়, Actualization

𝓤 collapse শব্দ পরিহার করে।
কারণ:
collapse suggests physical jump
actualization means:
সম্ভাবনা থেকে একটি ঘটনা বাস্তব হওয়া
এটি ঘটে-
observer-inclusion এর মাধ্যমে
irreversible registration এর ফলে

১৩.২.৮ Quantum State-এর Ontological অবস্থান

𝓤-এ:
$|\psi\rangle \subset L_i \cap O_k$
কারণ:
এটি আইনগত evolution বহন করে
আবার observer-relative তথ্য বহন করে
Quantum state ≠ বস্তু
Quantum state = **সংগঠিত সম্ভাবনা**।

১৩.২.৯ Summary

Quantum state সম্ভাবনার কাঠামো
Probability space বাস্তবতার গাণিতিক দিক
Measurement problem law-event ফাঁক দেখায়
𝓤 এই ফাঁক পূরণ করে observer ও morality যুক্ত করে

চূড়ান্ত বাক্য:
Quantum theory আমাদের শেখায়-
বাস্তবতা আগে সম্ভাবনা,
আর সেই সম্ভাবনাকে ঘটনা বানায় 𝓤।

১৩.৩ Measurement, Collapse & Observer →𝓤

১৩.৩.১ ভূমিকা: কোয়ান্টাম তত্ত্বের সবচেয়ে বড় ফাঁক

Quantum mechanics অসাধারণভাবে সঠিক গণনা দেয়।
কিন্তু একটি মৌলিক প্রশ্নে নীরব-
পরিমাপের সময় কী ঘটে?
Equation অনুযায়ী:
State evolve করে (Schrödinger equation)
কিন্তু পরিমাপের মুহূর্তে equation থেমে যায়
এখানেই জন্ম নেয় **measurement problem**।

১৩.৩.২ Collapse ধারণার সীমাবদ্ধতা

Traditional view:
Wavefunction collapse ঘটে
একটি সম্ভাবনা বাস্তব হয়
কিন্তু collapse ধারণা সমস্যাযুক্ত:
কোনো physical mechanism নেই
Collapse কখন ঘটে-অস্পষ্ট
কে বা কী collapse ঘটায়-অজানা
Collapse একটি **postulate,** ব্যাখ্যা নয়।

১৩.৩.৩ Observer বাদ দিলে কী ঘটে?

যদি observer বাদ দেওয়া হয়-
Equation চলতেই থাকে
Superposition ভাঙে না
কোনো নির্দিষ্ট outcome তৈরি হয় না
অর্থাৎ-
Observer ছাড়া ঘটনা নেই।
এই অবস্থান classical realism-কে ভেঙে দেয়।

১৩.৩.৪ Observer: চেতনা নয়, অংশগ্রহণ

𝓤 এখানে গুরুত্বপূর্ণ পার্থক্য করে-
Observer মানে:
শুধু মানব চেতনা নয়
যেকোনো entity যা-
তথ্য রেজিস্টার করে

outcome স্থির করে
Observer = **participant**।

১৩.৩.৫ Measurement = Participation Event

𝓤 অনুযায়ী পরিমাপ:
Measurement=$E_j(L_i,O_k,M_l)$
অর্থাৎ-
এটি আইনভিত্তিক (L_i)
পর্যবেক্ষক-সম্পৃক্ত (O_k)
নৈতিকভাবে অপরিবর্তনীয় (M_l)
Measurement ≠ passive reading
Measurement = **বাস্তবতার রূপান্তর**।

১৩.৩.৬ Collapse নয়, Actualization

𝓤 collapse শব্দ বাতিল করে।
কারণ:
Collapse কেবল গাণিতিক
Actualization বাস্তব ontological ঘটনা
Actualization মানে:
সম্ভাবনা → একক ঘটনা
irreversible তথ্য নিবন্ধন

১৩.৩.৭ Why Observation is Irreversible

পরিমাপের পর-
তথ্য ছড়িয়ে পড়ে
entropy বৃদ্ধি পায়
পূর্বাবস্থায় ফেরা যায় না
এই irreversibility-ই measurement-কে বাস্তব করে।

১৩.৩.৮ Moral Constraint-এর ভূমিকা

𝓤-এর অনন্য দিক- Measurement শুধু ভৌত নয়, নৈতিক ঘটনা।
কারণ:
Observer দায়িত্বশীল
একবার outcome হলে তা বিশ্বে প্রভাব ফেলে
কোনো observation নিরপেক্ষ নয়
এখানেই morality physics-এ প্রবেশ করে।

১৩.৩.৯ Wigner's Friend &𝓤

Wigner's friend paradox বলে-
দুই observer ভিন্ন বাস্তবতা দেখছে
𝓤 সমাধান দেয়:
Actualization হয় **hierarchical observer inclusion**-এ
Higher-level observer lower-level outcome integrate করে
ফলে-
বাস্তবতা বহুস্তর, কিন্তু বিরোধপূর্ণ নয়।

১৩.৩.১০ Summary

Collapse ধারণা অসম্পূর্ণ
Observer ছাড়া outcome নেই
Measurement একটি বাস্তব ঘটনা
Actualization 𝓤-এর কেন্দ্রীয় ধারণা
Morality বাস্তবতার অংশ

চূড়ান্ত বাক্য:
Quantum mechanics দেখায় সম্ভাবনার বিশ্ব।
𝓤 দেখায়-কে, কিভাবে, এবং কেন সেই সম্ভাবনা বাস্তব হয়।

১৩.৪ Observer Effect →𝓤

১৩.৪.১ ভূমিকা: দেখা মানেই কি পরিবর্তন?

Classical intuition বলে-
পর্যবেক্ষণ বাস্তবতাকে বদলায় না।
Quantum physics প্রমাণ করে-
পর্যবেক্ষণ নিজেই একটি ঘটনা।
এটাই observer effect।

১৩.৪.২ Observer Effect কী?

Observer effect মানে-
একটি সিস্টেমকে মাপতে গেলে
সিস্টেমের অবস্থা পরিবর্তিত হয়
উদাহরণ:
Electron position মাপলে momentum অনিশ্চিত হয়
Which-path information নিলে interference নষ্ট হয়
এটি প্রযুক্তিগত সীমা নয়-
এটি অস্তিত্বগত বৈশিষ্ট্য।

১৩.৪.৩ Classical Error: Detached Observer

Classical science ধরে নেয়-
Observer বাইরে দাঁড়িয়ে দেখে
Quantum science দেখায়-
Observer নিজেই সিস্টেমের অংশ
Detached observer একটি ভুল অনুমান।

১৩.৪.৪ 𝓤-এ Observer Effect-এর সংজ্ঞা

𝓤 অনুযায়ী:
$O_k \in R \Rightarrow Observation = E_j$

অর্থাৎ-
Observer বাস্তবতার বাইরে নয়
Observation নিজেই একটি event
Observer effect ≠ disturbance
Observer effect = interaction-generated reality।

১৩.৪.৫ Information Gain = Physical Change

Quantum theory-তে-
তথ্য সংগ্রহ মানে
entropy বিন্যাস বদলানো
তথ্য মানেই শক্তি ও পরিবর্তন।

১৩.৪.৬ Observer Effect ও Moral Constraint

𝓤 এখানে মৌলিক দাবি করে-
কোনো observation নৈতিকভাবে নিরপেক্ষ নয়।
কারণ:
Outcome স্থায়ী
অন্য outcome-গুলো বিলুপ্ত
Observer দায়মুক্ত নয়
এই দায়ই Moral constraint (M_I)।

১৩.৪.৭ Double-Slit পুনর্ব্যাখ্যা

Double-slit experiment-এ-
দেখা না হলে wave
দেখা হলে particle
𝓤 ব্যাখ্যা:
Which-path observation = actualization event
Wave নয় → সম্ভাবনার কাঠামো ভেঙে যায়

১৩.৪.৮ Observer Effect is Universal

Observer effect-
শুধু quantum নয়
জীববিজ্ঞান, সমাজ, ইতিহাসেও
যেখানে তথ্য নেওয়া হয়-
সেখানে বাস্তবতা বদলায়।

১৩.৪.৯ 𝓤-এর কেন্দ্রীয় সূত্র

Observation⇒Reality Update
Reality static নয়
Reality observer-participatory।

১৩.৪.১০ Summary

Observer effect প্রযুক্তিগত সমস্যা নয়
এটি ontological নীতি
Observation = event
Morality বাস্তবতার অংশ
$\mathcal{U}$ observer-free universe অস্বীকার করে

চূড়ান্ত বাক্য:

বাস্তবতাকে দেখা মানে তাকে সৃষ্টি করা নয়-
কিন্তু তাকে নিরপেক্ষ রাখাও অসম্ভব।
এই দ্বৈত সত্যই $\mathcal{U}$।

১৩.৫ Quantum Laws ∈𝓤

১৩.৫.১ ভূমিকা: কোয়ান্টাম আইন কি চূড়ান্ত?

Quantum mechanics আজ পর্যন্ত সবচেয়ে সফল তত্ত্ব।
কিন্তু প্রশ্ন থাকে-
কোয়ান্টাম আইন কি বাস্তবতার শেষ কথা?
𝓤 বলে-
না। কোয়ান্টাম আইন বাস্তবতার অংশ, কিন্তু সম্পূর্ণ নয়।

১৩.৫.২ Quantum Law-এর প্রকৃতি

Quantum laws বৈশিষ্ট্যগতভাবে-
সম্ভাবনামূলক
Observer-dependent
Event-incomplete

উদাহরণ:
Schrödinger equation → evolution দেয়
Measurement → outcome দেয় না
অতএব-
Quantum law বাস্তবতা তৈরি করে না, কাঠামো দেয়।

১৩.৫.৩ Formal Inclusion in 𝓤

𝓤-এর canonical inclusion:
Quantum Laws$\in L_i \subset$𝓤

অর্থাৎ-
Quantum laws বাস্তবতার আইনসমূহের উপসেট
𝓤-এর একটি স্তর, চূড়ান্ত কাঠামো নয়

১৩.৫.৪ Why Quantum Laws Are Not Sufficient

Quantum laws ব্যর্থ হয়-
Outcome selection
Observer grounding
Irreversibility explanation
Moral implication
এই শূন্যস্থান পূরণ করে-

Event (E_j)
Observer (O_k)
Moral constraint (M_l)

১৩.৫.৫ Law-Event Separation Problem

Quantum mechanics বলে-
Law evolve করে
Event হঠাৎ ঘটে
𝓤 একীভূত করে-
$E_j = f(L_i, O_k, M_l)$

Event আর আইন থেকে বিচ্ছিন্ন নয়।

১৩.৫.৬ Quantum Nonlocality →𝓤

Entanglement দেখায়-
বাস্তবতা স্থানিকভাবে বিচ্ছিন্ন নয়
Information globally structured
𝓤 বলে-
Reality fundamentally unified।

১৩.৫.৭ Quantum Randomness পুনর্ব্যাখ্যা

𝓤 অনুযায়ী-
Randomness = observer-relative openness
Absolute chaos নয়
Randomness exists **within structure**।

১৩.৫.৮ Scientific Objectivity পুনর্নির্মাণ

𝓤 objective science বাতিল করে না।
বরং বলে-
Objectivity = shared observer-consistent reality

১৩.৫.৯ Final Integration Statement

$\mathcal{U} \equiv \{L_i, E_j, O_k, M_l \mid \forall i,j,k,l: L_i, E_j, O_k, M_l \subseteq R\}$

Quantum laws $\in L_i$
কিন্তু বাস্তবতা $\neq L_i$ মাত্র

১৩.৫.১০ Summary

Quantum laws বাস্তবতার শক্তিশালী অংশ
কিন্তু self-sufficient নয়
𝓤 এগুলোকে অন্তর্ভুক্ত করে, অতিক্রম করে
Unified reality ছাড়া quantum theory অসম্পূর্ণ

চূড়ান্ত বাক্য:

Quantum mechanics আমাদের দেখায়
বাস্তবতার সূক্ষ্মতা।
𝓤 দেখায় তার সম্পূর্ণতা।

অধ্যায় ১৪: Information & Complexity →𝓤

১৪.১ Information as Physical

১৪.১.১ ভূমিকা: তথ্য কি কেবল ধারণা, নাকি বাস্তব সত্তা?

দীর্ঘ সময় ধরে বিজ্ঞান ও দর্শনে তথ্য (information)-কে ধরা হতো-
বিমূর্ত (abstract)
মানসিক বা প্রতীকী
বাস্তবতার উপর আরোপিত বর্ণনা
কিন্তু আধুনিক পদার্থবিজ্ঞান একটি মৌলিক সত্য প্রতিষ্ঠা করেছে-
তথ্য নিজেই ভৌত বাস্তবতার অংশ।
𝓤 এই সত্যকে আরও এক ধাপ এগিয়ে নিয়ে যায়।

১৪.১.২ "Information is Physical"-কেন এটি অনিবার্য

Rolf Landauer-এর বিখ্যাত নীতি:
Information is physical.
এর অর্থ-
তথ্য সংরক্ষণ করতে ভৌত অবকাঠামো লাগে
তথ্য মুছতে শক্তি লাগে
তথ্য পরিবর্তন করলে entropy বদলায়
অতএব-
তথ্য বাস্তবতার বাইরে কোনো সত্তা নয়।

১৪.১.৩ 𝓤-এ তথ্যের অবস্থান

𝓤 অনুযায়ী তথ্য-
আইন (L_i) দ্বারা সীমাবদ্ধ
ঘটনা (E_j) দ্বারা বাস্তবায়িত
পর্যবেক্ষক (O_k) দ্বারা নিবন্ধিত
নৈতিক সীমা (M_l) দ্বারা অপরিবর্তনীয়

Formally:
$\text{Information} \subset R \subset \mathcal{U}$

তথ্য কোনো "shadow" নয়-
এটি বাস্তবতার একটি **গাঠনিক উপাদান**।

১৪.১.৪ তথ্য ছাড়া ঘটনা অসম্ভব

কোনো ঘটনা ঘটতে হলে-
একটি পার্থক্য তৈরি হতে হবে
একটি অবস্থা থেকে অন্য অবস্থায় রূপান্তর
এই পার্থক্যই তথ্য।
অতএব-
Event = Information Change

১৪.১.৫ Quantum Information: সম্ভাবনার বাস্তবতা

Quantum mechanics দেখায়-
তথ্য কেবল মান নয়
এটি superposition, entanglement বহন করে
Quantum state নিজেই একটি **information structure**।

১৪.১.৬ Measurement = Information Creation

$\mathcal{U}$ অনুযায়ী-
পরিমাপ মানে তথ্য সৃষ্টি
তথ্য সৃষ্টি মানে বাস্তবতার হালনাগাদ
এটি reversible নয়।

১৪.১.৭ Information ও Entropy: নৈতিক দিক

Entropy বৃদ্ধি মানে-
তথ্য ছড়িয়ে পড়া
নির্দিষ্টতা হারানো
একবার তথ্য বিশ্বে প্রবেশ করলে-
তা নৈতিকভাবে অমোচনীয়।
এখানেই M_1 কার্যকর।

১৪.১.৮ Biological Information

DNA কোনো রসায়নিক কেবল নয়-
এটি নির্দেশনা
সময় ধরে সংরক্ষিত তথ্য
জীবন মানে-
Information sustained against entropy

১৪.১.৯ Observer ছাড়া তথ্য নেই

$\mathcal{U}$ স্পষ্ট করে-
তথ্য observer-relative

কিন্তু observer-arbitrary নয়
Shared observer-structure → objective information।

১৪.১.১০ Summary
তথ্য বিমূর্ত নয়
এটি ভৌত, ঘটনামূলক ও নৈতিক
তথ্য ছাড়া ঘটনা নেই
𝓤-এ তথ্য বাস্তবতার মেরুদণ্ড

চূড়ান্ত বাক্য:
বাস্তবতা কণার আগে তথ্য,
আর তথ্যের আগেই কাঠামো-
এই কাঠামোর নামই 𝓤।

১৪.২ Entropy ও Computation →𝓤

১৪.২.১ ভূমিকা: গণনা কি শুধু সংখ্যা, না বাস্তব ঘটনা?

প্রচলিত ধারণায়-
Computation মানে অঙ্ক
Entropy মানে বিশৃঙ্খলা
কিন্তু আধুনিক বিজ্ঞান দেখায়-
প্রত্যেকটি গণনা একটি ভৌত ঘটনা
প্রত্যেকটি তথ্যপ্রক্রিয়া entropy-এর সাথে যুক্ত
𝓤 এই দুই ধারণাকে একীভূত করে।

১৪.২.২ Entropy: বিশৃঙ্খলা নয়, তথ্যগত সীমা

Entropy-কে শুধু disorder বলা ভুল।
Entropy মানে-
কতভাবে একটি অবস্থা ঘটতে পারে
কত তথ্য হারানো সম্ভব
এটি তথ্যের একটি সীমা।

১৪.২.৩ Computation = Physical Process

Turing machine বিমূর্ত হলেও-
বাস্তবে computation করতে লাগে শক্তি
সময়
memory
Landauer limit:
তথ্য মুছতে ন্যূনতম শক্তি লাগে
অতএব-
Computation কখনো free নয়।

১৪.২.৪ 𝓤-এ Computation-এর সংজ্ঞা

𝓤 অনুযায়ী:
$\text{Computation}=E_j(L_i,O_k,M_l)$

অর্থাৎ-
এটি আইননির্ভর
পর্যবেক্ষক- সম্পৃক্ত
নৈতিকভাবে অপরিবর্তনীয়

১৪.২.৫ Entropy Growth ও Irreversibility
প্রতিটি computation:
তথ্য পরিবর্তন করে
entropy বাড়ায়
সময়ের দিক নির্ধারণ করে
Time asymmetry computation থেকেই আসে।

১৪.২.৬ Biological Computation
জীবন হলো-
entropy-এর বিরুদ্ধে computation
কিন্তু সম্পূর্ণ এড়িয়ে নয়
কোষ তথ্য প্রক্রিয়া করে-
শক্তি ব্যয় করে অর্ডার বজায় রাখে।

১৪.২.৭ Conscious Computation
মানুষের চিন্তা-
computation
কিন্তু purely mechanical নয়

কারণ:
decision entropy তৈরি করে
নৈতিক দায় সৃষ্টি করে

১৪.২.৮ Computation ও Moral Constraint
𝓤-এ গুরুত্বপূর্ণ সিদ্ধান্ত-
সব computation নৈতিকভাবে নিরপেক্ষ নয়।

কারণ:
ফলাফল বাস্তব হয়
তথ্য অমোচনীয়
ভবিষ্যৎ সীমাবদ্ধ হয়

১৪.২.৯ Universe as Computation? -সীমা
Universe computation করে না।
Universe-এর ভেতরে computation হয়।
𝓤 বলে-
বাস্তবতা গণনার চেয়েও গভীর।

১৪.২.১০ Summary

Entropy তথ্যের সীমা
Computation বাস্তব ঘটনা
সময় ও অপরিবর্তনীয়তা computation-থেকে
নৈতিকতা computation-এর অংশ

চূড়ান্ত বাক্য:

গণনা শুধু সংখ্যা নয়-
এটি বাস্তবতার পথে একমুখী যাত্রা।
এই যাত্রার সীমারেখাই entropy,
আর তার কাঠামোই 𝓤।

১৪.৩ Complexity Growth →𝓤

১৪.৩.১ ভূমিকা: জটিলতা কি কাকতালীয়?
বহুদিন ধরে ধারণা ছিল-
প্রকৃতির মৌলিক আইন সরল
জটিলতা পরে "দুর্ঘটনাবশত" তৈরি হয়
কিন্তু আধুনিক বিজ্ঞান দেখায়-
Complexity একটি স্বাভাবিক বিকাশ, ব্যতিক্রম নয়।
𝓤 এই বিকাশকে বাস্তবতার অন্তর্গত নীতি হিসেবে স্থাপন করে।

১৪.৩.২ Complexity-এর সংজ্ঞা
𝓤 অনুযায়ী complexity মানে-অংশগুলোর সংখ্যাই নয়
তাদের পারস্পরিক সম্পর্কের গভীরতা
Complexity = relational richness।

১৪.৩.৩ Simple Laws → Complex Outcomes
উদাহরণ:
Newton's law → chaotic systems
Simple quantum rules → chemistry
Chemistry → biology
আইন সরল, কিন্তু interaction স্তরবদ্ধ।

১৪.৩.৪ Entropy বনাম Complexity
ভুল ধারণা: Entropy বাড়লে complexity কমে।
বাস্তবে-
Entropy globally বাড়ে
Complexity locally বাড়তে পারে
জীবন এই নিয়মেই চলে।

১৪.৩.৫ Information Accumulation
Complexity বাড়ে যখন-
তথ্য জমা হয়
তথ্য রক্ষা পায়
পুনঃব্যবহারযোগ্য হয়
Memory ছাড়া complexity নেই।

১৪.৩.৬ Observer-Driven Complexity

Observer সিদ্ধান্ত নেয়-
কোন তথ্য গুরুত্বপূর্ণ
কোনটি সংরক্ষিত হবে
এই নির্বাচন complexity বাড়ায়।

১৪.৩.৭ Irreversibility ও Complexity

একবার জটিলতা তৈরি হলে-
সেটি সহজ অবস্থায় ফেরা কঠিন
ইতিহাস তৈরি হয়
Complexity time-arrow তৈরি করে।

১৪.৩.৮ 𝓤-এ Complexity Growth-এর সূত্র

$\text{Complexity}^{t+1} > \text{Complexity}$ if Information Retention>Loss

১৪.৩.৯ Moral Dimension of Complexity

Complex system:
বেশি প্রভাব ফেলে
বেশি দায় তৈরি করে
জ্ঞান বাড়লে দায় বাড়ে।

১৪.৩.১০ Summary

Complexity দুর্ঘটনা নয়
এটি আইন-ঘটনা-তথ্য-observer সম্মিলিত ফল
Complexity সময় ও ইতিহাস তৈরি করে
নৈতিক দায় complexity-এর সাথে বৃদ্ধি পায়

চূড়ান্ত বাক্য:
জটিলতা মানে বিশৃঙ্খলা নয়-
এটি বাস্তবতার স্মৃতি।
এই স্মৃতির গাঠনিক নিয়মই 𝓤।

১৪.৪ Emergence →𝓤

১৪.৪.১ ভূমিকা: সব কিছু কি অংশ দিয়ে বোঝানো যায়?
Reductionism ধরে নেয়-
পুরোটা = অংশগুলোর যোগফল
কিন্তু বাস্তবতা দেখায়-
পুরোটা অংশগুলোর চেয়ে বেশি।
এই অতিরিক্তত্বই emergence।

১৪.৪.২ Emergence-এর সংজ্ঞা
𝓤 অনুযায়ী emergence মানে-
নতুন বৈশিষ্ট্যের আবির্ভাব
যা নিম্নস্তরে অনুপস্থিত
কিন্তু উচ্চস্তরে কার্যকর
Emergence ≠ magic
Emergence = **structural novelty**।

১৪.৪.৩ Weak vs Strong Emergence
Weak emergence:
পূর্বানুমান কঠিন
কিন্তু নীতিগতভাবে নির্ণেয়
Strong emergence:
নতুন causal power
নিম্নস্তরে অনুপস্থিত
𝓤 উভয়কেই স্বীকার করে, কিন্তু কাঠামোর মধ্যে।

১৪.৪.৪ Laws of Emergence
Emergent phenomenon-
নিজস্ব নিয়ম মানে
কিন্তু মৌলিক আইন লঙ্ঘন করে না
অতএব-
Law hierarchy exists.

১৪.৪.৫ Biology as Emergence
জীবন-
শুধু রসায়ন নয়

এটি সংগঠিত তথ্য-প্রক্রিয়া
জীবনের causal role বাস্তব।

১৪.৪.৬ Consciousness as Emergent Reality

চেতনা-
নিউরনের যোগফল নয়
কিন্তু নিউরন ছাড়া অসম্ভব
Consciousness = emergent observer.

১৪.৪.৭ Emergence ও Downward Causation

উচ্চস্তরের সিদ্ধান্ত:
নিম্নস্তরের আচরণ প্রভাবিত করে
যেমন-
মানসিক সিদ্ধান্ত → স্নায়বিক কার্যকলাপ
Downward causation বাস্তব।

১৪.৪.৮ Emergence & Moral Constraint

Emergent entity-
agency রাখে
দায় বহন করে
অতএব-
নৈতিকতা emergent বাস্তবতা।

১৪.৪.৯ Emergence in 𝓤

$\text{Emergence}=f(L_i,E_j,O_k,^{\text{Information}})$
Emergence observer ছাড়া অর্থহীন।

১৪.৪.১০ Summary

Emergence বাস্তব
Reductionism অসম্পূর্ণ
উচ্চতর causal স্তর আছে
নৈতিকতা emergent কিন্তু objective

চূড়ান্ত বাক্য:

বাস্তবতা স্তরে স্তরে নিজেকে প্রকাশ করে।
এই প্রকাশের নিয়মই emergence,
আর তার সমন্বিত মানচিত্রই 𝓤।

১৪.৫ Informational Reality →𝓤

১৪.৫.১ ভূমিকা: বাস্তবতা কি বস্তু, নাকি তথ্য?

পদার্থবিজ্ঞানের ইতিহাসে বাস্তবতার সংজ্ঞা বারবার বদলেছে।
কখনো কণা, কখনো ক্ষেত্র, কখনো শক্তি-সবশেষে এসে দাঁড়িয়েছে **তথ্য**-তে।
আজকের প্রশ্ন তাই আর এই নয়-
"বাস্তবতা কিসে গঠিত?"
বরং প্রশ্ন-
বাস্তবতা কি আদৌ তথ্য ছাড়া সংজ্ঞায়িত করা সম্ভব?
𝓤-এর উত্তর: না।

১৪.৫.২ Informational Reality-এর প্রাথমিক সংজ্ঞা

𝓤 অনুযায়ী-
Informational Reality হলো এমন বাস্তবতা,
যেখানে অস্তিত্ব মানেই পার্থক্য,
পার্থক্য মানেই তথ্য,
আর তথ্য মানেই গাঠনিক বাস্তবতা।
অর্থাৎ-
বস্তু → তথ্য বহন করে
ঘটনা → তথ্য পরিবর্তন করে
আইন → তথ্যের সীমা নির্ধারণ করে
পর্যবেক্ষক → তথ্য নিবন্ধন করে

১৪.৫.৩ "It from Bit"-কিন্তু সম্পূর্ণ নয়

John Wheeler-এর বিখ্যাত উক্তি:
It from Bit
এই ধারণা বলে-
বস্তু তথ্য থেকে আসে
কিন্তু Wheeler-এর সীমাবদ্ধতা ছিল-
Observer ও morality অনুপস্থিত
𝓤 এখানে পরিমার্জন করে-
It from Structured Bit within Moral Constraint

১৪.৫.৪ তথ্য ≠ বর্ণনা (Description)

একটি গুরুত্বপূর্ণ বিভ্রান্তি দূর করা প্রয়োজন-
তথ্য মানে:

মানুষের দেওয়া বর্ণনা নয়
ভাষাগত ট্যাগ নয়
তথ্য মানে-
বাস্তবতার মধ্যে পার্থক্য সৃষ্টি করা সক্ষম গাঠনিক অবস্থা।
অতএব-
তথ্য বাস্তবতার উপর আরোপিত নয়,
তথ্য বাস্তবতার অন্তর্গত।

১৪.৫.৫ Informational Ontology in 𝓤

𝓤-এর ontological স্তরক্রম:
Reality (R)
Structured Information
Laws (L_i)
Events (E_j)
Observers (O_k)
Moral Constraints (M_l)
এখানে তথ্য কোনো একক স্তর নয়-
এটি **সমস্ত স্তরের সংযোগকারী মাধ্যম**।

১৪.৫.৬ Matter, Energy, Space-Time as Information

আধুনিক পদার্থবিজ্ঞান দেখায়-
ভর ↔ শক্তি
শক্তি ↔ ক্ষেত্র
ক্ষেত্র ↔ তথ্যগত অবস্থা
Spacetime নিজেও-
একটি relational information structure
𝓤 ঘোষণা করে-
বস্তু, শক্তি ও স্থান-কাল-সবই তথ্যের ভিন্ন রূপ।

১৪.৫.৭ Event as Informational Update

𝓤-এ প্রতিটি ঘটনা:
$E_j = \Delta^{\text{Information}}$

ঘটনা মানে-
নতুন তথ্য যোগ
পুরনো তথ্য বিলুপ্ত
বাস্তবতার অবস্থা পরিবর্তন

ঘটনা ছাড়া তথ্য স্থির,
তথ্য ছাড়া ঘটনা অসম্ভব।

১৪.৫.৮ Observer as Informational Anchor

Observer-এর ভূমিকা এখানে মৌলিক-
তথ্য নিবন্ধিত না হলে
তথ্য বাস্তবতা পায় না
Observer তথ্য সৃষ্টি করে না,
কিন্তু তথ্যকে **বাস্তব করে তোলে**।

১৪.৫.৯ Informational Irreversibility ও নৈতিকতা

একবার তথ্য বাস্তব হলে-
তা ইতিহাসে প্রবেশ করে
entropy বাড়ে
পূর্বাবস্থা ফিরিয়ে আনা যায় না
এই অপরিবর্তনীয়তাই Moral constraint (M_I)।
অতএব-
তথ্য সৃষ্টি মানেই দায় সৃষ্টি।

১৪.৫.১০ Informational Reality বনাম Simulation Hypothesis

Simulation hypothesis বলে-
আমরা তথ্যভিত্তিক simulation-এ আছি
𝓤 পার্থক্য স্পষ্ট করে-
Simulation নিজেই informational reality
"বাস্তব" বনাম "simulation" বিভাজন গৌণ
মূল প্রশ্ন:
তথ্যের কাঠামো self-grounded কি না?

১৪.৫.১১ Informational Closure অসম্ভব

শুধু তথ্য দিয়েই বাস্তবতা সম্পূর্ণ ব্যাখ্যা করা যায় না-
তথ্যের আইন কোথা থেকে আসে?
তথ্য কেন বাস্তব হয়?
এই প্রশ্নগুলো Part V-এ পৌঁছে দেয়।

১৪.৫.১২ $\mathcal{U}$-এর চূড়ান্ত বক্তব্য

$$\mathcal{U} \equiv \{L_i, E_j, O_k, M_l | \forall i,j,k,l: L_i, E_j, O_k, M_l \subseteq R\}$$

তথ্য এই চারটির মধ্য দিয়ে-
গঠিত
সীমাবদ্ধ
বাস্তবায়িত
দায়বদ্ধ

১৪.৫.১৩ Summary
বাস্তবতা বস্তুগত নয়, তথ্যগত
তথ্য বিমূর্ত নয়, ontological
Observer তথ্যকে বাস্তব করে
Morality তথ্যকে সীমা দেয়
Informational reality নিজে নিজে সম্পূর্ণ নয়

চূড়ান্ত বাক্য:
বাস্তবতা কণা দিয়ে শুরু হয়নি,
শক্তিতে শেষও হয়নি-
বাস্তবতা গঠিত হয়েছে তথ্য দিয়ে,
কিন্তু তার পূর্ণতা এসেছে $\mathcal{U}$-এর কাঠামোতে।

অধ্যায় ১৫: Consciousness & Neuroscience →𝓤

১৫.১ Neural Correlates

১৫.১.১ ভূমিকা: চেতনার সমস্যা-আজ কোথায় দাঁড়িয়ে?

চেতনা (consciousness) আধুনিক বিজ্ঞানের সবচেয়ে গভীর এবং জেদি সমস্যা।
আমরা জানি-মস্তিষ্কে বৈদ্যুতিক ও রাসায়নিক ক্রিয়া ঘটে
নির্দিষ্ট নিউরাল কার্যকলাপের সাথে অভিজ্ঞতার সম্পর্ক আছে
কিন্তু মৌলিক প্রশ্নটি রয়ে গেছে-
কোন নিউরাল ঘটনা চেতন অভিজ্ঞতার সাথে যুক্ত, এবং কীভাবে?
এই প্রশ্নের উত্তর খোঁজার ক্ষেত্রই Neural Correlates of Consciousness (NCC)।

১৫.১.২ Neural Correlates: প্রচলিত সংজ্ঞা

প্রচলিতভাবে NCC বলতে বোঝায়-
এমন ন্যূনতম নিউরাল প্রক্রিয়া
যা উপস্থিত থাকলে একটি নির্দিষ্ট চেতন অভিজ্ঞতা ঘটে
এবং অনুপস্থিত থাকলে ঘটে না।
উদাহরণ:
Visual awareness ↔ occipital-temporal activation
Pain perception ↔ insula ও somatosensory cortex
কিন্তু এই সংজ্ঞা একটি গুরুত্বপূর্ণ সীমায় আটকে যায়।

১৫.১.৩ Correlation ≠ Explanation

Neuroscience অত্যন্ত সফলভাবে **correlation** শনাক্ত করেছে।
কিন্তু correlation ব্যাখ্যা নয়।
সমস্যা তিনটি স্তরে-
কেন এই নিউরাল প্যাটার্নই অভিজ্ঞতা দেয়?
কেন অন্য কোনো প্যাটার্ন নয়?
নিউরাল ঘটনা কীভাবে subjective অভিজ্ঞতায় রূপ নেয়?
এই ব্যবধানই **explanatory gap**।

১৫.১.৪ Reductionism-এর ব্যর্থতা পুনরায়

যদি ধরা হয়-
চেতনা = নিউরনের কার্যকলাপের যোগফল
তাহলে প্রশ্ন উঠে-

নিউরনের বৈদ্যুতিক স্পাইক কেন "অনুভূতি" সৃষ্টি করবে?
ভোল্টেজ পরিবর্তন কেন "আমি দেখছি" হয়ে উঠবে?
কেবল উপাদান বিশ্লেষণ দিয়ে অভিজ্ঞতা পাওয়া যায় না।

১৫.১.৫ *U*-এর পুনর্গঠন: Neural Correlates কী, আর কী নয়
U এখানে মৌলিক পুনর্নির্ধারণ করে-
Neural correlates চেতনার কারণ নয়,
এগুলো চেতনার **physical anchoring conditions**।
অর্থাৎ-NCC চেতনার জন্য প্রয়োজনীয়
কিন্তু যথেষ্ট নয়

১৫.১.৬ Neural Activity as Event (E_j)
U-এর কাঠামো অনুযায়ী-
নিউরাল ফায়ারিং = ঘটনা (E_j)
এগুলো আইন (L_i) অনুযায়ী ঘটে
তথ্য পরিবর্তন করে
observer-স্তরে নিবন্ধিত হয়
কিন্তু-**ঘটনা চেতনা নয়**।

১৫.১.৭ Consciousness as Emergent Observer
পূর্ববর্তী অধ্যায় (১৪.৪) অনুযায়ী-
চেতনা একটি emergent বাস্তবতা
এখানে-
নিউরাল correlates → ভিত্তি
Conscious observer → উচ্চতর স্তর
চেতনা নিউরনে আবদ্ধ নয়,
কিন্তু নিউরন ছাড়া অসম্ভব।

১৫.১.৮ Global Integration ও NCC
আধুনিক গবেষণা দেখায়-
Local activity যথেষ্ট নয়
Global integration প্রয়োজন
যেখানে-
তথ্য ছড়িয়ে পড়ে
বিভিন্ন অঞ্চল সমন্বিত হয়
এই global integration-ই observer-structure তৈরি করে।

১৫.১.৯ Neural Correlates & Information Flow

𝓤-এ NCC মানে-
তথ্য প্রবাহের ভৌত মানচিত্র
চেতনা ঘটে তখনই-
তথ্য কেবল প্রক্রিয়াজাত নয়
বরং নিজেকে নিবন্ধন করতে পারে

১৫.১.১০ NCC ও Moral Agency-এর পূর্বশর্ত

Neural correlates শুধু অনুভূতির নয়-
সিদ্ধান্ত
দায়
দায়িত্ব
সব কিছুর শারীরিক ভিত্তি দেয়।
কিন্তু-
দায় নিউরনে নেই,
দায় emergent observer-এ।

১৫.১.১১ সীমা ও সতর্কতা

𝓤 সতর্ক করে-
NCC-কে চেতনার সমার্থক ধরা ভুল
"Neural explanation complete" দাবি অবৈজ্ঞানিক
কারণ-
চেতনা কেবল causally effective নয়
এটি morally significant।

১৫.১.১২ Summary

Neural correlates বাস্তব
কিন্তু explanatory নয়
এগুলো চেতনার ভিত্তি, চেতনা নয়
Consciousness emerges as observer-structure
Neuroscience অপরিহার্য, কিন্তু অসম্পূর্ণ

চূড়ান্ত বাক্য:

মস্তিষ্ক চেতনার যন্ত্র নয়,
মস্তিষ্ক চেতনার ভিত্তি।
আর সেই ভিত্তির উপর দাঁড়ানো observer-ই 𝓤-এর কেন্দ্র।

১৫.২ Integrated Information →𝓤

১৫.২.১ ভূমিকা: চেতনা কেন বিচ্ছিন্ন নয়?

আমাদের চেতন অভিজ্ঞতা-
খণ্ডিত নয়
বিচ্ছিন্ন অনুভূতির সমষ্টি নয়
বরং-
চেতনা একটি একীভূত অভিজ্ঞতা।
এই একীভূততার প্রশ্ন থেকেই জন্ম নেয় **Integrated Information** ধারণা।

১৫.২.২ Integrated Information-এর প্রাথমিক ধারণা

Integrated Information বলতে বোঝায়-
একটি সিস্টেমে কত তথ্য আছে তা নয়
বরং তথ্যগুলো কতটা একসাথে অবিচ্ছিন্নভাবে যুক্ত
অর্থাৎ-
তথ্যের যোগফল নয়,
তথ্যের অখণ্ডতা।

১৫.২.৩ IIT (Integrated Information Theory): অর্জন ও সীমা

Giulio Tononi-এর IIT প্রস্তাব করে-
Φ (phi) দ্বারা চেতনার মাত্রা পরিমাপ
অর্জন:
Local processing বনাম global unity পার্থক্য
চেতনার একীভূত প্রকৃতি ব্যাখ্যা
কিন্তু সীমা:
Φ কেন subjective experience হবে-অস্পষ্ট
Moral agency অনুপস্থিত
Observer grounding অনির্ধারিত

১৫.২.৪ 𝓤-এর পুনর্গঠন: Information → Observer

𝓤 একটি মৌলিক পার্থক্য করে-
Integrated information চেতনা নয়,
এটি চেতনার জন্য প্রয়োজনীয় কাঠামো।
অর্থাৎ-
Integration = structural condition
Consciousness = emergent observer-state

১৫.২.৫ Integrated Information as Event Network
𝓤 অনুযায়ী-
Integrated information = interconnected events (E_j)
যা আইন (L_i) মেনে
একটি global informational state তৈরি করে
এই global state-ই observer-এর ভিত্তি।

১৫.২.৬ Why Disintegration Destroys Consciousness
ঘুম, অজ্ঞানতা, anesthesia-
Neural activity থাকে
কিন্তু integration ভেঙে যায়
ফলাফল-
তথ্য আছে, কিন্তু observer নেই।
এটি প্রমাণ করে-
Integration চেতনার পূর্বশর্ত।

১৫.২.৭ Integrated Information & Unity of Experience
আমরা-
শব্দ, রং, অর্থ একসাথে অনুভব করি
এই unity সম্ভব হয় কারণ-
তথ্য বিচ্ছিন্নভাবে নয়
একীভূতভাবে নিবন্ধিত হয়
Unity = integrated registration।

১৫.২.৮ Integrated Information & Irreversibility
একীভূত তথ্য-
সহজে বিচ্ছিন্ন করা যায় না
ইতিহাস তৈরি করে
এখানেই-
সময়
দায়
নৈতিকতা প্রবেশ করে

১৫.২.৯ Why Integration Is Not Enough
𝓤 স্পষ্ট করে-
সব integrated system conscious নয়

Integration $\neq$ experience
কারণ-
Observer-structure দরকার
Moral constraint দরকার

১৫.২.১০ Integrated Information in 𝓤 Formalism

Integrated Information$\subset E_j \cap L_i$
কিন্তু-
Consciousness$\subset O_k$
এখানে পার্থক্য স্পষ্ট।

১৫.২.১১ Integrated Information & Responsibility

যেখানে integration বেশি-
সিদ্ধান্ত বেশি সমন্বিত
দায়ও বেশি
অতএব-
Moral responsibility integration-এর উপর নির্ভরশীল।

১৫.২.১২ Summary

Integrated information চেতনার কাঠামো
কিন্তু চেতনা নিজে নয়
Integration ভাঙলে observer ভেঙে যায়
𝓤 observer-কেন্দ্রিক ব্যাখ্যা সম্পূর্ণ

চূড়ান্ত বাক্য:

চেতনা তথ্যের পরিমাণে নয়,
তথ্যের ঐক্যে জন্ম নেয়।
কিন্তু সেই ঐক্যকে বাস্তব করে তোলে
observer-এর উপস্থিতি-
আর সেই উপস্থিতির পূর্ণ কাঠামোই 𝓤।

১৫.৩ Subjective Experience →𝓤

১৫.৩.১ ভূমিকা: চেতনার অভিজ্ঞতা কেন গুরুত্বপূর্ণ?

চেতনা বা **consciousness** শুধুই নিউরাল ফায়ারিং বা integrated information নয়।
এটি মানব অভিজ্ঞতার **মূল স্তর**, যা আমাদের:
বোধ
অনুভূতি
ইচ্ছা
বিচারধারার ক্ষমতা
সবকিছুর **মূল ভিত্তি**।
কিন্তু বাস্তবতা, বিজ্ঞান ও নৈতিকতার প্রেক্ষাপটে আমরা একটি জটিল সমস্যা পাই:
কেন এবং কীভাবে **subjective experience** শারীরিক এবং informational প্রক্রিয়ার ফলাফল হিসেবে আবির্ভূত হয়?
এখানেই Unified Principle𝓤-এর ব্যাখ্যা প্রয়োজন।

১৫.৩.২ Subjective Experience সংজ্ঞা

Subjective experience (SE) বলতে বোঝায়:
প্রত্যেক ব্যক্তির অভিজ্ঞতার একক, অভ্যন্তরীণ জগত
যা শুধুমাত্র সেই ব্যক্তি উপলব্ধি করতে পারে
এটি তথ্য-ভিত্তিক কিন্তু purely objective নয়

SE-এর মূল বৈশিষ্ট্য:
First-person perspective: অভিজ্ঞতার কেন্দ্রবিন্দু observer
Qualia: অনুভূতির স্বতন্ত্র "রঙ" বা "গন্ধ"
Unity: বিভিন্ন sensory input একত্রিতভাবে অভিজ্ঞতায় আসে
Intentionality: সব অভিজ্ঞতা কিছু বিষয়কে নির্দেশ করে
Irreversibility: অভিজ্ঞতা ইতিহাসে যুক্ত হয়ে পুনরায় সম্পূর্ণ স্বতন্ত্রভাবে তৈরি হয় না

১৫.৩.৩ Reductionism & SE: ব্যর্থতা

চলুন উদাহরণ দিয়ে দেখি:
একটি নিউরন ফায়ার করছে
অপর একটি নিউরন chemical signal পাঠাচ্ছে
Reductionist view বলবে-
চেতনা = এই সব ফায়ারিংয়ের যোগফল

কিন্তু নিম্নলিখিত সমস্যাগুলো আসে:
Explanatory gap: ফিজিক্যাল প্রক্রিয়া কেন অভিজ্ঞতায় রূপান্তরিত হয়?
Multiple realizability: বিভিন্ন ন্যূরাল বা computational substrate একই SE তৈরি করতে পারে
Qualia irreducibility: অনুভূতির সুনির্দিষ্ট বৈশিষ্ট্য গণনা বা মাপ দ্বারা নির্ণয় করা যায় না
এই ব্যর্থতা প্রমাণ করে-SE শুধুমাত্র physical বা computational description দ্বারা ব্যাখ্যা করা যায় না।

১৫.৩.৪ Integrated Information & SE: সীমা

Integrated information (Φ) = তথ্যের একীভূত অবস্থা
SE-এর কাঠামো তৈরি হয় এই একীকরণের মাধ্যমে

কিন্তু 𝓤 বলে:
Integrated information alone ≠ SE
কারণ-
Φ নির্ধারিণ করে structural condition
কিন্তু **observer-state** নির্ধারণ করে সত্যিকারের SE
অর্থাৎ, SE শুধুমাত্র observer-included integrated information-এর ফলাফল।

১৫.৩.৫ Neural Correlates ও SE

Neural correlates (NCC) = SE-এর শারীরিক "anchor":
Visual awareness ↔ occipital cortex activation
Pain perception ↔ insula & anterior cingulate cortex
তবে 𝓤-এ বলা হয়:
NCC দেখায় "নেতৃত্ব", কিন্তু অভিজ্ঞতার উপস্থিতি observer-structure ছাড়া অসম্ভব
SE-এর জন্য:
$SE=f(E_j,L_i,O_k,^{\text{Integrated Information}})$

এখানে observer-structure (O_k) + integrated information + event network একত্রে SE তৈরি করে।

১৫.৩.৬ Unity of SE

SE-এর একটি মূল বৈশিষ্ট্য **একীভূততা**।
আমরা দেখতে পাই-
চোখ, কান, স্পর্শ, স্মৃতি-সব অভিজ্ঞতা একত্রিতভাবে অনুভূত হয়
তা computationally বা reductionistভাবে ভাগ করা যায় না

𝓤-এ ব্যাখ্যা:
SE unity = global integration of events + observer
এটি informational closure নয়, তবে **observer-anchored integration**

১৫.৩.৭ Temporal Structure & SE

SE একটি সময়ময় অভিজ্ঞতা:
অতীত স্মৃতি + বর্তমান সংবেদন + ভবিষ্যতের প্রত্যাশা একত্রিত
SE history-dependent
প্রতিটি অভিজ্ঞতা একটি **irreversible event stream**
এই irreversibility SE কে বাস্তব, causal, এবং morally relevant করে।

১৫.৩.৮ Qualia ও Observer Role

Qualia:
রঙ, স্বাদ, শব্দের অনুভূতি
শুধুমাত্র সেই observer-এর অভিজ্ঞতায় উপস্থিত

𝓤 অনুযায়ী:
Qualia = event-information-observer triad
নিউরন, তথ্য বা integration একাই qualitative property সৃষ্টি করতে পারে না
Observer হল একমাত্র causal anchor যা SE-কে reality দেয়.

১৫.৩.৯ SE ও Moral Constraint

SE-এর উপস্থিতি শুধু জ্ঞান বা অনুভূতির বিষয় নয়:
observer = agency holder
প্রত্যেক SE দায়িত্বের ভিত্তি
অভিজ্ঞতা ছাড়া moral responsibility নেই

𝓤-এ:
$M_1 \subset SE$
অর্থাৎ, চেতনা ছাড়া নৈতিক সীমা প্রয়োগ অচল।

১৫.৩.১০ SE & Emergence
SE একটি emergent property:
Low-level neural / computational events = E_j
High-level observer + integration → SE
এটি strong emergence-এর উদাহরণ:
নতুন causal power (decision, judgement)
Lower-level processes alone insufficient
𝓤-এ এই emergent property fully formalized:
$SE \equiv Emergent\ (O_k, ^{\text{Integrated Information}}, E_j, L_i, M_l)$

১৫.৩.১১ Subjectivity &𝓤 Formalism
SE formalism 𝓤-এ:
L_i = underlying laws
E_j = events (neural, informational)
O_k = conscious observer
M_l = moral constraint
SE = non-reducible intersection:
$SE = (E_j \cap L_i \cap O_k)$ subject to M_l

এটি non-reducible
Observer-included
Time-irreversible
Morally significant

১৫.৩.১২ Scientific Implications
SE-এর study = neuroscience + information theory + physics + ethics
NCC, Φ, integration alone insufficient
𝓤-framework unifies SE with reality, law, events, observer, morality
অতএব:
Neuroscience, physics ও computation-এর সীমা ছাড়িয়ে SE সম্পূর্ণ ব্যাখ্যা হয় 𝓤-এর মাধ্যমে

১৫.৩.১৩ Philosophical Implications
SE subjective = observer-centered ontology
Mind-brain unity = emergent, non-reducible
Free will, moral responsibility, meaning-all anchored in SE

১৫.৩.১৪ Summary

SE একটি **observer-anchored, emergent, integrated informational state**

Neural correlates এবং integrated information প্রয়োজনীয়, কিন্তু যথেষ্ট নয়

SE irreversibility, unity, qualitative character ধারণ করে

Moral responsibility SE-এর সাথে সম্পর্কিত

𝓤-framework SE, physics, information, laws এবং morality একত্রিত করে

চূড়ান্ত বাক্য:

Subjective experience হলো চেতনার কেন্দ্রীয় স্তর,

যা observer-included integrated information ও causal events-এর উপর জন্মায়।

SE না থাকলে, তথ্য, আইন, ঘটনা, এবং নৈতিকতা সব শূন্য।

এই পূর্ণ কাঠামোই **Unified Principle(𝓤)**।

১৫.৪ পর্যবেক্ষকের দায়িত্ব

(Observer Responsibility) →$\mathcal{U}$

১৫.৪.১ ভূমিকা: Observer কীভাবে কেন্দ্রবিন্দু হয় ?

পূর্ববর্তী অধ্যায়গুলোতে আমরা দেখেছি-

Neural correlates = চেতনার শারীরিক ভিত্তি

Integrated information = অভিজ্ঞতার একীভূত কাঠামো

Subjective experience (SE) = observer-নির্ভর, অপরিহার্য অভিজ্ঞতা

এখন প্রশ্ন উঠে-

Observer কি শুধুই তথ্য নিবন্ধনকারী?

নাকি observer-এর কাছে কার্যকলাপ ও দায়িত্বও আছে?

$\mathcal{U}$-এর প্রতিটি উপাদান (L_i, E_j, O_k, M_l) দেখায় যে observer-এর agency না থাকলে **reality অসম্পূর্ণ**।

১৫.৪.২ Observer as Agent

Observer শুধুই passive recipient নয়, বরং **active agent**:

Choice-making: SE দ্বারা প্রভাবিত সিদ্ধান্ত গ্রহণ

Information registration: reality-তে events ও states নিশ্চিতভাবে নির্ধারণ

Interaction with laws: observer-এর সিদ্ধান্ত physical laws-এর বাস্তব প্রয়োগে প্রভাব ফেলে

Emergent responsibility: conscious decision → causal consequences

এখানেই $\mathcal{U}$-এর মৌলিক তত্ত্ব প্রতিফলিত হয়:

$$O_k \subset SE + agency \subset U$$

অর্থাৎ **observer-এর দায়িত্ব $\mathcal{U}$-এর কাঠামোর অন্তর্গত**।

১৫.৪.৩ Responsibility ও Moral Constraint

Observer responsibility মানে:

Observer মৌলিক দায়িত্ববোধ রাখে

SE-এর উপস্থিতি-ই **moral agency** জন্ম দেয়

M_l = Moral constraints observer-এর ওপর আরোপিত

Formal notation $\mathcal{U}$-তে:

O_k acts under M_l

অর্থাৎ-observer-এর সিদ্ধান্ত **মৌলিক নৈতিক আইন, তথ্যের সম্পূর্ণতা, এবং causal consistency** দ্বারা constrained।
observer-এর choice, decision বা action M_l-এর দ্বারা সীমাবদ্ধ এবং নির্দেশিত।

১৫.৪.৪ Causal Power & Accountability

Observer responsibility কেবল নৈতিক নয়, **causal** ও:
প্রতিটি সিদ্ধান্ত একটি **event stream (E_j)** তৈরি করে
Event stream → reality-তে feedback loops সৃষ্টি করে
Integration ও irreversibility নিশ্চিত করে, observer-এর action history traceable
অতএব:
Responsibility=Causal Impact+Moral Constraint

১৫.৪.৫ Observer Responsibility & Free Will

𝓤-এর ভেতর:
Free will ≠ classical indeterminacy
Free will = structured choice within 𝓤 constraints (L_i, M_l)
Observer সম্ভাব্য events, তথ্য states বা actions থেকে নির্বাচন করে
এটি **science এবং ethics**-এর মধ্যে seamless bridge তৈরি করে।

১৫.৪.৬ Observer, Knowledge & Ethical Decision

Observer responsibility সর্বাধিক প্রকাশ পায় যখন **knowledge ও understanding** থাকে:
Knowledge of laws (L_i) → ফলাফলের predictability
Awareness of events (E_j) → impact evaluation
Integrated information (Φ) → holistic comprehension
Subjective experience (SE) → motivation & prioritization
Decision-making ≠ random; এটি 𝓤-এর **logical necessity**।

১৫.৪.৭ Observer Responsibility in Complex Systems

Complex systems-এ observer responsibility আরও জরুরি:
Global information networks
Emergent phenomena
Civilizational impact

উদাহরণ:

Scientific discovery → widespread societal effect
Observer neglect → catastrophic outcomes
অতএব moral & causal responsibility **unavoidable**।

$\mathcal{U}$ formalism-এ:

Okcomplex=SE−informed, morally constrained, globally impactful agent

১৫.৪.৮ Observer in Science & Experimentation

Science-এ observer responsibility প্রকাশ পায়:

Measurement & participation (quantum & classical)
Recording & validation of events
Ethical experiment design → prevent harm
অর্থাৎ, **observer-এর উপস্থিতি শুধুই passive নয়**, বরং **constructive & normative**।

১৫.৪.৯ Observer Responsibility & Moral Realism

$\mathcal{U}$-এর অধীনে:

Moral realism observer-dependent, কিন্তু theology-free
Observer-এর SE + agency → moral truth realization
Observer-এর অনুপস্থিতিতে → morality floating, unanchored

Formal relation:

$\mathbf{M_l=f(O_k, SE, E_j)}$

Moral constraints observer-inclusive
SE ensures understanding
Events & laws ensure implementation

১৫.৪.১০ Observer Responsibility & Future of Civilization

Observer responsibility বিশ্বব্যাপী প্রয়োগে:

Scientific ethics
Political & societal accountability
Environmental stewardship
$\mathcal{U}$-এর framework নির্দেশ করে-observer-এর action ছাড়া **civilization অনৈতিক বা অস্থিতিশীল**।

১৫.৪.১১ Observer Responsibility &𝓤 Integration

সংক্ষেপে:

Observer = nexus of information, event, law, and moral constraint
Responsibility = unavoidable consequence of conscious presence
SE → awareness → choice → impact → accountability

Formalized:
Responsibility(O_k)=Integral(O_k,SE,E_j,L_i,M_l)⊂𝓤

১৫.৪.১২ Irreversibility & Observer Responsibility

Observer action produces irreversible informational changes:
Neural & physical events
Integrated information patterns
Historical traceability
Moral consequences
অতএব responsibility ontologically grounded, socially constructed নয়।
Observer agency = reality-এর অংশ।

১৫.৪.১৩ Observer Responsibility & Unified Principle(𝓤)

𝓤-এ observer responsibility হলো:
Necessary: absence → incomplete reality
Sufficient: ensures moral & causal completeness
Non-reducible: cannot derive from law, events, or information alone
Observable & measurable: via consequences in physical and informational reality

১৫.৪.১৪ Summary

Observer responsibility = SE-এর logical, causal, ও moral extension
Observer ≠ passive
SE + integrated information → agency → accountability
Responsibility = 𝓤-এর অভ্যন্তরীণ, non-reducible, unavoidable অংশ

Observer agency ensures science, ethics, and civilization remain coherent

চূড়ান্ত বাক্য:

Observer responsibility শুধুমাত্র মনস্তাত্ত্বিক বা নৈতিক ধারণা নয়;
এটি reality-এর অভ্যন্তরীণ কাঠামোর চূড়ান্ত উপাদান।
SE, integration, causal events এবং moral constraints ছাড়া observer অসম্পূর্ণ।

১৫.৫ Mind-Brain Unity →𝓤

১৫.৫.১ ভূমিকা: মন ও মস্তিষ্কের সম্পর্ক

আমরা আগের উপধারায় দেখেছি-

Neural correlates = চেতনার শারীরিক ভিত্তি
Integrated information = অভিজ্ঞতার একীভূত কাঠামো
Subjective experience = observer-centered, irreducible
Observer responsibility = causal ও moral agency
এবার প্রশ্ন: **মস্তিষ্ক এবং চেতনা একযোগে কিভাবে কার্যকর?**

Mind-Brain Unity (MBU) 𝓤-এর এমন একটি বিন্দু, যেখানে SE, neural activity, integration এবং observer agency একটি cohesive system তৈরি করে।

১৫.৫.২ Mind-Brain Unity: সংজ্ঞা

MBU বলতে বোঝায়-
চেতনা (mind/consciousness) এবং মস্তিষ্ক (brain/neural substrate) একটি unified causal-informational structure তৈরি করে
এটি শুধুমাত্র correlation নয়, বরং bidirectional interaction

Formal 𝓤-এ:
$$\mathbf{MBU = O_k \cap SE \cap E_j \cap L_i}$$

Observer (O_k) ≠ passive
SE ≠ isolated
E_j (neural events) ≠ random
L_i (laws) ≠ detached
MBU = cohesive network integrating all four 𝓤 components।

১৫.৫.৩ Neural Basis & Informational Structure

MBU-এর শারীরিক অংশ:
Neurons, synapses, neurotransmitters = physical events
Neural patterns = integrated information
Networks exhibit global coherence → SE-এর unity
Functional specialization + integration = irreducible system
Key point:

Mind = emergent observer-state
Brain = physical substrate enabling SE & agency

১৫.৫.৪ Bidirectional Interaction

Mind ↔ Brain সম্পর্ক দুই-মুখী:

Bottom-up causation: neural events → integrated info → SE → observer awareness

Top-down causation: SE → attention, decision, action → neural reconfiguration

উদাহরণ:

Decision-making → prefrontal cortex activation
Feedback → modulation of sensory processing
SE informs choice, choice reshapes neural dynamics

𝓤-এ:

$E_j \leftrightarrow SE \leftrightarrow O_k$

এটি non-reducible causal loop।

১৫.৫.৫ Unity & Emergence

MBU একটি **emergent property**:

Neural events alone = insufficient
Integrated info alone = incomplete
SE alone = abstract

মোট ফলাফল:

$MBU = Emergent(O_k, SE, \text{Integrated Information}, E_j, L_i)$

Non-reducible
Observer-included
Time-irreversible
Causally effective

১৫.৫.৬ SE ও Neural Plasticity

Mind-Brain Unity নিশ্চিত করে:

Neural plasticity ↔ SE learning
Memory formation ↔ subjective experience
Skills, habits, moral behavior ↔ observer agency

এখানে 𝓤-এর L_i (laws) ও M_l (moral constraints) কার্যকর হয়:
SE informs choice
Choices reshape E_j
Laws & moral constraints guide possible transformations

১৫.৫.৭ Irreversibility & Historical Trace
MBU temporal structure:
SE integrated over past events → current observer state
Neural events irreversible → historical trace
Moral accountability anchored → observer-agency
এটি 𝓤-এর causal & moral completeness নিশ্চিত করে।

১৫.৫.৮ Observer Agency in MBU
SE aware → chooses
Choice → E_j (neural & physical events)
Consequence → updated integration & SE

Formalization:
$Agency(O_k)=f(SE,E_j,L_i,M_l)$

Agency ≠ mere physical output
Agency ≠ abstract will
Agency = emergent property within 𝓤

১৫.৫.৯ MBU & Consciousness Spectrum
MBU formalism explains:
Varied levels of consciousness
Sleep, anesthesia, meditation, awake
Integration & observer engagement determine SE intensity & clarity
Example:
Deep sleep: neural events ongoing, SE minimal → MBU weakened
Awake, focused: high SE + integration → MBU maximal

১৫.৫.১০ Mind-Brain Unity & Moral Responsibility
𝓤-এ MBU অনিবার্যভাবে observer responsibility-এর ভিত্তি:
SE → awareness → choice → moral impact

Neural events → physical implementation
Laws & moral constraints → normative boundary
অতএব:
Moral Responsibility=$MBU \cap M_l$
Observer ছাড়া morality অস্থিতিশীল
Mind-Brain unity = moral agency & accountability-এর শারীরিক ও informational ভিত্তি

১৫.৫.১১ Scientific Implications
Neuroscience ≠ standalone explanation
Integrated information ≠ complete
SE ≠ observer-free
MBU integrates:
Brain (E_j)
Mind (SE + O_k)
Laws (L_i)
Moral constraints (M_l)

ফলাফল:
Scientific modeling compatible with subjective experience
Ethics, decision-making, prediction → unified framework

১৫.৫.১২ Philosophical Implications
Mind ≠ separate substance
Brain ≠ mere machine
Observer-included emergent unity → reality & morality consistency
Free will, SE, moral accountability, civilization integrity → MBU-dependent

১৫.৫.১৩ MBU &$\mathcal{U}$ Formalization
Events (E_j): neural & physical occurrences
Laws (L_i): governing physical & informational transformations
Observer (O_k): conscious, responsible agent
Integrated Information (Φ): global coherence
Moral Constraint (M_l): normative boundary
$MBU \equiv (E_j \cap L_i \cap O_k \cap \Phi \cap M_l) \subset \mathcal{U}$

Non-reducible
Observer-anchored
Causally & morally effective

১৫.৫.১৪ Summary

Mind-Brain Unity = core of conscious observer
Neural events + integrated information + subjective experience + observer agency → cohesive system
MBU ensures moral responsibility, causal efficacy, and historical trace
Emergent, non-reducible, time-irreversible
𝓤-framework binds MBU seamlessly with law, events, SE, and morality

চূড়ান্ত বাক্য:

Mind-Brain Unity প্রমাণ করে যে observer-এর SE, neural substrate, integrated information এবং moral responsibility এক অবিচ্ছেদ্য কাঠামো তৈরি করে, যা reality-এর পূর্ণতা নিশ্চিত করে।
এই পূর্ণ কাঠামোই 𝓤-এর কেন্দ্র, এবং observer-বিহীন reality অসম্পূর্ণ ও অস্থিতিশীল।

PART V-LOGICAL CONSEQUENCES

অধ্যায় ১৬: Closed Reality-এর অসম্ভবতা → 𝓤

১৬.১ Self-Grounding Paradox

(Closed Reality-এর অসম্ভবতা-Unified Principle(𝓤) -এর আলোকে)

১৬.১.১ ভূমিকা: Closed Reality ধারণার মৌলিক সমস্যা

Closed Reality বলতে সাধারণত এমন একটি বাস্তবতাকে বোঝানো হয়, যা-
সম্পূর্ণভাবে **স্বয়ংসম্পূর্ণ**
নিজের বাইরে কোনো ব্যাখ্যা, ভিত্তি বা উৎসের প্রয়োজন নেই
নিজের আইন, ঘটনা, পর্যবেক্ষক ও অর্থ-সবকিছুর কারণ নিজেই
আধুনিক বিজ্ঞান ও দর্শনের বহু ধারায় এই ধারণাটি নীরবে গ্রহণ করা হয়েছে। কিন্তু Unified Principle(𝓤)-এর কাঠামোর আলোকে এই ধারণাটি একটি গভীর যুক্তিগত সমস্যায় পতিত হয়, যাকে আমরা বলি-

Self-Grounding Paradox
(স্বয়ংভিত্তিকতা-বিরোধ)

এই উপধারার উদ্দেশ্য হলো দেখানো যে কোনো বাস্তবতা যদি নিজেকেই নিজের চূড়ান্ত ভিত্তি হিসেবে দাঁড় করাতে চায়, তবে তা অবশ্যম্ভাবীভাবে যুক্তিগত পতনে পৌঁছায়।

১৬.১.২ Grounding কী ? (ভিত্তি নির্ধারণের ধারণা)

দর্শন ও বিজ্ঞান উভয় ক্ষেত্রেই grounding বলতে বোঝায়-
কেন কিছু আছে, অন্য কিছু নেই-এর ব্যাখ্যামূলক ভিত্তি
কোন কারণে একটি কাঠামো বৈধ, কার্যকর ও অস্তিত্বশীল
উদাহরণ:
একটি আইন কার্যকর → কারণ তার একটি উৎস বা কাঠামোগত ভিত্তি আছে
একটি ঘটনা ঘটে → কারণ কোনো আইন ও পূর্ববর্তী অবস্থা বিদ্যমান
Grounding মানে শুধু causal chain নয়, বরং **ontological justification**।

১৬.১.৩ Self-Grounding কী দাবি করে?

Self-grounding ধারণা অনুযায়ী-
বাস্তবতা (R) নিজেই নিজের অস্তিত্বের কারণ

আইন (L_i) নিজেরাই নিজেদের বৈধতা ব্যাখ্যা করে
পর্যবেক্ষক (O_k) বাস্তবতার ভেতর জন্ম নিয়ে বাস্তবতাকেই ভিত্তি করে
নৈতিক সীমা (M_l) বাস্তবতার মধ্যেই উদ্ভূত, কোনো অতিরিক্ত ভিত্তি ছাড়াই
সংক্ষেপে:
R grounds R
এই দাবিই paradox সৃষ্টি করে।

১৬.১.৪ Paradox-এর গঠন: কেন Self-Grounding অসম্ভব

Self-grounding paradox তিনটি ধাপে স্পষ্ট হয়-

(ক) অস্তিত্বের আগে ভিত্তি প্রয়োজন

যে কোনো কিছুকে ভিত্তি দিতে হলে তাকে **আগে থেকেই থাকতে হয়**।
কোনো কিছুর অস্তিত্ব ব্যাখ্যা করতে চাইলে
ব্যাখ্যাকারীকে ব্যাখ্যাত বস্তুর চেয়ে ontologically prior হতে হয়
কিন্তু self-grounding বলে:
বাস্তবতা নিজেই নিজের আগে
যা যুক্তিগতভাবে অসম্ভব।

(খ) বৃত্তাকার ব্যাখ্যা (Circularity)

Self-grounding আসলে বলে-
বাস্তবতা আছে, কারণ বাস্তবতা আছে
এটি কোনো ব্যাখ্যা নয়, এটি একটি **tautology**।

Unified Principle(𝓤) অনুযায়ী:
একটি বৈধ grounding কখনোই circular হতে পারে না
কারণ circular explanation নতুন কোনো ontological তথ্য যোগ করে না

(গ) Law-origin সমস্যা

Closed reality যদি সত্য হয়, তবে-
আইনগুলো (L_i) বাস্তবতার অংশ
কিন্তু আইনগুলোর কার্যকারিতা ব্যাখ্যা করতে আইনগুলোকেই ব্যবহার করা হয়
প্রশ্ন:
আইন কেন এই আইন, অন্যটি নয়?
Self-grounding এখানে কোনো উত্তর দিতে পারে না।

১৬.১.৫ Self-Grounding ও Observer সমস্যা

Unified Principle(𝓤)-এ observer (O_k) একটি অপরিহার্য উপাদান।

Closed reality বললে ধরে নিতে হয়-
observer বাস্তবতার ভেতরেই উদ্ভূত
observer বাস্তবতাকে বোঝে, মাপে, ব্যাখ্যা করে
কিন্তু প্রশ্ন আসে-
observer যে বাস্তবতাকে ব্যাখ্যা করছে, সেই বাস্তবতার ভিত্তি যদি observer নিজেই হয়, তবে observer নিজেকে কীভাবে ব্যাখ্যা করবে?
এটি তৈরি করে-
epistemic circularity
ontological instability
Observer হয়ে যায় নিজেরই পূর্বশর্ত, যা অসম্ভব।

১৬.১.৬ Moral Grounding-এর ভাঙন

Self-grounding বাস্তবতায় নৈতিকতার অবস্থান আরও দুর্বল।
যদি-
নৈতিক সীমা (M_l) বাস্তবতার ভেতরেই উদ্ভূত
এবং বাস্তবতা নিজেই নিজের ভিত্তি
তবে-
নৈতিকতা হয়ে পড়ে contingent
কোনো চূড়ান্ত বাধ্যতামূলক চরিত্র থাকে না
এটি শেষ পর্যন্ত পৌঁছায়-
moral relativism অথবা moral nihilism
কিন্তু পূর্ববর্তী অধ্যায়গুলোতে আমরা দেখেছি-
নৈতিক সীমা $\mathcal{U}$-এর একটি মৌলিক উপাদান
moral constraint ছাড়া observer responsibility ভেঙে পড়ে

১৬.১.৭ Self-Grounding বনাম $\mathcal{U}$ Framework

Unified Principle($\mathcal{U}$) স্পষ্টভাবে বলে-

$$\mathcal{U} \equiv \{L_i, E_j, O_k, M_l \mid \forall i,j,k,l: L_i, E_j, O_k, M_l \subseteq R\}$$

কিন্তু-
এই সেটটি নিজেকে নিজে ব্যাখ্যা করে না
বরং দেখায় যে বাস্তবতার ভেতরের সব উপাদান **একসাথে উপস্থিত**, কিন্তু **নিজেদের চূড়ান্ত উৎস নয়**
$\mathcal{U}$ closed reality দাবি করে না, বরং-
structurally complete but ontologically open বাস্তবতার ধারণা দেয়।

১৬.১.৮ Logical Consequence: Infinite Regress বা Collapse

Self-grounding গ্রহণ করলে দু'টি পথ খোলা থাকে-

Infinite regress

বাস্তবতা নিজেকে ব্যাখ্যা করতে গিয়ে অসীম পেছনে যায়

Explanatory collapse

ব্যাখ্যা বন্ধ করে দিয়ে বলে "এটাই এমন"

দুটোই বিজ্ঞান ও দর্শনের জন্য অগ্রহণযোগ্য।

১৬.১.৯ কেন Self-Grounding আকর্ষণীয় মনে হয়?

এই ধারণা জনপ্রিয় কারণ-

এটি অতিরিক্ত কোনো ভিত্তি স্বীকার করতে চায় না

"nothing beyond reality" বললে সহজ মনে হয়

metaphysical commitment এড়ানো যায়

কিন্তু Unified Principle(𝓤) দেখায়-

সহজ মনে হওয়া মানেই সত্য নয়।

১৬.১.১০ উপসংহার: Self-Grounding Paradox-এর চূড়ান্ত ফল

আমরা দেখালাম-

Self-grounding যুক্তিগতভাবে circular

Ontological priority লঙ্ঘন করে

Law, observer ও morality-এর ভিত্তি ভেঙে দেয়

Closed reality ধারণা টেকসই নয়

অতএব সিদ্ধান্ত-

কোনো বাস্তবতা নিজের চূড়ান্ত ভিত্তি হতে পারে না।

Self-grounding paradox প্রমাণ করে যে **Closed Reality অসম্ভব**।

১৬.২ Infinite Regress Problem

(Closed Reality-এর অসম্ভবতা-Unified Principle(𝓤) -এর আলোকে)

১৬.২.১ ভূমিকা: Self-Grounding থেকে Infinite Regress-এর জন্ম

পূর্ববর্তী উপধারায় আমরা দেখেছি-

Self-grounding paradox দেখায় যে বাস্তবতা (R) নিজেকে নিজে চূড়ান্ত ভিত্তি দিতে পারে না।

কিন্তু এখানেই সমস্যা শেষ হয় না।

যখন কোনো তত্ত্ব self-grounding অস্বীকার করে, কিন্তু বাহ্যিক বা অতিরিক্ত কোনো ভিত্তিও স্বীকার করতে চায় না, তখন স্বাভাবিকভাবে যে পথে সে এগোয়, সেটি হলো-

Infinite Regress

(অসীম পশ্চাদপসরণ)

এই উপধারার লক্ষ্য হলো দেখানো যে-

Closed reality রক্ষা করতে গেলে

অথবা reality-এর জন্য কোনো ultimate ground এড়াতে চাইলে

Infinite regress অনিবার্য হয়ে ওঠে

এবং সেটি বিজ্ঞান, দর্শন ও 𝓤-সবকিছুর জন্যই বিধ্বংসী।

১৬.২.২ Infinite Regress কী?

Infinite regress বলতে বোঝায়-

একটি ব্যাখ্যা আরেকটি ব্যাখ্যার ওপর নির্ভর করে

সেই ব্যাখ্যাও আবার অন্য একটি ব্যাখ্যার ওপর

এই শৃঙ্খল কখনো শেষ হয় না

অর্থাৎ-

কোনো চূড়ান্ত ব্যাখ্যা (ultimate explanation) কখনো পাওয়া যায় না।

দর্শনের ভাষায়:

No terminus

No foundational ground

১৬.২.৩ Grounding ও Regress-এর মৌলিক সম্পর্ক

Grounding মানে হলো-

কেন কিছু আছে, তার চূড়ান্ত ব্যাখ্যা

যদি grounding কখনো শেষ না হয়, তবে-

অস্তিত্বের কোনো স্থায়ী ব্যাখ্যা থাকে না

সবকিছু হয় provisionally explained
Unified Principle($\mathcal{U}$) অনুযায়ী:
একটি বাস্তবতা তখনই coherent, যখন তার ব্যাখ্যাগত কাঠামো closed at explanation-level, কিন্তু open at ontological-level
Infinite regress এই কাঠামো ভেঙে দেয়।

১৬.২.৪ Closed Reality কেন Infinite Regress তৈরি করে

Closed reality বলে-
বাস্তবতার বাইরে কিছু নেই
সব ব্যাখ্যা বাস্তবতার ভেতরেই খুঁজতে হবে
এখন ধাপে ধাপে দেখি কী ঘটে-

ধাপ ১: আইন (L_i)-এর উৎস
প্রশ্ন:
এই আইনগুলো কেন বিদ্যমান?
উত্তর (closed reality):
অন্য কোনো আরও মৌলিক আইন বা কাঠামোর কারণে
কিন্তু তখন প্রশ্ন উঠে-
সেই আরও মৌলিক আইনগুলোর উৎস কী?
এভাবে আইন → আইন → আইন
কখনো শেষ হয় না।

ধাপ ২: ঘটনা (E_j)-এর ব্যাখ্যা
ঘটনা ব্যাখ্যা করা হয়-
পূর্ববর্তী ঘটনার মাধ্যমে
কিন্তু প্রশ্ন:
প্রথম ঘটনা কোথা থেকে এলো?
Closed reality এখানে কোনো চূড়ান্ত সূচনা দিতে পারে না।
ফলে-
Event chain → infinite regress

ধাপ ৩: Observer (O_k)-এর উৎপত্তি
Observer সম্পর্কে বলা হয়-
observer জটিল প্রাকৃতিক প্রক্রিয়ার ফল
কিন্তু প্রশ্ন:
সেই প্রক্রিয়াগুলো কেন এমনভাবে কাজ করল যাতে observer জন্ম নিল?
এখানেও-

explanation → deeper explanation → deeper explanation
Observer grounding হারিয়ে ফেলে।

ধাপ ৪: Moral constraint (M_l)-এর ভিত্তি
নৈতিক সীমা বলা হয়-
সামাজিক বিবর্তন
biological adaptation
cognitive pattern
কিন্তু প্রশ্ন:
কেন এই নৈতিক কাঠামো বাধ্যতামূলক হবে?
উত্তর না থাকলে-
morality collapses into contingency
আর উত্তর খুঁজতে গেলে-
infinite explanatory regress

১৬.২.৫ Infinite Regress কেন অগ্রহণযোগ্য
Infinite regress তিনটি কারণে মারাত্মক-

(ক) Explanation কখনো সম্পূর্ণ হয় না
বিজ্ঞান ব্যাখ্যা চায়
দর্শন ভিত্তি চায়
কিন্তু regress মানে কোনো চূড়ান্ত ব্যাখ্যা নেই
এটি inquiry-কে অর্থহীন করে তোলে।

(খ) Practical knowledge ভেঙে পড়ে
যদি সবকিছুই অস্থায়ী ব্যাখ্যার ওপর দাঁড়ায়, তবে-
scientific law-এর নির্ভরযোগ্যতা
moral responsibility
observer accountability
সবই আপেক্ষিক হয়ে যায়।

(গ) Ontological instability
Infinite regress মানে-
বাস্তবতার কোনো স্থায়ী অস্তিত্বগত ভিত্তি নেই
সবকিছু ঝুলে আছে, কিন্তু কোথায়-তা বলা যায় না
Unified Principle(𝓤) -এর ভাষায়:
Reality loses ontological anchoring.

১৬.২.৬ Infinite Regress বনাম Scientific Practice

বাস্তবে বিজ্ঞান কাজ করে কারণ-
কিছু বিষয়কে **given** হিসেবে ধরে নেয়
কিছু axiomatic boundary স্বীকার করে
কিন্তু closed reality দাবি করে-এমন কোনো boundary নেই
এই দাবি বিজ্ঞানকে আত্মঘাতী করে তোলে।

১৬.২.৭ Infinite Regress ও 𝓤-এর অবস্থান

Unified Principle(𝓤) স্পষ্টভাবে বলে-
L_i, E_j, O_k, M_l একত্রে বাস্তবতার কাঠামো গঠন করে
কিন্তু তারা নিজেরা নিজেদের চূড়ান্ত উৎস নয়
𝓤 therefore:
Infinite regress এড়ায়
Self-grounding প্রত্যাখ্যান করে
Ontological openness বজায় রাখে
এই openness কোনো ফাঁক নয়, বরং **structural necessity**।

১৬.২.৮ Regress এড়ানোর তিনটি পথ (এবং কেন দুটো ব্যর্থ)

দর্শনে সাধারণত তিনটি বিকল্প থাকে-
Self-grounding
✕ ইতোমধ্যে দেখানো হয়েছে-paradoxical
Infinite regress
✕ ব্যাখ্যা অসম্পূর্ণ, বাস্তবতা অস্থিতিশীল
External grounding
✓ একমাত্র যুক্তিসংগত পথ
Unified Principle(𝓤) এই তৃতীয় পথের জন্য কাঠামো প্রস্তুত করে।

১৬.২.৯ Infinite Regress ও Meaning Collapse

যদি infinite regress সত্য হয়, তবে-
Meaning কখনো স্থায়ী হয় না
Purpose কেবল সাময়িক কল্পনা
Ethics পরিস্থিতিনির্ভর
কিন্তু পূর্ববর্তী অধ্যায়গুলোতে আমরা দেখেছি-
Meaning structural
Ethics necessary
Observer responsibility unavoidable
অতএব infinite regress বাস্তবতার প্রকৃত অভিজ্ঞতার সঙ্গে সাংঘর্ষিক।

১৬.২.১০ উপসংহার: Infinite Regress-এর অনিবার্য ব্যর্থতা

এই উপধারার সিদ্ধান্ত-

Closed reality self-grounding করতে পারে না

Self-grounding এড়াতে গেলে infinite regress অনিবার্য

Infinite regress কোনো চূড়ান্ত ব্যাখ্যা দেয় না

ফলে বাস্তবতা ontologically unstable হয়ে পড়ে

অতএব-

Infinite regress কোনো সমাধান নয়, বরং একটি ব্যাখ্যাগত পতন।

১৬.৩ Contingency Problem

(Closed Reality-এর অসম্ভবতা Unified Principle($\mathcal{U}$)-এর আলোকে)

১৬.৩.১ ভূমিকা: Contingency সমস্যার অবস্থান

১৬.১-এ আমরা দেখেছি **Self-Grounding Paradox**
১৬.২-এ দেখেছি **Infinite Regress Problem**
এখন এই ধারাবাহিক যুক্তির তৃতীয় এবং আরও গভীর স্তরে আমরা পৌঁছাই-
Contingency Problem
(আকস্মিকতা বা অনিবার্যতাহীনতার সমস্যা)
এই সমস্যা দেখায় যে, যদি বাস্তবতা (Reality, R) **নিজের বাইরে কোনো আবশ্যিক ভিত্তি (necessary ground)** না রাখে, তবে বাস্তবতা নিজেই হয়ে পড়ে-
ব্যাখ্যাগতভাবে দুর্বল, অস্তিত্বগতভাবে অনিরাপদ এবং নৈতিকভাবে অস্থির।
Unified Principle($\mathcal{U}$) অনুযায়ী এটি closed reality ধারণার আরেকটি মারাত্মক ব্যর্থতা।

১৬.৩.২ Contingency কী?

দর্শনের ভাষায়-
Contingent = যা থাকতে পারে, আবার নাও থাকতে পারে
যার অস্তিত্ব **আবশ্যিক নয়**
যা অন্য কিছুর ওপর নির্ভরশীল
এর বিপরীতে-
Necessary = যা না থাকলে বাস্তবতার কাঠামো ভেঙে পড়ে
প্রশ্নটি তাই খুব সরল কিন্তু গভীর-
বাস্তবতা কি contingent, নাকি necessary?

১৬.৩.৩ Closed Reality ও Contingency-এর স্বীকারোক্তি

Closed reality দাবি করে-
বাস্তবতার বাইরে কিছু নেই
বাস্তবতা নিজেই ultimate
কোনো external necessity নেই
কিন্তু এই দাবি অজান্তেই একটি বড় স্বীকারোক্তি করে-
বাস্তবতা এমনও হতে পারত, আবার নাও হতে পারত।
কারণ-
বাস্তবতার অস্তিত্ব ব্যাখ্যা করার মতো কোনো **আবশ্যিক কারণ** নেই
এখান থেকেই Contingency Problem শুরু হয়।

১৬.৩.৪ “কেন কিছু আছে, কিছু নেই?”-প্রশ্নটির ধ্বংস

Leibniz-এর বিখ্যাত প্রশ্ন-
“Why is there something rather than nothing?”
Closed reality এই প্রশ্নের কোনো প্রকৃত উত্তর দিতে পারে না।
কারণ-
যদি বাস্তবতা contingent হয়
তবে তার অস্তিত্বের কোনো বাধ্যতামূলক কারণ নেই
উত্তর দাঁড়ায়-
“এটা এমনই”
Unified Principle(𝓤) অনুযায়ী এটি কোনো উত্তর নয়, এটি explanatory surrender।

১৬.৩.৫ Contingency ও Law-Origin Problem

যদি বাস্তবতা contingent হয়, তবে-
তার আইনগুলোও contingent
এই আইনগুলো অন্যরকম হতে পারত
অথবা কোনো আইনই নাও থাকতে পারত
প্রশ্ন:
কেন এই আইনগুলো কার্যকর, স্থিতিশীল ও সার্বজনীন?
Closed reality উত্তর দিতে পারে না।
ফলে-
বিজ্ঞান তার নিজের ভিত্তি হারায়
Law becomes accidental, not necessary

১৬.৩.৬ Contingency ও Observer Instability

Observer (O_k) 𝓤-এর একটি মৌলিক উপাদান।
কিন্তু যদি বাস্তবতা contingent হয়, তবে-
observer-এর অস্তিত্বও contingent
observer-এর চেতনা, agency, responsibility-সবই আকস্মিক
তখন প্রশ্ন উঠে-
আকস্মিক observer-এর ওপর কীভাবে নৈতিক বা জ্ঞানগত দায় আরোপ করা যায়?
Observer responsibility (অধ্যায় ১৫.৪) এখানে ভেঙে পড়ে।

১৬.৩.৭ Contingency ও Moral Collapse

Contingency problem নৈতিকতার ক্ষেত্রে সবচেয়ে বিধ্বংসী।
যদি-
বাস্তবতা contingent

আইন contingent
observer contingent
তবে-
Moral constraint (M_l) কেবল পরিস্থিতিগত
কোনো বাধ্যতামূলক নৈতিকতা থাকে না
ফলাফল-
Moral realism অসম্ভব
Ethics becomes preference, not obligation
কিন্তু 𝓤 দেখিয়েছে-
Moral constraint বাস্তবতার কাঠামোগত উপাদান
অতএব contingency গ্রহণযোগ্য নয়।

১৬.৩.৮ Contingency বনাম Scientific Necessity

বিজ্ঞান বাস্তবে ধরে নেয়-
প্রকৃতির আইন স্থায়ী
গণিত সর্বত্র প্রযোজ্য
তথ্য সংরক্ষিত
কারণ-কার্য সম্পর্ক নির্ভরযোগ্য
এই ধারণাগুলো সবই **necessity** ধারণার ওপর দাঁড়িয়ে।
কিন্তু closed reality যদি সত্য হয়-
এই necessity গুলো সবই অলীক বিশ্বাস হয়ে দাঁড়ায়
এটি science-এর আত্মঘাতী অবস্থান।

১৬.৩.৯ Contingency ও Meaning Collapse

Meaning (অধ্যায় ২০-এর পূর্বাভাস) যদি বাস্তবতার অংশ হয়-
তবে তারও একটি আবশ্যিক ভিত্তি দরকার
কিন্তু contingent reality-তে-
Meaning কাকতালীয়
Purpose subjective
Direction arbitrary
Unified Principle(𝓤) অনুযায়ী-
Meaning structural, accidental নয়

১৬.৩.১০ Contingency বনাম 𝓤 Framework

𝓤 বলছে-

$$\mathcal{U} \equiv \{L_i, E_j, O_k, M_l \mid \forall i,j,k,l: L_i, E_j, O_k, M_l \subseteq R\}$$

কিন্তু -
এই কাঠামো নিজেকে contingent বলে দাবি করে না
বরং দেখায় যে বাস্তবতার ভেতরের উপাদানগুলো structurally necessary, যদিও তাদের উৎস বাস্তবতার বাইরে হতে পারে
এটি closed নয়, কিন্তু incoherent-ও নয়।

১৬.৩.১১ Contingency থেকে তিনটি পথ

Contingency স্বীকার করলে তিনটি বিকল্প থাকে -

- সবকিছু accidental → science ও ethics ধ্বংস
- Infinite regress → ব্যাখ্যার পতন
- Necessary ground স্বীকার → coherence পুনরুদ্ধার

Unified Principle(𝓤) দেখায়-
তৃতীয় পথ ছাড়া অন্য সব পথ বাস্তবতার বিরুদ্ধে।

১৬.৩.১২ উপসংহার: Contingency Problem-এর চূড়ান্ত সিদ্ধান্ত

এই উপধারার সিদ্ধান্তগুলো-
Closed reality বাস্তবতাকে contingent করে তোলে
Contingent reality কোনো চূড়ান্ত ব্যাখ্যা দিতে পারে না
Law, observer, morality-সব অস্থিতিশীল হয়ে পড়ে
Science ও ethics নিজেদের ভিত্তি হারায়
অতএব-
বাস্তবতা কেবল contingent হতে পারে না।
কোনো না কোনো **necessary ground** অনিবার্য।

১৬.৪ Law-Origin Problem

(Closed Reality-এর অসম্ভবতা -Unified Principle($\mathcal{U}$) -এর আলোকে)

১৬.৪.১ ভূমিকা: আইন কোথা থেকে আসে-এই প্রশ্নের অনিবার্যতা

পূর্ববর্তী উপধারাগুলোর ধারাবাহিকতায় আমরা দেখেছি-

Self-grounding paradox → বাস্তবতা নিজেকে ভিত্তি দিতে পারে না

Infinite regress problem → অসীম পশ্চাদপসরণ ব্যাখ্যা ধ্বংস করে

Contingency problem → আকস্মিক বাস্তবতা বিজ্ঞান ও নৈতিকতাকে অস্থিতিশীল করে

এই তিনটির যৌক্তিক ফলাফল হিসেবে এখন সামনে আসে একটি কেন্দ্রীয় প্রশ্ন-

প্রকৃতির আইন (L_i) কোথা থেকে আসে?

এটি কোনো ধর্মীয় প্রশ্ন নয়, এটি একটি **কঠোর ontological ও scientific প্রশ্ন**।

Unified Principle($\mathcal{U}$) অনুযায়ী, এই প্রশ্ন এড়িয়ে গেলে পুরো বাস্তবতার কাঠামো ভেঙে পড়ে।

১৬.৪.২ Law-Origin Problem কী?

Law-Origin Problem বলতে বোঝায়-

কেন বাস্তবতায় নিয়মিততা আছে

কেন ঘটনা (E_j) আইন মেনে ঘটে

কেন গণিত বাস্তবতায় কার্যকর

কেন একই আইন সর্বত্র প্রযোজ্য

সংক্ষেপে-

কেন বাস্তবতা আইন-শাসিত?

আইন থাকা নিজেই একটি অতিরিক্ত তথ্য (extra fact), যা ব্যাখ্যা দাবি করে।

১৬.৪.৩ Closed Reality ও আইনের মৌলিক দুর্বলতা

Closed reality ধারণা অনুযায়ী-

আইনগুলো বাস্তবতার ভেতরেই আছে

তাদের বাইরে কোনো উৎস নেই

কিন্তু এখানেই সমস্যাটি শুরু হয়।

যদি আইনগুলো বাস্তবতার অংশ হয়, তবে প্রশ্ন আসে-

আইনগুলো কেন এই নির্দিষ্ট রূপে বিদ্যমান, অন্যরকম নয়?

Closed reality সাধারণত তিনটি উত্তর দেয়-

আইনগুলো "brute fact"

আইনগুলো "necessary by nature"

আইনগুলো statistical inevitability
Unified Principle(𝓤) দেখায়-তিনটিই ব্যর্থ।

১৬.৪.৪ "Brute Fact" হিসেবে আইন-ব্যাখ্যার আত্মসমর্পণ

"আইনগুলো এমনই"-এই উত্তরটি আদতে কোনো উত্তর নয়।
কারণ-
এটি প্রশ্ন বন্ধ করে, সমাধান দেয় না
বিজ্ঞান যেখানে ব্যাখ্যা চায়, সেখানে নীরবতা চাপিয়ে দেয়
Law-like order কে ব্যাখ্যাহীন ঘোষণা করে
𝓤 অনুযায়ী-
কোনো কাঠামো যদি মৌলিকভাবে কার্যকর হয়, তবে তার অস্তিত্ব ব্যাখ্যাতীত হতে পারে না।
Brute fact ধারণা science-এর আত্মঘাতী সীমা।

১৬.৪.৫ "Necessity by Nature"-কিন্তু কোন Nature?

অনেকে বলেন-
আইনগুলো প্রকৃতিগতভাবেই আবশ্যিক (necessary)
কিন্তু প্রশ্ন আসে-
এই "nature" কী?
nature নিজেই কি আইন দ্বারা গঠিত, নাকি আইনের উৎস?
যদি nature নিজেই আইন-নির্ভর হয়, তবে-
আমরা আবার circular explanation-এ ফিরে যাই
যদি nature আইন-উৎপাদক হয়, তবে-
nature itself becomes a higher explanatory principle
Closed reality তখন ভেঙে পড়ে।

১৬.৪.৬ Statistical Regularity ও Humean ব্যর্থতা

Humean দৃষ্টিভঙ্গি বলে-
আইন মানে কেবল ঘটনার নিয়মিত সহাবস্থান
কিন্তু Unified Principle(𝓤) দেখায়-
Regularity ≠ Law
Descriptive pattern ≠ Prescriptive constraint
আইন শুধু যা ঘটে তা বর্ণনা করে না, বরং-
কী ঘটতে পারে এবং কী ঘটতে পারে না-তা নির্ধারণ করে
এই normative ক্ষমতা statistics দিয়ে ব্যাখ্যা করা যায় না।

১৬.৪.৭ Law-Origin ও Mathematical Effectiveness
একটি গভীর প্রশ্ন-
গণিত কেন বাস্তবতায় এত কার্যকর?
বিমূর্ত গাণিতিক কাঠামো
বাস্তব ভৌত ঘটনাকে নিখুঁতভাবে নিয়ন্ত্রণ করে
Closed reality এখানে নীরব।
𝓤 অনুযায়ী-
Mathematical structure আইনগুলোর অন্তর্নিহিত রূপ
কিন্তু এই গাণিতিক আইনগুলোর বাস্তব প্রযোজ্যতা নিজেই ব্যাখ্যা দাবি করে
এটি কাকতালীয় হতে পারে না।

১৬.৪.৮ Law-Origin ও Observer Dependence
Observer (O_k) বাস্তবতার আইন আবিষ্কার করে, উদ্ভাবন করে না।
এখানে প্রশ্ন-
observer কেন আইন আবিষ্কার করতে সক্ষম?
আইন কেন observer-independent কিন্তু observer-intelligible?
এটি নির্দেশ করে-
আইনগুলো কেবল বাস্তবতার ভেতরের ঘটনা নয়, বরং একটি পূর্বস্থিত কাঠামোর প্রকাশ।
Closed reality এই সামঞ্জস্য ব্যাখ্যা করতে পারে না।

১৬.৪.৯ Law-Origin ও Moral Constraint
Law-Origin Problem শুধু ভৌত আইনেই সীমাবদ্ধ নয়।
নৈতিক সীমা (M_l) সম্পর্কেও একই প্রশ্ন উঠে-
নৈতিক বাধ্যবাধকতা কোথা থেকে আসে?
কেন কিছু কাজ "করতেই হবে" বা "করাই যাবে না"?
যদি ভৌত আইন ব্যাখ্যাতীত হয়, তবে-
নৈতিক আইন আরও বেশি ব্যাখ্যাতীত হয়ে পড়ে
𝓤 দেখায়-
Law-origin ও moral-origin একই ontological সমস্যার দুইটি রূপ।

১৬.৪.১০ Law-Origin Problem ও Unified Principle(𝓤)
𝓤 স্পষ্টভাবে দাবি করে-
$L_i \subset \mathcal{U}$,but $\mathcal{U} \not\subseteq L_i$
অর্থাৎ-
আইনগুলো **𝓤**-এর অংশ

কিন্তু $\mathcal{U}$ আইন দ্বারা সম্পূর্ণ ব্যাখ্যাত নয়
এর মানে-
আইন বাস্তবতার ভেতর কার্যকর, কিন্তু বাস্তবতার চূড়ান্ত উৎস নয়।
এখানেই closed reality ভেঙে পড়ে।

১৬.৪.১১ তিনটি বিকল্প: Law-Origin ব্যাখ্যার পথ

Law-origin ব্যাখ্যা করতে তিনটি পথ থাকে-
Law as brute fact → ব্যাখ্যার পরিত্যাগ
Law from deeper laws → infinite regress
Law from necessary ground → coherence

Unified Principle($\mathcal{U}$) যুক্তিগতভাবে দেখায়-
তৃতীয় পথ ছাড়া অন্য সব পথ ব্যর্থ।

১৬.৪.১২ Law-Origin Problem ও Closed Reality-এর পতন

এই উপধারার সিদ্ধান্ত-
Closed reality আইনের উৎস ব্যাখ্যা করতে পারে না
Law-like order কেবল ঘটনাগত কাকতাল নয়
Mathematical ও moral আইন বাস্তবতার বাইরে কোনো আবশ্যিক ভিত্তির ইঙ্গিত দেয়
অতএব-
আইন বাস্তবতার ভেতরে কাজ করে, কিন্তু বাস্তবতা আইন থেকে জন্ম নেয় না।

১৬.৪.১৩ উপসংহার: পরবর্তী ধাপের অনিবার্যতা

Law-Origin Problem আমাদের বাধ্য করে স্বীকার করতে-
বাস্তবতার একটি **necessary ground** আছে
যা আইন উৎপন্ন করে, কিন্তু আইন দ্বারা সীমাবদ্ধ নয়

১৬.৫ Necessity of Transcendence

(Closed Reality-এর অসম্ভবতা-Unified Principle($\mathcal{U}$) -এর আলোকে)

১৬.৫.১ ভূমিকা: কেন Transcendence প্রশ্নটি অনিবার্য

অধ্যায় ১৬-এর পূর্ববর্তী চারটি উপধারায় আমরা ধারাবাহিকভাবে প্রতিষ্ঠা করেছি-

Self-Grounding Paradox → বাস্তবতা নিজেকে নিজে ভিত্তি দিতে পারে না

Infinite Regress Problem → অসীম পশ্চাদপসরণ ব্যাখ্যাকে ধ্বংস করে

Contingency Problem → আকস্মিক বাস্তবতা বিজ্ঞান ও নৈতিকতাকে অস্থিতিশীল করে

Law-Origin Problem → আইন বাস্তবতার ভেতরে কার্যকর, কিন্তু সেখানেই উৎপন্ন নয়

এই চারটি যুক্তি একত্রে আমাদের একটি অবশ্যম্ভাবী সিদ্ধান্তের সামনে দাঁড় করায়-

বাস্তবতার ব্যাখ্যা যদি সম্ভব হয়, তবে তার ভিত্তি **বাস্তবতার ভেতরে হতে পারে না**।

এই সিদ্ধান্তই **Necessity of Transcendence**।

এখানে "Transcendence" কোনো ধর্মীয় পূর্বধারণা নয়; এটি একটি **কঠোর ontological necessity**।

১৬.৫.২ Transcendence কী-এবং কী নয়

প্রথমেই একটি গুরুত্বপূর্ণ বিভাজন জরুরি।

Transcendence কী নয়

এটি কোনো mythological সত্তা নয়

এটি কোনো পরীক্ষার বাইরে "ফাঁকা কল্পনা" নয়

এটি science-এর বিকল্প নয়

Transcendence কী

বাস্তবতার (R) **ontological boundary-এর বাইরে অবস্থিত প্রয়োজনীয় ভিত্তি**

যা বাস্তবতার আইন (L_i), ঘটনা (E_j), পর্যবেক্ষক (O_k), ও নৈতিক সীমা (M_l)-এর উৎস

কিন্তু নিজে এগুলোর দ্বারা সীমাবদ্ধ নয়

সংক্ষেপে-

Transcendence = that which explains reality without being a part of it.

১৬.৫.৩ Why Immanence Alone Fails

Closed reality মূলত একটি **immanence-only** মডেল।

অর্থাৎ-

সব ব্যাখ্যা বাস্তবতার ভেতরেই খুঁজতে হবে

কিন্তু আমরা দেখেছি-
Self-grounding → circular
Deeper layer → regress
Brute fact → explanation collapse
অতএব-
Immanence-only framework logically exhausted.
Transcendence এখানে কোনো অতিরিক্ত অনুমান নয়, বরং **শেষ বাঁচা পথ**।

১৬.৫.৪ Ontological Priority ও Transcendence
একটি মৌলিক নীতি-
যে ভিত্তি ব্যাখ্যা দেয়, তাকে ব্যাখ্যাত বস্তুর চেয়ে ontologically prior হতে হয়।
আইন যদি বাস্তবতার অংশ হয়-
তবে আইনের উৎস বাস্তবতার অংশ হতে পারে না
নৈতিক সীমা যদি বাস্তবতায় কার্যকর হয়-
তবে তার ভিত্তি কেবল বাস্তবতার ভেতরের ঘটনা হতে পারে না
Observer যদি বাস্তবতা বোঝে-
তবে বোঝার ক্ষমতার ভিত্তি observer-এর আগেই থাকতে হয়
এই ontological priority-ই Transcendence নির্দেশ করে।

১৬.৫.৫ Transcendence ও Unified Principle($\mathcal{U}$)
$\mathcal{U}$ সংজ্ঞা স্মরণ করি-
$$\mathcal{U} \equiv \{L_i,E_j,O_k,M_l \mid \forall i,j,k,l: L_i,E_j,O_k,M_l \subseteq R\}$$

খেয়াল করুন-
$\mathcal{U}$ বাস্তবতার কাঠামো নির্ধারণ করে
কিন্তু $\mathcal{U}$ নিজেকে বাস্তবতার চূড়ান্ত উৎস বলে দাবি করে না
এটি একটি ইচ্ছাকৃত সীমা।
$\mathcal{U}$ তাই-
Closed নয়
কিন্তু coherent
Complete in structure, open in origin
এই openness-ই transcendence-এর জায়গা তৈরি করে।

১৬.৫.৬ Transcendence ও Law Necessity
আইনগুলো-
সার্বজনীন
স্থায়ী

গণিতসম্মত
observer-independent কিন্তু observer-intelligible
এই চারটি বৈশিষ্ট্য একত্রে নির্দেশ করে-
আইন কোনো স্থানীয় বা আকস্মিক বাস্তবতার ফল হতে পারে না।
Transcendent ground ছাড়া-
আইন brute fact হয়ে যায়
অথবা contingent pattern-এ নেমে আসে
দুটোই অগ্রহণযোগ্য।

১৬.৫.৭ Transcendence ও Observer Grounding

Observer (O_k) কেবল physical system নয়-
observer reality বোঝে
truth ও falsehood পার্থক্য করে
responsibility বহন করে
এই ক্ষমতাগুলো-
causal chain দিয়ে পুরোপুরি ব্যাখ্যা করা যায় না
information processing দিয়ে সম্পূর্ণ ধরা পড়ে না
Observer-এর intelligibility নিজেই একটি transcendence-indicator।

১৬.৫.৮ Transcendence ও Moral Constraint

নৈতিক সীমা (M_l) যদি বাস্তবতার অংশ হয়, তবে-
তার বাধ্যতামূলক চরিত্র কোথা থেকে আসে?
যদি নৈতিকতা কেবল সামাজিক বা জৈবিক অভিযোজন হয়-
তবে তার কোনো ontological বাধ্যবাধকতা নেই
কিন্তু আমরা দেখেছি-
observer responsibility বাস্তব
accountability এড়ানো যায় না
অতএব-
Moral constraint requires a transcendental ground.

১৬.৫.৯ Transcendence ≠ God-of-the-Gaps

একটি গুরুত্বপূর্ণ স্পষ্টীকরণ-
Transcendence এখানে-
অজানা পূরণের কৌশল নয়
scientific ignorance ঢাকার নাম নয়
বরং-

যেখানে explanation logically ends, সেখানে **ontological necessity begins**

এটি যুক্তির শেষ প্রান্ত, দুর্বলতার আশ্রয় নয়।

১৬.৫.১০ Logical Form of the Argument

সংক্ষেপে যুক্তির কাঠামো-

Reality cannot self-ground

Infinite regress is impossible

Contingent reality is unstable

Laws require explanation

Explanation requires ontological priority

Ontological priority cannot be within reality

Therefore, transcendence is necessary

এটি কোনো বিশ্বাসের ক্রম নয়, এটি একটি **logical entailment**।

১৬.৫.১১ Transcendence ও Scientific Humility

Transcendence স্বীকার মানে-

বিজ্ঞান অকার্যকর নয়

বরং বিজ্ঞান সৎ হয়

এটি বলে-

বিজ্ঞান বাস্তবতার কাঠামো ব্যাখ্যা করে, কিন্তু অস্তিত্বের চূড়ান্ত উৎস নয়।

এই সীমা স্বীকার করাই প্রকৃত বৈজ্ঞানিক পরিপক্বতা।

১৬.৫.১২ Closed Reality-এর চূড়ান্ত পতন

এই উপধারার মাধ্যমে আমরা দেখালাম-

Closed reality সব পথেই ব্যর্থ

Transcendence কোনো বিকল্প নয়, বরং অনিবার্য

অতএব-

বাস্তবতা ব্যাখ্যাতীত নয়, কিন্তু বাস্তবতার ব্যাখ্যা বাস্তবতার ভেতরে সীমাবদ্ধ হতে পারে না।

১৬.৫.১৩ অধ্যায় ১৬-এর সমাপনী সিদ্ধান্ত

অধ্যায় ১৬-এর সামগ্রিক সিদ্ধান্ত-

Closed reality logically impossible

Unified Principle(𝓤) structurally complete but ontologically open

Transcendence is a necessity, not an assumption

অধ্যায় ১৭: Creator Necessity Theorem

যেখানে transcendence-কে আর কেবল সাধারণ ধারণা হিসেবে নয়,
বরং **axiomatic ও formal necessity** হিসেবে প্রতিষ্ঠা করব।

১৭.১ Axiomatic Premises

(Creator Necessity Theorem-এর ভিত্তি)

১৭.১.১ ভূমিকা: কেন Axiom প্রয়োজন

অধ্যায় ১৬-এ আমরা দেখিয়েছি-
Closed reality ব্যর্থ
Transcendence অনিবার্য
Unified Principle(𝓤) কাঠামোগতভাবে পূর্ণ, কিন্তু ontologically open
যে দাবি সর্বজনীন ও অনিবার্য, তাকে প্রমাণের জন্য **axiom** ছাড়া উপায় নেই
বিজ্ঞান, গণিত ও যুক্তি-সবাই axiom দিয়েই শুরু করে
অতএব Creator Necessity Theorem কোনো বিশ্বাসগত লাফ নয়;
এটি একটি **formal derivation,** যার ভিত্তি হলো সুস্পষ্ট axioms।

১৭.১.২ Axiom কী-এবং এখানে কেন বৈধ

Axiom-এর সংজ্ঞা
Axiom হলো-এমন একটি মৌলিক সত্য
যা অস্বীকার করলে পুরো কাঠামো ভেঙে পড়ে
এবং যা নিজে আর প্রমাণযোগ্য নয়, বরং প্রমাণের ভিত্তি
এখানে ব্যবহৃত axioms-
empirically informed
logically unavoidable
denial করলে contradiction তৈরি হয়
অতএব এগুলো arbitrary নয়।

১৭.১.৩ Axiom-0 : Reality Exists

Axiom-0 (Existence of Reality)
কিছু না কিছু অস্তিত্বশীল।
এটি সবচেয়ে মৌলিক axiom।
কারণ-অস্বীকার করলেও সেই অস্বীকার নিজেই একটি ঘটনা
চিন্তা করা মানেই অস্তিত্ব স্বীকার
এটি Cartesian নয়, বরং **pre-logical necessity**।

১৭.১.৪ Axiom-1 : Reality is Structured
Axiom-1 (Structured Reality)

বাস্তবতা বিশৃঙ্খল নয়; এতে সুনির্দিষ্ট কাঠামো আছে।
প্রমাণ নয়, পর্যবেক্ষণ-ভিত্তিক অনিবার্যতা-
আইন কাজ করে
গণিত প্রযোজ্য
পূর্বাভাস সম্ভব
যদি বাস্তবতা কাঠামোবদ্ধ না হতো-
বিজ্ঞান অসম্ভব হতো
যুক্তি অর্থহীন হতো
অতএব এই axiom অস্বীকারযোগ্য নয়।

১৭.১.৫ Axiom-2 : Laws Are Not Identical to Events
Axiom-2 (Law-Event Distinction)

আইন (L_i) এবং ঘটনা (E_j) ontologically এক নয়।
কারণ-
আইন ঘটনার আগে কার্যকর
ঘটনা আইন লঙ্ঘন করতে পারে না
আইন না থাকলে "ঘটনা" অর্থহীন
এটি অস্বীকার করলে-
causality ধ্বংস হয়
prediction অসম্ভব হয়

১৭.১.৬ Axiom-3 : Laws Are Not Self-Grounding
Axiom-3 (Non-Self-Grounding of Laws)

কোনো আইন নিজেকে নিজে ব্যাখ্যা করতে পারে না।
কারণ-
"আইন আছে কারণ আইন আছে" → circular
Circular explanation কোনো explanation নয়
অতএব-
আইনের জন্য একটি বাহ্যিক ভিত্তি প্রয়োজন
এই axiom সরাসরি অধ্যায় ১৬-এর Law-Origin Problem থেকে আসে।

১৭.১.৭ Axiom-4 : Reality Is Not Self-Explanatory
Axiom-4 (No Self-Explanation of Totality)

সমগ্র বাস্তবতা নিজেকে সম্পূর্ণভাবে ব্যাখ্যা করতে পারে না।
কারণ-
সমগ্রের বাইরে না দাঁড়ালে সমগ্রের ব্যাখ্যা অসম্ভব

Self-contained explanation logically incoherent
এটি অস্বীকার করলে-
explanation শব্দটাই অর্থ হারায়

১৭.১.৮ Axiom-5 : Infinite Regress Is Explanatorily Invalid

Axiom-5 (Rejection of Infinite Regress)

ব্যাখ্যার অসীম পশ্চাদপসরণ গ্রহণযোগ্য নয়।
কারণ-
অসীমে কখনো explanation সম্পন্ন হয় না
অসম্পূর্ণ explanation = explanation নয়
এটি যুক্তির মৌলিক শর্ত।

১৭.১.৯ Axiom-6 : Contingent Reality Requires Necessary Ground

Axiom-6 (Necessity Principle)

যা আকস্মিক (contingent), তার ভিত্তি অবশ্যই অনিবার্য (necessary) হতে হবে।
বাস্তবতা-
পরিবর্তনশীল
ভিন্ন হতে পারত
অতএব contingent
অতএব-
তার ভিত্তি contingent হতে পারে না

১৭.১.১০ Axiom-7 : Observer & Moral Constraint Are Real

Axiom-7 (Observer-Moral Reality)

পর্যবেক্ষক (O_k) ও নৈতিক সীমা (M_l) বাস্তবতার অবিচ্ছেদ্য অংশ।
কারণ-
সত্য-মিথ্যা পার্থক্য বাস্তব
দায়িত্ব ও দায়বদ্ধতা এড়ানো যায় না
নৈতিকতা illusion হলে science-ও illusion
এই axiom অস্বীকার করলে-
যুক্তি নিজেই আত্মবিরোধী হয়

১৭.১.১১ Axiom-8 : Ontological Priority Is Required for Explanation

Axiom-8 (Ontological Priority Principle)

ব্যাখ্যাদাতা অবশ্যই ব্যাখ্যাত বস্তুর চেয়ে ontologically prior হবে।

এটি explanation-এর সংজ্ঞাগত শর্ত।
আইন → ঘটনা
ভিত্তি → বাস্তবতা
কারণ → ফল
এই ক্রম না মানলে explanation collapse করে।

১৭.১.১২ Axiom-9 : Transcendence Is Necessary
Axiom-9 (Necessity of Transcendence)
বাস্তবতার চূড়ান্ত ভিত্তি বাস্তবতার অংশ হতে পারে না।
এটি কোনো নতুন অনুমান নয়;
এটি Axiom-3 থেকে Axiom-8-এর যৌক্তিক ফল।

১৭.১.১৩ এই Axioms-এর বৈশিষ্ট্য
এই axioms-
ধর্মনিরপেক্ষ ভাষায় প্রকাশযোগ্য
বিজ্ঞান-বিরোধী নয়
গণিত ও যুক্তির সাথে সামঞ্জস্যপূর্ণ
অস্বীকার করলে contradiction তৈরি হয়
এগুলো belief-based নয়, **collapse-based axioms**
-অর্থাৎ অস্বীকার করলে পুরো চিন্তাকাঠামো ভেঙে পড়ে।

১৭.১.১৪ Creator Necessity Theorem-এর প্রস্তুতি
এই axioms গ্রহণ করলে-
Transcendence আর vague থাকে না
Necessary Ground একটি formal demand হয়ে ওঠে
পরবর্তী উপধারায় আমরা দেখাব-
এই Necessary Ground কেবল abstract principle হতে পারে না;
তাকে নির্দিষ্ট বৈশিষ্ট্য বহন করতেই হবে।

১৭.২ From Transcendence to Necessary Existence

(Transcendence কেন কেবল ধারণা নয়, বরং অনিবার্য অস্তিত্ব)

১৭.২.১ ভূমিকা: Transcendence কি যথেষ্ট?

অধ্যায় ১৭.১-এ আমরা কঠোরভাবে দেখিয়েছি-
Transcendence **অনিবার্য**
এটি কোনো বিশ্বাসগত অনুমান নয়
এটি explanation-এর শেষ যৌক্তিক সীমা
কিন্তু এখানেই একটি গুরুত্বপূর্ণ প্রশ্ন উঠে-
Transcendence কি কেবল একটি বিমূর্ত "ব্যাখ্যার স্থান",
নাকি তা নিজেই একটি **বাস্তব ও অনিবার্য অস্তিত্ব**?
এই উপধারার উদ্দেশ্য হলো প্রমাণ করা-
Transcendence যদি সত্যিই বাস্তবতার ভিত্তি হয়,
তবে তা **Necessary Existence** ছাড়া কিছু হতে পারে না।

১৭.২.২ Transcendence as Mere Concept-কেন অচল

ধরা যাক-
Transcendence কেবল একটি abstract principle
কোনো অস্তিত্বশীল সত্তা নয়
তাহলে প্রশ্ন আসে-
abstract principle কীভাবে বাস্তবতার উপর কার্যকর হয়?
আইন, তথ্য, নৈতিক সীমা-কীভাবে "কিছু না" থেকে কার্যকর হয়?
একটি নীতি যদি-
কোনো causal বা ontological ক্ষমতা না রাখে
→ তবে তা ব্যাখ্যা দিতে পারে না
অতএব-
Explanation requires existence, not mere abstraction.

১৭.২.৩ Explanatory Power Requires Existence

একটি মৌলিক নীতি-
যা কিছু ব্যাখ্যা দেয়, তাকে নিজে অস্তিত্বশীল হতে হবে।
আইন ব্যাখ্যা করে কারণ-
আইন অস্তিত্বশীল
গণিত প্রযোজ্য কারণ-
গাণিতিক কাঠামো বাস্তবতার সাথে ontologically যুক্ত

অতএব-
Transcendence যদি বাস্তবতার ভিত্তি হয়
→ তবে তার অস্তিত্ব অস্বীকার করা অসম্ভব

১৭.২.৪ Contingent Transcendence-একটি Contradiction

এখন ধরুন-
Transcendence অস্তিত্বশীল
কিন্তু contingent (হতে পারত, নাও হতে পারত)
তাহলে-
তার অস্তিত্বের ব্যাখ্যা দরকার
আবার নতুন ভিত্তি খুঁজতে হবে
এটি আমাদের ফিরিয়ে নিয়ে যায়-
Infinite regress
অথবা brute fact
দুটোই আগেই বাতিল।
অতএব-
Transcendence cannot be contingent.

১৭.২.৫ Necessary Existence-এর সংজ্ঞা

এখন আমরা formal সংজ্ঞায় পৌঁছাই-
Necessary Existence হলো-
এমন অস্তিত্ব, যার না-থাকার কোনো যৌক্তিক সম্ভাবনা নেই
এবং যার অস্তিত্ব অন্য কিছুর উপর নির্ভরশীল নয়।
এই সংজ্ঞা অনুযায়ী-
বাস্তবতা contingent
আইন contingent
ঘটনা contingent
observer contingent
কিন্তু ভিত্তি হতে হলে-
ভিত্তি অবশ্যই necessary হতে হবে।

১৭.২.৬ Necessary Existence ছাড়া Explanation অসম্ভব

ধাপে ধাপে যুক্তি-
সব contingent বস্তুর ব্যাখ্যা প্রয়োজন
ব্যাখ্যা অসীম হতে পারে না
ব্যাখ্যা শেষ হতে হবে necessary অস্তিত্বে
Transcendence হলো সেই শেষ ব্যাখ্যার স্থান
অতএব Transcendence = Necessary Existence

এটি কোনো metaphysical কল্পনা নয়,
এটি **logical termination condition**।

১৭.২.৭ Necessary Existence ≠ Abstract Law
একটি গুরুত্বপূর্ণ স্পষ্টীকরণ-
Necessary Existence-
কেবল "আইন" হতে পারে না
কেবল "গণিত" হতে পারে না
কারণ-
আইন নিজেই ব্যাখ্যার বিষয়
গণিত নিজে বাস্তবতা সৃষ্টি করে না
আইন ও গণিত-
structure দেয়
কিন্তু existence দেয় না
অতএব-
Necessary Existence must be ontologically generative.

১৭.২.৮ Necessary Existence & Ontological Generativity
ভিত্তি যদি-
আইন সৃষ্টি করে
তথ্য সংরক্ষণ করে
বাস্তবতা কার্যকর করে
তবে তার থাকতে হবে-
explanatory power
grounding capacity
non-derived existence
এগুলো abstract entity-র বৈশিষ্ট্য নয়।

১৭.২.৯ One or Many?-Plural Necessity-এর সমস্যা
ধরা যাক-
একাধিক necessary existence আছে
তাহলে-
তাদের পার্থক্য কী?
পার্থক্যের ভিত্তি কোথা থেকে?
পার্থক্য থাকলে-
সীমা থাকবে
সীমা থাকলে contingent হবে
অতএব-Necessary Existence cannot be multiple.

১৭.২.১০ Necessary Existence Must Be One
এটি একটি শক্ত যুক্তি-
plurality → differentiation
differentiation → limitation
limitation → contingency
অতএব-Necessary Existence is singular.

১৭.২.১১ Necessary Existence & Unified Principle(𝓤)
𝓤 কাঠামো স্মরণ করি-
𝓤 বাস্তবতার সব উপাদানকে একত্রে ধরে
কিন্তু নিজে তাদের উৎপত্তি নয়
Necessary Existence-
𝓤-এর বাইরের
কিন্তু 𝓤-এর প্রতিটি উপাদানের ভিত্তি
অতএব-𝓤 is structurally complete,
Necessary Existence is ontologically complete.

১৭.২.১২ Logical Status of the Conclusion
এই উপধারার সিদ্ধান্ত-
Transcendence → Necessary Existence
এটি inference, assumption নয়
এটি denial করলে regress বা contradiction আসে
এটি কোনো ধর্মীয় নামকরণ নয়;
এটি একটি **ontological inevitability**।

১৭.২.১৩ এই পর্যায়ের সীমা
বাস্তবতার ভিত্তি একটি একক Necessary Existence হতে বাধ্য।

১৭.৩ Law-Origin Necessity

(কেন আইন নিজে নিজে থাকতে পারে না, এবং কেন আইন-উৎপত্তির জন্য একটি অপরিহার্য ভিত্তি প্রয়োজন)

১৭.৩.১ ভূমিকা: আইন কি স্বয়ংসম্পূর্ণ?

আধুনিক বিজ্ঞান প্রায় সর্বসম্মতভাবে ধরে নেয়-
বাস্তবতা আইন দ্বারা পরিচালিত
এই আইনগুলো "আছে"-এবং কাজ করে
কিন্তু একটি প্রশ্ন ইচ্ছাকৃতভাবে এড়িয়ে যাওয়া হয়-
আইনগুলো এল কোথা থেকে?
এই উপধারার মূল thesis হলো-
বাস্তবতার আইন (L_i) নিজে নিজে অস্তিত্বশীল হতে পারে না;
আইন-উৎপত্তির জন্য একটি **Necessary Existence** অপরিহার্য।

১৭.৩.২ Law-as-Given ধারণার সীমা

বিজ্ঞানে প্রায়ই বলা হয়-
"These are the laws of nature."
কিন্তু এটি-
বর্ণনা (description), ব্যাখ্যা (explanation) নয়
আইনকে "দেওয়া আছে" (brute fact) ধরে নিলে-
ব্যাখ্যার কাজ বন্ধ হয়ে যায়
বিজ্ঞান নিজেই আত্ম-সীমাবদ্ধ হয়ে পড়ে।

১৭.৩.৩ আইন কি অস্তিত্বশীল সত্তা?

প্রথম মৌলিক প্রশ্ন-
আইন কি-
বস্তু? ❌
শক্তি? ❌
ঘটনা? ❌
আইন হলো-
নিয়মিত কাঠামো, যা বাস্তবতাকে নিয়ন্ত্রণ করে
কিন্তু নিজে সেই বাস্তবতার অংশ নয়।
অতএব-আইন ontologically dependent
কিন্তু explanatory dominant
এই বৈপরীত্য ব্যাখ্যা দাবি করে।

১৭.৩.৪ Mathematical Law Problem
ভৌত আইন প্রায় সবসময়-
গাণিতিকভাবে প্রকাশযোগ্য
বিমূর্ত ও নিখুঁত
কিন্তু বাস্তবতা-
অগোছালো
contingent
পরিবর্তনশীল
প্রশ্ন-
বিমূর্ত গণিত কীভাবে ভৌত বাস্তবতাকে নিয়ন্ত্রণ করে?
এটি কোনো কাকতাল নয়-
এটি **law-origin problem** ।

১৭.৩.৫ Laws Cannot Be Contingent Facts
যদি আইন contingent হয়-
তাহলে তারা অন্যভাবে হতে পারত
তাহলে কেন এই আইন, অন্যটি নয়?
এই "why this law?" প্রশ্নের উত্তর ছাড়া-
বাস্তবতা ব্যাখ্যাহীন থাকে
অতএব-
Law must have non-contingent grounding.

১৭.৩.৬ Laws Cannot Be Self-Grounding
ধরা যাক-
আইন নিজেই নিজের ভিত্তি
তাহলে-
আইন আইনকে ব্যাখ্যা করছে
যা একটি classical self-grounding paradox
আইন তখন-
নিজে নিজের কারণ
যা যৌক্তিকভাবে অসম্ভব
অতএব-
Laws cannot originate themselves.

১৭.৩.৭ Laws Require Ontological Authority
আইন কাজ করে কারণ-
তারা বাধ্যতামূলক
তারা বাস্তবতাকে সীমাবদ্ধ করে

কিন্তু বাধ্যতামূলক ক্ষমতা আসে-
ontological authority থেকে
একটি বিমূর্ত নিয়মের-
authority নেই
enforcement নেই
অতএব-
Law requires a law-giver level foundation
(নাম নয়, কার্যকারিতা বোঝানো হচ্ছে)।

১৭.৩.৮ Necessary Existence as Law-Ground

১৭.২ থেকে আমরা পেয়েছি-
Necessary Existence একক
non-contingent
ontologically generative
এখন যুক্তি দাঁড়ায়-
আইন contingent নয়
আইন self-grounding নয়
আইন brute হতে পারে না
অতএব আইন একটি Necessary Existence থেকে উৎসারিত
এটি কোনো ধর্মীয় দাবি নয়,
এটি **logical entailment**।

১৭.৩.৯ Law vs Regularity

একটি গুরুত্বপূর্ণ পার্থক্য-
Regularity: যা ঘটে
Law: যা ঘটতে বাধ্য করে
Regularity ব্যাখ্যা চায় না
Law ব্যাখ্যা দাবি করে
কারণ law = constraint.

১৭.৩.১০ Constraint Without Source-অসম্ভব

Constraint মানে-
সীমা
নির্দেশ
নিষেধ
এই তিনটি ছাড়া constraint অর্থহীন।
প্রশ্ন-
কে বা কী এই সীমা আরোপ করছে?

যদি উত্তর না থাকে-
আইন ধারণা অর্থহীন হয়ে যায়

১৭.৩.১১ Laws in Unified Principle($\mathcal{U}$)
$\mathcal{U}$-এ-
$L_i \subseteq R$
কিন্তু $L_i \neq R$
আইন বাস্তবতার অংশ,
কিন্তু বাস্তবতার ভিত্তি নয়।
অতএব-
$\mathcal{U}$ নিজেই law-origin নয়
$\mathcal{U}$ requires a deeper ground.

১৭.৩.১২ Denying Law-Origin Leads to Collapse
যদি বলা হয়-
আইন নিজে নিজেই আছে
তাহলে-
"why science works" প্রশ্নের উত্তর নেই
বিজ্ঞান একটি কার্যকর কিন্তু অকারণ যন্ত্রে পরিণত হয়
Nobel-grade science এখানে থামে না।

১৭.৩.১৩ Logical Conclusion
এই উপধারার সিদ্ধান্ত-
বাস্তবতার আইন একটি non-contingent,
ontologically authoritative,
Necessary Existence থেকে উৎসারিত না হলে-
আইন ধারণাই টিকে না।
এটি বিশ্বাস নয়।
এটি **explanatory necessity**।

১৭.৪ Observer-Ground Necessity

(কেন পর্যবেক্ষক কেবল একটি উদ্ভূত ঘটনা নয়, বরং বাস্তবতার ভিত্তিগত শর্ত-এবং কেন এর জন্য একটি অপরিহার্য Ground প্রয়োজন)

১৭.৪.১ ভূমিকা: আইন কি একাই যথেষ্ট?

পূর্ববর্তী উপধারাগুলোতে আমরা প্রতিষ্ঠা করেছি-
বাস্তবতার আইন (L_i) নিজে নিজে উৎসারিত হতে পারে না
আইন-উৎপত্তির জন্য একটি **Necessary Existence** অপরিহার্য
এখন একটি আরও গভীর প্রশ্ন সামনে আসে-
আইন থাকলেই কি বাস্তবতা অর্থপূর্ণ হয়?
নাকি বাস্তবতার জন্য পর্যবেক্ষক (Observer) একটি অপরিহার্য শর্ত?
এই উপধারার thesis হলো-
Observer নিজে একটি contingent phenomenon হলেও,
Observer-ground ছাড়া বাস্তবতা ব্যাখ্যাগতভাবে অসম্পূর্ণ।

১৭.৪.২ Observer সমস্যার মৌলিক রূপ

আধুনিক বিজ্ঞানে একটি নীরব বৈপরীত্য বিদ্যমান-
তত্ত্বগুলো observer-independent হতে চায়
কিন্তু পরীক্ষণ, পরিমাপ, তথ্য-সবই observer-dependent
এখানে প্রশ্ন-
Observer কি কেবল একটি পরবর্তী সংযোজন,
নাকি বাস্তবতার কাঠামোগত উপাদান?
$\mathcal{U}$ কাঠামোতে এই প্রশ্ন এড়িয়ে যাওয়া অসম্ভব।

১৭.৪.৩ Observation ছাড়া "ঘটনা" অর্থহীন

ঘটনা (E_j) সংজ্ঞা অনুযায়ী-
একটি পরিবর্তন
যা কোনো অবস্থার পার্থক্য সৃষ্টি করে
কিন্তু প্রশ্ন-
পার্থক্য কিসের তুলনায়?
তুলনা ছাড়া-
পরিবর্তন শনাক্ত হয় না
ঘটনা "ঘটে", কিন্তু "ঘটনা হিসেবে" প্রতিষ্ঠিত হয় না
অতএব-
Event requires an observer-relative frame.

১৭.৪.৪ Information Requires Registration

তথ্য (Information) সংজ্ঞা অনুযায়ী-
difference that makes a difference
কিন্তু difference কার কাছে?
যদি-
কোনো নিবন্ধন (registration) না থাকে
কোনো গ্রহণকারী না থাকে
তাহলে-
তথ্য অস্তিত্বশীল হলেও কার্যকর নয়
অতএব-
Information without observer is ontologically inert.

১৭.৪.৫ Measurement Problem পুনর্বিবেচনা

কোয়ান্টাম মেকানিজম দেখায়-
state থাকে সম্ভাবনায়
পরিমাপে একটি নির্দিষ্ট মানে রূপ নেয়
এই "collapse"-
কেবল যন্ত্র দিয়ে নয়
observer ছাড়া ব্যাখ্যা অসম্পূর্ণ
এটি প্রযুক্তিগত নয়,
এটি **ontological problem**।

১৭.৪.৬ Observer কে বাদ দিলে বাস্তবতা কী থাকে?

ধরা যাক-
কোনো observer নেই
তাহলে-
কোনো বর্ণনা নেই
কোনো তথ্য নেই
কোনো অর্থ নেই
তখন "বাস্তবতা" শব্দটি-
কেবল একটি নীরব অস্তিত্ব
কোনো ব্যাখ্যাযোগ্য কাঠামো নয়
এই অবস্থায়-
Science নিজেই অকার্যকর হয়ে পড়ে।

১৭.৪.৭ Observer as Structural Necessity

𝒰 অনুযায়ী-
Observer $(O_k) \in R$

কিন্তু $O_k \neq$ mere byproduct
Observer-
বাস্তবতাকে প্রকাশ করে
আইনকে অর্থ দেয়
ঘটনাকে ঘটনা হিসেবে প্রতিষ্ঠা করে
অতএব-
Observer is a **structural requirement**, not an accident.

১৭.৪.৮ Contingent Observers & the Grounding Problem

মানব observer-
জন্ম নেয়
বিলুপ্ত হয়
contingent
কিন্তু বাস্তবতা-
observer-dependence দাবি করে
তাহলে প্রশ্ন-
যদি সব observer contingent হয়,
তবে observer-dependence কিসের উপর দাঁড়িয়ে?
এইখানেই observer-ground problem উদ্ভব হয়।

১৭.৪.৯ Observer-Ground ছাড়া অর্থের উৎপত্তি অসম্ভব

অর্থ (Meaning)-
কেবল physical interaction নয়
এটি interpretative
Interpretation আসে-
সচেতন দৃষ্টিকোণ থেকে
কিন্তু যদি-
কোনো মৌলিক observer-ground না থাকে
তাহলে-
অর্থ কেবল একটি সাময়িক মানব প্রক্ষেপণ হয়ে যায়
এটি $\mathcal{U}$-এর সাথে অসঙ্গত।

১৭.৪.১০ Observer-Ground ≠ Human Observer

একটি গুরুত্বপূর্ণ স্পষ্টীকরণ-
Observer-ground মানে-
মানুষ
বা জৈব চেতনা
নয়।

Observer-ground হলো-
এমন একটি ভিত্তি,
যেখানে observation সম্ভাব্য ও অর্থপূর্ণ।
এটি-
non-contingent
non-derived
ontologically primary

১৭.৪.১১ Necessary Existence as Observer-Ground

১৭.২-১৭.৩ থেকে পাওয়া বৈশিষ্ট্য স্মরণ করি-
Necessary Existence-
non-contingent
law-ground
ontologically generative
এখন যুক্তি দাঁড়ায়-
Observation বাস্তবতার জন্য অপরিহার্য
সব contingent observer পর্যাপ্ত নয়
অতএব একটি non-contingent observer-ground প্রয়োজন
Necessary Existence এই ভূমিকা পূরণ করে
এটি কোনো anthropocentric দাবি নয়,
এটি **structural inevitability**।

১৭.৪.১২ Observer-Ground ছাড়া 𝓤 অসম্পূর্ণ

𝓤 কাঠামো-

$$\mathcal{U} \equiv \{L_i, E_j, O_k, M_l \mid \forall i,j,k,l: L_i, E_j, O_k, M_l \subseteq R\}$$

যদি-
O_k কেবল contingent স্তরে সীমাবদ্ধ হয়
তাহলে-
𝓤 নিজেই self-grounded হয় না
অতএব-
𝓤 requires an observer-ground beyond its internal observers.

১৭.৪.১৩ Denial Consequences

Observer-ground অস্বীকার করলে-
তথ্য objectivity হারায়
বিজ্ঞান কেবল কার্যকর কৌশল হয়

নৈতিকতা প্রক্ষেপণ হয়ে পড়ে

এটি একটি **total explanatory collapse**।

১৭.৪.১৪ Logical Conclusion

এই উপধারার সিদ্ধান্ত-

বাস্তবতা কেবল আইন ও ঘটনা দিয়ে সম্পূর্ণ নয়।

Observation ও অর্থের জন্য একটি

non-contingent observer-ground অপরিহার্য।

এই ground-

অনুমান নয়

প্রয়োজনীয়তা

যুক্তিগতভাবে অনিবার্য

১৭.৫ Moral-Ground Necessity

(কেন নৈতিকতা কেবল মানব-নির্মাণ হতে পারে না, এবং কেন নৈতিক বাস্তবতার জন্য একটি অপরিহার্য ভিত্তি অনিবার্য)

১৭.৫.১ ভূমিকা: নৈতিকতা কি কেবল মতামত?

আধুনিক চিন্তায় একটি প্রচলিত ধারণা হলো-
নৈতিকতা সামাজিক চুক্তি
নৈতিকতা বিবর্তনের উপজাত
নৈতিকতা সংস্কৃতিনির্ভর অনুভূতি
কিন্তু এই ধারণাগুলোর একটি মৌলিক সমস্যা আছে-
এগুলো **নৈতিকতার কার্যকারিতা ব্যাখ্যা করে,**
কিন্তু **নৈতিকতার বাধ্যতামূলক বাস্তবতা ব্যাখ্যা করে না**।
এই উপধারার thesis হলো-
যদি নৈতিকতা বাস্তব হয়, বাধ্যতামূলক হয়,
এবং যুক্তিনির্ভরভাবে অস্বীকার অযোগ্য হয়-
তবে তার জন্য একটি **Moral-Ground** অপরিহার্য।

১৭.৫.২ Moral Experience: একটি অস্বীকার-অযোগ্য বাস্তবতা

মানুষ বাস্তবে অনুভব করে-
কিছু কাজ ভুল, কেবল অপছন্দনীয় নয়
কিছু কাজ সঠিক, কেবল উপকারী নয়
এই অনুভব-
মতামতের মতো বদলায় না
ব্যক্তিগত স্বার্থে বিলীন হয় না
উদাহরণ-
নিরপরাধ হত্যাকে "ভুল" বলা
প্রতারণাকে "অন্যায়" বলা
এই সিদ্ধান্তগুলো-
objective force বহন করে।

১৭.৫.৩ Moral Obligation ≠ Preference

পছন্দ (preference):
বদলানো যায়
অমান্য করলে যুক্তিগত সমস্যা হয় না
নৈতিক বাধ্যবাধকতা (obligation):
অমান্য করলে অপরাধবোধ হয়

যুক্তিগত আত্মপক্ষসমর্থন ভেঙে পড়ে
এই পার্থক্য ব্যাখ্যা করা যায় না-
বিবর্তন দিয়ে
সামাজিক চাপ দিয়ে
কারণ-
বিবর্তন "কেন করি" বোঝায়,
"কেন করা উচিত" বোঝায় না।

১৭.৫.৪ Moral Relativism-এর আত্মবিরোধ
যদি বলা হয়-
"সব নৈতিকতা আপেক্ষিক"
তাহলে প্রশ্ন-
এই বক্তব্য নিজে কি আপেক্ষিক?
নাকি সর্বজনীনভাবে সত্য?
যদি আপেক্ষিক হয়-
এটি অন্যদের উপর বাধ্যতামূলক নয়
যদি সর্বজনীন হয়-
নৈতিক আপেক্ষিকতা নিজেই ভেঙে পড়ে
অতএব-
Moral relativism self-defeating.

১৭.৫.৫ Moral Realism-এর দাবি
Moral realism বলে-
নৈতিক সত্য আছে
সেগুলো মতামতের উপর নির্ভরশীল নয়
কিন্তু moral realism যদি-
কোনো ভিত্তি না দেয়
তবে তা হয়ে যায়-
ঘোষণামাত্র (assertion)
Nobel-grade থিসিসে
ঘোষণা নয়-**grounding প্রয়োজন**।

১৭.৫.৬ Moral Law Problem
নৈতিক বিধান-
নির্দেশ দেয়
সীমা আরোপ করে
দায় সৃষ্টি করে
প্রশ্ন-

এই বাধ্যতামূলক ক্ষমতা এল কোথা থেকে?
একটি নিয়ম যদি-
বাস্তবতাকে সীমাবদ্ধ করে
তবে তার থাকতে হবে-
normative authority
এই authority-
সমাজ থেকে এলে, সমাজ ভাঙলেই ভেঙে পড়ে
ব্যক্তির কাছ থেকে এলে, স্বার্থে বিলীন হয়
অতএব-
Moral law requires a non-contingent ground.

১৭.৫.৭ Biology Cannot Ground Normativity
নৈতিকতার জৈবিক ব্যাখ্যা বলে-
সহানুভূতি বিবর্তিত
সহযোগিতা টিকে থাকার কৌশল
কিন্তু-
বিবর্তন বর্ণনামূলক
নৈতিকতা বিধানমূলক
বর্ণনা থেকে বিধান আসে না

অতএব-
Biology explains behaviour, not obligation.

১৭.৫.৮ Moral Agency ও দায়ের সমস্যা
U কাঠামোতে-
Observer = agent
agent = responsible
কিন্তু দায় যদি বাস্তব হয়-
তার একটি বাস্তব ভিত্তি থাকতে হবে
যদি moral ground না থাকে-
দায় কেবল সামাজিক নাটক
বিচার কেবল শক্তির প্রয়োগ
এটি *U*-এর নৈতিক স্তম্ভ ভেঙে দেয়।

১৭.৫.৯ Moral-Ground ≠ Social Consensus
সম্মতি (consensus):
সংখ্যাগরিষ্ঠের মত
ইতিহাসে বারবার ভুল প্রমাণিত

নৈতিকতা যদি consensus হয়-
দাসপ্রথা একসময় নৈতিক ছিল
গণহত্যা বহু সংস্কৃতিতে বৈধ ছিল
কিন্তু আমরা আজ বলি-
সেগুলো **তখনও ভুল ছিল**।
এই "তখনও" শব্দটি-
moral realism-এর প্রমাণ
এবং moral ground-এর দাবি।

১৭.৫.১০ Moral-Ground Must Be Necessary

নৈতিক বিধান যদি-
contingent হয়
পরিস্থিতিনির্ভর হয়
তাহলে-
ন্যায়বিচার অস্থায়ী
মানব মর্যাদা আপেক্ষিক
কিন্তু মানব অভিজ্ঞতা বলে-
ন্যায় অন্যায় পরিস্থিতির উর্ধ্বে।
অতএব-
Moral-Ground must be Necessary Existence.

১৭.৫.১১ Necessary Existence as Moral-Ground

Necessary Existence:
non-contingent
law-ground
observer-ground
এখন যুক্তি-
নৈতিকতা বাস্তব ও বাধ্যতামূলক
বাধ্যতামূলক বিধানের জন্য authority প্রয়োজন
authority contingent হতে পারে না
অতএব নৈতিকতার ভিত্তি = Necessary Existence
এটি নামকরণ নয়,
এটি **logical entailment**।

১৭.৫.১২ Moral-Ground ছাড়া সভ্যতার পরিণতি

Moral-ground অস্বীকার করলে-
ন্যায় = শক্তি
সত্য = সুবিধা

মানুষ = উপকরণ
এটি-
সভ্যতার আত্মবিনাশ
বিজ্ঞানের নৈতিক পতন
$\mathcal{U}$ এই পরিণতি গ্রহণ করতে পারে না।

১৭.৫.১৩ Moral-Ground ও Unified Principle($\mathcal{U}$)
$\mathcal{U}$-এ-
$M_I \subseteq R$
কিন্তু $M_I \neq$ social construct
নৈতিক সীমা-
বাস্তবতার কাঠামোগত বিধান
আইন ও পর্যবেক্ষকের মতোই মৌলিক
কিন্তু-
এই বিধান নিজের ভিত্তি নিজে হতে পারে না।

১৭.৫.১৪ Denial Consequences
Moral-ground অস্বীকার করলে-
নৈতিক ভাষা অর্থহীন
দায় আরোপ অযৌক্তিক
ন্যায়বিচার কৌশলে পরিণত
এটি একটি **normative collapse**।

১৭.৫.১৫ চূড়ান্ত সিদ্ধান্ত
এই উপধারার সিদ্ধান্ত-
যদি নৈতিকতা বাস্তব হয়,
যদি দায় ও ন্যায় অর্থপূর্ণ হয়,
তবে নৈতিকতার জন্য একটি
non-contingent Moral-Ground অনিবার্য।
এই ground-
বিশ্বাস নয়
অনুমান নয়
যুক্তিগতভাবে এড়ানো অসম্ভব

অধ্যায় ১৮: Denial and Contradiction

১৮.১ Logical Collapse without Creator

(কেন কোনো Necessary Existence বা Creator ছাড়া বাস্তবতা ও $\mathcal{U}$-এর কাঠামো সম্পূর্ণভাবে ধ্বংসাত্মক হয়ে যায়)

১৮.১.১ ভূমিকা: একক ভিত্তি ছাড়া বাস্তবতা

আমরা পূর্ববর্তী অধ্যায়ে স্থাপন করেছি-

বাস্তবতার আইন (L_i) নিজে থেকে উৎসারিত নয়

Observer এবং অর্থের ground অপরিহার্য

নৈতিকতা বাস্তব এবং বাধ্যতামূলক হলে তারও একটি non-contingent ভিত্তি প্রয়োজন

যদি এই **Necessary Existence / Creator** কে অস্বীকার করা হয়-

L_i, E_j, O_k, M_l-এর ontological coherence ভেঙে যায়

$\mathcal{U}$-এর অভ্যন্তরীণ consistency ধ্বংস হয়

সমস্ত explanatory structure অসঙ্গতিপূর্ণ হয়ে পড়ে

এই উপধারা এর মধ্যে বিস্তারিত বিশ্লেষণ করবে।

১৮.১.২ Self-Referential Incoherence

$\mathcal{U}$-এর সংজ্ঞা-

$$\mathcal{U} \equiv \{L_i, E_j, O_k, M_l \mid \forall i,j,k,l: L_i, E_j, O_k, M_l \subseteq R\}$$

L_i, E_j, O_k, M_l নিজে থেকে ontologically self-grounded নয়

এই চারটি component একে অপরকে স্বয়ংক্রিয়ভাবে ব্যাখ্যা করতে পারে না

যদি কোনো Creator না থাকে-

$\mathcal{U}$ নিজের মধ্যে closed loop তৈরি করে

self-referential paradox সৃষ্টি হয়

উদাহরণ:

আইন নেই নিজেই উৎপন্ন

Observer নেই নিজেই উদ্ভূত

Moral ground নেই

→ L, E, O, M একে অপরকে "justify" করার চেষ্টা করে

→ যেকোনো logical system এইভাবে নিজেকে justify করতে পারে না

→ **Logical collapse**

১৮.১.৩ Ontological Collapse
Necessary Existence অস্বীকার করলে-
Laws অনির্দিষ্ট হয়ে যায়
Events অর্থহীন হয়
Observers ব্যাখ্যার বাইরে চলে যায়
Moral constraints ধূসর হয়ে যায়
সামগ্রিকভাবে-
R (Reality) →ontologically undefinedR (Reality) →ontologically undefined
অর্থাৎ, সমস্ত physics, biology, consciousness, morality, তথ্য-সবই explanatory vacuum-এ পড়ে।

১৮.১.৪ Collapse in Scientific Explanation
বিজ্ঞানের মূল ভিত্তি হলো-
Predictability (আইন)
Measurement (পর্যবেক্ষক)
Reproducibility (ঘটনা)
Creator/necessary foundation ছাড়া-
Predictability loses justification
Measurement loses significance
Reproducibility becomes arbitrary
নিষিদ্ধ বা অসম্ভব-
প্রতিটি scientific claim কেবল "ad hoc" হয়ে যায়
Nobel-grade rationality ধ্বংস হয়

১৮.১.৫ Collapse in Moral Framework
Moral ground অস্বীকার করলে-
Moral obligation ≈ subjective preference
Accountability ≈ social convention
Justice ≈ power projection
ফলে-
নৈতিক ভাষা এবং বিচারধারা logical coherence হারায়
civilization-level reasoning অকার্যকর

১৮.১.৬ Observer and Epistemic Collapse
Observer-ground অস্বীকার করলে-
Information ≈ meaningless differences
Consciousness ≈ explanatory redundancy

Observation ≈ arbitrary recording
ফলে-
"knowledge of reality" ধ্বংস
সকল empirical science এবং theoretical structure logically incoherent হয়ে যায়

১৮.১.৭ Cumulative Collapse

যদি একটি উপাদান অস্বীকার করা হয়- যেমন Necessary Existence-
Law-origin collapse → physics অসংলগ্ন
Observer-ground collapse → epistemology ধ্বংস
Moral-ground collapse → ethics অকার্যকর
একত্রে সব মিলিয়ে:
U without Creator →total collapse of Reality

১৮.১.৮ Impossibility of Contingent Self-Sufficiency

কোনো contingent element-
laws, observers, moral agents, events-
নিজেদের মধ্যে closed explanatory system গঠন করতে পারে না
বৈজ্ঞানিকভাবে:
Self-sufficient contingent reality → logical paradox
Ontologically impossible → explanatory void
"Everything contingent tries to justify itself → collapse inevitable"

১৮.১.৯ Logical Imperative

তাই সংক্ষেপে:
যদি Creator / Necessary Existence অস্বীকার করা হয়,
U-এর internal consistency, explanatory power এবং ontological foundation সবই ধ্বংস হয়।
এটি কেবল metaphysical intuition নয়,
এটি **logical necessity**।

১৮.১.১০ উপসংহার

Logical Collapse without Creator-এর মূল বার্তা:
আইন নিজেই স্বয়ংসম্পূর্ণ নয় → law-origin problem
Observer এবং মানে নিজে নিজে উদ্ভূত নয় → observer-ground problem
নৈতিকতা স্বাধীনভাবে থাকলে অর্থহীন → moral-ground problem

সব মিলিয়ে-

Reality ≈ nonsensical

𝓤≈ self-refuting

অতএব-**Necessary Existence / Creator logical imperative**,

না হলে সমস্ত ব্যাখ্যা, বিজ্ঞান, নৈতিকতা, এবং civilization-level reasoning collapse করবে।

১৮.২ Moral Nihilism Outcome

(যদি Necessary Existence / Creator অস্বীকার করা হয়, তখন নৈতিকতা কীভাবে নিজেই শূন্যতায় পতিত হয় এবং তার ফলাফল কী)

১৮.২.১ ভূমিকা: নৈতিক শূন্যতার ধারণা

পূর্ববর্তী উপধারায় আমরা দেখিয়েছি-

Creator বা Necessary Existence ছাড়া 𝓤-এর কাঠামো logical collapse-এ পড়ে

Observer-ground এবং Moral-ground অনিবার্য

এই পরিপ্রেক্ষিতে দেখা যায়-

নৈতিক বাস্তবতার জন্য অবলম্বন ছাড়া, সব নৈতিক ধারণা শূন্যতামূলক হয়ে যায়।

এটিই হলো **Moral Nihilism Outcome**।

১৮.২.২ Moral Ground অস্বীকারের প্রভাব

Moral Ground অস্বীকার করলে-

কোনো কাজ সত্যিই সঠিক বা ভুল নয়

Moral obligation কেবল cultural convention বা ব্যক্তিগত preference

Responsibility এবং accountability সংজ্ঞাহীন

ফলে-

বিচার ও ন্যায়বিচার কেবল ক্ষমতার প্রয়োগ হয়ে যায়

নৈতিক ভাষা অর্থহীন

উপসংহার: **নীচু স্তরের মানব আচরণ ছাড়া কোনো normative reality থাকে না।**

১৮.২.৩ Ethical Collapse in Society

সর্বজনীন নৈতিকতা না থাকলে-

আইন এবং নীতি প্রতিষ্ঠা চ্যালেঞ্জিং হয়

শক্তি এবং স্বার্থ নিয়ন্ত্রণের মূলমাত্রা হয়

Civilization-এর coherence হারায়

উদাহরণ:

গণহত্যা, নিপীড়ন, প্রতারণা সবই "বৈধ" হয়ে যায়

আইন, ধর্ম, নৈতিক শিক্ষা কেবল social enforcement

ফলে-

Moral nihilism undermines civilization itself.

১৮.২.৪ Observer-independent Ethics অসম্ভব

যদি observer-ground না থাকে-
Responsibility কেবল hypothetical
Accountability illusion
Knowledge of right and wrong subjective
ফলে-
Ethical discourse সম্পূর্ণ অব্যবহার্য
Moral debate meaningless
Norms collapse
অর্থাৎ observer-ground ছাড়া moral realism অসম্ভব।

১৮.২.৫ Moral Nihilism এবং Individual Psychology

নৈতিক শূন্যতা ব্যক্তি-স্তরে প্রতিফলিত হয়:
অপরাধবোধ অনুপস্থিত
ন্যায়ের চেতনা বিলীন
সামাজিক ও পারস্পরিক দায়িত্বে আগ্রহ কমে যায়
ফলে-
Human motivation strictly self-interest-based হয়
Cooperation এবং trust অসম্পূর্ণ হয়ে যায়
এটি একটি **ontological consequence**, কোন cultural phenomenon নয়।

১৮.২.৬ Knowledge and Moral Disintegration

Moral nihilism scientific reasoning ও intellectual coherence-এও প্রভাব ফেলে:
Truth constraint অসংলগ্ন
Observer-dependent knowledge অকার্যকর
Moral discourse এবং scientific discourse একে অপরের সাথে incompatible
ফলে-
Logic, science, ethics-all collapse together under nihilism
এটি 𝓤-এর সংজ্ঞাগত consistency-কে সরাসরি ভঙ্গ করে।

১৮.২.৭ Societal and Civilizational Consequences

Moral nihilism-এর বৃহৎ পরিণতি:
Governance = power projection
Justice = arbitrary
Rights = unenforceable

এই পরিস্থিতিতে-

Society collapses under its own contradictions
Long-term civilization sustainability becomes impossible
Moral nihilism leads to **systemic ethical vacuum**

১৮.২.৮ Observer, Meaning, and Ethics Interconnection

Observer-ground ছাড়া-
Meaning ≈ arbitrary projection
Law ≈ descriptive, not prescriptive
Moral obligation ≈ social illusion
ফলে-
Moral nihilism, observer collapse, logical collapse-all converge
𝓤-এর internal structure disintegrates
নৈতিক শূন্যতা কেবল ethical problem নয়,
এটি reality comprehension-এর logical problem।

১৮.২.৯ The Inevitability of Moral Ground

এই logical chain থেকে স্পষ্ট হয়-
Laws, events, observers contingent without Necessary Existence
Contingent observers cannot generate binding morality
Moral nihilism inevitable without Moral-Ground
অতএব-
Moral-ground-এর অনিবার্যতা logical necessity,
না হলে ethical collapse এবং civilization collapse অবশ্যম্ভাবী।

Moral Nihilism Outcome-এর মূল বার্তা:

Nihlism arises naturally if Moral-Ground denied
Ethical language, obligations, responsibility meaningless
Individual, societal, and civilizational coherence destroyed
Observer, knowledge, laws-all lose logical foundation
এটিই দেখায় কেন 𝓤-এর নৈতিক স্তম্ভ non-contingent Moral-Ground ছাড়া স্থির রাখা অসম্ভব।

১৮.৩ Observer Incoherence

(কেন observer-ground বা Necessary Existence অস্বীকার করলে পর্যবেক্ষক নিজেই incoherent হয়ে যায় এবং পুরো $\mathcal{U}$ কাঠামোতে logical collapse আসে)

১৮.৩.১ ভূমিকা: Observation কীভাবে প্রতিষ্ঠিত হয়

পূর্ববর্তী উপধারায় আমরা দেখিয়েছি-
Moral nihilism তখনই উদ্ভব করে যখন **Moral-ground** অস্বীকার করা হয়
Laws, Events, Observer, Moral constraints-সবই contingent হলে logical collapse আসে
এবার আমরা observer-ground-এর অনিবার্যতা বিশ্লেষণ করব।
প্রশ্ন:
যদি observer-ground না থাকে, তখন observer নিজেই coherent entity কি হতে পারে?
এই অধ্যায়ের thesis:
Contingent observers, without a foundational ground, are ontologically and epistemically incoherent।

১৮.৩.২ Contingent Observer Problem

একটি observer (O_k) যদি কেবল contingent হয়-
জন্মে
বিলুপ্ত হয়
একধরনের ephemeral process
তাহলে-
Observation-এর continuity অসম্ভব
Knowledge acquisition অসম্পূর্ণ
Subjective experience নিজেই logically unsupported
ফলে-
Observer যখন নিজেই contingent, তখন তার observational claims **justified হতে পারে না।**

১৮.৩.৩ Information Registration Collapse

Observer information register করে।
ধরে নিই-
সমস্ত observers contingent
observer-ground অস্বীকার

এক্ষেত্রে-
কোনো persistent reference frame নেই
কোনো ontological anchor নেই
Recorded information কেবল **temporary illusion**
ফলে-
Knowledge itself becomes unreliable।

১৮.৩.৪ Measurement এবং Quantum Implications
কোয়ান্টাম পরিমাপ:
Measurement requires observer interaction
Observer determines collapse of wavefunction

যদি observer-ground না থাকে:
Measurement meaningless
Quantum probabilities cannot become determinate
Reality (as experienced) incoherent
অর্থাৎ observation, physics, and reality-all fail to be consistent.

১৮.৩.৫ Conscious Experience এবং Self-Reference
Conscious observer নিজেই:
Self-awareness রাখে
Decision-making করে
Reflective knowledge উৎপন্ন করে
Contingent-only observer:
নিজের ontology unsupported
Self-awareness logically paradoxical
Reflection leads to epistemic inconsistency
ফলে-
Observer cannot even coherently assert "I observe"।

১৮.৩.৬ Epistemic Collapse
Observer incoherence-এর ফলাফল:
Knowledge claims unsupported
Scientific reasoning collapses
Moral accountability loses basis
সমগ্র epistemic structure disintegrates-
Ok (without ground) ⟶epistemic incoherenceOk
(without ground) ⟶epistemic incoherence

১৮.৩.৭ Ontological Consequences

Contingent-only observer:
Reality becomes "unwitnessed"
Events exist, কিন্তু **ঘটনা হিসেবে নয়**
Laws exist, কিন্তু **প্রয়োগযোগ্য নয়**
অতএব- Ontological coherence of $\mathcal{U}$ directly depends on Observer-Ground.

১৮.৩.৮ Logical Entailment

Observation requires observer-ground
Observer-ground absent →observers contingent
Contingent observers → incoherent observation
Incoherent observation → events unregistered, knowledge impossible
Logical collapse of $\mathcal{U}$ inevitable
এটি একধরনের unavoidable chain reaction।

১৮.৩.৯ Observer, Meaning, and Morality Interconnected

Observer incoherence-এর সাথে moral nihilism ও linked:
Observers না থাকলে moral claims meaningless
Moral obligations ≈ arbitrary
Knowledge ≈ arbitrary
Events ≈ unregistered
ফলে- Observer, Moral, and Law collapse-simultaneously.

১৮.৩.১০ উপসংহার

Observer Incoherence-এর মূল বার্তা:

শুধুমাত্র আকস্মিক (contingent-only) পর্যবেক্ষক ধারণা জ্ঞানতাত্ত্বিকভাবে অসংগত। এ অবস্থায়- পরিমাপ (measurement), জ্ঞান (knowledge), চেতনা (consciousness), নৈতিকতা (morality)- সবই ভিত্তিহীন হয়ে পড়ে।
কারণ, বাস্তবতা একটি সুসংগঠিত সামগ্রিক কাঠামো ($\mathcal{U}$); এবং পর্যবেক্ষক-ভিত্তি (observer-ground) ছাড়া এই কাঠামো কার্যকরভাবে টিকে থাকতে বা অর্থবহভাবে কাজ করতে পারে না।

১৮.৪ Scientific Self-Refutation

(কেন Creator বা Necessary Existence অস্বীকার করলে বিজ্ঞান নিজেই নিজেকে অব্যবহৃত বা স্ব-বিরোধী হয়ে পড়ে)

১৮.৪.১ ভূমিকা: বিজ্ঞান এবং logical foundation

বিজ্ঞান মূলত প্রতিষ্ঠিত হয় তিনটি স্তম্ভের উপর:

Laws of Nature (L_i) - বাস্তবতার ধারাবাহিকতা ও পূর্বানুমেয়তা

Observers (O_k) - পরিমাপ ও তথ্য সংগ্রহের সক্ষমতা

Consistency of Reality (R) - ontological coherence

পূর্ববর্তী অধ্যায়ে দেখিয়েছি-

Moral nihilism

Observer incoherence

সবই contingent-only framework এ logical collapse-এর দিকে নিয়ে যায়।

এখন দেখব-

এই logical collapse সরাসরি বিজ্ঞানকে self-refuting করে তোলে।

১৮.৪.২ Preconditions for Scientific Inquiry

বিজ্ঞানী কাজ করার জন্য প্রয়োজন:

নিয়ম ও законом (laws) predictable হতে হবে

Observers দ্বারা measurement reproducible হতে হবে

Cause-effect chain coherent হতে হবে

Results communicable ও verificable হতে হবে

যদি **Necessary Existence / Creator** অস্বীকার করা হয়:

Laws are contingent → predictability fails

Observers are contingent → reproducibility fails

Events unregistered → empirical verification fails

ফলে-

Scientific method loses all validity.

১৮.৪.৩ Law-Origin Problem and Science

বিজ্ঞান ব্যাখ্যা করতে চায়-**কেন প্রকৃতির আইন কার্যকর**

যদি Laws only contingent, ungrounded:

আইন নিজে থেকে উদ্ভূত বা ধারাবাহিক নয়

Predictive power অকার্যকর

Hypothesis testing meaningless

আইন ও বিজ্ঞানের consistency একে অপরের উপর নির্ভরশীল।
L_i-এর ground না থাকলে বিজ্ঞান নিজেই self-refuting।

১৮.৪.৪ Observer Collapse and Scientific Data
Scientific experiment নির্ভর করে observer-ground-এর উপর:
Observation nélkül → no measurement
Measurement nélkül → no data
Data nélkül → no theory
ফলে, contingent-only observers:
Cannot establish facts
Cannot communicate or validate results
Cannot support predictive frameworks
Science itself collapses epistemically.

১৮.৪.৫ Predictability and Reproducibility Failure
বিজ্ঞানের দুই মূল pillar:
Predictability - Laws must produce consistent outcomes
Reproducibility - Observers must reliably measure outcomes
Contingent-only framework:
Predictability fails → Laws not grounded
Reproducibility fails → Observers ephemeral
ফলে:
Experimental results become arbitrary → Theories lose meaning → Science self-refuting

১৮.৪.৬ Logic and Mathematics Undermined
Mathematics and logical reasoning assume:
Non-arbitrary axioms
Coherent, observer-independent structure
Contingent-only 𝓤:
L_i ungrounded → mathematical modeling arbitrary
Logical derivations lose necessity
Reasoning becomes circular or self-defeating
Even mathematics, the language of science, fails without ground.

১৮.৪.৭ Cumulative Collapse of Scientific Knowledge

সারসংক্ষেপে:

Laws ungrounded → physical theories meaningless
Observers contingent → measurement meaningless
Moral and normative frameworks absent → human interpretations meaningless

ফলে:

Science, as a structured enterprise, collapses completely.

১৮.৪.৮ Philosophical Implication

বিজ্ঞান নৈতিকতা এবং observer-ground-এর উপর ontologically নির্ভরশীল:

Laws, Observers, Moral constraints-সব contingent হলে logical collapse
Predictive, explanatory, ethical, and epistemic frameworks incompatible
Logical self-refutation unavoidable
Nobel-grade thesis হিসেবে এটি প্রমাণ করে-

বিজ্ঞান ও logical reality non-contingent Creator বা Necessary Existence ছাড়া সম্ভব নয়।

১৮.৪.৯ উপসংহার

Scientific Self-Refutation-এর মূল বার্তা:

যদি Creator / Necessary Existence অস্বীকার করা হয় → Laws, Observers, Moral Ground সবাই contingent → Science loses justification
Experiment, measurement, theory formulation, prediction-সবই logically incoherent
Science itself becomes **self-refuting**
এটি 𝓤-এর একান্ত logical consequence।

১৮.৫ Unavoidability of Conclusion

(কেন ১৮.১-১৮.৪-এর সমস্ত logical বিশ্লেষণ শেষে Creator বা Necessary Existence-এর অস্তিত্ব স্বীকার করা অনিবার্য হয়)

১৮.৫.১ ভূমিকা: Logical Imperative

পূর্ববর্তী চারটি উপধারা-

১৮.১ Logical Collapse without Creator
১৮.২ Moral Nihilism Outcome
১৮.৩ Observer Incoherence
১৮.৪ Scientific Self-Refutation

সবই দেখিয়েছে-

Laws, Events, Observers, Moral constraints (𝓤) **contingent-only হলে**
Reality (R) logically inconsistent হয়ে যায়
Knowledge, ethics, civilization-all collapse করে
এখন আমরা উপসংহারে পৌঁছাবো: **Creator / Necessary Existence ছাড়া কোনো coherent reality সম্ভব নয়।**

১৮.৫.২ Logical Syllogism

বিশ্লেষণকে syllogistic form-এ উপস্থাপন করা যাক:

Premise 1: Reality (R) এবং 𝓤-এর coherence এর জন্য non-contingent foundations প্রয়োজন
Premise 2: Laws, Events, Observers, Moral constraints-all contingent-only হলে coherence সম্ভব নয়
Premise 3: Contingent-only framework → Logical collapse, Moral nihilism, Observer incoherence, Scientific self-refutation
Conclusion: Reality এবং 𝓤-এর coherence শুধুমাত্র Necessary Existence / Creator দ্বারা সম্ভব
এটি logical inevitability, কোন cultural বা theological assumption নয়।

১৮.৫.৩ Chain of Necessity

Logical chain সংক্ষেপে:
Law-origin necessity: Laws নিজে থেকে উদ্ভূত নয় → grounded in Necessary Existence

Observer-ground necessity: Observation coherent হওয়ার জন্য non-contingent observer-ground প্রয়োজন
Moral-ground necessity: Moral realism এবং accountability এর জন্য non-contingent moral ground প্রয়োজন
সবগুলো মিলিয়ে →
Non-contingent Creator / Necessary Existence logical imperative।

১৮.৫.৪ Counterfactual Analysis

Contingent-only hypothesis গ্রহণ করলে:
Predictability fails → physics incoherent
Measurement fails → epistemology collapses
Moral obligations vanish → ethical nihilism
Consciousness unsupported → observer incoherent
প্রতিটি counterfactual attempt logical contradiction সৃষ্টি করে।
অতএব, **denial impossible**।

১৮.৫.৫ Ontological Imperative

Necessary Existence-এর অভাবের প্রেক্ষিতে:
$\text{Reality} \equiv \{L_i, E_j, O_k, M_l\} \subset R$
Ontologically undefined হয়ে যায়
Explanatory power null হয়ে যায়
𝓤-এর axiomatic spine disintegrates
তাই logical structure itself dictates the necessity of Creator.

১৮.৫.৬ Synthesis of Collapse Arguments

১. **Logical Collapse (১৮.১): 𝓤** inconsistent without foundation
২. **Moral Nihilism (১৮.২):** Ethics meaningless without moral ground
৩. **Observer Incoherence (১৮.৩):** Knowledge impossible without observer-ground
৪. **Scientific Self-Refutation (১৮.৪):** Science fails without non-contingent laws and observers
সব মিলিয়ে →
Denial of Necessary Existence results in unavoidable collapse of reality, knowledge, morality, and science.

১৮.৫.৭ The Inevitability of Conclusion

Logical inevitability:

Reality (R) structured, consistent, and meaningful হতে হলে:

Non-contingent Laws (L_i)

Non-contingent Observers (O_k)

Non-contingent Moral Ground (M_l)

সবগুলো non-contingent foundation একটিমাত্র Necessary Existence / Creator-এর উপস্থিতি নির্দেশ করে

অর্থাৎ, logical, epistemic, ontological এবং moral coherence-এর জন্য Creator-এর অস্তিত্ব অনিবার্য।

১৮.৫.৮ Summary Table

Collapse Type	Cause	Outcome
Logical Collapse	No Creator	𝓤 inconsistent
Moral Nihilism	No Moral Ground	Ethics meaningless
Observer Incoherence	No Observer-Ground	Knowledge impossible
Scientific Self-Refutation	Contingent Laws & Observers	Science fails

Collective Conclusion:

Denial of Necessary Existence → total collapse → acceptance of Creator unavoidable

Unavoidability of Conclusion-এর মূল বার্তা:

Creator / Necessary Existence logical imperative

Contingent-only reality impossible

Knowledge, science, ethics, consciousness-সব anchored in non-contingent foundation

𝓤-এর axiomatic spine নিজেই Creator-এর অস্তিত্ব প্রমাণ করে

PART VI-BEYOND PHYSICS

অধ্যায় ১৯: Observer Responsibility

(কিভাবে 𝓤-এর coherentreality-তে observers-এর দায়িত্ব এবং agency প্রতিষ্ঠিত হয়)

১৯.১ Choice and Consequence

(Observer Responsibility-𝓤-তে পর্যবেক্ষক ও নির্বাচন এবং তার ফলাফল)

১৯.১.১ ভূমিকা: Observer এবং Agency

পূর্ববর্তী অধ্যায়গুলোতে আমরা দেখেছি-

Reality এবং 𝓤-এর coherence নির্ভর করে non-contingent foundations-এর উপর (Creator, Moral Ground, Observer-Ground)

Contingent-only observers হলে logical, epistemic ও moral collapse হয়

এবার আমরা লক্ষ্য করব-coherent 𝓤-এর মধ্যে **observers কেবল passive নয়**, বরং তারা **active agents**।

Observer Responsibility মূলত তিনটি স্তম্ভের উপর দাঁড়িয়ে:

Choice (পছন্দ) - একটি observer কখনোই passive নয়; প্রতিটি সিদ্ধান্ত একটি ontological significance বহন করে।

Consequence (পরিণতি) - প্রতিটি নির্বাচন নির্দিষ্ট ফলাফল আনতে বাধ্য।

Accountability (দায়বদ্ধতা) - ফলাফল তাদের ওপরও logical এবং moral প্রভাব ফেলে।

১৯.১.২ Nature of Choice in 𝓤

১. Ontological Reality

Observers reality-এর অংশ

Observers-এর actions reality-এর evolution-এ causal contribution রাখে

তাই **প্রতিটি choice শুধুমাত্র subjectively নয়, objective impact ও রাখে**

উদাহরণ: Quantum event measurement-observer's choice determines outcome distribution
L_i, E_j, O_k, M_l context-এর মধ্যে choice inexorably shapes reality

২. Observer-Dependent Emergence
Emergent properties যেমন consciousness, social order, morality-all observer-choice dependent
Observers না থাকলে emergence অসম্ভব
ফলে **choice intrinsically real** এবং **unavoidable**

১৯.১.৩ Consequence: Causal Chain
প্রতিটি choice একটি causal chain শুরু করে
Chain-এর মধ্যে শুধুমাত্র physical effects নয়, information, moral, এবং epistemic effects অন্তর্ভুক্ত
Consequences কখনো purely deterministic নয়-laws, events, observer-ground-এর context-এ mediated
উদাহরণ:
Scientific discovery: observer's choice determines research path → societal impact
Moral decision: observer's choice influences normative structures → civilization-scale consequences
Choice ≡ causal potency within $\mathcal{U}$

১৯.১.৪ Moral Dimension of Choice
Coherent $\mathcal{U}$-এর observer শুধুমাত্র causal agent নয়, বরং **moral agent**
Moral constraint (M_l) অনুযায়ী, প্রতিটি decision এ ethical weight বহন করে
Non-compliance বা ignorance সম্ভব নয়-logical framework itself imposes moral responsibility
Consequences:
Ethical negligence → logical inconsistencies in personal and societal structures
Responsible choice → reinforcement of $\mathcal{U}$'s coherence, morality, and knowledge integrity
এক কথায়: **choice and consequence intrinsically interlinked with moral framework**

১৯.১.৫ Information and Knowledge Implications

Observers' choices determine **information registration**

Information ≡ physical, epistemic, and moral content

Consequences of choice extend beyond immediate events → global knowledge architecture affected

Example: Selecting an experiment method → outcome data → subsequent theories → civilization-level understanding

১৯.১.৬ Freedom vs Determinism

Observers within 𝓤 are **neither strictly deterministic nor arbitrary**

Choice freedom constrained by:

Laws (L_i)

Events (E_j)

Moral constraints (M_l)

Freedom ≡ **structured agency**, not random will

এটি 𝓤-এর logical and ethical framework-এর সাথে perfectly coherent।

১৯.১.৭ Consequential Responsibility

Every action has ripple effects

Observer must anticipate both:

Immediate consequences - physical and informational

Extended consequences - moral, civilizational, epistemic

Responsibility ≡ **ability to act within consequences-aware framework**

Nobel-grade implication: **Ethics, science, and ontology integrated via observer choice**

১৯.১.৮ Integrated Example

Quantum experiment: Observer chooses measurement basis

Consequence: wavefunction collapse, outcome distribution

Moral implication: honest reporting ensures integrity of science

Global impact: reliable knowledge → civilization advancement

Choice → Consequence → Knowledge → Moral structure →𝓤 coherence

১৯.১.৯ উপসংহার

Choice and Consequence-এর মূল বার্তা:

Observers are active agents within $\mathcal{U}$

Every choice has ontological, epistemic, and moral consequences

Responsibility of choice is structured by L_i, E_j, O_k, M_l

Observer agency ensures coherence, knowledge integrity, and ethical order

১৯.২ Agency within 𝓤

(Unified Principle(𝓤)-এর ভেতরে কার্যক্ষমতা, সীমা ও দায়বদ্ধতা)

১৯.২.১ ভূমিকা: Agency কেন অপরিহার্য

পূর্ববর্তী উপধারা **Choice and Consequence**-এ আমরা দেখিয়েছি-
Observer কেবল বাস্তবতার সাক্ষী নয়, বরং কার্যকর অংশগ্রহণকারী।
কিন্তু একটি মৌলিক প্রশ্ন থেকে যায়:
Observer কীভাবে কার্যকর হয়?
কিসের ভিত্তিতে তার সিদ্ধান্ত বাস্তবতাকে প্রভাবিত করতে পারে?
এই প্রশ্নের উত্তরই হলো **Agency**।
Agency ব্যতীত:
Choice অর্থহীন
Responsibility অসংগত
Morality অবাস্তব
Observer কেবল যান্ত্রিক সেন্সর হয়ে পড়ে
সুতরাং, **Agency 𝓤-এর একটি অপরিহার্য গাঠনিক উপাদান।**

১৯.২.২ Agency-এর সংজ্ঞা (Canonical Definition)

Unified Principle(𝓤) -এর আলোকে-
Agency হলো সেই গঠনমূলক ক্ষমতা, যার মাধ্যমে
একটি Observer (O_k)
Laws (L_i) ও Moral Constraints (M_l)-এর ভেতরে থেকে
Events (E_j)-এর গতিপথে কার্যকর প্রভাব ফেলতে পারে।
গাণিতিকভাবে (ধারণাগত):
Agency ≠ Random Freedom
Agency ≠ Deterministic Automation
বরং-
Agency = Structured Causal Capacity

১৯.২.৩ Agency বনাম Determinism ও Randomness

(ক) Determinism কেন Agency ধ্বংস করে
যদি Observer সম্পূর্ণভাবে deterministic হয়:
তার সিদ্ধান্ত পূর্বনির্ধারিত
Responsibility অর্থহীন
Moral praise/blame অসম্ভব
ফলে:

Deterministic Observer ≡ Moral Null Entity
এটি 𝓤-এর Moral Constraint (M_l)-এর সাথে সাংঘর্ষিক।

(খ) Randomness কেন Agency নয়
অন্যদিকে, যদি সিদ্ধান্ত সম্পূর্ণ random হয়:
Control নেই
Intentionality নেই
Accountability নেই
Random process:
Cause দেয়, কিন্তু Reason দেয় না
Agency-র জন্য Reason অপরিহার্য।

(গ) 𝓤-এর অবস্থান
𝓤 প্রস্তাব করে:
Agency = Constrained Freedom
যেখানে স্বাধীনতা আছে, কিন্তু কাঠামোর ভেতরে।

১৯.২.৪ Agency-এর গাঠনিক সীমা (Structural Constraints)
Agency কখনোই absolute নয়। এটি তিনটি স্তরে সীমাবদ্ধ:
১. Physical Constraints (L_i)
শক্তি সংরক্ষণ
causality
spacetime structure
Observer ইচ্ছা করলেই আইন ভাঙতে পারে না।

২. Event Constraints (E_j)
পূর্ববর্তী ঘটনা ভবিষ্যৎ বিকল্প সীমিত করে
History cannot be undone
Agency সবসময় **context-dependent**।

৩. Moral Constraints (M_l)
Certain actions logically impermissible
Truth violation → epistemic collapse
Moral violation → social and cognitive disintegration
এটি বাহ্যিক ধর্মীয় বিধান নয়,
বরং **Reality-preserving constraint**।

১৯.২.৫ Agency ও Consciousness-এর সম্পর্ক

Agency কেবল conscious observer-এর মধ্যেই পূর্ণতা পায়।
কারণ:
Intentionality প্রয়োজন
Self-model প্রয়োজন
Future projection প্রয়োজন
Unconscious systems:
Cause produce করতে পারে
Agency produce করতে পারে না
সুতরাং:
Consciousness হলো Agency-এর ন্যূনতম শর্ত

১৯.২.৬ Agency ও Knowledge Production

Science নিজেই Agency-নির্ভর:
কোন প্রশ্ন করা হবে → observer choice
কোন method ব্যবহার হবে → agency
ফলাফল কিভাবে ব্যাখ্যা হবে → agency + moral honesty
এখানে:
Fraud = agency misuse
Integrity = agency alignment with M_l
অতএব:
Knowledge itself is an ethical outcome of agency

১৯.২.৭ Civilizational Scale Agency

Individual agency aggregate হয়ে তৈরি করে:
Social institutions
Legal systems
Scientific paradigms
Moral cultures
Civilization collapse ঘটে যখন:
Agency detached from responsibility
Power detached from moral constraint
𝓤 এখানে একটি সতর্ক সংকেত দেয়:
Agency without M_l leads to existential instability

১৯.২.৮ Agency Denial-এর ফলাফল

যদি agency অস্বীকার করা হয়:
Responsibility collapses

Justice becomes illusion
Science loses credibility
Ethics becomes preference
Civilization becomes unstable
এটি সরাসরি Part V-এর logical consequences-এর সাথে সামঞ্জস্যপূর্ণ।

১৯.২.৯ $\mathcal{U}$-এর ভেতরে Agency-এর অনিবার্যতা

সারসংক্ষেপে:
Observer ছাড়া Reality incoherent
Choice ছাড়া Observer inert
Agency ছাড়া Choice meaningless
অতএব:
Agency $\in O_k \subseteq \mathcal{U}$
এটি কোনো ঐচ্ছিক সংযোজন নয়
এটি Reality-এর একটি গঠনমূলক বৈশিষ্ট্য

১৯.২.১০ উপসংহার

এই উপধারা প্রতিষ্ঠা করে-
Agency হলো structured freedom
এটি deterministic বা random নয়
এটি laws ও morality দ্বারা সীমাবদ্ধ
Agency ছাড়া ethics, science, civilization-কিছুই টেকে না
Unified Principle($\mathcal{U}$) agency-কে ontologically অপরিহার্য হিসেবে স্বীকার করে

১৯.৩ Accountability

(Unified Principle(𝓤) এর ভেতরে দায়বদ্ধতার অনিবার্যতা)

১৯.৩.১ ভূমিকা: Accountability কেন এড়ানো যায় না

যেখানে **Choice** আছে,
যেখানে **Agency** আছে,
সেখানে **Accountability অনিবার্য**।
Accountability কোনো সামাজিক চুক্তি নয়,
কোনো ধর্মীয় শাস্তিও নয়,
এমনকি কোনো আইনি ব্যবস্থার আবিষ্কারও নয়।
বরং-
Accountability হলো Agency-এর ontological shadow
Agency থাকলে Accountability থাকবেই-না থাকলে Agency-ই ভ্রান্ত।
Unified Principle(𝓤) এই সত্যটিকে প্রথমবারের মতো **formal, non-theological, non-cultural** ভিত্তিতে স্থাপন করে।

১৯.৩.২ Accountability-এর সংজ্ঞা (Canonical Definition)

𝓤-এর আলোকে-
Accountability হলো সেই গাঠনিক বাস্তবতা,
যার মাধ্যমে একটি Observer (O_k)
তার Agency-নির্ভর Choice-এর
Consequence বহন করতে বাধ্য থাকে-
Laws (L_i), Events (E_j) ও Moral Constraints (M_l)-এর অধীনে।
সংক্ষেপে:
Accountability = Responsibility under irreversible consequence

১৯.৩.৩ Accountability বনাম Punishment

একটি গুরুত্বপূর্ণ পার্থক্য:
Punishment → বাহ্যিক ব্যবস্থা
Accountability → বাস্তবতার অভ্যন্তরীণ বৈশিষ্ট্য
Punishment না থাকলেও Accountability থাকে।
কিন্তু Accountability না থাকলে Punishment অর্থহীন।
উদাহরণ:
কেউ সত্য গোপন করল
আইন জানল না

সমাজ জানল না
তবুও-
জ্ঞানগত ক্ষতি, আস্থার ক্ষয়, ভবিষ্যৎ সিদ্ধান্তের বিকৃতি-
এগুলো স্বয়ংক্রিয়ভাবে ঘটে
এটাই Accountability।

১৯.৩.৪ Irreversibility: Accountability-এর ভিত্তি

Accountability সম্ভব হয় একটি মৌলিক কারণে:
Events are irreversible
Time asymmetry (অধ্যায় ১২.৪)
Entropy increase (অধ্যায় ১৪.২)
Information registration (অধ্যায় ৭.৩)
একটি সিদ্ধান্ত নেওয়ার পর:
ঘটনা ঘটে
তথ্য নিবন্ধিত হয়
বাস্তবতা বদলে যায়
এটি আর পূর্বাবস্থায় ফেরে না।
সুতরাং:
Irreversibility ⇒ Accountability

১৯.৩.৫ Accountability ও Moral Constraint (M_l)

Moral constraint (M_l) কোনো বাহ্যিক নৈতিক আদেশ নয়।
এটি একটি **Reality-preserving condition**।
যখন Observer:
Truth violate করে
Evidence manipulate করে
Knowledge distort করে
তখন:
Epistemic collapse শুরু হয়
Trust structure ভেঙে পড়ে
Collective rationality ক্ষতিগ্রস্ত হয়
এই ক্ষতির দায় Observer এড়াতে পারে না।
Accountability এখানে punishment নয়-
এটি **logical consequence**।

১৯.৩.৬ Accountability ও Knowledge Integrity

Science নিজেই Accountability-নির্ভর।
কারণ:
Observation → choice-based
Measurement → agency-based
Interpretation → moral honesty-based
যদি Accountability না থাকে:
Data fabrication সম্ভব
Theory manipulation সম্ভব
Science self-refuting হয়ে পড়ে
অতএব:
Scientific objectivity presupposes Accountability

১৯.৩.৭ Collective Accountability

Accountability কেবল ব্যক্তিগত নয়।
Observer-এর সমষ্টিগত Agency সৃষ্টি করে:
রাষ্ট্র
প্রযুক্তি
অর্থনৈতিক ব্যবস্থা
যুদ্ধ ও শান্তি
যখন collective agency irresponsible হয়:
Ecological collapse
Ethical erosion
Existential threat
এখানে 𝓤 ঘোষণা করে:
Civilizations are accountable entities
এটি ইতিহাসের পতন-প্যাটার্ন ব্যাখ্যা করে-কোনো ধর্মীয় অনুমান ছাড়াই।

১৯.৩.৮ Accountability অস্বীকারের পরিণতি

যদি Accountability অস্বীকার করা হয়:
Responsibility illusion
Justice arbitrary
Ethics preference-based
Science unreliable
Power unchecked

১৯.৩.৯ Accountability ও Transcendence

একটি গভীর প্রশ্ন উঠে:

Accountability কার কাছে?

উত্তর:

Society → আংশিক

Law → সীমিত

Self → অস্থির

পূর্ণ Accountability requires:

Observer-independent grounding

Moral invariance

Non-contingent reference

এখানেই Accountability যুক্ত হয়

Part V-এর **Transcendence Necessity**-র সাথে-

কোনো ধর্মীয় ভাষা ছাড়াই, সম্পূর্ণ যৌক্তিকভাবে।

১৯.৩.১০ $\mathcal{U}$-এর ভেতরে Accountability-এর অবস্থান

Formal relation:

$$\textbf{Accountability} \in O_k \cap M_l \subseteq \mathcal{U}$$

এটি কোনো ঐচ্ছিক নৈতিক ধারণা নয়,

বরং Unified Reality-এর একটি অবিচ্ছেদ্য অংশ।

১৯.৩.১১ উপসংহার

এই উপধারা প্রতিষ্ঠা করে-

Accountability agency-এর অবধারিত ফল

এটি punishment নয়, consequence-based

Irreversibility accountability নিশ্চিত করে

Science, ethics, civilization-সবই এর উপর দাঁড়িয়ে

Accountability ছাড়া $\mathcal{U}$ logically unstable

১৯.৪ Knowledge Ethics

(Unified Principle(𝓤) -এর ভেতরে জ্ঞান অর্জন, ব্যবহার ও সংরক্ষণের নৈতিক স্থাপত্য)

১৯.৪.১ ভূমিকা: জ্ঞান কেন নৈতিক প্রশ্ন

আধুনিক বিশ্বে একটি বিপজ্জনক অনুমান প্রায় সর্বজনস্বীকৃত হয়ে উঠেছে-
জ্ঞান নিজে নিরপেক্ষ; কেবল তার ব্যবহার নৈতিক বা অনৈতিক।
Unified Principle(𝓤) এই অনুমানকে **মূলগতভাবে ভুল** প্রমাণ করে।
কারণ 𝓤-এর কাঠামোয়-
জ্ঞান (Knowledge) ≠ কেবল তথ্য
জ্ঞান = Observer-নির্ভর, choice-নির্ভর, consequence-নির্ভর বাস্তবতা
অতএব-
যেখানে জ্ঞান আছে, সেখানেই নৈতিকতা অনিবার্য।

১৯.৪.২ Knowledge-এর Ontological Status in 𝓤

𝓤 অনুযায়ী জ্ঞান-
Physical নয়, কিন্তু physical-এ grounded
Subjective নয়, কিন্তু observer-dependent
Abstract নয়, কিন্তু causal impact বহন করে
সংজ্ঞাগতভাবে-
Knowledge হলো এমন Information,
যা একটি Observer (O_k)
Laws (L_i) ও Events (E_j)-এর আলোকে
Reality (R)-এর সাথে সামঞ্জস্যপূর্ণভাবে নিবন্ধিত করে।
এই সংজ্ঞার ভেতরেই নৈতিকতা নিহিত।

১৯.৪.৩ Knowledge Production as Moral Act

প্রতিটি জ্ঞান উৎপাদন প্রক্রিয়া অন্তর্ভুক্ত করে-
কোন প্রশ্ন করা হবে (Choice)
কোন পদ্ধতি ব্যবহৃত হবে (Agency)
কোন তথ্য গ্রহণ/বর্জন করা হবে (Selection)
কীভাবে ব্যাখ্যা করা হবে (Interpretation)
এই চারটি ধাপের প্রতিটিই-পক্ষপাতমুক্ত হতে পারে
অথবা বিকৃত হতে পারে
সুতরাং-**Knowledge production নিজেই একটি moral process।**

১৯.৪.৪ Truth Constraint ও Knowledge Ethics

অধ্যায় ৮.৪-এ প্রতিষ্ঠিত **Truth Constraint (M_I)** এখানে কার্যকর হয়।

Truth violation হলে:

Knowledge ≠ reality-aligned

Decision-making corrupted

Downstream consequences amplified

উদাহরণ:

ভুয়া বৈজ্ঞানিক ডেটা

Manipulated statistics

Ideologically filtered research

এসব ক্ষেত্রে ক্ষতি শুধু তাত্ত্বিক নয়-

Policy failure

Technological misuse

Civilizational harm

তাই Truth ethics ≠ ব্যক্তিগত নৈতিকতা

এটি **structural necessity**।

১৯.৪.৫ Knowledge Use Ethics

Knowledge শুধু উৎপাদিত হয় না-**ব্যবহৃত হয়**।

𝓤 এখানে একটি মৌলিক নীতি স্থাপন করে-

Capacity to know ⇒ responsibility to foresee consequences

যদি Observer জানে-

একটি প্রযুক্তি ক্ষতিকর হতে পারে

একটি তত্ত্ব সামাজিক বিভ্রান্তি ছড়াতে পারে

তবুও যদি তা প্রয়োগ করা হয়-

এটি ignorance নয়, **ethical failure**।

১৯.৪.৬ Knowledge Suppression ও Distortion

Knowledge ethics কেবল ভুল বলা নয়-

সত্য গোপন করাও অনৈতিক।

কারণ:

Suppression → epistemic asymmetry

Asymmetry → power imbalance

Imbalance → injustice

উদাহরণ:

পরিবেশগত ঝুঁকি গোপন

চিকিৎসা তথ্য বিকৃত

ইতিহাস ইচ্ছাকৃতভাবে মুছে ফেলা
𝓤 অনুযায়ী-
Truth suppression = reality manipulation
এটি Moral Constraint (M_I)-এর সরাসরি লঙ্ঘন।

১৯.৪.৭ Knowledge Ethics ও Scientific Integrity
Science টিকে থাকে তিনটি নৈতিক স্তম্ভে-
Honesty
Transparency
Reproducibility
এই তিনটিই ethical commitments-
purely technical rules নয়।
যদি Knowledge Ethics ভেঙে পড়ে-
Peer review meaningless
Consensus political
Science self-refuting
এ কারণেই-
Scientific objectivity presupposes moral discipline
এটি কোনো ধর্মীয় বক্তব্য নয়;
এটি epistemic survival condition।

১৯.৪.৮ Collective Knowledge Ethics
জ্ঞান এখন ব্যক্তিগত নয়-
AI systems
Big data
Global models
Collective knowledge ethics ভেঙে পড়লে-
Mass misinformation
Algorithmic injustice
Existential risk
𝓤 সতর্ক করে-
Powerful knowledge without ethics = structural instability of reality

১৯.৪.৯ Knowledge Ethics Denial-এর পরিণতি
যদি বলা হয়-
"জ্ঞান নৈতিক নয়"
তবে অনিবার্য ফলাফল-

Truth optional
Expertise manipulation
Public trust collapse
Policy irrational
Civilization epistemically blind
এটি Part V-এর **Scientific Self-Refutation** অধ্যায়ের সাথে সম্পূর্ণ সামঞ্জস্যপূর্ণ।

১৯.৪.১০ Knowledge Ethics ও Transcendence

একটি চূড়ান্ত প্রশ্ন উঠে-
কেন সত্য বলাই উচিত?
উত্তর:
Utility? পরিবর্তনশীল
Society? আপেক্ষিক
Law? সীমিত
স্থায়ী উত্তর প্রয়োজন-
Truth obligation requires non-contingent grounding
এই যুক্তি Knowledge Ethics-কে যুক্ত করে-
Transcendence Necessity-র সাথে,
কোনো ধর্মীয় ভাষা ছাড়াই।

১৯.৪.১১ 𝓤-এর ভেতরে Knowledge Ethics-এর অবস্থান

Formal relation:
Knowledge Ethics $\in$ ($O_k \cap M_1 \cap$ Information) $\subseteq \mathcal{U}$
এটি ঐচ্ছিক আদর্শ নয়-
এটি Unified Reality-এর টিকে থাকার শর্ত।

১৯.৪.১২ উপসংহার

এই উপধারা প্রতিষ্ঠা করে-
Knowledge intrinsically ethical
Truth constraint structural
Knowledge production moral act
Knowledge misuse ethical failure
Civilization depends on knowledge ethics

১৯.৫ Civilizational Implications

(Unified Principle($\mathcal{U}$)- এর আলোকে সভ্যতার গঠন, স্থায়িত্ব ও পতনের অনিবার্য ফলাফল)

১৯.৫.১ ভূমিকা: সভ্যতা কেন একটি দার্শনিক সমস্যা

সভ্যতা (Civilization) সাধারণত দেখা হয়-
প্রযুক্তিগত অগ্রগতি
অর্থনৈতিক উৎপাদন
সামরিক বা রাজনৈতিক শক্তি
কিন্তু Unified Principle($\mathcal{U}$) একটি মৌলিক অবস্থান নেয়:
সভ্যতা মূলত একটি নৈতিক-জ্ঞানগত কাঠামো,
যার ভৌত প্রকাশ প্রযুক্তি ও প্রতিষ্ঠান।
অতএব সভ্যতার উত্থান ও পতন বোঝার জন্য
শুধু ইতিহাস বা সমাজবিজ্ঞান যথেষ্ট নয়-
প্রয়োজন **ontological, epistemic এবং moral analysis**।

১৯.৫.২ Civilization as a Collective Observer

$\mathcal{U}$ অনুযায়ী সভ্যতা হলো-
একটি Collective Observer (O_K^c)
যার রয়েছে:
collective choice
collective agency
collective knowledge
collective consequence
সভ্যতা সিদ্ধান্ত নেয়-
কোন জ্ঞান মূল্যবান
কোন প্রযুক্তি গ্রহণযোগ্য
কোন নীতি অনুমোদিত
এই সিদ্ধান্তগুলো individual observer-এর মতোই
ontologically real এবং **morally binding**।

১৯.৫.৩ Choice & Agency at Civilizational Scale

যখন সভ্যতা-
শক্তিকে অগ্রাধিকার দেয়, ন্যায়ের চেয়ে
সুবিধাকে অগ্রাধিকার দেয়, সত্যের চেয়ে
গতি অগ্রাধিকার দেয়, প্রজ্ঞার চেয়ে

তখন এটি একটি **collective choice** করে।
এই choice:
প্রযুক্তিতে রূপ নেয়
অর্থনীতিতে রূপ নেয়
রাজনীতিতে রূপ নেয়
𝓤 স্পষ্ট করে-
সভ্যতার পথ তার collective agency দ্বারা নির্ধারিত
এবং এই agency value-neutral নয়।

১৯.৫.৪ Knowledge Ethics ও সভ্যতার স্থায়িত্ব
ইতিহাসে কোনো সভ্যতা ভেঙে পড়েনি শুধুমাত্র
প্রযুক্তির অভাবে।
সভ্যতা ভেঙে পড়েছে যখন-
জ্ঞান বিকৃত হয়েছে
সত্য গোপন হয়েছে
মিথ্যা প্রাতিষ্ঠানিক রূপ পেয়েছে
উদাহরণ (ধারণাগত):
ভুল বৈজ্ঞানিক নীতি → পরিবেশ বিপর্যয়
তথ্য গোপন → গণহত্যা বা যুদ্ধ
আদর্শিক মিথ্যা → মানবাধিকার ধ্বংস
𝓤-এর সিদ্ধান্ত:
সভ্যতার স্থায়িত্ব ∝ knowledge ethics

১৯.৫.৫ Accountability ও ঐতিহাসিক পতন
সভ্যতা প্রায়ই ভাবে-
"আমরা দায়মুক্ত।"
কিন্তু 𝓤 অনুযায়ী-
Accountability এড়ানো যায় না; কেবল বিলম্বিত হয়।
কারণ:
Consequence cumulative
Irreversibility inevitable
Moral debt accrues
যখন collective accountability দীর্ঘদিন অস্বীকার করা হয়-
Environmental collapse
Social fragmentation
Moral nihilism
এসব আসে কোনো divine punishment হিসেবে নয়,
বরং **structural consequence** হিসেবে।

১৯.৫.৬ Power, Technology, and Moral Constraint

Modern civilization unprecedented power ধারণ করে-
Nuclear energy
AI & computation
Genetic manipulation
𝓤 এখানে একটি কঠোর সূত্র দেয়:
Power grows faster than moral maturity → existential risk
যদি Moral Constraint (M_l) agency-কে নিয়ন্ত্রণ না করে-
Knowledge becomes weapon
Technology becomes threat
Civilization becomes self-destructive
এটি speculative নয়-
এটি 𝓤-এর logical outcome।

১৯.৫.৭ Peace as Structural Necessity

𝓤 অনুযায়ী Peace কোনো আদর্শিক স্বপ্ন নয়।
Peace হলো-
Civilizational equilibrium under moral constraint
যেখানে-
Knowledge ethically used
Power responsibly exercised
Accountability acknowledged
War, oppression, exploitation-
এগুলো civilisation-এর **structural failures,**
inevitable নয়।

১৯.৫.৮ Universal Ethics ও Global Civilization

আজ সভ্যতা আর বিচ্ছিন্ন নয়-
Climate shared
Knowledge shared
Risk shared
এখানে 𝓤 ঘোষণা করে-
Local ethics insufficient for global agency
প্রয়োজন-
Universal moral constraints
Shared truth standards
Collective accountability

এটি ধর্মীয় একীকরণ নয়-
এটি **ontological necessity**।

১৯.৫.৯ Civilization without 𝓤: Inevitable Collapse

যদি সভ্যতা-
Agency স্বীকার করে, কিন্তু accountability অস্বীকার করে
Knowledge ব্যবহার করে, কিন্তু ethics অস্বীকার করে
Power বাড়ায়, কিন্তু moral constraint অস্বীকার করে
তবে ফলাফল একটাই:
Technologically advanced but morally hollow civilization
এ ধরনের সভ্যতা-
নিজের সৃষ্টিতেই ধ্বংস হয়
বাহ্যিক শত্রু প্রয়োজন হয় না

১৯.৫.১০ 𝓤-এর আলোকে সভ্যতার ভবিষ্যৎ

Unified Principle(𝓤) একটি পথ নির্দেশ করে-
Knowledge with ethics
Agency with accountability
Power under moral constraint
Progress with responsibility
এটি কোনো রাজনৈতিক মতবাদ নয়,
বরং **Reality-aligned survival framework**।

১৯.৫.১১ উপসংহার

এই উপধারা প্রতিষ্ঠা করে-
Civilization একটি collective observer
Its fate determined by collective choice
Knowledge ethics is civilizational backbone
Accountability unavoidable
Peace and survival structurally necessary

𝓤 অনুযায়ী, সভ্যতার ভবিষ্যৎ কোনো কাকতাল নয়-
এটি তার নৈতিক-জ্ঞানগত কাঠামোর অনিবার্য ফল।

অধ্যায় ২০: Meaning as Structural Reality

২০.১ Meaning vs Interpretation

২০.১.১ ভূমিকা: অর্থ কেন বাস্তবতার প্রশ্ন

আধুনিক চিন্তাধারায় একটি গভীর বিভ্রান্তি দীর্ঘদিন ধরে প্রতিষ্ঠিত-

Meaning (অর্থ) বাস্তব নয়; এটি কেবল মানুষের interpretation (ব্যাখ্যা)।

এই ধারণা থেকে জন্ম নিয়েছে-

Existential nihilism

Moral relativism

Knowledge cynicism

Unified Principle($\mathcal{U}$) এই অবস্থানকে **মৌলিকভাবে অস্বীকার করে।**

$\mathcal{U}$ ঘোষণা করে-

Meaning কোনো মানসিক সংযোজন নয়,

Meaning হলো Reality (R)-এর একটি গঠনমূলক বৈশিষ্ট্য।

এই উপধারার উদ্দেশ্য হলো-

Meaning ও Interpretation-এর মধ্যে পার্থক্য সুস্পষ্টভাবে প্রতিষ্ঠা করা।

২০.১.২ Interpretation কী: Observer-dependent স্তর

Interpretation হলো-

Observer (O_k)-নির্ভর

Context-sensitive

Knowledge-limited

Cultural ও linguistic ফিল্টারযুক্ত

একই ঘটনাকে বিভিন্ন observer ভিন্নভাবে ব্যাখ্যা করতে পারে-

বৈজ্ঞানিক ব্যাখ্যা

নৈতিক ব্যাখ্যা

ব্যক্তিগত ব্যাখ্যা

এখানে পার্থক্য দেখা দেয়, কিন্তু-

Interpretation পরিবর্তনশীল বলেই

Meaning পরিবর্তনশীল-এই সিদ্ধান্ত বৈধ নয়।

২০.১.৩ Meaning কী: Structural Reality

𝓤 অনুযায়ী Meaning হলো-
এমন একটি গঠনমূলক সম্পর্ক
যা Laws (L_i), Events (E_j), Observers (O_k) এবং
Moral Constraints (M_l)-এর মধ্যে বিদ্যমান।
অর্থাৎ-
Meaning ≠ subjective projection
Meaning ≠ linguistic convention
Meaning ≠ cultural narrative
বরং-
Meaning = Reality-aligned structure of significance

২০.১.৪ উদাহরণ: Lawful Meaning বনাম Interpretive Variation

ভৌত উদাহরণ:
মাধ্যাকর্ষণ-
Interpretation:
কেউ একে force বলে
কেউ spacetime curvature বলে
কিন্তু Meaning একটাই-
Mass-energy necessarily influences motion
Interpretation বদলালেও
Structural Meaning অপরিবর্তিত।

নৈতিক উদাহরণ:
মিথ্যা বলা-
Interpretation ভিন্ন হতে পারে
পরিস্থিতি ভিন্ন হতে পারে
কিন্তু Meaning-
Truth violation epistemic ও সামাজিক কাঠামো ক্ষতিগ্রস্ত করে
এটি observer-opinion-এর উপর নির্ভরশীল নয়।

২০.১.৫ Meaning-এর Ontological অবস্থান

𝓤 একটি মৌলিক দাবি করে-
যা consequence সৃষ্টি করে, তার ontological status আছে।
Meaning-
Decision guide করে
Agency shape করে

Civilization trajectory নির্ধারণ করে
সুতরাং Meaning যদি illusion হতো-
Responsibility অসম্ভব হতো
Ethics অর্থহীন হতো
Knowledge directionless হতো
যা আমরা ইতোমধ্যে Part V-এ দেখেছি-অসম্ভব।

২০.১.৬ Interpretation Failure ≠ Meaning Absence

একটি গুরুত্বপূর্ণ বিভ্রান্তি হলো-
মানুষ ভুল ব্যাখ্যা করতে পারে → তাই অর্থ নেই
𝓤 দেখায়-
Interpretation failure মানে epistemic limitation
Meaning absence মানে ontological void
এই দুই এক নয়।
উদাহরণ:
প্রাচীন মানুষ বিদ্যুৎ বুঝত না
তবুও বিদ্যুতের meaning ছিল-কারণ তার consequence ছিল

২০.১.৭ Meaning ও Information Structure

অধ্যায় ১৪-এ আমরা দেখেছি-
Information physical এবং structural।
Meaning হলো-
Information-এর directional significance
Random noise ≠ meaningful signal
কারণ noise structureless।
Meaning arises only when-
Structure আছে
Constraint আছে
Consequence আছে

২০.১.৮ Meaning, Agency ও Accountability

Meaning ছাড়া-
Choice blind
Agency arbitrary
Accountability unjustified
Meaning থাকলেই-
Choice direction পায়
Agency reasoned হয়

Accountability grounded হয়
অতএব- Meaning হলো Agency ও Accountability-এর পূর্বশর্ত।

২০.১.৯ Nihilism-এর Logical Collapse

যদি বলা হয়-
"Meaning নেই, সব interpretation"
তবে-
Science-এর লক্ষ্য meaningless
Ethics preference-based
Civilization narrative fiction
এই অবস্থান নিজেই self-refuting-
কারণ "meaningless" দাবি করাটিও একটি meaning-claim।
𝓤 এটিকে **logical collapse** হিসেবে চিহ্নিত করে।

২০.১.১০ Meaning as Structural Reality: Core Thesis

এই উপধারার কেন্দ্রীয় সিদ্ধান্ত-
Interpretation observer-dependent
Meaning structure-dependent
Interpretation ভ্রান্ত হতে পারে
Meaning consequence-grounded
Meaning ontologically real
Reality ব্যাখ্যা করা হয়,
কিন্তু অর্থ আরোপ করা হয় না-
অর্থ আবিষ্কৃত হয়।

২০.১.১১ উপসংহার

এই উপধারা প্রতিষ্ঠা করলো-
Meaning ≠ interpretation
Meaning is not subjective illusion
Meaning is embedded in Reality's structure
Denial of meaning collapses science, ethics, and civilization

২০.২ Purpose without Assumption

(কোনো পূর্বধর্মীয় অনুমান ছাড়াই উদ্দেশ্যের অনিবার্যতা)

২০.২.১ ভূমিকা: Purpose কেন সবচেয়ে বিতর্কিত ধারণা

আধুনিক দর্শন ও বিজ্ঞানে একটি শক্তিশালী পূর্বধারণা কাজ করে-

Purpose মানেই পূর্বনির্ধারিত intention,

আর intention মানেই ধর্মীয় বা anthropomorphic অনুমান।

এই কারণে-

Science purpose এড়িয়ে চলে

Philosophy purpose-কে subjective বানায়

Ethics purpose ছাড়া দাঁড়াতে চায়

Unified Principle(*U*) এই পুরো কাঠামোটিকে পুনর্বিন্যাস করে।

U ঘোষণা করে-

Purpose কোনো অনুমান নয়;

Purpose হলো Meaning-এর গঠনমূলক পরিণতি।

২০.২.২ Assumed Purpose বনাম Emergent Purpose

প্রথমে পার্থক্য স্পষ্ট করা প্রয়োজন।

(ক) Assumed Purpose

বাহ্যিকভাবে আরোপিত

বিশ্বাস বা মতবাদের উপর নির্ভরশীল

যাচাইযোগ্য নয়

(খ) Purpose without Assumption

কাঠামো থেকে উদ্ভূত

consequence-grounded

logical ও structural

U দ্বিতীয়টিকেই গ্রহণ করে।

২০.২.৩ Purpose-এর Minimal Definition (*U*)

U অনুযায়ী-

Purpose হলো এমন একটি দিকনির্দেশনা,

যা Meaning-সমৃদ্ধ কাঠামোর ভেতরে

Agency ও Choice-কে নির্দিষ্ট ফলাফলের দিকে প্রবণ করে।

এখানে লক্ষ্য করুন-

Intention presuppose করা হয়নি

Theology invoke করা হয়নি
Purpose এসেছে **structure + consequence** থেকে।

২০.২.৪ Lawfulness থেকে Purpose-এর উদ্ভব

যদি Reality সম্পূর্ণ random হতো-
Law থাকত না
Stability থাকত না
Prediction অসম্ভব হতো
কিন্তু Reality আইন-নিয়ন্ত্রিত।
আইন মানে-
Certain outcomes favoured
Certain trajectories stable
Certain states sustainable
এখান থেকেই Purpose-এর ন্যূনতম রূপ জন্ম নেয়-
Stability-seeking directionality
এটি কোনো বিশ্বাস নয়-
এটি physical, biological, informational সত্য।

২০.২.৫ Biological Purpose without Theology

Biology-তে আমরা দেখি-
Systems self-preserve করে
Complexity বজায় রাখে
Information transmit করে
এগুলোকে "purpose" বলা হয়,
কিন্তু এখানে কোনো conscious designer অনুমান করা হয় না।
𝓤 দেখায়-
Biological purpose = consequence of constraint + selection
এটি 𝓤-এর universal principle-এর একটি বিশেষ ক্ষেত্র।

২০.২.৬ Conscious Agency ও Purpose Intensification

Conscious observer আসার পর-
Choice deliberate হয়
Consequence anticipate করা যায়
Meaning explicit হয়
ফলে Purpose আর implicit থাকে না-
explicit directionality পায়।

এখানে Purpose-
আবিষ্কৃত হয়
তৈরি করা হয় না
Observer purpose সৃষ্টি করে না;
Observer purpose শনাক্ত করে এবং গ্রহণ বা প্রত্যাখ্যান করে।

২০.২.৭ Purpose, Ethics ও Responsibility

Purpose না থাকলে-
Responsibility justify করা যায় না
Accountability arbitrary হয়ে পড়ে
𝓤 দেখায়-
Ethical obligation arises because certain directions preserve reality,
and others degrade it.
এখানে "should" এসেছে-
Structural survival থেকে
Reality-coherence থেকে
এটি moral realism-এর একটি non-theological ভিত্তি।

২০.২.৮ Purpose Denial-এর Logical Outcome

যদি বলা হয়-
"Reality purposeless"
তবে-
Knowledge directionless
Science curiosity-only game
Ethics preference-based
Civilization blind trajectory
এটি আবার self-refuting-
কারণ purposeless দাবি করাও একটি purpose-driven assertion।

২০.২.৯ Purpose ও Transcendence-এর সেতু

এই পর্যায়ে একটি গভীর প্রশ্ন উঠে-
Structure কেন এমন যে কিছু দিক রক্ষা করে,
আর কিছু দিক ধ্বংস করে?
এই প্রশ্ন 𝓤-এর সীমার ভেতরে থেকেই নির্দেশ করে-
Transcendence Necessity-র দিকে।
কিন্তু এখানে কোনো বিশ্বাস চাপানো হয় না-
শুধু **logical pressure** তৈরি হয়।

২০.২.১০ 𝓤-এর আলোকে Purpose-এর অবস্থান

Formal insight:

Purpose ∈ Meaning × Agency × Constraint ⊆𝓤

Purpose (উদ্দেশ্য) হলো একটি যৌগিক ontological অবস্থা, যা তিনটি উপাদানের গুণফল-সদৃশ সমন্বয়ে উদ্ভূত হয়:

Meaning = অর্থবোধক কাঠামো (semantic structure)
Agency = কার্যকর ইচ্ছাশক্তি বা সক্ষম সত্তা
Constraint = সীমা, নীতি, বিধিনিষেধ (lawful or moral boundary)

এটি-
Assumed নয়
Arbitrary নয়
Optional নয়
বরং Reality-এর একটি unavoidable feature।

২০.২.১১ উপসংহার

এই উপধারা প্রতিষ্ঠা করে-
Purpose ধর্মীয় অনুমান নয়
Purpose emerges from structure & consequence
Lawfulness implies directionality
Conscious agency purposeকে explicit করে
Purpose denial leads to epistemic collapse

Reality উদ্দেশ্য আরোপ করে না-
Reality উদ্দেশ্য উন্মোচন করে।

২০.৩ Directionality of Existence

(অস্তিত্ব কেন নির্দিষ্ট দিকেই প্রবাহিত হয়)

২০.৩.১ ভূমিকা: "Flow" কি কেবল অনুভূতি?

প্রথম দর্শনে মনে হতে পারে-
অস্তিত্ব কেবল ঘটে,
কোনো দিক নেই,
কোনো গন্তব্য নেই।
কিন্তু এই ধারণা নিজেই গভীরভাবে ভ্রান্ত।
কারণ-
সময় একদিকে যায়
Entropy একদিকে বাড়ে
Evolution একদিকে জটিলতা বাড়ায়
Knowledge একদিকে সঞ্চিত হয়
অস্তিত্ব **স্থির নয়,**
অস্তিত্ব **নির্দেশিত**।

Unified Framework $\mathcal{U}$ এখানে একটি মৌলিক দাবি করে-
Existence is not symmetric;
it unfolds along constrained trajectories.

২০.৩.২ Directionality বনাম Teleology

Directionality মানেই Teleology নয়-
এই বিভ্রান্তি দূর করা অত্যন্ত জরুরি।
Teleology (পরিহারযোগ্য)
পূর্বনির্ধারিত লক্ষ্য
বাহ্যিক উদ্দেশ্য আরোপ
যাচাই-অযোগ্য
Directionality (অপরিহার্য)
Constraint-driven
Law-governed
Consequence-bound
$\mathcal{U}$ দ্বিতীয়টিকেই প্রতিষ্ঠা করে।

২০.৩.৩ Time Asymmetry: অস্তিত্বের প্রথম দিকনির্দেশ

সবচেয়ে মৌলিক দিকনির্দেশ হলো **সময়**।

Physics বলে-

Past → Future

Never reversed

এই asymmetry ব্যাখ্যা করা যায় না যদি Reality সম্পূর্ণ neutral হয়।

Time-এর দিকনির্দেশ নির্দেশ করে-

State transition preference

Irreversibility

অর্থাৎ- Existence prefers certain transitions over others.

এটি directionality-এর ন্যূনতম রূপ।

২০.৩.৪ Entropy ও Ordered Flow

Entropy বৃদ্ধি মানেই chaos-এই ধারণা অসম্পূর্ণ।

বাস্তবে-

Local order তৈরি হয়

Complexity বৃদ্ধি পায়

Information accumulate করে

Life, mind, civilization-সবই entropy gradient-এর উপর ভেসে ওঠে।

অতএব-

Entropy does not erase direction;
entropy defines the channel of direction.

২০.৩.৫ Information Accumulation as Direction

Random process information জমায় না।

কিন্তু Reality-

Memory তৈরি করে

Structure সংরক্ষণ করে

History বহন করে

এটি নির্দেশ করে-

Existence flows toward higher informational depth,
not toward blank uniformity.

Directionality এখানে-

Statistical নয়

Structural

২০.৩.৬ Biological Directionality: From Survival to Meaning

Evolution কোনো "goal" ধরে না-
কিন্তু এটি সম্পূর্ণ randomও নয়।
Selection কাজ করে-
Viability
Stability
Reproductive continuity
ফলে-
Life flows away from extinction-prone states.
এটি একটি স্পষ্ট দিকনির্দেশ-
কিন্তু কোনো পূবনির্ধারিত লক্ষ্য ছাড়া।

২০.৩.৭ Consciousness: Directionality Becoming Aware

Consciousness আসার পর directionality রূপ নেয়-
Reflection
Anticipation
Evaluation
Observer এখন-
ভবিষ্যৎ কল্পনা করতে পারে
সম্ভাব্য পথ বেছে নিতে পারে
এখানে Directionality →
Agency-mediated flow
Reality নিজে চলছিল;
Consciousness তাকে বুঝতে শেখে।

২০.৩.৮ Knowledge Growth as Existential Vector

Knowledge random accumulation নয়।
Science, mathematics, ethics-
সবই directionally layered।
ভুল সংশোধিত হয়
সত্য consolidate হয়
এটি নির্দেশ করে-
Existence has an epistemic arrow.
যদি direction না থাকত-
Progress meaningless
Error correction impossible

২০.৩.৯ Directionality Denial-এর আত্মবিরোধ
যদি বলা হয়-
"Existence has no direction"
তবে-
এই দাবি নিজেই একটি direction-claim
Meaningful assertion impossible
Denial নিজেই presuppose করে-
truth-directionality।
অতএব denial logically collapses।

২০.৩.১০ Directionality ও Moral Vector
Directionality কেবল physical নয়-
এটি normative।
কিছু পথ-
Sustain reality
Preserve complexity
অন্য পথ-
Collapse systems
Erase meaning
এখান থেকেই-
Ethics emerge as **alignment with existential flow**।

২০.৩.১১ Formal Expression (𝓤)
সংক্ষেপে-
Existence = State transitions under constraint
এবং-
Directionality = Non-equivalent transition probabilities across time
এই কাঠামোতেই-
Meaning, Purpose, Ethics-all grounded.

২০.৩.১২ Transcendence Pressure Point
শেষে একটি অনিবার্য প্রশ্ন-
কেন এই দিকনির্দেশ
Reality-র বিরুদ্ধে নয়, বরং Reality-র পক্ষে?
কোনো বিশ্বাস নয়-
শুধু structural necessity।

২০.৩.১৩ উপসংহার

এই উপধারা প্রতিষ্ঠা করে-

Existence is directional, not neutral
Directionality ≠ assumed purpose
Time, entropy, information create flow
Consciousness makes direction explicit
Ethics aligns with existential vectors

২০.৪ Human Dignity

(মানব মর্যাদা কেন কোনো সামাজিক চুক্তি নয়, বরং বাস্তবতার কাঠামোগত সত্য)

২০.৪.১ ভূমিকা: Human Dignity কি কেবল নৈতিক আবেগ?

আধুনিক আলোচনায় "Human Dignity" প্রায়ই বোঝানো হয়-
একটি মানবিক অনুভূতি
একটি সাংস্কৃতিক মান
অথবা রাষ্ট্রীয় আইনের নির্মাণ
কিন্তু Unified Framework 𝓤 এই ধারণাকে মৌলিকভাবে প্রত্যাখ্যান করে।
𝓤-এর দাবি- Human dignity is not granted;
it is structurally unavoidable.
মানব মর্যাদা বাস্তবতার গভীরে প্রোথিত।

২০.৪.২ Human Dignity বনাম Human Value

এই দুটি প্রায়ই গুলিয়ে ফেলা হয়, অথচ তারা ভিন্ন।
Human Value
তুলনামূলক
Utility-নির্ভর
সমাজ বদলালে বদলায়
Human Dignity
তুলনাহীন
অবিভাজ্য
পরিস্থিতি-নিরপেক্ষ
Dignity **পরিমাপযোগ্য নয়,**
কারণ এটি কোনো সম্পদ নয়।

২০.৪.৩ 𝓤-এর ভিত্তিতে Human Dignity-এর সংজ্ঞা

Unified Framework 𝓤 অনুযায়ী-
Human Dignity =
The non-reducible status of a conscious observer
as an irreducible component of Reality.
অর্থাৎ- মানুষ কোনো বস্তু নয়, কোনো যন্ত্র নয়
কোনো উপাদানের সমষ্টি নয়
মানুষ হলো- **Observer ∈ Reality**

২০.৪.৪ Reductionism ব্যর্থ হলে Dignity অনিবার্য

যদি মানুষ কেবল-
নিউরনের সমষ্টি
জৈব রাসায়নিক প্রতিক্রিয়া
হতো, তবে dignity একটি কল্পনা হতো।
কিন্তু Chapter 15-এ আমরা দেখেছি-
Conscious experience irreducible
Subjectivity non-eliminable
অতএব-
যাকে ভাঙা যায় না,
তাকে অবমূল্যায়ন করা যায় না।

২০.৪.৫ Observer Necessity → Human Dignity

Reality-কে অর্থবহ হতে হলে প্রয়োজন-
Observation
Registration
Interpretation
এই তিনটিই করে **মানুষ**।
অতএব-
Reality নিজেই মানুষের মর্যাদাকে presuppose করে।
Observer বাদ দিলে-
Truth collapses
Meaning disappears
এখানে dignity কোনো দাবি নয়-
একটি **structural requirement**।

২০.৪.৬ Information Ethics ও Human Dignity

মানুষ হলো-
Information processor
Meaning generator
Memory bearer
একজন মানুষকে ধ্বংস করা মানে-
একটি তথ্য-বিশ্ব মুছে ফেলা
একটি ব্যাখ্যার সম্ভাবনা বন্ধ করা
এটি শুধুই হত্যা নয়-
এটি **Reality-র informational ক্ষতি**।

২০.৪.৭ Human Dignity ও Irreplaceability
একজন মানুষ replace করা যায় না।
কারণ-
Subjective trajectory unique
Observer history non-copyable
একই DNA থাকলেও-
একই observer হওয়া অসম্ভব।
অতএব-
Human dignity = existential irreplaceability

২০.৪.৮ Dignity Denial-এর আত্মবিরোধ
যদি বলা হয়-
"মানুষের কোনো স্বতন্ত্র মর্যাদা নেই"
তবে-
এই দাবি কে করছে? → একজন মানুষ
কেন গুরুত্ব পাবে? → মর্যাদা থাকলে
অতএব dignity denial নিজেই self-refuting।

২০.৪.৯ Dignity ও Freedom-এর সম্পর্ক
Freedom এখানে রাজনৈতিক নয়-
ontological।
মানুষ-
Choice করে
Responsibility বহন করে
যেখানে responsibility আছে-
সেখানে dignity অনিবার্য।
Responsibility ছাড়া dignity নেই,
কিন্তু dignity ছাড়া responsibilityও অসম্ভব।

২০.৪.১০ Dignity ≠ Perfection
Human dignity মানে-
মানুষ নিখুঁত নয়।
বরং-
মানুষ ভুল করতে পারে
তবু তার মর্যাদা অক্ষুণ্ণ
এটাই dignity-এর শক্তি-
এটি **performance-based নয়**।

২০.৪.১১ Moral Constraint হিসেবে Human Dignity

𝓤-এর Moral Constraint (M) এখানে স্পষ্ট-
কোনো কাঠামো, আইন বা লক্ষ্য
যদি মানব মর্যাদা ভেঙে দেয়
তবে সেটি Reality-misaligned।
এখানে-
Utility
Efficiency
Progress
সবই secondary।

২০.৪.১২ Human Dignity ও Civilization

যে সভ্যতা- মানুষকে উপকরণ বানায়
Observer- কে বস্তুতে নামিয়ে আনে
সে সভ্যতা-
Knowledge হারায়
Ethics ভেঙে পড়ে
শেষ পর্যন্ত নিজেই ধ্বংস হয়
ইতিহাস তার সাক্ষী।

২০.৪.১৩ Formal Statement (𝓤)

সংক্ষেপে-
Human Dignity is invariant under
state, ability, belief, or utility.
কারণ- Observer status is non-negotiable.

২০.৪.১৪ উপসংহার

এই উপধারা প্রতিষ্ঠা করে-
Human dignity কোনো সামাজিক অনুগ্রহ নয়
এটি Reality-র কাঠামোগত দাবি
Observer হওয়াই dignity-র ভিত্তি
Denial logically impossible
Ethics dignity alignment ছাড়া ভেঙে পড়ে

২০.৫ Universal Significance

(মানুষ, অর্থ ও বাস্তবতা কেন কেবল স্থানীয় নয়-কসমিকভাবে তাৎপর্যপূর্ণ)

২০.৫.১ ভূমিকা: "আমরা কি কসমিকভাবে তুচ্ছ ?"

আধুনিক চিন্তায় একটি প্রচলিত ধারণা-
মানুষ বিশাল মহাবিশ্বে তুচ্ছ,
সামান্য এক দুর্ঘটনা,
যার কোনো সার্বজনীন গুরুত্ব নেই।
Unified Framework *U* এই ধারণাকে ভুল নয়, অসম্পূর্ণ বলে চিহ্নিত করে।
U-এর মূল বক্তব্য- Human existence may be spatially small,
but it is structurally universal.

২০.৫.২ Universal Significance কী নয়

প্রথমে পরিষ্কার করা জরুরি-Universal significance মানে নয়-
মানুষ মহাবিশ্বের কেন্দ্র
মানুষ ছাড়া কিছুই অর্থবহ নয়
মহাবিশ্ব "মানুষের জন্য" তৈরি
U কোনো anthropocentrism প্রস্তাব করে না।
বরং এটি বলে-মানুষ এমন এক সত্তা,
যার উপস্থিতি Reality-র কাঠামোগত স্তরে প্রভাব ফেলে।

২০.৫.৩ Structural vs Spatial Significance

Spatial Significance
আয়তন
ভর
শক্তি
এই মানদণ্ডে মানুষ তুচ্ছ।
Structural Significance
Meaning generation
Truth registration
Moral constraint activation
এই স্তরে মানুষ অপরিহার্য।
অতএব-Significance is not a function of size,
but of structural role.

২০.৫.৪ Observer Presence → Universal Relevance
Chapter 07-এ প্রতিষ্ঠিত হয়েছে-
Observer ছাড়া Reality incomplete।
এখন এর গভীর অর্থ-যেখানে Observer আছে
সেখানে Reality নিজেকে প্রতিফলিত করে
একজন মানুষের চেতনা মানে-
Reality নিজের একটি সম্ভাব্য ব্যাখ্যা বাস্তবায়িত করছে।
এটি স্থানীয় ঘটনা নয়-এটি **universal process**।

২০.৫.৫ Meaning Local হলে Science অসম্ভব
যদি অর্থ কেবল স্থানীয় হতো-
বিজ্ঞান সার্বজনীন হতো না
গণিত সর্বত্র খাটতো না
সত্য এক জায়গায় সত্য, আরেক জায়গায় নয়-এমন হতো
কিন্তু বাস্তবে-একটি সমীকরণ পৃথিবীতে যেমন সত্য,
আলফা সেন্টরিতেও তেমনই সত্য।
এটি নির্দেশ করে-**Meaning has universal scope.**
আর যেখানে Meaning বাস্তব-
সেখানে Meaning-generator (মানুষ)-এর ভূমিকা কসমিক।

২০.৫.৬ Moral Significance-এর সার্বজনীনতা
Human dignity (২০.৪) যদি বাস্তবতার কাঠামোগত দাবি হয়-
তবে তা কেবল সামাজিক নয়।
একজন মানুষের উপর অন্যায়-স্থানীয় অপরাধ নয়,
বরং **Reality-violation**।
অতএব-Moral events have universal resonance.

২০.৫.৭ Information Loss as Universal Loss
একজন মানুষের মৃত্যু-
শুধু জৈবিক ঘটনা নয়।
এটি-একটি অনন্য observer-history-র অবসান
একটি তথ্য-trajectory-র সমাপ্তি
Information theory অনুযায়ী-
Non-recoverable information loss
একটি বাস্তব ক্ষতি।
এই ক্ষতি-কসমিক স্কেলে ছোট হলেও,
structural ভাবে সার্বজনীন।

২০.৫.৮ Choice as a Universal Perturbation

মানুষের সিদ্ধান্ত-
Local action
Global implication
কারণ-Decision alters probability space।
একটি নৈতিক বা অনৈতিক সিদ্ধান্ত-
Reality-র সম্ভাব্য ভবিষ্যৎগুলোর ওজন বদলায়।
অতএব-
Human choice perturbs the universe,
not by force, but by meaning.

২০.৫.৯ Universal Significance Denial-এর সমস্যা

যদি বলা হয়-
"মানুষের কোনো universal significance নেই"
তবে প্রশ্ন উঠে-
এই দাবি universal কেন ধরা হবে?
কেন এটি সবাই মানবে?
Denial নিজেই presuppose করে-
universal validity।
অতএব denial আত্মবিরোধী।

২০.৫.১০ Civilization as a Cosmic Experiment

সভ্যতা-
কেবল সামাজিক কাঠামো নয়।
এটি-
Meaning density বাড়ায়
Knowledge accumulate করে
Moral constraints পরীক্ষা করে
এই প্রক্রিয়া-
Reality-র নিজের সম্ভাবনা যাচাই।
অতএব-
Civilization is a universe-level process
instantiated locally.

২০.৫.১১ Formal Expression (𝓤)

সংক্ষেপে-
Universal Significance =
Local events with non-local structural impact

এবং-

Human beings are significance amplifiers through observation, meaning, and choice.

২০.৫.১২ Transcendence Pressure (Soft Boundary)

এই অধ্যায় একটি নীরব চাপ তৈরি করে-
যদি-
Meaning universal
Dignity structural
Morality non-local
তবে প্রশ্ন অনিবার্য-
এই সার্বজনীন তাৎপর্যের চূড়ান্ত ভিত্তি কী?
এই প্রশ্ন সরাসরি নিয়ে যায়-
পরবর্তী অধ্যায়ের **Ultimate Ground Thesis**-এর দিকে।

২০.৫.১৩ উপসংহার

এই উপধারা প্রতিষ্ঠা করে-
Significance আকারে নয়, কাঠামোতে
মানুষ spatially ছোট, structurally অপরিহার্য
Meaning ও morality universal scope বহন করে
Human choice reality perturb করে
Universal significance অস্বীকার করা যায় না

আমরা মহাবিশ্বের কেন্দ্র নই-
কিন্তু আমরা এমন এক বিন্দু
যেখানে মহাবিশ্ব অর্থপূর্ণ হয়ে ওঠে।

অধ্যায় ২১: Ethics, Peace, and Reality

(নৈতিকতা ও শান্তি কেন কোনো আদর্শ নয়-বরং বাস্তবতার কাঠামোগত দাবি)

২১.১ Justice as Structural

(ন্যায় কেন সামাজিক চুক্তি নয়-বরং বাস্তবতার অন্তর্গত গঠন)

২১.১.১ ভূমিকা: ন্যায় কি মানব-উদ্ভাবিত ধারণা?

সাধারণভাবে ন্যায় (Justice)-কে দেখা হয়-
আইনের সৃষ্টি
সমাজের সমঝোতা
ক্ষমতার ভারসাম্য রক্ষার কৌশল
এই দৃষ্টিভঙ্গিতে ন্যায় হলো-
একটি **মানবিক নির্মাণ** (human construct)।
Unified Principle($\mathcal{U}$) এই ধারণাকে মৌলিকভাবে প্রত্যাখ্যান করে।
এই উপধারার কেন্দ্রীয় Thesis-
Justice is not created by societies;
societies survive only insofar as they align with justice.

২১.১.২ Structural Justice: সংজ্ঞা

Structural Justice বলতে বোঝানো হচ্ছে-
এমন ন্যায়, যা
বাস্তবতার মৌলিক গঠন থেকে উদ্ভূত
Observer, Law, Event ও Moral Constraint-এর পারস্পরিক সামঞ্জস্য রক্ষা করে
লঙ্ঘিত হলে বাস্তবতার নিজস্ব ভারসাম্য নষ্ট হয়
এটি-
মতাদর্শ নয়
সংস্কৃতি-নির্ভর নয়
সংখ্যাগরিষ্ঠতার সিদ্ধান্ত নয়
বরং-
Reality-র **internal requirement**।

২১.১.৩ ন্যায় ও বাস্তবতার কাঠামোগত মিল

পূর্ববর্তী অধ্যায়গুলো থেকে আমরা জানি-
Reality একটি structured whole (Chapter 04)
Law কাজ করে কারণ তা বাস্তবতার কাঠামোতে embedded (Chapter 05)

Observer agency বাস্তবতার অংশ (Chapter 07)
Moral constraint বাস্তবতার বিধান (Chapter 08)
এই চারটি একত্রে নির্দেশ করে-
Justice emerges wherever structure must be preserved.
যেখানে কাঠামো আছে,
সেখানে ন্যায়ের প্রয়োজন অনিবার্য।

২১.১.৪ Injustice as Structural Distortion

অন্যায় কী?
𝓤-এর ভাষায়-
Injustice is a structural misalignment
between agency, consequence, and moral constraint.
অন্যায় ঘটলে-
দায় ও ফলাফলের সম্পর্ক ভেঙে যায়
ক্ষমতা agency-কে ছাপিয়ে যায়
Observer-কে বস্তুতে নামিয়ে আনা হয়
এটি কেবল নৈতিক সমস্যা নয়-
এটি **ontological fault**।

২১.১.৫ Why Injustice Cannot Be Stable

অন্যায় কেন টেকসই নয়?
কারণ-
এটি false information তৈরি করে
trust decay ঘটায়
probability space-কে বিকৃত করে
একটি অন্যায় ব্যবস্থা কিছু সময় চলতে পারে,
কিন্তু তা-
Reality-consistent equilibrium নয়।
Reality নিজেই
এই বিকৃতি সংশোধন করতে চাপ সৃষ্টি করে-
সামাজিক ভাঙন,
নৈতিক সংকট,
অথবা সভ্যতার পতনের মাধ্যমে।

২১.১.৬ Law ≠ Justice (কিন্তু Law ⊂ Justice)

সব আইন ন্যায়সঙ্গত নয়-
এটি ইতিহাস প্রমাণ করেছে।

𝓤-এর অবস্থান-
Law হলো formal rule
Justice হলো structural necessity
যখন আইন ন্যায়ের সঙ্গে সামঞ্জস্যপূর্ণ-
তখন আইন টিকে থাকে।
যখন নয়-
আইন ভেঙে পড়ে,
অথবা মানুষ তা প্রত্যাখ্যান করে।
অতএব-
Justice judges law,
not the other way around.

২১.১.৭ Justice and Observer Equality

Structural justice-এর একটি মৌলিক বৈশিষ্ট্য-
All observers are structurally equal.
এর মানে-
ক্ষমতায় সমান নয়
দক্ষতায় সমান নয়
বরং-
Reality-র দৃষ্টিতে-
প্রতিটি Observer একটি অপরিবর্তনীয় reference point।
এই সমতা অস্বীকার মানে-
Reality-র coordinate system বিকৃত করা।

২১.১.৮ Justice as Information Conservation

অন্যায় প্রায়ই কী করে?
ইতিহাস বিকৃত করে
সত্য চাপা দেয়
ভুক্তভোগীর কণ্ঠ মুছে ফেলে
এটি একটি **information destruction process**।
Structural justice মানে-
সত্য সংরক্ষণ
দায় নির্ধারণ
স্মৃতি রক্ষা
অতএব-
Justice is information conservation under moral constraints.

২১.১.৯ Retribution নয়, Restoration

𝓤 ন্যায়কে প্রতিশোধ হিসেবে দেখে না।
Structural justice লক্ষ্য করে-
damaged structure পুনরুদ্ধার
broken trust পুনর্গঠন
distorted meaning সংশোধন
শাস্তি তখনই ন্যায্য,
যখন তা কাঠামো পুনঃস্থাপন করে,
ক্ষমতা প্রদর্শন নয়।

২১.১.১০ Global Justice: অনিবার্য সম্প্রসারণ

যদি-
Observer universal category
Moral constraint non-local
Meaning structural
তবে ন্যায়ও কেবল স্থানীয় হতে পারে না।
একটি অঞ্চলের অন্যায়-
বিশ্বব্যাপী instability তৈরি করে।
অতএব-
Justice is inherently global,
even when violated locally.

২১.১.১১ Justice Denial Paradox

যদি বলা হয়-
"ন্যায় বলে কিছু নেই"
তবে প্রশ্ন উঠে-
এই দাবি ন্যায্য কেন?
কেন এটি গ্রহণযোগ্য হবে?
অন্যভাবে বললে-
Justice denial নিজেই
justice-এর দাবি করে।
এটি একটি self-refuting position।

২১.১.১২ Formal Synthesis (𝓤)

সংক্ষেপে-
Justice = structural alignment condition
Injustice = ontological distortion

Law valid ⇔ justice-aligned
Justice denial = logical inconsistency

২১.১.১৩ উপসংহার
এই উপধারা প্রতিষ্ঠা করল-
ন্যায় মানব-নির্মিত নয়
এটি বাস্তবতার কাঠামোগত শর্ত
অন্যায় reality-র বিরুদ্ধে যায়
ন্যায় লঙ্ঘন করলে কাঠামো নিজেই ভেঙে পড়ে
Justice ছাড়া peace অসম্ভব

Justice কোনো আদর্শ নয়-
এটি বাস্তবতার নিজস্ব ভারসাম্য।

২১.২ Global Responsibility

(দায়িত্ব কেন ব্যক্তিগত বা রাষ্ট্রীয় নয়-বরং বাস্তবতার বৈশ্বিক শর্ত)

২১.২.১ ভূমিকা: দায়িত্ব কি সীমাবদ্ধ হতে পারে?

সাধারণ চিন্তায় দায়িত্বকে সীমাবদ্ধ করা হয়-
ব্যক্তির নৈতিকতা
রাষ্ট্রের আইন
প্রতিষ্ঠানের কর্তব্য
এই কাঠামোয় প্রশ্ন ওঠে-
"আমার কাজের দায় কেন পৃথিবীর অন্য প্রান্তে প্রভাব ফেলবে?"
Unified Principle(𝓤) দেখায়-
এই প্রশ্ন নিজেই বাস্তবতার কাঠামো ভুল বোঝার ফল।
এই উপধারার Thesis-
Responsibility scales with impact,
not with proximity.

২১.২.২ Structural Basis of Global Responsibility

পূর্ববর্তী অধ্যায়গুলো থেকে স্থির সত্য-
Reality is a single structured whole (Chapter 04)
Moral constraints are non-local (Chapter 08)
Observer actions alter probability space (Chapter 19)
এই তিনটি একত্রে নির্দেশ করে-
No action is fully local in a structured reality.
যেখানে প্রভাব non-local,
সেখানে দায়ও non-local।

২১.২.৩ Interconnected Observers

মানব সভ্যতা আজ-
তথ্যগতভাবে সংযুক্ত
অর্থনৈতিকভাবে নির্ভরশীল
পরিবেশগতভাবে অভিন্ন
কিন্তু 𝓤-এর দাবি-
এই সংযোগ প্রযুক্তির ফল নয়,
বরং বাস্তবতার গঠনগত সত্য।
Observer-রা সবসময়ই
একটি shared reality তে অবস্থান করেছে।

২১.২.৪ Power Amplification → Responsibility Amplification
ক্ষমতা কী?
$\mathcal{U}$-এর ভাষায়-
Power is the capacity to reshape probability distributions.
যার ক্ষমতা বেশি-
তার সিদ্ধান্ত Reality-কে বেশি বিকৃত বা স্থিতিশীল করতে পারে।
অতএব-
Greater power entails greater global responsibility.
এই নীতি কোনো নৈতিক উপদেশ নয়-
এটি একটি কাঠামোগত অনিবার্যতা।

২১.২.৫ Ignorance Does Not Nullify Responsibility
প্রচলিত যুক্তি-
"আমি জানতাম না, তাই দায়ী নই।"
কিন্তু $\mathcal{U}$ দেখায়-
Ignorance ≠ non-impact
Unawareness ≠ non-consequence
যদি কোনো সিদ্ধান্ত predictably ক্ষতি করে,
তবে তা নৈতিকভাবে দায়মুক্ত নয়।
Foreseeable impact generates responsibility, regardless of intent.

২১.২.৬ Collective Responsibility without Collective Guilt
Global responsibility মানে-
সবাই সবকিছুর জন্য দোষী নয়।
বরং-
Shared structure → shared duty
Differentiated agency → differentiated responsibility
$\mathcal{U}$ এই পার্থক্য বজায় রাখে।

২১.২.৭ Environmental Responsibility as Structural Duty
পরিবেশ নষ্ট করা-
শুধু ভবিষ্যৎ প্রজন্মের প্রতি অন্যায় নয়।
এটি-
তথ্য ধারাবাহিকতা ভাঙে
জীববৈচিত্র্যের observer-potential ধ্বংস করে

Reality-র সম্ভাব্য পথ সংকুচিত করে
অতএব-
Environmental care is not optional ethics, but structural maintenance.

২১.২.৮ Technological Responsibility

প্রযুক্তি-
neutral নয়
autonomous নয়
প্রতিটি প্রযুক্তি
Reality-র action-space বদলায়।
যেখানে প্রযুক্তি দায়হীন,
সেখানে কাঠামোগত বিপর্যয় অনিবার্য।

২১.২.৯ Global Injustice Propagation

একটি অঞ্চলের অন্যায়-
তথ্যপ্রবাহে ছড়িয়ে পড়ে
মানসিক স্বাভাবিকতা নষ্ট করে
নৈতিক মানদণ্ড ক্ষয় করে
অতএব-
Injustice propagates faster than justice, unless responsibility intervenes.

২১.২.১০ Responsibility Denial Paradox

যদি বলা হয়-
"আমার কোনো global responsibility নেই"
তবে প্রশ্ন উঠে-
এই দাবি কি কেবল স্থানীয়?
যদি তা universal দাবি করে,
তবে দায়িত্ব স্বীকার করতেই হয়।
এটি একটি logical trap।

২১.২.১১ Peace Requires Global Responsibility

Peace টিকে থাকতে পারে না যদি-
ক্ষমতাবানরা দায় অস্বীকার করে
ভুক্তভোগীরা অদৃশ্য থাকে
সিদ্ধান্তের global impact উপেক্ষিত হয়
𝓤-এর সিদ্ধান্ত-

Peace is a global equilibrium,
requiring globally responsible agents.

২১.২.১২ Formal Synthesis (𝓤)
সংক্ষেপে-

Responsibility ∝ impact
Impact non-local ⇒ responsibility global
Power amplifies duty
Ignorance does not cancel responsibility

২১.২.১৩ উপসংহার
এই উপধারা প্রতিষ্ঠা করল-
দায়িত্ব সীমাবদ্ধ নয়
বাস্তবতা সংযুক্ত, তাই দায় সংযুক্ত
ক্ষমতা বাড়লে দায় বাড়ে
Global responsibility ছাড়া justice টেকে না
Peace একটি collective structural outcome

Global responsibility কোনো নৈতিক বিলাসিতা নয়-
এটি বাস্তবতার সঙ্গে সামঞ্জস্য থাকার মূল্য।

২১.৩ Scientific Humility

(বিজ্ঞান কেন নৈতিকভাবে বিনয়ী না হলে বাস্তবতার সঙ্গে অসামঞ্জস্যপূর্ণ হয়ে পড়ে)

২১.৩.১ ভূমিকা: জ্ঞান কি ক্ষমতা, না দায়িত্ব?

আধুনিক বিশ্বে বিজ্ঞানকে প্রায়ই সংজ্ঞায়িত করা হয়-
Knowledge is power.
এই সংজ্ঞা অসম্পূর্ণ।
Unified Principle($\mathcal{U}$)-এর আলোকে
বিজ্ঞান হলো-
Power under responsibility,
constrained by reality itself.
এই উপধারার Thesis-
Scientific humility is not a moral virtue,
but a structural necessity.

২১.৩.২ Scientific Hubris: একটি কাঠামোগত সমস্যা

Scientific hubris মানে-
জ্ঞানকে চূড়ান্ত ধরে নেওয়া
মডেলকে বাস্তবতা ভেবে নেওয়া
প্রযুক্তিগত সক্ষমতাকে নৈতিক অনুমতি ভাবা
এই প্রবণতা-
ব্যক্তিগত দোষ নয়,
বরং **structural error**।
কারণ-
Reality > Model (Chapter 04.3)

২১.৩.৩ Model-Reality Confusion

পূর্বে আমরা প্রতিষ্ঠা করেছি-
Model হলো representation
Reality হলো structured whole
যখন মডেলকে absolute ধরা হয়-
অনিশ্চয়তা অস্বীকার হয়
সীমাবদ্ধতা লুকানো থাকে
alternative possibility দমন হয়
ফলাফল-
catastrophic misalignment।

২১.৩.৪ Uncertainty as Structural Feature

কোয়ান্টাম অনিশ্চয়তা,
জটিলতা,
emergence-
সবই দেখায়-
Uncertainty is not ignorance;
it is built into reality.
Scientific humility মানে-
এই সীমা স্বীকার করা।
যে বিজ্ঞানী সীমা মানে না,
সে বাস্তবতার বিরুদ্ধে অবস্থান নেয়।

২১.৩.৫ Predictive Power ≠ Moral Authority

একটি প্রযুক্তি কাজ করে-
এটা প্রমাণ করে-
এটি কার্যকর
কিন্তু ন্যায্য নয়
𝓤 স্পষ্ট করে-
Capability does not confer legitimacy.
পরমাণু শক্তি, জেনেটিক ইঞ্জিনিয়ারিং,
AI-
সবই এই সত্য প্রমাণ করে।

২১.৩.৬ Humility as Methodological Requirement

Scientific humility মানে-
সবসময় provisional stance
falsifiability-এর প্রতি আনুগত্য
নিজের মডেল ভাঙার প্রস্তুতি
এটি আবেগগত বিনয় নয়,
এটি **methodological discipline**।

২১.৩.৭ Ignoring Moral Constraints: Historical Pattern

ইতিহাসে যেখানে বিজ্ঞান নৈতিক সীমা উপেক্ষা করেছে-
মানব পরীক্ষা
অস্ত্রায়ন
পরিবেশ ধ্বংস
সেখানে science নয়,
misaligned knowledge কাজ করেছে।

Reality পরবর্তীতে সংশোধন করেছে-
সংকটের মাধ্যমে।

২১.৩.৮ Scientific Humility & Peace

অহংকারী বিজ্ঞান-
অস্ত্র তৈরি করে
মানুষকে বস্তু বানায়
ভবিষ্যৎ ঝুঁকি অবমূল্যায়ন করে
বিনয়ী বিজ্ঞান-
সীমা বোঝে
দায় স্বীকার করে
peace-aligned innovation তৈরি করে
অতএব-
Peace requires scientifically humble knowledge systems.

২১.৩.৯ The Denial Paradox of Scientism

Scientism বলে-
"শুধু বিজ্ঞানই সত্য নির্ধারণ করে।"
কিন্তু এই দাবি-
নিজে বৈজ্ঞানিকভাবে প্রমাণযোগ্য নয়।
অতএব-
scientism একটি self-refuting belief।
Scientific humility এই ফাঁদ এড়ায়।

২১.৩.১০ Institutional Humility

বিনয় কেবল ব্যক্তিগত নয়।
প্রয়োজন-
transparent peer review
interdisciplinary dialogue
ethical oversight
এই কাঠামো না থাকলে
knowledge-power অনিয়ন্ত্রিত হয়।

২১.৩.১১ Formal Synthesis (𝓤)

সংক্ষেপে-
Reality > Model
Knowledge = constrained power
Uncertainty = structural

Capability ≠ legitimacy
Humility = reality-alignment

২১.৩.১২ উপসংহার

এই উপধারা প্রতিষ্ঠা করল-
বৈজ্ঞানিক বিনয় আবেগ নয়
এটি বাস্তবতার দাবি
অহংকার কাঠামোগত বিপর্যয় আনে
বিনয়ী বিজ্ঞান শান্তির পূর্বশর্ত
নৈতিক সীমা ছাড়া জ্ঞান আত্মবিনাশী

বিজ্ঞান তখনই সত্যিকারের বিজ্ঞান,
যখন সে নিজের সীমা জানে।

২১.৪ Peace as Necessity

(শান্তি কেন কোনো নৈতিক আকাঙ্ক্ষা নয়-বরং বাস্তবতার একমাত্র স্থিতিশীল অবস্থা)

২১.৪.১ ভূমিকা: শান্তি কি আদর্শ, না বাস্তবতার দাবি?

শান্তিকে সাধারণত ভাবা হয়-
নৈতিক আকাঙ্ক্ষা
রাজনৈতিক লক্ষ্য
মানবিক স্বপ্ন
এই দৃষ্টিভঙ্গিতে শান্তি ঐচ্ছিক।
Unified Principle(𝓤) এই ধারণাকে মৌলিকভাবে সংশোধন করে।
এই উপধারার কেন্দ্রীয় Thesis-
Peace is not what we hope for;
it is what reality requires.

২১.৪.২ Structural Definition of Peace

𝓤-এর ভাষায় শান্তি-
Peace = a state of minimum contradiction
across laws (L_i), events (E_j), observers (O_k), and moral constraints (M_l).
অর্থাৎ-
law-aligned actions
event-consequence coherence
observer dignity preservation
moral constraint compliance
শান্তি মানে যুদ্ধের অনুপস্থিতি নয়,
বরং **structural alignment**।

২১.৪.৩ Violence as High-Contradiction State

সহিংসতা কেন অস্থিতিশীল?
কারণ-
এটি agency অস্বীকার করে
তথ্য ধ্বংস করে
future possibility সংকুচিত করে
সহিংস অবস্থা মানে-
Reality-র মধ্যে contradiction density বৃদ্ধি।

এমন অবস্থা
দীর্ঘমেয়াদে টিকে থাকতে পারে না।

২১.৪.৪ Peace and Probability Stability
Chapter 19-এ দেখানো হয়েছে-
human choice probability space বদলায়।
শান্তি এমন একটি অবস্থা-
যেখানে-
সম্ভাবনা বিস্তার পায়
ভবিষ্যৎ পথ বৈচিত্র্যময় থাকে
irreversible collapse কম হয়
Violence probability space সংকুচিত করে।
অতএব-
Peace maximizes future openness.

২১.৪.৫ War as Ontological Error
যুদ্ধ কেবল রাজনৈতিক ব্যর্থতা নয়।
𝓤-এর দৃষ্টিতে-
War is an ontological error-
a configuration incompatible with structured reality.
এটি কিছু সময় টিকে থাকতে পারে,
কিন্তু তা **stable solution নয়**।

২১.৪.৬ Peace Requires Justice, Responsibility, Humility
পূর্ববর্তী উপধারাগুলোর সমন্বয়-
Justice ছাড়া peace হয় না
Responsibility ছাড়া peace ভেঙে পড়ে
Humility ছাড়া peace অস্তিত্বহীন
অতএব-
Peace is a composite structural state.

২১.৪.৭ The Cost of Denying Peace
শান্তি অস্বীকার করলে-
coercion বাড়ে
surveillance বাড়ে
dehumanization বাড়ে
এই সবই short-term control দেয়,
long-term collapse নিশ্চিত করে।

২১.৪.৮ Peace as Lowest-Energy Configuration

Physics-এর analogy ব্যবহার করলে-
systems naturally move toward minimal energy states
stable equilibria minimize internal stress
Reality-ও তাই।
শান্তি হলো-
minimum structural stress configuration।

২১.৪.৯ Peace Without Idealism

𝓤 শান্তিকে নৈতিক উপদেশ হিসেবে দেয় না।
এটি বলে-
You may reject peace,
but reality will not.
অশান্তির মূল্য
কেউ না কেউ দিতেই হয়।

২১.৪.১০ Formal Synthesis (𝓤)

সংক্ষেপে-
Peace = structural equilibrium
Violence = contradiction saturation
War = unstable configuration
Justice, responsibility, humility → peace conditions

২১.৫ Ethical Future

(নৈতিক ভবিষ্যৎ কেন কল্পনা নয়-বরং বাস্তবতার দিকনির্দেশ)

২১.৫.১ ভূমিকা: ভবিষ্যৎ কি নৈতিকভাবে নিরপেক্ষ?

প্রচলিত ধারণা অনুযায়ী ভবিষ্যৎ-
প্রযুক্তির দ্বারা নির্ধারিত
অর্থনীতির দ্বারা চালিত
ক্ষমতার দ্বারা গঠিত
এই দৃষ্টিভঙ্গিতে নৈতিকতা থাকে-
একটি **ঐচ্ছিক সংযোজন**।
Unified Principle(𝓤) এই ধারণাকে সম্পূর্ণভাবে অস্বীকার করে।
এই উপধারার Thesis-
The future is not morally open-ended;
it is ethically constrained by the structure of reality.

২১.৫.২ Future as a Structured Possibility Space

পূর্ববর্তী অধ্যায়গুলোতে প্রতিষ্ঠিত-
Reality একটি structured whole
Human choice probability space বদলায়
Moral constraint non-negotiable
এর ফলে ভবিষ্যৎ-
কোনো শূন্য পাতা নয়,
বরং একটি **constrained possibility space**।
সব ভবিষ্যৎ সম্ভব নয়।
শুধু সেই ভবিষ্যৎগুলোই সম্ভব-
যেগুলো বাস্তবতার নৈতিক কাঠামোর সঙ্গে সামঞ্জস্যপূর্ণ।

২১.৫.৩ Ethical Trajectories vs Technological Trajectories

প্রযুক্তি ভবিষ্যৎকে দ্রুত বদলায়,
কিন্তু দিক নির্ধারণ করে না।
𝓤-এর ভাষায়-
Technology = amplifier
Ethics = directional constraint
নৈতিক দিকনির্দেশ ছাড়া প্রযুক্তি-
ভবিষ্যৎকে প্রসারিত করে না,
বরং **collapse accelerate** করে।

২১.৫.৪ Moral Progress: Illusion না Necessity?

প্রশ্ন উঠতে পারে-
নৈতিক অগ্রগতি কি কেবল সামাজিক কাহিনি?
𝓤-এর উত্তর-
Moral progress is not guaranteed,
but moral alignment is necessary for survival.
সভ্যতা টিকে থাকে তখনই-
যখন তারা নৈতিক কাঠামোর সঙ্গে
ক্রমশ বেশি সামঞ্জস্যপূর্ণ হয়।

২১.৫.৫ Ethical Future without Utopianism

𝓤 কোনো utopia প্রতিশ্রুতি দেয় না।
Ethical future মানে-
সংঘর্ষশূন্য বিশ্ব নয়
ভুলহীন মানব নয়
বরং-
A future where violations are increasingly costly
and alignment increasingly rewarded.

২১.৫.৬ Irreversibility as Ethical Pressure

Irreversible damage-
পরিবেশ ধ্বংস
গণহত্যা
তথ্য বিলুপ্তি
এই ঘটনাগুলো ভবিষ্যৎকে সংকুচিত করে।
অতএব-
The more irreversible the action,
the greater its ethical weight on the future.

২১.৫.৭ Ethical Intelligence as Survival Trait

আগামী যুগে-
শুধু প্রযুক্তিগত বুদ্ধিমত্তা নয়,
প্রয়োজন-
Ethical intelligence
(the ability to foresee moral consequences)
যে সভ্যতা এটি গড়ে তুলবে না-
সে নিজের ভবিষ্যৎ নিজেই বাতিল করবে।

২১.৫.৮ Global Ethical Convergence
Ethical future মানে-
একক সংস্কৃতি নয়।
বরং-
shared moral constraints
differentiated expressions
ন্যায়, dignity, truth-
এসব বিষয়ে convergence অনিবার্য,
কারণ এগুলো বাস্তবতার কাঠামোগত দাবি।

২১.৫.৯ Denial of Ethical Future: Self-Defeating
যদি বলা হয়-
"ভবিষ্যতের কোনো নৈতিক দিক নেই"
তবে প্রশ্ন উঠে-
এই দাবির ভবিষ্যৎ বৈধতা কেন থাকবে?
Denial নিজেই
ethical continuity presuppose করে।

২১.৫.১০ Ethical Future & Peace Stability
Peace একটি ঘটনা নয়,
একটি দীর্ঘমেয়াদি অবস্থা।
Ethical future ছাড়া-
peace episodic হয়
justice fragile থাকে
civilization unstable হয়
অতএব-
Ethical future is the temporal extension of peace.

২১.৫.১১ Formal Synthesis (𝓤)
সংক্ষেপে-
Future = constrained possibility space
Ethics = directional constraint
Technology = amplifier, not guide
Ethical alignment = survival condition
Peace stability requires ethical continuity

২১.৫.১২ উপসংহার

এই উপধারা প্রতিষ্ঠা করল-
ভবিষ্যৎ নৈতিকভাবে নিরপেক্ষ নয়
বাস্তবতা ভবিষ্যৎকে নৈতিকভাবে সীমাবদ্ধ করে
প্রযুক্তি দিক নির্ধারণ করে না
Ethical intelligence সভ্যতার টিকে থাকার শর্ত
Ethical future ছাড়া peace স্থায়ী নয়।

ভবিষ্যৎ আমাদের ইচ্ছামতো নয়-
বরং বাস্তবতার নৈতিক কাঠামোর সঙ্গে
যতটুকু সামঞ্জস্যপূর্ণ,
ততটুকুই ভবিষ্যৎ।

PART VII-FINAL SYNTHESIS

অধ্যায় ২২: Final Declaration

(বাস্তবতা নিজেই কী দাবি করে-তার চূড়ান্ত ঘোষণা)

২২.১ The Complete Picture

(বাস্তবতা কী-এখন আর খণ্ডে নয়, সম্পূর্ণভাবে)

২২.১.১ ভূমিকা: খণ্ড থেকে সম্পূর্ণতার দিকে

এই গ্রন্থের শুরুতে আমরা একটি সংকট চিহ্নিত করেছিলাম-
জ্ঞান খণ্ডিত, ব্যাখ্যা বিচ্ছিন্ন, নৈতিকতা অনাথ।
এখন, ২১টি অধ্যায় অতিক্রম করার পর, আমরা আর কোনো অংশ আলাদা করে দেখছি না।
এখানে বাস্তবতা-
পদার্থ নয় শুধু
আইন নয় শুধু
ঘটনা নয় শুধু
পর্যবেক্ষক নয় শুধু
নৈতিকতা নয় শুধু
বরং এগুলোর **অবিচ্ছেদ্য সমগ্রতা**।
এই উপধারার Thesis-
Reality is not a collection of domains;
it is a single, internally coherent architecture.

২২.১.২ Reality as an Integrated Architecture

Unified Principle($\mathcal{U}$) শুরুতেই যে canonical definition দিয়েছে-

$$\mathcal{U} \equiv \{L_i, E_j, O_k, M_l \mid \forall i,j,k,l: L_i, E_j, O_k, M_l \subseteq R\}$$

এই সংজ্ঞা এখন আর বিমূর্ত নয়।
প্রতিটি উপাদান আমরা আলাদাভাবে বিশ্লেষণ করেছি-
L (Laws) → বাস্তবতার কাঠামো
E (Events) → কাঠামোর ভেতর পরিবর্তন
O (Observers) → বাস্তবতার সাক্ষী ও অংশগ্রহণকারী
M (Moral Constraints) → বাস্তবতার সীমা ও দিকনির্দেশ

এখন স্পষ্ট-

কোনো উপাদান বাদ দিলে বাস্তবতা অসম্পূর্ণ হয়ে পড়ে।

২২.১.৩ No Privileged Layer

পুরোনো চিন্তায়-

পদার্থবিদ্যা ছিল "মূল"

চেতনা ছিল সমস্যা

নৈতিকতা ছিল সংযোজন

U এই স্তরভিত্তিক শ্রেণিবিন্যাস বাতিল করে।

এখানে-

আইন আইন হিসেবে কাজ করে, কিন্তু নিজের উৎস ব্যাখ্যা করতে পারে না

ঘটনা ঘটে, কিন্তু অর্থ নির্ধারণ করে না

পর্যবেক্ষক দেখে, কিন্তু একা যথেষ্ট নয়

নৈতিকতা সীমা দেয়, কিন্তু আলাদা সত্তা নয়

অতএব-

Reality has no privileged layer-
only mutually necessary components.

২২.১.৪ Science, Philosophy, Ethics: **এক কাঠামো**

এই গ্রন্থ প্রমাণ করেছে-

Science বাস্তবতার কীভাবে ব্যাখ্যা করে

Philosophy বাস্তবতার কেন প্রশ্ন তোলে

Ethics বাস্তবতার কীভাবে থাকা উচিত নির্ধারণ করে

কিন্তু এগুলো আলাদা নয়।

U-এর আলোকে-

Science without ethics is blind,
ethics without ontology is groundless,
philosophy without structure is empty.

Complete picture মানে-

এই তিনটির **একীভূত অস্তিত্ব**।

২২.১.৫ Observer-Centered but not Anthropocentric

আমরা দেখেছি-

Observer ছাড়া measurement অসম্ভব

Meaning ছাড়া reality অসম্পূর্ণ

Responsibility ছাড়া peace অস্থিতিশীল

তবু-

মানুষকে মহাবিশ্বের কেন্দ্র বানানো হয়নি।

বরং-

Human beings are structurally central but not cosmically supreme.

মানুষ গুরুত্বপূর্ণ,
কারণ সে reality-র সঙ্গে সম্পর্কিত,
না যে সে সবকিছুর মালিক।

২২.১.৬ From Description to Necessity

এই গ্রন্থ কোনো কল্পনাভিত্তিক worldview দেয়নি।
এটি দেখিয়েছে-
কিছু জিনিস এমনই হতে বাধ্য
কিছু অস্বীকার করলে self-contradiction হয়
কিছু লঙ্ঘন করলে reality destabilize করে
অতএব-

The complete picture is not chosen; it is discovered.

২২.১.৭ Peace, Justice, Meaning: একই সূত্র

শেষ অংশে আমরা দেখেছি-
Justice = structural alignment
Peace = minimum contradiction state
Meaning = reality's internal coherence
এগুলো আলাদা নৈতিক আদর্শ নয়।
এগুলো-

একই বাস্তবতার বিভিন্ন অভিব্যক্তি।

২২.১.৮ The Shape of Reality

সবকিছু একত্রে ধরলে,
বাস্তবতার রূপ দাঁড়ায়-
Structured, not chaotic
Constrained, not arbitrary
Meaning-bearing, not indifferent
Observer-inclusive, not blind
Morally bounded, not neutral
এই রূপ-
আর কোনো অতিরিক্ত অনুমান ছাড়াই দাঁড়িয়ে থাকে।

২২.১.৯ What the Complete Picture Excludes

এই সম্পূর্ণতা কিছু ধারণাকে স্বয়ংক্রিয়ভাবে বাতিল করে-
Absolute nihilism
Value-free reality
Observer-independent meaning
Ethics as mere convention
Peace as utopia
এগুলো আর "ভিন্ন মত" নয়-
এগুলো **structural impossibility**।

২২.১.১০ উপসংহার

এই উপধারা একটি কাজই করেছে-
খণ্ড খণ্ড আলোচনাকে
একটি **একক বাস্তবতার মানচিত্রে** রূপ দিয়েছে।

Reality is one.
Its laws, events, observers, and morals
are not additions-
they are its anatomy.

এখন আর প্রশ্ন-
"বাস্তবতা কী?"
বরং প্রশ্ন হয়ে দাঁড়ায়-
আমরা কি এই সম্পূর্ণ বাস্তবতার সঙ্গে
সামঞ্জস্যপূর্ণভাবে বাঁচতে রাজি?

২২.২ What Reality Necessarily Is

(বাস্তবতা কী হতে পারে-তা নয়; বাস্তবতা কী হওয়া ছাড়া উপায় নেই)

ভূমিকা: সম্ভাবনা নয়, অনিবার্যতা
এই গ্রন্থের পূর্ববর্তী সব অধ্যায় একটি মৌলিক পার্থক্য স্পষ্ট করেছে-
Reality is not what we imagine,
not what we prefer,
not even what we hypothesize-
but what cannot be otherwise without collapse.
২২.১ অধ্যায়ে আমরা "complete picture" দেখেছি।
২২.২-এর কাজ হলো সেই ছবির **ontological inevitability** উন্মোচন করা।
এখানে আমরা প্রশ্ন করি না-
"বাস্তবতা কেমন হতে পারে?"
বরং প্রশ্ন করি- কী কী বৈশিষ্ট্য বাস্তবতার থাকতে বাধ্য,
না হলে বাস্তবতা নিজেই ভেঙে পড়ে?
এই অধ্যায় সম্ভাব্যতার নয়,
এটি **structural necessity**-র অধ্যায়।

২২.২.১ Reality Must Be Structured (অবশ্যই গঠিত)

যদি বাস্তবতা কাঠামোবিহীন হয়-
কোনো নিয়ম নেই
কোনো ধারাবাহিকতা নেই
কোনো পূর্বানুমানযোগ্যতা নেই
তবে-
পর্যবেক্ষণ অসম্ভব
জ্ঞান অসম্ভব
অভিজ্ঞতা অসম্ভব
অতএব-
Structure is not an added feature of reality;
it is the condition for reality to be experienceable at all.
এই কাঠামো আমরা $\mathcal{U}$-তে **Law (L)** হিসেবে চিহ্নিত করেছি।
কিন্তু গুরুত্বপূর্ণ বিষয়-
এই আইনগুলো মানুষের তৈরি নয়,
কারণ মানুষ নিজেই এদের অধীন।
অতএব-
Reality necessarily possesses an internal lawful order.

২২.২.২ Reality Must Allow Events (ঘটনাবিহীন বাস্তবতা অসম্ভব)

একটি সম্পূর্ণ স্থির বাস্তবতা-
যেখানে কোনো পরিবর্তন নেই-
তা বাস্তবতা নয়,
তা একটি মৃত বিমূর্ততা।
ঘটনা (Event) মানে-
অবস্থার পরিবর্তন
পার্থক্যের উদ্ভব
সময়ের অনুভব
যদি ঘটনা না থাকে-
সময় অর্থহীন
কারণ-ফল শূন্য
অস্তিত্ব অচল
অতএব-
Reality must be event-capable.
Change is not a defect-it is ontological necessity.
এই কারণেই-
কোয়ান্টাম ফ্লাকচুয়েশন
জৈব বিবর্তন
চেতনার উত্থান
সবই একই কাঠামোর ভেতর পড়ে।

২২.২.৩ Reality Must Be Observer-Inclusive

এই গ্রন্থ একটি কঠিন কিন্তু অনিবার্য সিদ্ধান্তে পৌঁছেছে-
A reality that excludes observers
cannot be known, described, or even meaningfully asserted.
এটি epistemic নয়,
এটি ontological।
কারণ-
Measurement ছাড়া state নির্ধারিত নয়
Information registration ছাড়া fact নেই
Meaning ছাড়া description শূন্য
অতএব-
Observer is not external to reality;
observer is a functional component of reality.
এখানে observer মানে শুধু মানুষ নয়-

যে কোনো entity যা
পার্থক্য নিবন্ধন করে
তথ্য ধারণ করে
অবস্থার প্রতি সাড়া দেয়
এই সংজ্ঞা বাস্তবতাকে anthropocentric না করে
observer-inclusive করে।

২২.২.৪ Reality Must Contain Information
পূর্ববর্তী অধ্যায়ে আমরা দেখেছি-
Information is physical
Entropy is informational
Complexity is structured information growth
যদি বাস্তবতায় information না থাকে-
কোনো state distinguishable নয়
কোনো ঘটনা সংজ্ঞায়িত নয়
কোনো স্মৃতি নেই
অতএব-
Reality must be informationally articulated.
কিন্তু এখানে একটি গুরুত্বপূর্ণ সীমা-
Information নিজে নিজে অর্থ বহন করে না।
অর্থের জন্য দরকার-
Observer
Context
Constraint
এই ত্রয়ী ছাড়া information শুধুই noise।

২২.২.৫ Reality Must Be Constrained (নৈতিক সীমা অনিবার্য)
এটি এই গ্রন্থের সবচেয়ে বিতর্কিত,
কিন্তু সবচেয়ে শক্তিশালী সিদ্ধান্ত।
যদি বাস্তবতায় **কোনো সীমা না থাকে**-
সব কিছু সমানভাবে সম্ভব
কোনো কাজের ফল নেই
কোনো ভুল নেই
কোনো দায়িত্ব নেই
তাহলে-
Truth meaningless
Knowledge arbitrary
Justice illusion

অতএব-

Constraint is not imposed on reality;
constraint defines reality.

এই constraint-ই আমরা **Moral Constraint (M)** বলেছি।
এটি ধর্মীয় আদেশ নয়,
মানবিক পছন্দ নয়-
বরং-

The boundary conditions without which reality collapses into incoherence.

২২.২.৬ Reality Must Be Self-Consistent

যে বাস্তবতা নিজের সঙ্গেই বিরোধে লিপ্ত-
সেখানে সব বক্তব্য সমানভাবে সত্য ও মিথ্যা
যুক্তি অকার্যকর
পার্থক্য বিলুপ্ত
এই ধরনের বাস্তবতা-
বাস্তবতা নয়,
তা logical noise।
অতএব-

Reality must obey internal consistency.

এই consistency-
Logic-এর আগেও
Language-এর আগেও
Human cognition-এর আগেও
অবস্থান করে।

২২.২.৭ Reality Cannot Be Self-Grounded

এই বিন্দুতে এসে একটি মৌলিক সমস্যা দেখা দেয়-
যদি বাস্তবতা-
নিজের আইন নিজেই সৃষ্টি করে
নিজের অস্তিত্ব নিজেই ব্যাখ্যা করে
তবে-

Reality explains itself by presupposing itself.

এটি একটি vicious circularity।
অতএব- **Reality cannot be its own ultimate ground.**
এই সিদ্ধান্ত- Infinite regress বাতিল করে
Self-grounding paradox বাতিল করে

২২.২.৮ Reality Necessarily Points Beyond Itself

এই "beyond"-
spatial নয়
temporal নয়
physical নয়
বরং-
Transcendence as necessity, not mythology.
এই Transcendence-
আইন-উৎপত্তির ভিত্তি
নৈতিক সীমার উৎস
পর্যবেক্ষণের সম্ভাব্যতার কারণ
এটি ছাড়া-
𝓤 অসম্পূর্ণ
reality unjustified

২২.২.৯ Reality Must Be Meaning-Bearing

Meaning এখানে subjective feeling নয়।
Meaning মানে-
Structural directionality.
যদি বাস্তবতায় কোনো দিকনির্দেশ না থাকে-
Truth ও falsehood আলাদা করা যায় না
Progress ও decay আলাদা নয়
Peace ও violence সমমান
অতএব-
Reality must be meaning-capable at its core.
এই meaning-
imposed নয়
invented নয়
বরং-
Discovered through alignment.

২২.২.১০ Reality Must Be Livable

সবশেষে-
যদি একটি "বাস্তবতা"-
বাসযোগ্য না হয়
যেখানে agency অর্থহীন
যেখানে responsibility অসম্ভব
তবে-

তা বাস্তবতা হিসেবে টিকে থাকতে পারে না,
কারণ-
A reality that annihilates its own participants cannot sustain itself.
অতএব-
Reality must permit ethical survival.

চূড়ান্ত সংহতি
সবগুলো সিদ্ধান্ত একত্রে ধরলে-
বাস্তবতা অবশ্যই-
Structured
Eventful
Observer-inclusive
Informational
Constrained
Consistent
Non-self-grounding
Transcendence-pointing
Meaning-bearing
Ethically livable
এই দশটি গুণ-
কোনো বিশ্বাসের ফল নয়,
এগুলো-
Logical inevitabilities.

উপসংহার
If reality exists at all,
it must be like this-
or it collapses into incoherence.

এখানেই এই গ্রন্থের মূল দাবি দাঁড়িয়ে যায়-
বাস্তবতা আমাদের বিশ্বাসের উপর দাঁড়িয়ে নেই,
আমাদের বিশ্বাসই বাস্তবতার উপর দাঁড়িয়ে আছে।

২২.৩ What Cannot Be Denied

(যা অস্বীকার করা মানেই অস্বীকারকারী অবস্থানটিকেই অকার্যকর করা)

ভূমিকা: অস্বীকারের সীমা
মানুষ প্রায় সবকিছুই অস্বীকার করতে পারে-
ঈশ্বর
আত্মা
নৈতিকতা
অর্থ
উদ্দেশ্য
কিন্তু এই অধ্যায় দেখাবে-
কিছু সত্য আছে
যেগুলো অস্বীকার করতে গেলেই
অস্বীকার করার ক্ষমতাটিই নষ্ট হয়ে যায়।
এগুলো মতামত নয়।
এগুলো **denial-resistant truths**।

২২.৩.১ Reality Exists-এটিকে অস্বীকার করা অসম্ভব

"Reality does not exist"-
এই বাক্যটি নিজেই একটি বাস্তব দাবী।
যদি বাস্তবতা না থাকে-
বক্তব্যটি কোথায় সত্য?
কে বলছে?
কোন অবস্থায়?
অতএব-
Reality exists-this cannot be denied without self-contradiction.

২২.৩.২ Lawfulness Cannot Be Denied

যদি কেউ বলে-
"কোনো আইন নেই"-
তবে সেই বক্তব্য নিজেই-
ভাষার নিয়ম মানে
যুক্তির নিয়ম মানে
কারণ-ফল নির্ভর
অতএব-
Law-denial presupposes law.

আইন অস্বীকার করা যায়,
কিন্তু **আইনের বাইরে দাঁড়িয়ে অস্বীকার করা যায় না।**

২২.৩.৩ Event & Change Cannot Be Denied

"কিছুই ঘটে না"-
এই কথাটিও একটি ঘটনা।
অস্বীকার করা মানে-
সময়ের প্রবাহ মানা
পরিবর্তনের স্বীকৃতি
অতএব-
Change is undeniable because denial itself is a change.

২২.৩.৪ Observer Cannot Be Denied

"Observer নেই"-
এই দাবিটি কে করছে?
যদি observer না থাকে-
কোনো observation নেই
কোনো assertion নেই
কোনো truth-claim নেই
অতএব-
Observer denial collapses into observer affirmation.
Observer এখানে ব্যক্তি নয়-
বরং **difference-registering entity**।

২২.৩.৫ Information Cannot Be Denied

যদি বলা হয়-
"Information meaningless"-
তবে সেই বক্তব্য নিজেই-
তথ্য বহন করে
অর্থ দাবি করে
অতএব-
Information denial is informationally incoherent.

২২.৩.৬ Meaning Cannot Be Fully Denied

"সব অর্থই মিথ্যা"-
এই বাক্যটির অর্থ কী?
যদি অর্থ সত্যিই না থাকে-
মিথ্যা কথাটিরও কোনো অর্থ নেই

সত্য-মিথ্যার পার্থক্য বিলুপ্ত
অতএব-
Meaning may be disputed,
but meaninglessness cannot be asserted meaningfully.

২২.৩.৭ Moral Constraint Cannot Be Eliminated
এখানে সবচেয়ে গুরুত্বপূর্ণ বিন্দু।
যদি কেউ বলে-
"কোনো নৈতিক সীমা নেই"-
তবে-
সত্য বলা বাধ্যতামূলক নয়
প্রতারণা ভুল নয়
জ্ঞান উৎপাদন মূল্যহীন
ফলে-
বিজ্ঞান ভেঙে পড়ে
যুক্তি অর্থহীন
বক্তব্যের কোনো দায় থাকে না
অতএব-
The denial of moral constraint destroys the possibility of truthful denial itself.
নৈতিকতা এখানে অনুভূতি নয়-
বরং **truth-preserving constraint**।

২২.৩.৮ Responsibility Cannot Be Denied
যদি কেউ বলে-
"আমি দায়ী নই"-
তবে প্রশ্ন-
এই বক্তব্যের দায় কে নেবে?
এর সত্যতা কে নিশ্চিত করবে?
অতএব-
Responsibility is unavoidable for any agent making claims.

২২.৩.৯ Reality Cannot Be Self-Grounded
"Reality just exists, no explanation needed"-
এই বাক্যটি নিজেই-
explanation-এর সীমা নির্ধারণ করছে
necessity দাবি করছে

কিন্তু-

A contingent totality cannot explain its own necessity.

অতএব-

Self-grounding denial নিজেই self-defeating।

২২.৩.১০ Transcendence Cannot Be Logically Denied

Transcendence এখানে ধর্মীয় সত্তা নয়।

বরং-

That which grounds law, meaning, and constraint without being reducible to them.

এটিকে অস্বীকার করলে-

আইন উৎসহীন

নৈতিকতা ভিত্তিহীন

বাস্তবতা ব্যাখ্যাহীন

অতএব-

Transcendence is not a belief option;
it is a logical remainder that cannot be eliminated.

২২.৩.১১ Final Convergence: The Undeniable Core

সব অস্বীকারের শেষে যা থেকে যায়-

Reality exists
It is lawful
It changes
It includes observers
It carries information
It preserves meaning
It imposes moral constraint
It demands responsibility
It cannot ground itself
It points beyond itself

এই দশটি সত্য-

Cannot be denied simultaneously
without annihilating reason, science, and discourse itself.

উপসংহার: অস্বীকারের পরেও যা থাকে

এই গ্রন্থ কোনো বিশ্বাস চাপায়নি।

এটি শুধু দেখিয়েছে-

Even after removing everything optional,
something unavoidable remains.

এটাই-

𝓤-এর অপরিবর্তনীয় কেন্দ্র
বিজ্ঞান ও নৈতিকতার যৌথ ভিত্তি
বাস্তবতার ন্যূনতম কিন্তু পূর্ণ কাঠামো

চূড়ান্ত কথা

Truth does not need to be believed.
It only needs to be impossible to deny.

অধ্যায় ২৩: Implications for Humanity

এটি পুরো গ্রন্থের **civilizational turning point chapter**।
U-এর পরে বিজ্ঞান আর আগের মতো থাকতে পারে না, কিন্তু বিজ্ঞান **বাতিলও হয় না**-বরং প্রথমবারের মতো **নিজের সঠিক সীমা, দায়িত্ব ও শক্তি** পায়।

২৩.১ Science after *U*

(একীভূত বাস্তবতার পরে বিজ্ঞান কী হয়ে ওঠে)

ভূমিকা: বিজ্ঞান শেষ নয়-কিন্তু সীমাহীনও নয়
U প্রতিষ্ঠার পর সবচেয়ে বড় ভুল হবে মনে করা-
"এখন বিজ্ঞান অপ্রয়োজনীয়।"
এটি সম্পূর্ণ ভুল।
U বিজ্ঞানকে বাতিল করে না;
বরং বিজ্ঞানকে **নিজের সঠিক জায়গায় বসায়**।
U-এর আগে বিজ্ঞান নিজেকে ভাবত-
reality-এর একমাত্র ভাষা
explanation-এর চূড়ান্ত আদালত
truth-এর একক অভিভাবক
U-এর পরে বিজ্ঞান বুঝতে বাধ্য হয়-
Science is not the owner of reality,
science is a disciplined participant within reality.

২৩.১.১ Science Loses Absolutism, Gains Integrity

U-এর আগে বিজ্ঞান ছিল-
methodological success
philosophical overreach
যেখানে পদ্ধতি (method)
ধীরে ধীরে হয়ে উঠেছিল
অস্তিত্বের মানদণ্ড (ontology)।
U-এর পরে-
বিজ্ঞান আর বলতে পারে না:
"যা measurable নয়, তা নেই"
বিজ্ঞান বলতে পারে:
"যা measurable নয়, তা আমার পদ্ধতির বাইরে"

এটি বিজ্ঞানকে দুর্বল করে না।
এটি বিজ্ঞানকে **সৎ** করে।
Science after 𝓤 is epistemically humble but structurally confident.

২৩.১.২ Observer-Neutral Science অসম্ভব হিসেবে স্বীকৃত
𝓤-এর আগে বিজ্ঞান চেয়েছিল-
observer-free description
God's-eye view
neutral measurement
কিন্তু 𝓤 দেখিয়েছে-
observer বাস্তবতার অংশ
measurement একটি event
knowledge একটি moral act
অতএব-
Science after 𝓤 accepts that
every theory includes an observer footprint.
এটি subjectivism নয়।
এটি **observer-included objectivity**।

২৩.১.৩ Science Accepts Moral Constraints as Structural
𝓤-এর আগে-
নৈতিকতা ছিল science-এর বাইরে
বা science-এর পরে।
𝓤-এর পরে-
নৈতিকতা science-এর **ভেতরে**।
কারণ-
truth-production নৈতিক দায় বহন করে
deception destroys knowledge
unchecked power destroys inquiry
অতএব-
Science after 𝓤 cannot separate "can we?" from "should we?"
এটি politics নয়।
এটি **epistemic survival rule**।

২৩.১.৪ No More "Theory of Everything" Illusion

𝓤-এর আগে বিজ্ঞান স্বপ্ন দেখেছিল-
"একটি সমীকরণ সব ব্যাখ্যা দেবে"
𝓤-এর পরে বিজ্ঞান বোঝে-
equation ≠ reality
law ≠ meaning
description ≠ grounding
অতএব-
Science stops chasing total domination
and starts pursuing coherent participation.
এটি science-এর পরাজয় নয়-
এটি science-এর পরিপক্কতা।

২৩.১.৫ Science Re-enters Dialogue with Philosophy

𝓤-এর আগে-
philosophy = speculation
science = fact
𝓤 দেখিয়েছে-
science নিজেই axiomatic
philosophy ছাড়া science blind
𝓤-এর পরে-
Science and philosophy reunite,
not as rivals, but as complementary constraints.
এটি মধ্যযুগে ফিরে যাওয়া নয়।
এটি post-fragmentation synthesis।

২৩.১.৬ Experimental Science Remains Supreme-Within

Domain
𝓤 একটি জিনিস স্পষ্টভাবে বলে-
Within its domain,
experimental science remains unmatched.
𝓤-
বিজ্ঞানকে প্রশ্ন করে না
experiment বাতিল করে না
prediction অস্বীকার করে না
বরং বলে-
science works because reality is lawful

but lawfulness ≠ self-grounded
অতএব-
Science after 𝓤 is locally absolute, globally contextual.

২৩.১.৭ Dangerous Science Becomes Illegitimate
𝓤-এর পরে আর বলা যাবে না-
"আমরা শুধু আবিষ্কার করি, দায় নেই"
কারণ-
observer responsibility axiomatic
moral constraint structural
knowledge power-linked
অতএব-
Any science that ignores its moral footprint becomes epistemically illegitimate.
এটি ideology নয়।
এটি **𝓤-এর সরাসরি ফল**।

২৩.১.৮ Science Gains Meaning Without Becoming Religion
একটি বড় ভয়-
"তাহলে বিজ্ঞান ধর্ম হয়ে যাবে?"
না।
𝓤 science-কে ধর্ম বানায় না।
𝓤 science-কে-
অর্থহীন যন্ত্র থেকে
দায়িত্বশীল জ্ঞানচর্চায় রূপ দেয়
Science after **𝓤**-
worship করে না
preach করে না
salvation দেয় না
কিন্তু-
Science after 𝓤 knows why truth matters.

২৩.১.৯ A New Scientific Ethos Emerges

𝓤-এর পরে বিজ্ঞানীর পরিচয় বদলায়-

আগে:

"I discover facts."

এখন:

"I participate in reality under constraint."

নতুন ethos-

humility without weakness
power with restraint
curiosity with accountability

২৩.১.১০ Final Statement: Science After 𝓤

সব মিলিয়ে-

Science after 𝓤
is no longer a conqueror of reality,
but a responsible interpreter within it.

এটি-

less arrogant
more truthful
more sustainable
more humane

সারসংক্ষেপ (১ বাক্যে):

𝓤-এর পরে বিজ্ঞান তার ক্ষমতা হারায় না-
সে তার সীমা চিনে বাস্তবতার সঙ্গে প্রথমবারের মতো সত্যিকারভাবে সামঞ্জস্যপূর্ণ হয়।

২৩.২ Ethics after 𝓤

(𝓤-এর পরে নৈতিকতা: অদূরদর্শী না, বাস্তবিক ও অপরিহার্য)

নৈতিকতা আর অনুমান নয়
পুরোনো নৈতিকতা প্রায়শই দুই রূপে দেখা যেত:

Prescriptive:
"আপনাকে এটা করা উচিত।"
ধর্ম, সংস্কৃতি বা প্রথা দ্বারা প্রভাবিত

Descriptive:
"মানুষ সাধারণত এভাবে আচরণ করে।"
sociology বা psychology-এর ভিত্তিতে

কিন্তু 𝓤-এর পরে দেখা যায়-
নৈতিকতা আর অনুমান নয়,
এটি **বাস্তবতার অভ্যন্তরীণ constraint,**
observer- এবং event-এর সাথে অঙ্গীভূত।

Ethics after 𝓤 বৈজ্ঞানিক ও দার্শনিক সত্যের সঙ্গে মিশে যায়, এবং এটি আর কোনো cultural বা ideological whim নয়।

২৩.২.১ Ethics Is Structural

𝓤-এর প্রাথমিক ভিত্তি হলো-
$\mathcal{U} \equiv \{L_i, E_j, O_k, M_l \mid \forall i,j,k,l: L_i, E_j, O_k, M_l \subseteq R\}$

এখানে **M** হলো **Moral Constraint**।
মূল দিক:
M শুধুমাত্র মানুষের তৈরি নিয়ম নয়।
M **observer-inclusive reality**-এর অবিচ্ছেদ্য অংশ।
M ছাড়া reality **logical collapse** বা incoherence-এ যায়।
অতএব-
Ethics is not optional.
Ethics is necessary for reality to remain coherent.

২৩.২.২ Responsibility as Axiom

𝓤-এ observer-এর অঙ্গীভূততা axiom হিসেবে চিহ্নিত:
প্রতিটি observer action-এর ফল আছে
প্রতিটি knowledge claim-এর দায়িত্ব observer বহন করে
unobserved truth এবং observed truth একই কাঠামোতে থাকে
অতএব-

Ethics after 𝓤 = Responsibility embedded in reality.

এখানে responsibility আর 'should' নয়।
এটি **cannot-avoid** condition।

২৩.২.৩ Moral Constraint Without Theology

একটি শক্তিশালী বৈশিষ্ট্য:
পূর্বে নৈতিকতা প্রায়ই theology-এর সঙ্গে জড়িত ছিল।
𝓤-এর পরে, Moral Constraint **autonomous,**
grounded in logical necessity
observer-included
truth-preserving
ফলে-

**Good and right are not cultural conventions;
they are structural realities.**

অর্থাৎ-
lying violates knowledge-structure
cheating violates event-coherence
harm violates observer responsibility
এগুলো **unavoidable ethical facts**।

২৩.২.৪ Ethical Constraints Are Global

পুরোনো নৈতিকতা স্থান, সময় বা সমাজ অনুযায়ী ভিন্ন ছিল।
𝓤-এর পর:
observer-এর দায়িত্ব কোনও local bias-এর উপরে নির্ভর করে না
Moral Constraint **universal and non-negotiable**
Science, culture, tradition সবকিছুর উপরে লজিকাল priority

Ethics after 𝓤 is globally binding because reality itself is globally structured.

২৩.২.৫ Observer-Dependent Yet Universal

কোনো ethical act তখনই সত্য হয় যখন:

এটি **observer-inclusive**

এটি **law-compatible (L_i)**

এটি **event-consistent (E_j)**

এটি paradoxical মনে হতে পারে-observer-dependence কিন্তু universal।

Every moral action is situated but unavoidable.

২৩.২.৬ Truth as Ethical Imperative

𝓤 দেখিয়েছে-

Truth violations = structural violation

Ignorance or deception = epistemic crime

Scientific fraud = reality collapse risk

এখানে truth আর optional বা subjective নয়।

Truth preservation is ethics' foundation.

২৩.২.৭ Harm and Irreversibility

𝓤-এর axioms অনুযায়ী-

Event-এর irreversibility reality-এর অংশ

কোনো ক্ষতি (harm) observer-এর বাইরে রাখার চেষ্টা logical impossibility

Therefore, preventing avoidable harm is ethical necessity

এটি consequentialist approach নয়, বরং structuralist approach।

২৩.২.৮ Knowledge Ethics

Observation, measurement, and knowledge-production-এর সঙ্গে morality intrinsically linked:

Observer cannot lie to reality

Observer cannot ignore lawfulness

Observer cannot bypass information registration

Ignoring responsibility → destroys both truth and meaning

Knowledge ethics = unavoidable code of conduct for any rational agent.

২৩.২.৯ Scientific & Moral Symbiosis

Science এবং ethics আগে আলাদা:

Science → truth claims

Ethics → human preference

𝓤 দেখিয়েছে-

Truth without ethics is unstable

Ethics without truth is arbitrary

Science and ethics converge:

Scientific inquiry must respect moral constraints

Moral constraints ensure validity of scientific knowledge

২৩.২.১০ Moral Realism as Logical Necessity

Moral realism 𝓤-এ theological বা metaphysical authority-এর উপর নির্ভর করে না:

Ethical truths = constraints of coherent reality

Observer-free, event-free, law-free ethical claim impossible

Denial = collapse of rational discourse

Ethics after 𝓤 = hard structural fact, not opinion.

২৩.২.১১ Implications for Human Action

Practical implications:

Accountability is structural:

Ignorance excused নয়,

Unobserved acts still constrained

Global consistency required:

Ethics = cross-society, cross-time

Policy, governance, science, law-all must align:

Reality enforces coherence

Disharmony = epistemic and civilizational risk

Ethics is no longer elective; it is unavoidable survival mechanism.

২৩.২.১২ Summary: Ethics After 𝓤

Observer, law, event, moral constraint = inseparable

Ethical behavior = maintaining reality's coherence

Truth, harm prevention, responsibility, justice = non-negotiable

Denial leads to collapse of reason, science, and civilization

After 𝓤, ethics is not philosophy or preference-it is existential requirement.

চূড়ান্ত বক্তব্য:

Ethics after 𝓤 is reality-aware, observer-inclusive, structurally necessary, and globally binding.
Ignoring it is impossible without annihilating coherent participation in reality itself.

২৩.৩ 𝓤-এর পরে মানবসভ্যতা

(**Civilization after 𝓤**: যুক্তি, নৈতিকতা, বিজ্ঞান ও কল্পনা শক্তির সংমিশ্রণ)

পুনর্গঠিত সভ্যতা:

পুরোনো সভ্যতা বিভিন্ন চ্যালেঞ্জের মুখোমুখি ছিল:
fragmented knowledge - বিচ্ছিন্ন জ্ঞান
unchecked technological power - নিয়ন্ত্রণহীন প্রযুক্তি
নৈতিক দুর্বলতা
observation-free policy making - পর্যবেক্ষকবিহীন নীতি প্রণয়ন

𝓤-এর পরে দেখা যায়:

Civilization cannot ignore observer responsibility, lawfulness, event coherence, and moral constraint.
এই নীতিগুলো উপেক্ষা করলে সভ্যতা **নিজের ধ্বংসের দিকে ধাবিত হয়।**

২৩.৩.১ Observer-Inclusive Civilization

𝓤-এর প্রধান শিক্ষা: Observer reality-র অংশ
সিদ্ধান্ত ও কর্মকাণ্ড সবসময় ফলাফল গঠন করে
জ্ঞান, বিজ্ঞান ও প্রযুক্তি observer-এর ছাপ বহন করে
Civilization implication:
Governance-এ observer responsibility স্বীকৃতি দেওয়া আবশ্যক
নীতিগুলো causal ও moral consequences-কে অন্তর্ভুক্ত করবে
Civil society reality-এর কাঠামোগত বাধা উপেক্ষা করতে পারবে না
Civilization after 𝓤 = সচেতন, অংশগ্রহণমূলক, দায়বদ্ধ।

২৩.৩.২ Ethical Foundations as Structural Pillars

Moral constraints (M_l) অপরিবর্তনীয় axioms
Justice, harm-prevention, truth-preservation = সভ্যতার অবকাঠামো
Corruption, deception, negligence → epistemic collapse
Practical outcomes:
আইন-কাঠামো reality-এর সঙ্গে সমন্বিত, স্বেচ্ছাচারিতার নয়
শিক্ষা observer-responsibility ও ethical literacy-এ জোর দেয়
বৈশ্বিক নীতিমালা দীর্ঘমেয়াদী coherence-কে স্বল্পমেয়াদী সুবিধার চেয়ে অগ্রাধিকার দেয়
Civilization after 𝓤-এ নৈতিকতা ঐচ্ছিক নয়, অপরিহার্য।

২৩.৩.৩ Science-Guided Civilization
বিজ্ঞান স্থানীয়ভাবে absolute, কিন্তু বৈশ্বিকভাবে contextual
জ্ঞান উৎপাদন observer-inclusive ও নৈতিক সীমাবদ্ধতার মধ্যে
বৈজ্ঞানিক উদ্ভাবন event-coherence ও moral footprint-কে বিবেচনা করে

Consequences:
প্রযুক্তি উন্নয়ন ethics-by-design মেনে চলে
AI, বায়ো-ইঞ্জিনিয়ারিং, জলবায়ু হস্তক্ষেপের structural ethical review
বৈজ্ঞানিক নীতি আইন, event, observer dependency-এর সঙ্গে সমন্বিত
Civilization after 𝓤 বিজ্ঞানকে ভয় পায় না; বরং দায়িত্বসহ ব্যবহার করে।

২৩.৩.৪ Law, Order, and Reality Alignment
Laws (L_i) reality-র সঙ্গে সংযুক্ত, স্বেচ্ছাচারিতা নয়
Civilization সম্মান করে physical, social, informational lawfulness
লঙ্ঘন = predictable systemic instability

Examples:
অর্থনীতি → thermodynamic ও informational constraints মানে
শহর পরিকল্পনা → ecological event chains মানে
বৈশ্বিক প্রশাসন → observer-responsibility ও moral constraints মানে
Civilization after 𝓤 = reality-র axioms-এর মধ্যে sustainable এবং predictable।

২৩.৩.৫ Information as Civilizational Currency
Information = physical, observer-inclusive, truth-bound
Misinformation = collapse risk
Knowledge ethics = structural requirement
Implications:
শিক্ষা → critical thinking + responsibility
মিডিয়া ও যোগাযোগ → information integrity মানে
নীতি → data-informed, morally constrained
Civilization after 𝓤 তথ্যকে reality-এর ভিত্তি হিসেবে গ্রহণ করে, propaganda হিসেবে নয়।

২৩.৩.৬ Observer Responsibility as Governance Principle

প্রতিটি মানবকর্ম = structured reality-র মধ্যে observer event

Accountability অবশ্যম্ভাবী

Implementation:

Civic systems → real-time feedback loops

Transparency → system coherence

Punishment & reward → structural impact-এর উপর ভিত্তি করে

Civilization after 𝓤 = participatory, transparent, self-correcting

২৩.৩.৭ Global Ethics and Interdependence

Fragmented theories এবং cultural relativism → obsolete

Moral realism → universal

Observer footprint → global

Consequences → planetary

Implications:

Climate, technology, economy → globally coordinated

Conflicts → structural morality ও lawfulness-এর মাধ্যমে বিশ্লেষণ

Civilizational survival → ethical এবং rational necessity

Civilization after 𝓤 = globally coherent, ethically unified, resilient।

২৩.৩.৮ Education and Consciousness Development

Knowledge observer-responsibility ছাড়া বিপজ্জনক

Curriculum ফোকাস:

Reality comprehension (laws, events, observers, moral constraints)

Ethical reasoning grounded in structural reality

Scientific literacy + responsibility

Systemic thinking ও long-term foresight

Civilization after 𝓤 শিক্ষিত, দায়িত্বশীল, এবং proactive নাগরিক গড়ে তোলে।

২৩.৩.৯ Technology and Innovation

Innovation 𝓤 principles-এর দ্বারা পরিচালিত

AI ও automation → observer responsibility মানে

Genetic ও biotechnological research → moral ও event coherence-এর মধ্যে

Energy ও environmental technology → lawfulness ও irreversibility-এর সাথে aligned

Civilization after 𝓤 অগ্রগতি নিশ্চিত করে, আত্ম-ধ্বংস ছাড়াই।

২৩.৩.১০ Cultural Synthesis and Meaning

Fragmented ideologies →𝓤-এর অধীনে মিলিত
Shared values → structural, observer-inclusive, universal
Human dignity → foundational, non-negotiable

Implications:

Arts, philosophy, science → coherent worldview-এ মিলিত
Narrative ও cultural frameworks → moral এবং epistemic alignment-কে সমর্থন করে
Meaning → observer-inclusive reality-থেকে উদ্ভূত, স্বেচ্ছাচারিতা নয়

Civilization after 𝓤 গঠন করে coherent global identity, rooted in structural reality।

২৩.৩.১১ Crisis Prevention and Sustainability

Systemic risks → predictable ও preventable
Irreversibility principle → global interventions-এ caution
Observer responsibility → foresight নিশ্চিত করে

Civilization after 𝓤 = preemptive, reactive নয়।

২৩.৩.১২ Summary: Civilization After 𝓤

Observer-inclusive, morally constrained, law-aligned
বিজ্ঞান দায়িত্বশীল ও ethically guided
Knowledge ethics = civilizational backbone
Global coordination = structural necessity
Culture, education, technology → reality-conforming
Ethical future = unavoidable

Civilization after 𝓤 প্রথম মানবসমাজ যা **logical, moral, এবং structural reality architecture**-এর সাথে সম্পূর্ণ সামঞ্জস্যপূর্ণ।

চূড়ান্ত বক্তব্য:

𝓤-এর পরে, সভ্যতা আর opinion, desire, বা fragmented knowledge-এর patchwork নয়।
এটি coherent, ethically accountable, scientifically informed, এবং reality-র সাথে participatory।

Executive Conclusion: Unified Principle(𝓤)

ভূমিকা: একীভূত কাঠামোর চূড়ান্ত সারমর্ম

"Unified Principle(𝓤)"এর মূল লক্ষ্য- বাস্তবতা, বিজ্ঞান, নৈতিকতা ও observer-এর অন্তর্ভুক্তিকরণে একটি একক, পূর্ণাঙ্গ, এবং পরীক্ষাযোগ্য কাঠামো প্রতিষ্ঠা করা।

এক বাক্যে সংক্ষেপ করলে:

বাস্তবতা একটি একীভূত কাঠামো, যেখানে আইন (L), ঘটনা (E), পর্যবেক্ষক (O) এবং নৈতিক সীমা (M) একত্রে বিদ্যমান-এবং এই সমগ্র কাঠামোই একক নীতি 𝓤।

এই executive conclusion-এ তুলে ধরব-

কেন fragmented knowledge ব্যর্থ হয়।

𝓤 কিভাবে সকল বৈজ্ঞানিক, দার্শনিক ও নৈতিক জটিলতাকে সমাধান করে।

𝓤-এর পরে বিজ্ঞান, নৈতিকতা ও সভ্যতা কিভাবে পুনর্গঠিত হবে।

Observer-responsibility ও moral constraint-এর প্রাথমিক ও অপরিহার্য ভূমিকা।

Civilization-এর জন্য প্রাপ্ত logical, scientific ও ethical নির্দেশিকা।

১. Fragmented Knowledge এবং Its Crisis

অধ্যায় ১-৩-এ আমরা দেখেছি-

Classical determinism এবং **quantum indeterminacy**-এর মধ্যে তাত্ত্বিক বিরোধ।

বিজ্ঞান, নৈতিকতা ও observer-এর মধ্যে disconnect

Reductionism ব্যর্থ হচ্ছে-কারণ observer, event, law এবং morality-কে আলাদা করে দেখা যায় না।

Fragmented reality তত্ত্ব অর্থহীন, অসম্পূর্ণ, এবং logical collapse-এর সম্ভাবনা সৃষ্টি করে।

Knowledge fragmented হলে reality-এর coherence বজায় থাকে না।

সমাধান: একীভূত framework, অর্থাৎ 𝓤।

২. Reality (R) এবং Ontological Completeness

Reality শুধুমাত্র **phenomena** নয়, এটি **totality**, যা সব L, E, O, M অন্তর্ভুক্ত।

Model বা theory-এর মাধ্যমে reality-কে আংশিক বোঝা যায়, তবে complete representation নয়।

Reality structured, observer-inclusive এবং morally constrained।

Closed reality-এর ধারণা logical paradox সৃষ্টি করে।
Reality-কে সম্পূর্ণভাবে বোঝার জন্য **open, structured, observer-inclusive framework** অপরিহার্য।

৩. Laws (L_i)- বাস্তবতার কাঠামো

Physical laws: Newton, Maxwell, Quantum mechanics
Logical laws: Consistency, non-contradiction
Mathematical structure of laws: Law = set-theoretic entity within R
Information & conservation: Law ensures predictability, coherence, and irreversibility
Why laws work: Laws function because reality is structured; observer cannot bypass them
$L_i \in \mathcal{U}$, এবং L-এর primacy necessary।

৪. Events (E_j)-পরিবর্তনের বাস্তবতা

Event = fundamental occurrence
Physical, quantum, biological, conscious events all obey laws
Observer cannot avoid participation in event registration
Law-event relation ensures causal and moral coherence
$E_j \in \mathcal{U}$; events cannot be observer-free or morally neutral।

৫. Observer (O_k)-unavoidable witness

Observer = logical and ontological necessity
Observer interacts with, measures, and participates in reality
Conscious observer = primary agent for knowledge and ethical action
Observer effect ensures reality is **observer-inclusive**
$O_k \in \mathcal{U}$; observer-less reality is incoherent।

৬. Moral Constraint (M_l)-reality's ethical spine

Morality = structural, not conventional
Truth constraint, irreversibility, and responsibility embedded in reality
Ethics and science integrated; observer accountability unavoidable
Moral realism exists without theology
$M_l \in \mathcal{U}$; ethics is logically necessary.

৭. Unified Principle(𝓤)-Formal Axioms

Canonical definition:

$\mathcal{U} \equiv \{L_i,E_j,O_k,M_l \mid \forall i,j,k,l: L_i,E_j,O_k,M_l \subseteq R\}$

Key axioms:

Total inclusion
Law primacy
Event dependence
Observer necessity
Moral constraint

Logical closure:

Internal consistency
No external primitives
Self-referential coherence
Denial leads to collapse
𝓤 = final, non-reducible, complete framework for reality.

৮. Scientific Mapping to 𝓤

Classical physics, relativity, quantum mechanics, thermodynamics, information theory, and neuroscience all map naturally to 𝓤
Observer, measurement, probability, and consciousness integrated
Complexity, emergence, entropy, and informational reality embedded
Science becomes locally absolute, globally constrained, maintaining ethical and observer-inclusive coherence।

৯. Logical Consequences: Necessity of Transcendence

Self-grounding paradox, infinite regress, contingency problem, law-origin problem → require transcendence
Creator necessity theorem follows from 𝓤 axioms
Denial leads to logical collapse, moral nihilism, observer incoherence, scientific self-refutation
Transcendence logically unavoidable; civilization cannot ignore foundational reality.

১০. Ethics after *U*
Ethics = observer-inclusive, law-aligned, event-consistent
Moral realism = unavoidable
Responsibility, truth preservation, harm-prevention = structural
Ethics = existential requirement, not opinion or cultural preference
Civilization and science must integrate ethics; ethical failure = collapse risk ।

১১. Civilization after *U*
Observer-responsible, morally constrained, law-aligned
Science applied ethically; technology guided by irreversibility and structural impact
Education emphasizes reality comprehension, critical thinking, moral literacy
Culture = coherent, global, and observer-inclusive
Global coordination essential for survival and resilience
Civilization after *U* = first human society fully compatible with logical, moral, and structural architecture of reality ।

১২. Science, Ethics, and Civilization-Integrated Vision
Science without ethics → incomplete, unstable
Ethics without truth → arbitrary, dangerous
Observer-free action → logically impossible
Information integrity, transparency, responsibility → foundational pillars
Global systems must align with *U* for sustainability

Executive insight: *U* ensures civilization, science, and ethics **mutually reinforce** rather than contradict ।

১৩. Implications for Humanity
Knowledge production = accountable
Policy-making = ethically and scientifically grounded
Technology = responsible and irreversible-aware
Culture = universal meaning aligned with reality
Education = fosters observer-responsibility

Civilization = proactive, coherent, resilient
Humanity gains **structural integrity** without sacrificing innovation, creativity, or agency।

১৪. Final Declaration

One Sentence Reality Statement:

বাস্তবতা একটি একীভূত কাঠামো, যেখানে আইন (L), ঘটনা (E), পর্যবেক্ষক (O) এবং নৈতিক সীমা (M) অবিচ্ছেদ্যভাবে সংযুক্ত, এবং এই সমগ্র কাঠামোই Observer-inclusive, morally necessary, scientifically coherent এবং logically complete একক নীতি ***U***, যা প্রত্যেকটি ঘটনা, সিদ্ধান্ত, জ্ঞান এবং সভ্যতার বিকাশকে বাধ্যতামূলকভাবে নির্দেশ করে।

সারসংক্ষেপে:

_U_-এর পরে আমরা পাচ্ছি এমন মানবসভ্যতা যা বাস্তবতার সাথে সর্বাত্মক সামঞ্জস্যপূর্ণ, নৈতিকভাবে দায়িত্বশীল, বৈজ্ঞানিকভাবে শক্তিশালী এবং স্থায়ী। এটি শুধুমাত্র সম্ভাবনা নয়; logical ও structural necessity।

Appendices

Appendix A: Formal Symbol Pronunciation

এই গ্রন্থে ব্যবহৃত প্রতীকসমূহ (symbols) কেবল গাণিতিক বা যৌক্তিক সংক্ষিপ্ততা নয়; এগুলো একটি **ontological architecture**-এর প্রতিনিধিত্ব করে। তাই প্রতিটি প্রতীকের **মানক উচ্চারণ** (**formal pronunciation**) ও **ধারণাগত অর্থ** স্পষ্টভাবে নির্ধারণ করা অপরিহার্য।

এই appendix-এর উদ্দেশ্য হলো-

প্রতীকগুলোর **একক ও নির্ভুল উচ্চারণ নিশ্চিত করা**

পাঠক, গবেষক ও মূল্যায়নকারী কমিটির মধ্যে **ব্যাখ্যাগত বিভ্রান্তি দূর করা**

গ্রন্থজুড়ে ব্যবহৃত formal language-এর **canonical reference** প্রদান করা

A.1 Core Symbol: 𝓤

Symbol: 𝓤

Pronunciation: "Script 𝓤" / "Unified Principle"

Meaning: বাস্তবতার একীভূত নীতি (Unified Principle of Reality), যা আইন, ঘটনা, পর্যবেক্ষক এবং নৈতিক সীমাকে একক কাঠামোয় ধারণ করে।

A.2 Reality Symbol

Symbol: R

Pronunciation: "Reality"

Meaning: সমস্ত অস্তিত্বের মোট সমষ্টি (totality of existence), যার বাইরে কিছু সংজ্ঞায়িত করা যায় না।

A.3 Law Symbols

Symbol: L_i

Pronunciation: "L sub i"

Meaning: বাস্তবতার নির্দিষ্ট আইনসমূহ (physical, logical, mathematical, informational laws), যেখানে i একটি সূচক (index)।

A.4 Event Symbols

Symbol: E_j

Pronunciation: "E sub j"

Meaning: পরিবর্তন বা state-transition নির্দেশকারী ঘটনা; আইনসমূহের বাস্তবায়িত রূপ।

A.5 Observer Symbols

Symbol: O_k
Pronunciation: "O sub k"
Meaning: পর্যবেক্ষক বা সচেতন সত্তা, যে তথ্য গ্রহণ, নিবন্ধন এবং অর্থ নির্ধারণ করে।

A.6 Moral Constraint Symbols

Symbol: M_l
Pronunciation: "M sub l"
Meaning: নৈতিক সীমা বা বিধান, যা কোন ঘটনা বা ক্রিয়াকে অনুমোদিত, নিষিদ্ধ বা বাধ্যতামূলক করে।

A.7 Set-Theoretic Symbols

Symbol	Pronunciation	Meaning
$\in$	"Element of"	কোনো সেটের সদস্য
$\subseteq$	"Subset of"	উপসেট
$\forall$	"For all"	সার্বজনীন পরিমাণ নির্দেশ
$\equiv$	"Is defined as / Identical to"	সংজ্ঞাগত সমতা
{ }	"Set of"	সমষ্টি নির্দেশ

A.8 Canonical Formula Pronunciation

$$\mathcal{U} \equiv \{ L_i, E_j, O_k, M_l \mid \forall\, i, j, k, l : L_i, E_j, O_k, M_l \subseteq R \}$$

𝓤 হলো বাস্তবতার এমন একীভূত কাঠামো, যেখানে আইন, ঘটনা, পর্যবেক্ষক ও নৈতিক সীমা-সবকিছুই বাস্তবতার ভেতরে অবস্থিত এবং একে অপরের থেকে বিচ্ছিন্ন নয়।

A.9 Indexing Convention

i → Laws
j → Events
k → Observers
l → Moral Constraints
সূচকগুলো **গাণিতিক নয়**, বরং **ontological multiplicity** নির্দেশ করে।

A.10 Pronunciation Principle

এই গ্রন্থে-
প্রতীকগুলো **অর্থবাহী কাঠামোগত একক**
উচ্চারণ সর্বদা **formal ও একরূপ**
ব্যাখ্যা সর্বদা **ontology-first**, not notation-first
এই Appendix-টি গ্রন্থের সমস্ত অধ্যায়ের জন্য **চূড়ান্ত রেফারেন্স** হিসেবে বিবেচিত হবে।

Appendix B: Extended Proofs

B.0 Appendix-এর উদ্দেশ্য ও সীমা

এই Appendix-এর উদ্দেশ্য হলো-

মূল অধ্যায়গুলিতে উপস্থাপিত **মূল সিদ্ধান্তগুলোকে আনুষ্ঠানিকভাবে প্রমাণ করা**

পাঠ্যের প্রবাহ ব্যাহত না করে **গভীর যৌক্তিক বিশ্লেষণ সংরক্ষণ করা**

মূল্যায়নকারী কমিটির জন্য **formal verification pathway** প্রদান করা

এই Appendix-এ কোনো ধর্মীয় অনুমান, বিশ্বাসভিত্তিক দাবি বা অতিরিক্ত metaphysical assertion যুক্ত করা হয়নি। সমস্ত প্রমাণ শুধুমাত্র নিম্নোক্ত উৎস থেকে গঠিত-

$\mathcal{U}$-এর Canonical Definition

অধ্যায় ১০-এর Axiom Set

অধ্যায় ১১-এর Logical Closure

অধ্যায় ১৬-১৮-এর Necessity Analysis

B.1 Proof of Total Inclusion

(From Axiom of Total Inclusion)

Claim

বাস্তবতার মধ্যে বিদ্যমান প্রতিটি উপাদান-আইন, ঘটনা, পর্যবেক্ষক ও নৈতিক সীমা-অবশ্যই $\mathcal{U}$-এর অন্তর্ভুক্ত।

Given

$\mathcal{U} \equiv \{ L_i, E_j, O_k, M_l \mid \forall\ i, j, k, l : L_i, E_j, O_k, M_l \subseteq R \}$

Proof

ধরা যাক, বাস্তবতার একটি উপাদান $X \in R$, কিন্তু $X \notin \mathcal{U}$।

তবে X হবে-

না আইন

না ঘটনা

না পর্যবেক্ষক

না নৈতিক সীমা

এর অর্থ, X বাস্তবতায় কার্যকর কিন্তু বাস্তবতার কোনো কাঠামোগত শ্রেণিতে পড়ে না।

এটি **ontological incoherence**, কারণ বাস্তবতায় কার্যকর কোনো উপাদান অবশ্যই-

কোনো আইন অনুসরণ করবে, অথবা
কোনো ঘটনার অংশ হবে, অথবা
কোনো পর্যবেক্ষকের সঙ্গে সম্পর্কিত হবে, অথবা
কোনো নৈতিক সীমার অধীন হবে
অতএব $X \notin \mathcal{U}$ ধরা হলে বাস্তবতা নিজেই অসংজ্ঞায়িত হয়।
সুতরাং, **contradiction**।

Conclusion

$\forall X \in R \Rightarrow X \in \mathcal{U}$

অর্থাৎ, Total Inclusion অপরিহার্য।

B.2 Proof of Observer Necessity

(From Axiom of Observer Necessity)

Claim

পর্যবেক্ষক ছাড়া বাস্তবতা coherent হতে পারে না।

Argument

"বাস্তবতা আছে"-এই বক্তব্য নিজেই একটি **epistemic claim**।
Epistemic claim হওয়ার জন্য প্রয়োজন-
তথ্য
তথ্যের নিবন্ধন
নিবন্ধনের গ্রহণকারী
পর্যবেক্ষক বাদ দিলে-
measurement সম্ভব নয়
information registration অসম্ভব
truth-value নির্ধারণ করা যায় না
এতে বাস্তবতা হয় **ontologically mute**-আছে, কিন্তু কোনো অর্থ নেই।

Formal Step

যদি $O_k = \emptyset$ হয়, তবে
$\rightarrow E_j$ unregistered
$\rightarrow L_i$ unverifiable
$\rightarrow M_l$ inapplicable

Conclusion

Observer বাদ দিলে বাস্তবতা self-negating হয়।
অতএব O_k অপরিহার্য।

B.3 Proof of Law-Origin Necessity
(From Law-Origin Problem)

Claim

আইনগুলো নিজেরা নিজেদের উৎস হতে পারে না।

Assumption for Contradiction

ধরা যাক, L_i নিজেই নিজের উৎস।

Analysis

আইন কার্যকর হতে হলে-

তার পূর্বে অস্তিত্ব থাকতে হবে

কিন্তু নিজেকে জন্ম দেওয়ার আগে আইন কার্যকর হতে পারে না

এটি একটি **temporal-logical loop**।

Result

Self-origin ⇒ logical impossibility

Conclusion

আইনের উৎস অবশ্যই আইন-অধীন নয়।

অতএব, Transcendent Law-Ground অপরিহার্য।

B.4 Proof of Moral Constraint Reality
(Against Moral Nihilism)

Claim

নৈতিক সীমা বাস্তব, নির্মিত নয়।

Reasoning

যদি M_1 বাস্তব না হয়, তবে-

Responsibility অর্থহীন

Accountability অবাস্তব

Knowledge ethics অসম্ভব

কিন্তু বিজ্ঞান নিজেই দাবি করে-

falsification

honesty

error avoidance

এই দাবিগুলো নৈতিক না হলে বিজ্ঞান নিজেই আত্মবিরোধী।

Conclusion

নৈতিকতা অস্বীকার করলে বিজ্ঞান ভেঙে পড়ে।

অতএব M_1 বাস্তব।

B.5 Proof of Non-Reducibility
(Against Reductionism)

Claim

L, E, O, M একে অপরের মধ্যে সম্পূর্ণভাবে reducible নয়।

Demonstration

আইন ≠ ঘটনা

ঘটনা ≠ পর্যবেক্ষণ

পর্যবেক্ষণ ≠ নৈতিকতা

নৈতিকতা ≠ পদার্থ

একটিকে বাদ দিলে অন্যগুলো কার্যকর থাকে না।

Conclusion

Components are **mutually irreducible but jointly necessary**।

B.6 Proof of Completeness of 𝓤

Claim

𝓤 একটি logically complete framework।

Criteria for Completeness

No external primitives

No internal contradiction

No explanatory remainder

Verification

External primitive নেই (Chapter 11)

Internal consistency প্রমাণিত

Denial leads to collapse (Chapter 18)

Conclusion

𝓤 complete ∧ closed ∧ necessary।

B.7 Meta-Theorem: Unavoidability of 𝓤

Statement

𝓤 অস্বীকার করা মানে-

যুক্তি অস্বীকার

বিজ্ঞান অস্বীকার

নৈতিকতা অস্বীকার

Result

Denial(𝓤) ⇒Collapse (reason, science, ethics)

Final Conclusion

𝓤 is not optional.

𝓤 is structurally unavoidable.

Appendix C: Canonical Scientific Mapping Tables

C.0 Appendix-এর উদ্দেশ্য

এই Appendix-এর লক্ষ্য হলো-
প্রতিষ্ঠিত বৈজ্ঞানিক তত্ত্বসমূহকে **Unified Principle(𝓤)**-এর সাথে canonical ভাবে ম্যাপ করা
দেখানো যে 𝓤 বিজ্ঞানকে প্রতিস্থাপন করে না, বরং **structural completion** প্রদান করে
মূল্যায়নকারী কমিটির জন্য একটি **transparent correspondence matrix** সরবরাহ করা
এখানে কোনো speculative physics বা অপ্রতিষ্ঠিত তত্ত্ব ব্যবহৃত হয়নি।

C.1 Classical Physics →𝓤 Mapping

Classical Concept	Scientific Domain	𝓤 Component	Structural Interpretation
Newton's Laws	Mechanics	L_i	Deterministic law subset
Force	Dynamics	E_j	Law-mediated interaction event
Mass	Mechanics	$L_i \cap E_j$	Parameter within lawful events
Time (absolute)	Classical physics	L_i	Ordering principle
Measurement	Experiment	O_k	Observer-dependent registration

Conclusion:

Classical physics $\subseteq L_i \subseteq \mathcal{U}$

কিন্তু observer ও moral dimension classical framework-এ অনুপস্থিত।

C.2 Relativity →$\mathcal{U}$ Mapping

Relativity Element	Domain	$\mathcal{U}$ Mapping	Interpretation
Spacetime	Geometry	L_i	Structural law-field
Curvature	Gravitation	E_j	Event-density effect
Proper time	Observer frame	O_k	Observer-indexed reality
No absolute simultaneity	Time	$L_i \cap O_k$	Observer-relative ordering

Key Insight:

Relativity observer বাদ দিতে পারে না-এটি **Observer Necessity Axiom**-এর সঙ্গে সামঞ্জস্যপূর্ণ।

C.3 Quantum Mechanics →𝓤 Mapping

Quantum Concept	Domain	𝓤 Component	Structural Role
Wavefunction	Quantum state	L_i	Probability law
Superposition	State space	E_j	Event potentiality
Measurement	Collapse	O_k	Reality selection
Probability	Born rule	$L_i \cap O_k$	Observer-conditioned law
Indeterminacy	Ontology	E_j	Non-deterministic events

Conclusion:
Quantum mechanics inherently **observer-inclusive**, hence naturally embedded in 𝓤 ।

C.4 Thermodynamics & Time →𝓤

Concept	Scientific Role	𝓤 Mapping	Meaning
Entropy	Arrow of time	L_i	Directional constraint
Irreversibility	Process	M_l	Moral-physical boundary

Concept	Scientific Role	𝓤 Mapping	Meaning
Heat death	Cosmology	E_j	Eventual state possibility

Insight:
Time asymmetry connects physical law with **moral irreversibility**-a key unification point.

C.5 Information Theory →𝓤

Information Concept	Domain	𝓤 Compone nt	Interpretation
Bit	Information	E_j	Minimal event
Entropy (Shannon)	Statistics	L_i	Information law
Computation	Process	$E_j \cap O_k$	Observer-mediated transformation
Information conservation	Physics	L_i	Structural invariance

Conclusion:
Reality is not matter-first, but **information-structured**, consistent with 𝓤 ontology ।

C.6 Neuroscience & Consciousness →$\mathcal{U}$

Neuroscience Element	Domain	$\mathcal{U}$ Mapping	Role
Neural firing	Brain	E_j	Physical event
Neural correlates	Cognition	$E_j \cap O_k$	Conscious registration
Subjective experience	Phenomenology	O_k	Non-reducible observer state
Decision-making	Agency	$O_k \cap M_l$	Ethical action node

Result:

Consciousness cannot be reduced to E_j alone-Observer irreducibility. confirmed ।

C.7 Ethics & Moral Philosophy →$\mathcal{U}$

Ethical Concept	Domain	$\mathcal{U}$ Component	Structural Status
Responsibility	Moral theory	M_l	Constraint
Accountability	Ethics	$M_l \cap O_k$	Observer-bound duty
Justice	Social ethics	M_l	Structural necessity

Ethical Concept	Domain	𝓤 Component	Structural Status
Moral realism	Meta-ethics	M_l	Ontological component

Conclusion:
Ethics is not external to reality-it is **structurally embedded** ।

C.8 Cross-Domain Consistency Table

Domain	Fully Explained by Domain Alone?	Requires 𝓤?
Classical physics	✗	✓
Quantum mechanics	✗	✓
Consciousness	✗	✓
Ethics	✗	✓
Unified reality	✗ (fragmented)	✓ (complete)

C.9 Final Mapping Statement

Every established scientific domain maps naturally into 𝓤 without contradiction,
but no single domain can reconstruct 𝓤 in isolation.

Appendix C-Closing Remark

এই Mapping Tables প্রমাণ করে-

𝓤 বিজ্ঞানবিরোধী নয়

𝓤 বিজ্ঞান-সম্পূর্ণকারী

𝓤 ছাড়া বিজ্ঞান ব্যাখ্যাগতভাবে অসম্পূর্ণ

এটি কোনো নতুন বিজ্ঞান নয়-

এটি **বিজ্ঞানের পূর্ণ স্থাপত্য**।

Glossary

Unified Principle($\mathcal{U}$)
বাস্তবতার একীভূত কাঠামো, যেখানে আইন, ঘটনা, পর্যবেক্ষক এবং নৈতিক সীমা অবিচ্ছেদ্যভাবে যুক্ত।

Reality (R)
সমস্ত অস্তিত্বের মোট সমষ্টি, যার বাইরে কোনো সত্তা বা ব্যাখ্যা সংজ্ঞায়িত নয়।

Law (L_i)
বাস্তবতার নিয়মতান্ত্রিক কাঠামো, যা ঘটনা কীভাবে ঘটতে পারে তা নির্ধারণ করে।

Event (E_j)
বাস্তবতায় সংঘটিত কোনো পরিবর্তন বা state-transition।

Observer (O_k)
সচেতন সত্তা, যে তথ্য নিবন্ধন করে এবং বাস্তবতাকে অর্থপূর্ণ করে তোলে।

Moral Constraint (M_l)
বাস্তবতার নৈতিক সীমা, যা কোন কাজ অনুমোদিত বা নিষিদ্ধ তা নির্ধারণ করে।

Ontological Completeness
যে কাঠামোর ব্যাখ্যার জন্য বাস্তবতার বাইরে কিছু প্রয়োজন হয় না।

Reductionism
জটিল বাস্তবতাকে একমাত্র নিম্নস্তরের উপাদানে নামিয়ে আনার চেষ্টা।

Observer-Included Reality
যে বাস্তবতা পর্যবেক্ষক ছাড়া সংজ্ঞায়িত হয় না।

Law-Origin Problem
আইনের উৎস আইন নিজেই হতে পারে কি না-এই মৌলিক প্রশ্ন।

Moral Realism
নৈতিক সত্য বাস্তব এবং মানব-নির্মিত নয়-এই অবস্থান।

Transcendence
বাস্তবতার কাঠামোগত ভিত্তি যা নিজেই বাস্তবতার অংশ নয়, কিন্তু তাকে সম্ভব করে।

Structural Meaning
অর্থ যা ব্যাখ্যার ফল নয়, বরং বাস্তবতার গঠন থেকেই উদ্ভূত।

References

Foundations of Physics

Newton, I. (1687). Philosophiæ Naturalis Principia Mathematica. London.

Einstein, A. (1905). On the Electrodynamics of Moving Bodies. Annalen der Physik.

Einstein, A. (1916). The Foundation of the General Theory of Relativity. Annalen der Physik.

Planck, M. (1901). On the Law of Distribution of Energy in the Normal Spectrum. Annalen der Physik.

Heisenberg, W. (1927). Über den anschaulichen Inhalt der quantentheoretischen Kinematik und Mechanik. Zeitschrift für Physik.

Schrödinger, E. (1935). Die gegenwärtige Situation in der Quantenmechanik. Naturwissenschaften.

Dirac, P. A. M. (1930). The Principles of Quantum Mechanics. Oxford University Press.

Cosmology & Time

Hawking, S. W., & Ellis, G. F. R. (1973). The Large Scale Structure of Space-Time. Cambridge University Press.

Penrose, R. (1989). The Emperor's New Mind. Oxford University Press.

Penrose, R. (2004). The Road to Reality. Jonathan Cape.

Information Theory & Complexity

Shannon, C. E. (1948). A Mathematical Theory of Communication. Bell System Technical Journal.

Landauer, R. (1961). Irreversibility and Heat Generation in the Computing Process. IBM Journal of Research and Development.

Wheeler, J. A. (1990). Information, Physics, Quantum: The Search for Links. Proceedings of the 3rd International Symposium on Foundations of Quantum Mechanics.

Wolfram, S. (2002). A New Kind of Science. Wolfram Media.

Consciousness & Neuroscience

Crick, F. (1994). The Astonishing Hypothesis. Scribner.

Tononi, G. (2008). Consciousness as Integrated Information. Biological Bulletin.

Edelman, G. M. (1989). The Remembered Present. Basic Books.

Chalmers, D. J. (1996). The Conscious Mind. Oxford University Press.

Philosophy of Science & Logic

Aristotle. Metaphysics.

Kant, I. (1781). Critique of Pure Reason.

Popper, K. (1959). The Logic of Scientific Discovery. Routledge.

Gödel, K. (1931). On Formally Undecidable Propositions of Principia Mathematica. Monatshefte für Mathematik.

Russell, B., & Whitehead, A. N. (1910-1913). Principia Mathematica. Cambridge University Press.

Ontology, Metaphysics & Necessity

Leibniz, G. W. (1714). Monadology.

Spinoza, B. (1677). Ethics.

Heidegger, M. (1927). Being and Time.

Lowe, E. J. (2006). The Four-Category Ontology. Oxford University Press.

Ethics & Moral Philosophy

Aristotle. Nicomachean Ethics.

Kant, I. (1785). Groundwork of the Metaphysics of Morals.

Rawls, J. (1971). A Theory of Justice. Harvard University Press.

Scanlon, T. M. (1998). What We Owe to Each Other. Harvard University Press.

Nagel, T. (1979). Mortal Questions. Cambridge University Press.

Observer, Measurement & Reality

Bohr, N. (1935). Can Quantum-Mechanical Description of Physical Reality Be Considered Complete? Physical Review.

von Neumann, J. (1932). Mathematical Foundations of Quantum Mechanics. Princeton University Press.

Wigner, E. P. (1961). Remarks on the Mind-Body Question.

Unified & Systems Thinking

Bertalanffy, L. von. (1968). General System Theory. George Braziller.

Morin, E. (1992). Method: Toward a Study of Humankind.

Tegmark, M. (2014). Our Mathematical Universe. Knopf.

Meta-Reference Note

এই গ্রন্থে উপস্থাপিত **Unified Principle(𝓤)** কোনো লেখকের ধারণার উপর নির্ভরশীল নয়।
উপরোক্ত রেফারেন্সসমূহ ব্যবহৃত হয়েছে-
ঐতিহাসিক প্রেক্ষাপট
সীমাবদ্ধতা নির্ণয়
কাঠামোগত সংযোগ যাচাই
কিন্তু **𝓤 নিজেই একটি স্বতন্ত্র, axiomatic ও non-derivative framework।**

Index

Methodological Foundations of 𝓤

এই গ্রন্থে প্রস্তাবিত একক নীতি 𝓤 কোনো অনুমাননির্ভর তাত্ত্বিক কাঠামো নয়; এটি একটি আনুষ্ঠানিকভাবে নির্মিত ontological system, যার লক্ষ্য বাস্তবতার (R) সমগ্রতা-সংগত ব্যাখ্যা প্রদান। পদ্ধতিগতভাবে এই নির্মাণ পাঁচটি ভিত্তির উপর প্রতিষ্ঠিত।

১. Ontological Totality Principle

বাস্তবতা (R)-কে আংশিক ক্ষেত্রসমষ্টি হিসেবে নয়, বরং একটি structured whole হিসেবে সংজ্ঞায়িত করা হয়েছে। কোনো উপাদান- আইন (L_i), ঘটনা (E_j), পর্যবেক্ষক (O_k), বা নৈতিক সীমা (M_l)- পূর্বধারণাগতভাবে বাদ দেওয়া হয়নি। বিশ্লেষণ শুরু হয়েছে সমগ্রতা থেকে, উপাংশ থেকে নয়।

২. Axiomatic Deductive Structure

𝓤-এর কাঠামো স্বতঃসিদ্ধ (axioms) ও সংজ্ঞা থেকে যৌক্তিকভাবে নির্গত। প্রতিটি উপসংহার পূর্ববর্তী প্রস্তাবনার উপর নির্ভরশীল। স্তরবিন্যাসমূলক অগ্রগতি অনুসৃত হয়েছে; কোনো সিদ্ধান্ত প্রমাণ-নিরপেক্ষভাবে উপস্থাপিত হয়নি। Logical closure একটি আবশ্যিক শর্ত হিসেবে বিবেচিত।

৩. Mathematical Formalization

দার্শনিক ধারণাগুলোকে প্রতীকী ও সেট-তাত্ত্বিক রূপ দেওয়া হয়েছে, যাতে বক্তব্যগুলো বিশ্লেষণযোগ্য ও স্পষ্ট থাকে।

$\mathcal{U} \equiv \{L_i, E_j, O_k, M_l\}$

এই সংজ্ঞা ধারণাগত বর্ণনা নয়, বরং একটি গাঠনিক বিন্যাস (structural specification) ।

৪. Scientific Correspondence Mapping

ক্লাসিকাল মেকানিক্স, তাপগতিবিদ্যা, আপেক্ষিকতা, কোয়ান্টাম তত্ত্ব, তথ্যতত্ত্ব ও চেতনা-বিজ্ঞান- এসব শাখাকে 𝓤-এর উপাদানসমূহের সাথে ম্যাপ করা হয়েছে। এর মাধ্যমে বৈজ্ঞানিক তত্ত্বসমূহকে বিচ্ছিন্ন ব্যাখ্যা হিসেবে নয়, বরং একটি একীভূত কাঠামোর অভিব্যক্তি হিসেবে উপস্থাপন করা হয়েছে।

৫. Non-Reductive Completeness Criterion

𝓤- এর কোনো উপাদান অপরটির মধ্যে রিডিউস করা হয়নি। আইন ঘটনা নয়, ঘটনা পর্যবেক্ষক নয়, নৈতিক সীমা ভৌত নিয়ম নয়। এই **Non-Reductivity** কাঠামোর সামগ্রিকতা রক্ষা করে। একটি পূর্ণাঙ্গ ontological system তখনই

গ্রহণযোগ্য, যখন তা নিজস্ব উপাদানসমূহের ব্যাখ্যায় বাহ্যিক প্রাথমিক অনুমানের প্রয়োজন না করে।

এই পদ্ধতিগত ভিত্তির উপর দাঁড়িয়ে $\mathcal{U}$ কেবল একটি তত্ত্ব নয়; বরং বাস্তবতার একটি আনুষ্ঠানিক সমন্বিত মডেল, যার লক্ষ্য বিচ্ছিন্ন জ্ঞানকে একটি যৌক্তিকভাবে সম্পূর্ণ কাঠামোয় সংহত করা।

লেখক পরিচিতিঃ

মোঃ উজ্জ্বল একজন স্বাধীন গবেষক ও তাত্ত্বিক চিন্তাবিদ, তিনি ঢাকা বিশ্ববিদ্যালয় থেকে নৃ-বিজ্ঞান বিষয়ে এমএসএস ডিগ্রি অর্জন করেছেন। গবেষকের স্থায়ী নিবাস গোপালগঞ্জ, বাংলাদেশ। যিনি বাস্তবতার মৌলিক কাঠামো, আইন, ঘটনা, পর্যবেক্ষক ও নৈতিক সীমার সমন্বিত বিশ্লেষণে কাজ করছেন। তাঁর গবেষণার কেন্দ্রবিন্দু হলো- অন্ততাত্ত্বিক (ontological), গাণিতিক (formal), এবং নৈতিক (moral) মাত্রাকে একক সমন্বিত কাঠামোয় উপস্থাপন করা।

তিনি প্রস্তাব করেছেন Unified Principles ($\mathcal{U}$)-একটি সমন্বিত বাস্তবতা-তত্ত্ব, যেখানে
$L_i \rightarrow$ আইনগত কাঠামো (logical & physical laws)
$E_j \rightarrow$ ঘটনা ও প্রক্রিয়া
$O_k \rightarrow$ পর্যবেক্ষক ও চেতনা
$M_l \rightarrow$ অন্তর্নিহিত নৈতিক সীমা
এই চারটি মৌলিক উপাদানকে একত্রে formal structure-এ স্থাপন করে তিনি বাস্তবতার ontological coverage, causality, irreversibility এবং moral constraint-এর একটি পূর্ণাঙ্গ ব্যাখ্যা প্রদান করেছেন।

তাঁর কাজ বিশেষভাবে গুরুত্ব দেয়:
Observer-dependent reality
Informational irreversibility
Quantum-classical continuity
Moral architecture of existence
Self-grounded informational ontology

তাঁর গবেষণার লক্ষ্য কেবল বৈজ্ঞানিক ব্যাখ্যা নয়, বরং বাস্তবতার পূর্ণাঙ্গ দার্শনিক-গাণিতিক স্থাপত্য নির্মাণ।

www.ingramcontent.com/pod-product-compliance
Lightning Source LLC
LaVergne TN
LVHW090216051026
849517LV00001B/83